역사인식을 둘러싼 자화상, 외부의 시선

2005년도 일본 역사교과서 문제를 둘러싼 다섯 개의 시선

Portrayal of historical understanding, External Views

Five Viewpoints on the issues found in 2005 Japanese history textbook

역사인식을 둘러싼 자화상, 외부의 시선

초판 1쇄 발행 2008년 6월 25일
초판 2쇄 발행 2009년 8월 24일

편 자 | 아시아 평화와 역사연구소
발행인 | 윤관백
펴낸곳 | 선인

제 작 | 김지학
편 집 | 이경남 · 장인자 · 김민희
표 지 | 정안태
교정교열 | 김은혜 · 이수정
영 업 | 이주하

인 쇄 | 한성인쇄
제 본 | 광신제책

등록 | 제5-77호(1998.11.4)
주소 | 서울시 마포구 마포동 324-1 곶마루 B/D 1층
전화 | 02)718-6252 / 6257 팩스 | 02)718-6253
E-mail | sunin72@chol.com
Homepage | www.suninbook.com

정가 29,000원
ISBN 978-89-5933-130-7 93900

미래사 총서 | 002

역사인식을 둘러싼 자화상, 외부의 시선

아시아 평화와 역사연구소 편

책머리에

이 책은 2005년 일본 중학교 교과서로 인하여 발생한 여러 문제를 다룬 것이다. 일본은 2001년에 이어 '새로운 역사교과서를 만드는 모임'이 역사교과서를 개정하여 출판함으로써 또 한 차례 동아시아에 파란을 불러일으켰다. '새역모'의 교과서는 이전에 비해 한층 세련되게 개정되었지만, 내용은 오히려 개악되었다고 평가되었다.

2005년의 파란은 2001년에 비해 확대된 양상을 보였다. 역사교과서뿐만 아니라 공민교과서도 함께 발행하여 그들의 의도를 역사와 공민의 두 축에서 표현한 점도 그렇고, 역사인식과 서술뿐 아니라 독도를 포함한 인근 국가와의 영토문제를 함께 제기한 것도 그러하였다. 이들 교과서 편찬으로 새역모의 역사인식과 정치적 목표는 한결 명확해졌다고 할 수 있다.

새역모의 교과서는 채택률 10% 달성에 또다시 실패하였다. 그러나 새역모 교과서로 인하여 다른 교과서의 서술 내용이 후퇴한 사실은 가슴 아픈 일이며, 앞으로도 특별히 주목해야 할 점이다. 악화가 양화를 구축하는 현상을 어떻게 시정해 나갈지 다양한 대응책을 강구할 필요가 발생한 것이다.

이 책은 크게 두 부분으로 구성되었다. 첫 부분은 2005년에 발행된 일본 역사교과서의 문제점과 그에 대한 각국의 대응을 다룬 글들로서, 2006년

12월 심포지엄의 발표문을 수정하고 보충한 것이다. 둘째 부분은 후소샤 교과서를 중심으로 한 일본 역사교과서의 내용을 주제별로 나누어 분석하고 공민 · 지리 교과서도 함께 분석한 글들로서, 교과서의 문제점을 파악하기 위해 '아시아평화와역사교육연대'가 2005년 일본의 교과서 검정 무렵 추진한 작업의 결과물이다.

일본의 역사교과서가 일으킨 파고를 여러 차례 넘겼지만, 해결의 기미를 쉽게 찾을 수 없는 것은 물론, 전반적으로 교과서가 개악되고 있는 사실 때문에 참담한 심정을 억누를 수 없다. 한일 · 중일 정부 차원에서 역사공동연구를 수행하고 있고, 민간 차원에서 『미래를 여는 역사』(한겨레신문사, 2005)와 같은 공동역사교재를 한중일 또는 한일 양국의 역사연구자와 역사교사가 함께 간행하는 놀라운 성과를 거두고 있음에도, 좀처럼 교과서가 개선될 단서는 발견되지 않고 있다. 그 때문에 우리가 가야 할 길은 아직도 멀다고 느낀다.

물론 일거에 역사문제를 해결할 수 있다는 망상을 갖거나 조급해 하는 것은 아니지만, 동아시아의 평화와 공영을 위해 역사인식의 차이를 좁혀 나가고, 그러기 위해 생산적인 대화를 계속 이어가는 것이 쉽지 않은 일임은 분명하다. 지금까지 기울였던 것보다 더 큰 노력, 훨씬 높은 차원의 이해와 신뢰, 인내가 필요하며, 또한 지혜도 요구된다고 하겠다. 이 책은 우리가 동아시아의 역사갈등을 해소하려는 확고한 의지를 가지고 있으며, 상호이해와 신뢰를 구축해 나갈 의향이 분명히 있음을 증명하는 하나의 표현이라는 점에서 가치를 갖는다.

동아시아의 역사갈등에 관심을 갖고 글을 작성해주신 외국의 학자들, 그리고 귀찮은 교과서 분석 작업에 기꺼이 동참해 주신 국내의 연구자 여러분들께 깊이 감사드린다. 또한 아시아평화와역사교육연대에서 원고의 수합과 번역을 맡아 준 최인영 부장과 편집 및 기획을 담당한 신주백 박사, 그리고 별로 시장성이 없어 보이는 이 책을 기꺼이 출판해주신 선인출판사의 윤관백 사장과 편집부의 직원 여러분들께 감사를 드린다. 이분들의 노고와 관심으로 인하여 동아시아의 역사갈등이 해소되고 평화로운 미래가 열리리라고 확신한다.

2008년 4월 필자들을 대신하여

아시아평화와역사교육연대 공동운영위원장 안병우 씀

■ 차 례 ■

12 역사인식을 둘러싼 자화상, 외부의 시선

제1부

2005년도 일본 역사교과서 문제를 둘러싼 다섯 개의 시선

일본사회와 '새역모' 교과서를 둘러싼 논의

후지나가 다케시(藤永 壯)*

1. 머리말

본고의 목적은 2005년에 일어난 일본의 중학교 역사교과서 문제에 대한 일본의 매스컴과 논단, 학계, 운동단체의 주장들을 정리해 소개하고 그 내용을 분석하는 것이다. 새삼 말할 필요도 없이 여기서 주된 관심의 대상은, 전후 일본의 역사교육에 대해 "일본인이 이어받아야 할 문화와 전통을 잊고 일본인의 긍지를 잃게 하는 것"이라고 비판하면서 '일본인의 이야기'로서의 역사교과서를 만들겠다[1]고 선언한 '새로운 역사교과서를 만드는 모임'(이하 새역모)의 교과서다.

---

* 오사카산업대학(大阪産業大学) 교수.

** 이 글은 도시샤(同志社)대학 강사인 김경자님이 번역하였다.

1) 「새로운 역사교과서를 만드는 모임 취지서」 (http://www.tsukurukai.com/02_about_us/01_opinion.html, 1997. 1. 30 설립총회에서 채택).

주지하는 바와 같이 새역모가 제작한 역사교과서와 공민교과서는 새역모를 적극적으로 지원한 후지 산케이 그룹[2]의 산하 출판사인 후소샤(扶桑社)를 발행처로, 지난번 검정(2001년) 때 신규로 참여해 채택률 10%를 목표로 공세적인 채택운동을 펼쳤다. 그러나 2001년 7월에서 8월까지 일본 전국에서 실시된 채택 작업의 결과, 새역모 역사교과서는 0.039%, 공민교과서는 0.055%에 그치며 참패하였다.

그러나 채택 결과를 총괄한 기자회견(2001. 8. 16)에서 새역모는 발빠르게 다음번의 2004년도 검정(2005년도 채택, 2006년도 사용 시작) 때 재신청을 해서 재도전하겠다는 방침을 밝혔다. 그리고 공립학교의 경우, 도도부현(都道府縣) 또는 시정촌(市町村)의 교육위원회가 교과서를 채택한다는 점을 이유로 종래의 채택 과정에서 어느 정도 반영되던 현장 교사의 의견을 배제하도록 요구하고, 또 지방의회에 교육위원회의 주도로 교과서를 채택한다는 결의를 하도록 손을 쓰는 등, 그동안 자신들에게 유리한 환경을 만들고자 다양한 정치공작을 펼쳐왔다.

그 후 2005년 4월 중학교 교과서의 검정 결과가 발표되자 다시 국내외에서 새역모 교과서 내용을 비판하는 목소리가 높아졌고, 8월 말 채택 결정 기한까지 일본 각지에서 교과서 채택을 둘러싼 격렬한 공방이 다시 전개되었다.

이상과 같은 2005년 역사교과서 문제를 살펴봄에 있어서, 본고에서는 먼저 검정 결과 발표에서 채택까지의 과정에서 드러난 새역모 교과서의

2) 후지TV와 『산케이신문』, 닛본방송, 분카방송 등, 매스미디어 관련 기업을 중심으로 현재 74사, 5법인, 3미술관에 1만 명 이상의 종업원을 거느린 일본 최대의 미디어 복합기업체이다. 닛본방송과 후지TV의 사장이던 시카나이 노부타카(鹿內信隆, 1911~1990)가 산케이신문사 사장에 취임하면서 1968년 10월에 '후지 산케이 그룹 회의'를 결성하고 초대 의장에 취임했다. 또한 시카나이는 중일전쟁, 아시아태평양전쟁 때 육군의 주계(主計) 장교(소위 · 중위)를 역임했으며, 육군경리학교에서 '위안부'의 선별 기준과 위안소의 설치 요강을 배웠다고 회상한 바 있다(櫻田武 · 鹿內信隆, 『いま明かす戦後秘史』, サンケイ出版, 1983, 40~41쪽).

서술 내용과 채택 결과에 대한 여러 의견들이, 2001년과 비교해 어떤 차이가 있느냐를 염두에 두면서 검토하도록 한다. 다음으로 새역모 교과서에 공공연하게 표명된 국가지상주의적이고 배외주의적인 역사관이 왜 젊은 층에게 일정한 지지를 얻고 있느냐는 문제에 대해 분석한 글들을 소개한다. 일본사회가 과거에 자신들이 범한 과오에 둔감한 것은 어제오늘만의 일이 아니지만, 이러한 역사의식을 재생산시키는 현재적 요인도 살펴볼 필요가 있을 것이다. 최근에 아베 신조(安倍晋三) 수상이 '위안부' 문제에 관한 발언으로 세계 각국의 비판을 받은 사실에서도 알 수 있듯이, 일본사회의 저변에 꿈틀거리는 국가주의적인 역사인식은 도저히 국제사회의 이해를 얻을 수 없는 독선적인 성격을 가지고 있으며, 이러한 국가주의적인 역사인식을 재발견, 재생산시키는 구조에는 어떤 보편성이 느껴지기 때문이다.

2. 검정 결과 발표와 '새역모' 교과서에 대한 반응

일본 문부과학성이 2006년도 중학교 교과서의 검정 결과를 발표한 것은 2005년 4월 5일이었다. 검정 결과가 발표되기 전인 3월 하순, 새역모 비판에 중심적인 시민운동 단체인 '어린이와 교과서 전국네트 21'(이하 교과서 네트 21)의 사무국장인 다와라 요시후미(俵義文)는 『あぶない教科書NO－もう21世紀に戦争を起こさせないために－』(花傳社)라는 소책자를 출판해 새역모와 그와 관련된 정치세력의 정치적 의도를 비판했다.

그리고 검정 결과가 발표된 당일, '교과서 네트 21' 외 15개 단체는 "역사 왜곡, 전쟁 찬미, 헌법 '개정', '전쟁을 하는 나라'를 지향해 국제사회에서 고립화로 치닫는 '위험한 교과서'를 아이들에게 건네서는 안된다"는 제목의 공동 호소문을 발표했다. 이 호소문에서는 이번 개정에서도 새역모 교

과서의 '위험한' 내용이 본질적으로 변하지 않았고 부분적으로는 더 악질스런 내용으로 개정되었으며, 이 교과서의 검정 합격은 침략전쟁에 대한 사과 및 반성을 표명한 일본정부의 국제공약에도 위반된 것임을 지적함과 동시에 이 교과서가 교육 현장에 들어오지 못하도록 운동을 펼치자고 호소했다. 아울러 15개 단체는 새역모의 역사교과서와 공민교과서의 구체적인 내용을 검토한 결과를 발표하고, 문부과학성이 규정한 학습지도요령의 목표와도 거리가 먼 내용이라고 비판했다.[3] 또 이날에는 아라이 신이치(荒井信一) 일본전쟁책임자료센터 대표 등 62명이 「'新しい歴史教科書をつくる会'の教科書を批判する歴史研究者・教育者のアピール」을 발표하고, "역사적 사실을 왜곡하는 '교과서'에 역사교육을 맡길 수는 없다", "이전의 독선적이고 배타적인 역사교육이 부활되는 길을 여는 것"이라고 지적했다. 이 호소문의 찬동자는 발표 뒤에도 계속 모집되어 6월 중순에는 1,000명을 넘어섰다.[4]

다음 날인 4월 6일, 각 신문의 조간에 일제히 검정 결과가 보도되었다. 본고에서는 일본의 3대 전국신문인 『読売新聞』, 『朝日新聞』, 『毎日新聞』에 새역모 교과서를 전면적으로 지지한 『産経新聞』[5]을 합해, 4개 신문의 보도 내용을 검토하도록 한다. 4월 6일자 4개 신문에는 모두 역사교과서에 관한 사설이 게재되었다. 각 사설의 제목은 다음과 같다.

---

3) 다와라 요시후미(俵義文) '교과서 네트 21' 사무국장의 홈페이지(http://www.linkclub.or.jp/~teppei-y/tawara%20HP/)에 의함. '교과서 네트 21' 외 15단체가 호소문에 참가했다. '교과서에 진실과 자유를' 연락회, 젠더 평등사회를 목표로 하는 네트워크, '전쟁과 여성에 대한 폭력' 일본 네트워크(VAWW-NET Japan), 전국민주주의교육 연구회, 다카시마(高嶋) 교과서 소송을 지원하는 모임, 지리교육 연구회, 일·중·한 3국 공통역사교재위원회, 일본출판노동조합연합회, 일본의 전쟁책임자료센터, 피스 보트, 역사과학협의회, 역사학연구회, 역사교육 아시아 네트워크 JAPAN, 역사교육자협의회, 역사 사실을 응시하는 모임.

4) 『しんぶん赤旗』, 2005. 4. 26, 2005. 6. 18.

5) 산케이(産経)신문사는 새역모 교과서를 출판한 후소샤와 같은 그룹에 속하는 중심적인 기업의 하나다.

요미우리(読売)	역사교과서 / 검정, 채택은 일본의 국내문제다
아사히(朝日)	새역모 / 이런 교과서로 좋은가
마이니치(毎日)	교과서 검정 / 국가 관여를 적게 할 연구를
산케이(産経)	중학교 교과서 / 기술 시정은 아직 불충분

제목에서도 알 수 있듯이 새역모 교과서를 정면에서 비판한 것은 『朝日新聞』이었다. 『朝日新聞』은 새역모 교과서에 대해 "빛과 그림자가 있는 근현대사를 일본에 유리하게 보려는 역사관이 관철되어" 있어, "일본을 소중하게 여긴다면 다른 나라 사람이 자기 나라를 소중히 하는 마음에도 경의를 표해"야 하는데, 그 "균형을 잃고 있다"며, "교실에서 사용하기에 적절치 않다"고 비판했다. 또 『毎日新聞』도 후소샤판 교과서의 문제점으로 "근현대사에서 일본의 행동을 정당화하는 기술이 눈에 띄는 한편, 식민지지배하의 가해 행위나 부(負)의 측면은 거의 언급되지 않은 점"을 지적하고, 이번에도 "'반자학사관'의 기본 자세가 관철되어 있어 여전히 불신하는 사람들이 있을 것"이라며 비판적인 자세를 보였다.

이에 대해 『読売新聞』은 새역모 교과서를 합격시킨 검정 결과에 대해 "중국과 한국의 양국 정부가 반발하는 움직임을 보이고" 있는데, 특히 한국정부가 "일한 시민단체들이 연계된 새역모 교과서의 '채택저지운동'을 지원하겠다는 방침"을 표명한 것은 "명확한 내정간섭"이라고 비난했다. '내정간섭'에 반대한다는 논리로 완곡하게 새역모 교과서를 지지하는 자세를 취한 것이다. 한편, 『産経新聞』은 북한의 일본인 납치문제, 위안부 문제, 남경대학살 등 "특정한 역사적 현상에 한해서 보면 교과서 기술은 조금씩 좋아지고 있다"고 자신들이 전개해 온 '자학사관' 비판의 성과를 자랑하면서, 아직 "일본의 과거만 어둡고 나쁘게 쓰려는 자학사관이 남아있다"고 종래의 역사교과서 공격 캠페인에 따른 주장을 펼쳤다. 나아가 『産経新聞』은 새역모 교과서를 특별히 칭찬하지는 않았지만, 역사교과서 중에서 "지난번에는 후소샤만이 납치사건을 기술했고", 공민교과서 중에서는 정주

외국인의 지방참정권 문제에 대해 "찬반양론의 신문 사설을 실어 학생들이 비교해서 생각할 수 있게 한 교과서는 후소샤밖에 없다"며, 새역모 교과서의 기술이 가장 균형잡힌 듯한 인상을 주려고 했다.

이렇듯 주요 전국 신문의 논조는 새역모 교과서에 비판적인 『朝日新聞』과 『毎日新聞』, 그리고 이를 지지하는 『読売新聞』과 『産経新聞』으로 이분되었다. 이 같은 구도는 지난번의 검정 채택 때와 같았지만, 지난번과 비교하면 『朝日新聞』의 새역모에 대한 비판은 그리 철저하지 못했고, 『読売新聞』은 더 적극적으로 새역모를 지지하는 논조였다고 하겠다.[6)]

한 예를 소개하도록 하자. 앞서 소개한 4월 6일자 『朝日新聞』 사설에 대해, 『産経新聞』은 다음 날인 4월 7일자에 「教科書問題：驚かされた朝日新聞社説」이라는 사설을 싣고, 『朝日新聞』이 "특정한 교과서에 대한 배제는 자유로운 언론을 봉쇄하는 것"이라고 비판했다. 새역모 교과서를 "안 좋게 생각한다고 해서 이 교과서만을 배제하려는 아사히신문의 태도야말

---

6) 이 점은 새역모 교과서 반대 측과 새역모 측 쌍방이 모두 지적하는 특징이다.
"요미우리신문은 새역모에 전적으로 협력했고, 아사히신문도 NHK 문제[2001년 1월 아베 현 수상(당시 관방 부장관)을 비롯한 자민당 정치가의 압력을 받은 NHK 간부가 여성국제전범법정(2000년)을 다룬 다큐멘터리 프로그램의 내용을 대폭 변경시켰다고 아사히신문이 보도한 문제－인용자(이하 같음)]와 연동되는 것을 두려워했는지 아주 후퇴된 기사 쓰기로 나갔다"(上杉聰, 「よりよい教科書をつくろう(9) 'つくる会'の惨敗と反対運動のこれから」, 『教育評論』 704, 2005. 12, 42쪽).
"그때[2001년 4월 지난번의 검정 결과가 발표됐을 때], 요미우리의 논조는 산케이에 근접해 있었고, 이전의 아사히와 마이니치, 요미우리 3개 신문과 산케이 1개 신문의 논쟁에서, 아사히와 마이니치 2개 신문과 산케이와 요미우리 2개 신문의 논쟁 구도로 변했다. 이 구도는 후소샤 등 8개 출판사의 중학교 교과서의 개정 검정 결과가 발표된 올해[2005년]에도 바뀌지 않았다"(「社説検証 靖国と歴史認識(3-1)」, 『産経新聞』, 2005. 10. 18).
"매스컴 중에는 4년 전[2001년] 그 야단법석을 떨었던 상황을 냉정히 돌아보며 새역모 때리기가 근거 없는 일이었다고 판단하는 곳이 늘어났다. 산케이신문은 물론 요미우리신문도 이번에는 교과서 검정 관련에 관해 몇 번이나 기사, 또는 사설로 다루어 주었다", "4년 전에 중국과 한국에서 이러이러한 반발이 있다고 시끄럽게 보도하던 신문이 이번에는 반대로 조용했다", "아사히신문은 이번에 전국판에서는 채택저지운동에 가담하는 듯한 보도를 그다지 하지 않았다"(八木秀次, 「歴史教科書採択はどう行われたのか－子供たちに"輝く虹"を見せよう－」, 『改革者』 545, 2005. 12, 53～54쪽).

로 편협하지 않은가"라는 내용이었다.

이에 대해 『朝日新聞』은 4월 8일자 사설 「産経社説：こちらこそ驚いた」에서 반론을 전개했다. 이 글에서 『朝日新聞』이 "전후 일본은 전쟁과 식민지지배로 아시아와 일본 민중에게 커다란 희생을 강요한 사실을 반성하고 출발했을 터이다. 자신의 과거를 직시하고 그 후에 주변의 각국과 미래지향적인 관계를 쌓아 가야 한다. 이것이 일본의 참 모습일 것이다"고 한 것은 우선 평가할 만하다.

그런데 이 사설은 다음과 같이 이어졌다. "새역모 교과서는 아이들에게 일본에 대한 긍지를 가지게 하려고 염원한 나머지 역사의 밝은 면만 지나치게 강조하고 어두운 면을 가리고 있다", 즉 "역사의 밝은 면만 지나치게 강조하고 어두운 면을 가리고 있다"는 서술이 문제인데, 이는 "아이들에게 일본에 대한 긍지를 가지게 하고자 염원하는" 마음에서 기인한 것이며, 새역모 교과서 집필자의 '선의'를 '이해'한다는 것과 다름없다.[7] 이렇듯 새역모 교과서를 비판하는 『朝日新聞』의 자세는 2001년의 검정 채택 때와 비교할 때 크게 후퇴했다고 하지 않을 수 없다.

한편 『毎日新聞』은 앞서 소개한 「歴史研究者・教育者のアピール」(2005. 4. 5)의 찬동자 모집을 보도하고,[8] 자사의 대중 주간지인 『サンデー毎日』에 '교과서 네트 21'의 사무국장인 다와라 요시후미의 글을 싣는 등,[9] 독자적으로 새역모 교과서의 비판 움직임을 지원했다.

이에 대해 『読売新聞』은 5월 26일자 사설 「歴史教育問題：教科書も読まずに批判するとは」에서 일본의 역사교과서를 비판한 중국의 리자오싱(李肇星) 외무장관이 그 내용을 읽지 않았음을 들어, "후소샤 교과서에 대

7) 그 후 두 신문의 사설 논쟁은 「朝日社説：本質をそらしてはいけない」(『産経新聞』, 2005. 4. 9), 「産経社説：'封殺'の意味をご存じか」(『朝日新聞』, 2005. 4. 10)로 이어졌다.

8) 「インフォメーション：扶桑社の教科書に反対するアピール」, 『毎日新聞』, 2005. 5. 2.

9) 俵義文, 「緊急寄稿'つくる会'教科書がふさわしくないこれだけの理由」, 『サンデー毎日』 84(36), 2005. 7. 31.

해 '균형을 잃고 있다'고 비판한 일본의 일부 매스컴의 주장을 중국 지도자들은 그대로 받아들이느냐?"며 중국의 정치지도자와 더불어 슬며시 『朝日新聞』을 비판했다. 나아가 "후소샤 외 7개사 교과서에는 수가와라노 미치자네(菅原道眞)[845~903, 헤이안(平安)시대 전기의 학자, 정치가-인용자(이하 같음)], 니노미야 손토쿠(二宮尊德)[1787~1856, 에도(江戸)시대 후기의 농업지도자, 사상가], 도고 헤이하치로(東鄕平八郎)[1847~1934, 해군 군인, 러일전쟁 때 연합함대의 사령장관 역임]와 같은 인물에 관한 기술이 없다. 쇼와(昭和)천황이나 가키노모토노 히토마로(柿本人麻呂)[생몰년 미상, 7~8세기경의 가인(歌人)]가 나오는 교과서도 후소샤를 포함해 3사에 지나지 않는다. 이들 인물을 전혀 언급하지 않은 채, 조선독립운동에 참가한 유관순이란 소녀를 기술한 교과서도 있다. 후소샤의 교과서를 비판하는 일부 매스컴은 이런 교과서가 '균형'이 있다는 것이냐"며 거듭해서 『朝日新聞』을 비판하고, 수가와라노 미치자네 등을 기술한 새역모 교과서를 평가하는 자세를 보였다. 게다가 이 주장은 새역모의 야기 히데츠구(八木秀次) 회장의 주장을 그대로 차용한 것이었다.[10)]

2005년 교과서 문제에서는 『讀売新聞』의 적극적인 지지, 『朝日新聞』의 비판적인 자세의 후퇴에서 알 수 있듯이, 전국 신문의 보도 내용은 지난번(2001년)보다 새역모에 유리한 상황을 제공했다고 하겠다. 이는 4년간 일본사회가 우경화된 상황을 반영한 것이라고 볼 수 있다. 단, 『朝日新聞』 지방판에서는 반대운동의 동정을 심층적으로 보도했는데, 여기서 현장 기자의 대부분이 새역모에 대해 비판적 자세를 유지하고 있었음이 느껴진다. 또 새역모 측에서는 교도(共同)통신과 그 송신을 받아 전하는 지방지는 새역모 교과서에 비판적인 입장이라고 보았다.[11)] 필자가 확인한 범

---

10) 八木秀次・岡崎久彦, 「『新しい歴史教科書』は九〇点－中韓が望む歴史解釈を日本の子どもに押し付けるな－」, 『Voice』 329, 2005. 5, 177쪽에 거의 같은 내용의 야기 히데츠구의 발언이 실려 있다.

위에서 검정 결과가 발표된 직후에 나온 사설 중에 새역모 교과서를 정면에서 비판한 지방지는 "자국 중심의 사관은 변하지 않았다"고 단정한 『北海道新聞』[12]뿐이었지만, 그 외에 '위안부'에 관한 기술이 모든 교과서에서 사라졌음을 들어 "중학생들이 역사의 어두운 부분을 알고 피해를 입은 사람들에 관해 생각하는 기회를 빼앗을지 모른다"(『京都新聞』),[13] "과거의 침략전쟁이나 식민지화 등의 가해책임, 역사의 어두운 부분을 직시하는 것은 이웃나라인 아시아제국과 우호관계, 평화관계를 지속하는 데에 불가결하다"(『中國新聞』),[14] "가르쳐야 할 역사, 전해야 할 역사를 집필자도 인식하고 신념을 갖고 집필에 임해야 할 것이다"(『琉球新報』)[15] 등의 비판하는 논조도 시선을 끌었다.

한편, 신문 보도보다 다소 늦게 주간지나 월간지와 같은 각종 잡지에도 새역모 교과서에 대한 찬반 견해가 게재되기 시작했다. 새역모 교과서에 대한 지지 기사는 산케이신문사의 『正論』, 『文藝春秋』의 『諸君!』을 중심으로 한 우파, 보수계 잡지에 실렸다. 『正論』과 『諸君!』이 서점에 많이 깔려 있어서 언뜻 보기에 새역모 지지파가 우세한 듯한 인상을 받을 수 있다. 그러나 데이터베이스를 이용해 잡지기사를 검색해 보면, 새역모 비판 기사 건수가 압도적으로 많았다.[16] 그 대부분이 시민운동, 노동운동, 여성운동 단체의 기관지나 기타 일반 소식지 등에 실린 것이다. 발행 부수는 적지만 이는 새역모 교과서 비판이 풀뿌리 운동으로 전개되었음을 말

---

11) "교도통신이 송신하는 기사를 받는 지방지, 지역 신문은 변함없이 국내 좌익세력과 중국, 한국의 주장에 동조하는 기사를 쓰고 있다", "[아사히신문의] 지방판은 지방지와 같은 보도를 했다"(八木秀次, 「歴史教科書採択はどう行われたのか－子供たちに"輝く虹"を見せよう－」, 54쪽).

12) 「中学校教科書：脱ゆとりでどこへ行く」, 『北海道新聞』, 2005. 4. 6.

13) 「教科書検定：異論を尊ぶ姿勢がない」, 『京都新聞』, 2005. 4. 7.

14) 「中学教科書検定：考える力どう育てるか」, 『中国新聞』, 2005. 4. 7.

15) 「中学校教科書検定：語り継ぐ大切さ再確認を」, 『琉球新報』, 2005. 4. 7.

16) 국립국회도서관의 잡지기사 색인 검색(http://opac.ndl.go.jp/Process)을 이용했다.

해주는 것이라고 하겠다. 비교적 발행 부수가 많은 잡지 중에서 새역모 비판을 지속적으로 전개한 것은 『週刊金曜日』이며, 진보진영의 대표적 종합잡지인 『世界』(岩波書店), 『論座』(朝日新聞社) 등에 게재된 기사는 얼마 되지 않았다.

새역모 교과서를 비판하는 쪽의 글은 거의 같은 논지였다. 한 예로 공산당 기관지 『前衛』에 실린 이시야마 히사오(石山久男, 역사교육자협의회 위원장)의 비판[17]을 살펴보자. 이시야마는 새역모 교과서의 내용을 검토하면서, 침략전쟁 찬미와 아시아 점령 · 식민지지배를 정당화하려는 점, 민중을 경시한 국가 중심의 역사상을 제시해 '국가를 위해서 목숨을 바치는 국민'을 만들려고 하는 점, 한층 노골적으로 헌법개악을 유도하는 점 등을 문제점으로 지적했다. 나아가 새역모 교과서 문제를 생각하는 시점으로 제2차 대전 후 일본의 국제공약에 어긋난다, 일본국헌법 · 교육기본법의 이념을 부정하고 헌법개악을 추진하려고 한다, 이 교과서를 뒤에서 지원한 정부 · 자민당에도 책임이 있다는 점 등을 제시했다.

이러한 주장은 앞서 소개한 '교과서 네트 21' 외 15단체의 호소문(2005. 4. 5)이 지적한 점과 기본적으로 같으며 그 외 다수의 비판 기사도 거의 같은 논지였다. 그리고 '교과서 네트 21'은 5월 하순경, 『ここが問題'つくる会'教科書－新版歴史 · 公民教科書批判－』(大月書店)을 출판해 새역모 교과서의 기술 내용을 구체적으로 비판했다. 이렇게 해서 형성된 공통 인식을 바탕으로 새역모 교과서 채택반대운동이 광범위하게 전개되었던 것이다.

다만 이번의 검정 과정에서 문부과학성은 새역모의 주장을 받아들이는 형태로 검정 심사 중에 백표지본(白表紙本, 검정심사용 견본책)의 내용이 누출되지 않도록 교과서 회사에게 엄격한 관리를 요구했다.[18] 그 때문에

---

17) 石山久男, 「侵略戦争を賛美し, 憲法を否定する異常な'教科書'－'新しい歴史教科書をつくる会'歴史 · 公民教科書批判－」, 『前衛』 791, 2005. 6.

검정 결과가 발표되기까지 역사연구자들은 교과서의 기술 내용을 상세하게 알 수 없었고, 따라서 본격적인 검토 작업도 진행할 수 없었다. 그 결과, 역사학관계 학회의 태도표명과 검토 결과의 공개도 2001년에 비해 많이 늦어졌던 것이다.

3. 채택을 둘러싼 공방과 결과

검정에 합격한 교과서는 6월 초부터 7월 초까지 열린 각지의 전시회에서 처음으로 일반에게 공개되었다. 교과서 전시회가 끝난 뒤 8월 31일까지 공립학교에서 사용할 교과서는 각 시정촌과 도도부현의 교육위원회가, 국립 및 사립학교에서 사용할 교과서는 각 학교장이 그 채택을 결정하도록 되어 있었다. 이에 6월 초부터 새역모 교과서 채택을 둘러싸고 집회와 강연회, 심포지엄, 청원활동 등이 일본 전국 각지에서 활발하게 펼쳐졌다.

교과서 기술의 검토를 마친 역사학 관련 학회는 7월 4일, 11개 학회 연

---

18) 지난번의 검정, 채택 때에는 검정 심사 중이던 2000년 7월부터 매스컴에 새역모 교과서 백표지본의 내용이 보도되어 일본 국내뿐만 아니라 한국, 중국 등에서도 강한 비판을 받았다. 그 때문에 2001년의 채택에서 패배한 새역모가 다음번 검정 채택 때에는 비판이 이는 시기를 늦추게 하고자 문부과학성에 대해 검정 결과가 발표될 때까지 백표지본의 내용이 누출되지 않게 해달라고 요구했다. 문부과학성은 이에 따라 2002년 8월 30일, 각 도도부현 교육위원회 교육장 앞으로 「教科書制度の改善について」라는 통달을 보내 "정밀한 심사 환경의 확보"를 내세워 "신청자에 대해 검정 결정이 나올 때까지 심사 중인 신청 도서 등에 관한 정보가 외부에 누출되지 않도록 재차 요구하는 등의 방책을 강구할 필요가 있다"고 지시했다(문부과학성의 웹사이트 http://www.mext.go.jp/에서).

그런데 이번의 검정 심사 연도인 2004년도 중에 후소샤의 영업 담당자가 자사판 교과서의 백표지본을 교사와 교육위원회 관계자 등에게 대여하거나 열람하도록 했던 사실이 밝혀졌다. 문부과학성이 사정을 청취해서 파악한 범위만 해도 합계 70권을 19도부현(都府縣)에 대여하거나 열람하도록 했다고 한다(「'つくる会'教科書をめぐる文科省・公取委への告発文書」, 『季刊戦争責任研究』 48, 2005. 6). 새역모 교과서의 발행처인 후소샤가 새역모의 요구로 변경된 문부과학성의 방침을 위반하는 행동을 취했던 것이다.

명으로 「'新しい歴史教科書をつくる会'の教科書が教育の場に持ち込まれることに反対する共同声明」을 발표했다. 여기에는 ① 새역모 교과서가 역사연구의 성과에 근거하지 않고 국가 중심의 역사관을 밀어붙이는 내용이며, ② 새역모의 활동으로 교과서 채택에서 현장 교사가 배제되고 교육위원회가 주도하는 채택제도로 변경되었으며, ③ 배포가 금지된 백표지본을 교육위원회 관계자에게 미리 뿌리고, 새역모 역사교과서 감수자 중 한 사람이 모 현의 교육위원에 선임되는 등, 새역모가 정치 활동을 강화한 점을 비판했다.[19] 또 성명의 중심이 된 역사학연구회에서는 성명 발표에 맞춰서 「『新しい歴史教科書』の問題点」이라는 팜플렛을 제작해 전국 지방정부에 발송하면서 교과서 채택에 참고하도록 요구했다.[20] 또한 8월에는 한층 상세하게 검토한 결과를 정리해서 『歴史研究の現在と教科書問題－'つくる会'教科書を問う』를 발행했다(발매는 青木書店).[21] 한편, 간사이(關西) 지방의 역사학 관련 6개 학회도 7월 13일, 「『改訂版 新しい歴史教科書』採択に反対する関西歴史学関係学会共同アピール」을 발표했다.[22]

이러한 와중에 7월 13일, 시정촌 중에서는 전국에서 처음으로 도치기(栃木)현의 오다와라(大田原)시 교육위원회가 새역모의 역사교과서, 공민교과서의 채택을 결정했다. 이어서 도쿄도(東京都) 교육위원회가 7월 28일,

19) 일본사연구회의 홈페이지(http://wwwsoc.nii.ac.jp/jhs/)에 의함. 성명에 합류한 학회는 오사카 역사과학협의회, 지방사연구 협의회, 조선사연구회 간사(幹事)회, 도쿄 역사과학연구회, 니가타(新潟) 사학회, 일본사연구회, 히로시마(廣島) 사학연구회, 후쿠시마(福島) 역사과학연구회, 역사과학협의회, 역사학연구회, 역사교육자협의회다.

20) 山田邦明, 「2006年度歴史学研究会大会報告主旨説明〈特設部会〉歴史研究と教科書叙述」, 『歴史学研究』 814, 2006. 5, 58쪽.

21) 교과서 채택 기간에 맞추지는 못했지만 조선사연구회에서는 10월 11일, 「中学校歴史教科書(全8社)の朝鮮関係記述についての検討」를 홈페이지에 공표했다(http://wwwsoc.nii.ac.jp/chosenshi/). 현행 중학교 교과서의 한국사 관계의 기술을 아는 데 아주 유용하다.

22) 앞의 일본사연구회의 홈페이지에 따름. 호소문에 참가한 학회는 오사카 역사과학협의회, 오사카 역사학회, 교토 민과(民科) 역사부회, '여성, 전쟁, 인권'학회, 조선사연구회 간사이(關西)부회, 일본사연구회이다.

도쿄도립의 중 · 고교 가운데 일관학교 등에서 사용할 교재로 새역모의 역사교과서를 채택했다. 이에 대해 『朝日新聞』은 7월 30일자 「教科書採択/こんなやり方でいいのか」라는 사설에서 도쿄도 교육위원회가 ① 선정 기준이 북한의 납치문제 취급, 일본의 신화와 전승, 독도와 조어(釣魚)제도(일본명 센가쿠[尖閣]열도)의 취급 등 새역모가 힘을 쏟아온 항목인 점, ② 학교 측의 의견을 배제한 점 등을 지적하고 "교육위원회가 일방적으로 교과서를 선택해 현장에 밀어붙이는 방식"이라고 비판했다. 이 『朝日新聞』의 사설과 앞서 소개한 역사학 관련 11개 학회의 공동성명(2005. 7. 4)에서도 지적된 바와 같이, 이번에 새역모의 요구에 따라 교과서 채택 과정에서 현장 교사의 의견이 배재되고 채택의 권한이 교육위원회에 집중된 것은 지극히 중대한 제도 개악이라고 비판하는 목소리가 높았다.

그리고 8월 12일 도쿄도 스기나미구(杉並区)에서 새역모의 역사교과서가 채택되었는데, 이는 새역모 반대 진영에 큰 충격을 주었다. 스기나미구는 지난번에도 3대 2의 근소한 차이로 채택되지 않았던 지역인데, 이번에 새역모 교과서가 채택된 것은 이 교과서를 지지하는 구장(区長)이 교육위원회 위원장을 경질한 결과였다. 이 스기나미구의 교과서 채택문제는 2005년 역사교과서 문제 중에서도 특히 언론의 주목을 받았는데, 적어도 잡지기사에서는 행정 권력의 노골적인 간섭과 압력을 비판하는 내용이 대다수였다.

단, 다행히 스기나미구의 채택이 다른 지역으로 파급되지는 않았다. 새역모 교과서는 그 후 에히메(愛媛)현과 시가(滋賀)현의 현립중학교와 일부 사립학교에서 채택되었을 뿐이다.

채택 기한이 끝난 다음 날인 9월 1일, 새역모 교과서의 채택률이 역사와 공민 둘 다 1%도 안된다는 사실이 밝혀지자 '교과서 네트 21' 외 14개 단체는 「'つくる会'教科書は再び国民に支持されなかった/これは市民の良識と民主主義の勝利です」라는 공동성명을 발표했다. 성명에서는 새역모 교과

서 반대운동의 승리를 기뻐하는 한편, "새역모의 부당한 교과서 공격으로 후소샤 이외의 교과서 내용이 나빠졌다"며, "5~6명의 교육위원이 교과서를 채택하는 불합리"한 문제점을 지적했다.[23]

한편 새역모 측은 다음 날인 9월 2일, 성명을 발표했다. 그 내용은 "이번 채택을 통해서 교육계가 일반사회의 상식에서 벗어나 있는 점, 일본사회의 움직임에도 크게 뒤쳐져 있으며, 반세기 넘게 일교조(일본교직원조합)의 지배가 여전히 계속되고 있는 점, 교과서 회사의 이권이 뿌리 깊은 점"이 밝혀졌다며, 앞으로는 교육위원회제도와 교과서채택제도를 전반적으로 재검토하는 활동을 시작함과 동시에 "4년 후 교과서 채택에 세 번째로 도전하겠다"는 방침을 밝혔다.[24]

그리고 10월 5일, 문부과학성에서 2006년도 중학교의 역사교과서와 공민교과서의 사용 예정 부수가 발표되자, 새역모 교과서의 채택률이 역사는 0.4%, 공민은 0.2%임이 공식적으로 확인되었다.[25] 결과의 공식집계가 발표되자 『朝日新聞』은 10월 7일자 조간에 「'つくる会'/常識的な採択結果だ」라는 사설을 싣고, "역사를 보는 데에 균형감각이 필요하다는 것이 각지의 교육위원회에 상식으로 정착한 것이 아닌가"라는 논평을 내었다. 그러나 이 사설은 기본적으로 종래의 견해를 되풀이한 것으로 특별히 새로운 내용은 없었다.

2005년의 새역모 교과서 채택을 둘러싼 공방은 이렇게 해서 일단락되었다.

---

23) 앞의 다와라 요시후미의 홈페이지에 의함.

24) 「平成17年度歴史・公民教科書採択結果についての'つくる会'声明」(http://www.tsukurukai.com/02_about_us/05_adopt.html).

25) 『朝日新聞』, 2005. 10. 6.

4. 역사교과서 문제와 일본사회

1996년 12월에 발족한 새역모는 당초 그때까지 우익세력과는 전혀 관계가 없던 지식인과 저명인사 여러 명이 참가해서 주목을 받았다.[26] 발족 당시부터 오늘까지 모임의 중심인 교육학자 후지오카 노부카즈(藤岡信勝), 그리고 만화가 고바야시 요시노리(小林よしのり) 등이 그 대표적 인물이다. 특히 고바야시의 참가는 젊은이들을 새역모로 끌어들이는 데 결정적 역할을 했고, 새역모는 시민운동과 비슷한 스타일로 활동을 시작했다.

그러나 실제 교과서를 만들고 이를 교육현장에 채택시키려는 운동을 전개하면서 점차 기존의 우익과 보수세력의 조직력에 의존하게 되었다. 이미 2001년 채택운동 단계에서 새역모의 지지층 중에 '크리스트 막사(キリストの幕屋)'라는 우익적인 종교조직의 신자가 증가한 것은 "누가 봐도 명백한" 상황이었다.[27]

2001년의 채택운동이 패배하자 이러한 경향에 박차를 가한 것으로 보인다. 2005년 채택운동 때 새역모는 우익세력의 조직인 '일본회의'[28]의 조

---

26) 새역모가 등장하기까지 전후 일본의 우익세력의 한국사 인식에 관해서는 후지나가 다케시(藤永 壯), 「현대 일본 반동 세력의 한국사 인식－일본형 역사수정주의가 등장하기까지－」, 『역사비평』 44(1998. 8)를 참조.

27) 上野陽子, 「〈普通〉の市民たちによる'つくる会'のエスノグラフィー－新しい歴史教科書をつくる会神奈川県支部有志団体'史の会'をモデルに」(小熊英二・上野陽子, 『〈癒し〉のナショナリズム－草の根保守運動の実証研究－』, 慶應義塾大学出版会, 2003), 97～98쪽.

28) 1997년 5월 30일, '일본을 지키는 국민회의'(1981년 결성)와 '일본을 지키는 모임'(1974년 결성)이 통합해서 발족했다. '일본회의'는 자신들의 활동을 다음과 같이 소개하고 있다. "우리들의 국민운동은 지금까지는 메이지(明治)·다이쇼(大正)·쇼와(昭和)의 원호 법제화 실현, 쇼와천황 재위 60년과 금상(今上) 폐하[현재의 천황]의 즉위 등 황실의 경사를 축하하는 봉축운동, 교육의 정상화와 역사교과서의 편찬 사업['일본을 지키는 국민회의'가 편집해 1986년에 교과서 검정을 통과한 고등학교 교과서 『新編日本史』를 가리킴], 종전 50년에 즈음한 전몰자 추도 행사와 아시아 공생의 제전 개최, 자위대PKO활동에 대한 지원, 전통에 근거해 국가이념을 제창한 새헌법의 제창 등, 30여 년에 걸쳐 올바른 일본의 진로를 찾아 힘찬 국민운동을 전국에서 전개해 왔습니다"(「日本会議とは~日本会議のご紹介」 http://www.nipponkaigi.org/0100-toha/0110-syokai.html).

직적 지원을 얻어 채택률을 늘리고자 했다. 그러나 이러한 방침이 2002년 고바야시 요시노리 등 반미지향적인 간부의 탈퇴와 맞물리면서 원래 새역모 지지층이던 이들 중에서 등을 돌리는 사람이 늘어나게 되었다고 보여진다. 2001년 당시 1만 명 이상이던 새역모 회원은 2004년 9월 총회 때에는 7,840명으로 지난번 채택 때보다 회원 수가 30% 정도 줄었다고 한다.[29)]

고바야시 등이 탈퇴한 뒤 개정된 새역모 교과서의 기술은 종래의 반미색이 줄어들어 친미적인 내용으로 변했다. 이것이 개정판 새역모 교과서의 가장 큰 특징이다. 그리고 이러한 기술의 변화는 자민당과 『読売新聞』 등이 새역모 교과서를 지원하기 쉽도록 하는 제반 환경을 만들어냈으리라고 보인다. 이번의 교과서 채택 경쟁에 즈음해 자민당은 "새역모 교과서를 채택시키기 위해 국가와 지방이 일체가 되어 활동할 필요가 있다고 생각했다"고 하며, 또 "자민당이 전면에 나서 수단과 방법을 가리지 않고 압력을 가해 새역모 교과서를 채택시키려고 한 것이 2001년과는 다른 큰 특징이었다"고 한다.[30)] 요컨대 새역모는 종래의 우익 보수 세력과 동맹관계에 의존해 2005년의 교과서 채택 경쟁에 임했던 것이다. 그러나 2005년에 또다시 패배한 새역모는 내분으로 분열되었고, 현재는 이전의 동지들이 서로 욕하며 추잡한 싸움질을 벌이고 있다는 이야기가 한국에도 전해졌을 것이다.[31)]

---

29) 俵義文, 「'つくる会'教科書の採択をめぐる状況と阻止活動の現状と展望」, 『マスコミ市民』 438, 2005. 7, 39쪽.

30) 俵義文, 「'つくる会'教科書を撃退した市民の力」, 『世界』 744, 2005. 10, 21~22쪽. 다와라는 구체적으로 다음과 같은 상황을 소개하고 있다. "자민당 본부의 지시나 새역모의 메뉴얼을 받아 각지의 의회에서 자민당 의원이 새역모 교과서의 채택을 유리하게 하는 발언을 하는 한편, 새역모 측의 청원을 채택해 교육위원회에 압력을 가했다. …… 각지에서 자민당 지방조직의 주최로 새역모 교과서 채택 촉진 집회를 개최하고, 자민당의 국회의원이 지방정부의 교육장에게 새역모 교과서를 채택하도록 편지를 보내 압력을 가했다. 또한 나카야마 나리아키(中山成彬) 문부과학상이나 마치무라 노부타카(町村信孝) 외상이 여러번 새역모를 지지하는 발언을 했다."

그러나 사태를 낙관해서는 안 된다. 새역모에서 떨어져나가기는 했지만 반진보파, 반인권파, 반한국, 반중국의 의식 구조가 젊은층을 중심으로 일본사회 안에 깊게 뿌리를 내리고 있기 때문이다. 예컨대 2005년 7월, 교과서 채택을 둘러싼 공방이 펼쳐지는 가운데 한국과 한국인에 대한 차별의식을 노골적으로 드러낸 『マンガ 嫌韓流』(晋遊社)라는 책이 시판되었는데, 엄청난 판매부수를 기록해 화제가 되었다.[32] 일찍이 새역모의 사무국장을 지낸 민속학자 오즈키 다카히로(大月隆寛)는 새역모를 지지하던 젊은이의 "후예들이 지금 『マンガ 嫌韓流』의 몇십 만 독자 속에 확실히 존재한다"고 말했다.[33] 이 견해는 아마 옳을 것이다.

또한 정신과 의사인 가야마 리카(香山リカ)는 "일견 양극단으로 보이는, 기운 없는 젊은이들과 내셔널리스틱한 행동을 취하는 젊은이들 …… 이 두 부류의 젊은이들이 동시에 증가하고 있다는 점부터, 이 두 부류는 상관관계가 있다"고 지적했다.[34] 많은 논자도 이 같은 견해를 표명했는데,[35]

---

31) 새역모의 내분에 관해서는 「新・新しい教科書, 誕生の内幕－'新しい歴史教科書をつくる会', 内紛最終章－」, 『AERA』 19(32), 2006. 7. 3 ; 「右派論壇, 仁義なき戦い－'つくる会'分裂だけじゃない－」, 『AERA』 19(56), 2006. 12. 4 ; 俵義文, 「'つくる会'の内部抗争の歴史と今回の内紛」(http://www.linkclub.or.jp/~teppei-y/tawara%20HP/2006.3.17/2.html) 등을 참고할 것.

32) 2006년 2월에 속편인 『マンガ 嫌韓流 2』가 간행되었다. 2006년 7월 1일 현재, 1~2권 합해 총 발행 부수가 67만 부라고 한다. 한편, 이 만화에 관해서는 太田修・朴一ほか, 『"マンガ嫌韓流"のここがデタラメ』(コモンズ, 2006), 田中宏・板垣竜太 編, 『日韓 新たな始まりのための20章』(岩波書店, 2007) 등이 그 문제성을 검토하고 있다.

33) 大月隆寛, 「ベストセラー漫画『嫌韓流』は『ゴー宣』よりスゴイんです」, 『諸君!』 37(10), 2005. 10, 169~170쪽.

34) 香山リカ, 「若者はなぜナショナリズムに惹かれるのか－〈私〉探しと愛国心－」, 『クレスコ』 58, 2006. 1, 5쪽. 그런데 현재 일본사회에서 '내셔널리즘'이라는 말은 민족주의와 국가주의 양자를 통합적・융합적으로 칭하는 말로 사용되는 경우가 많다. 민족주의와 국가주의가 상황에 따라 대립할 가능성이 있는 한국과는 사정이 상당히 다르다는 점에 주의해야 한다.

35) 예를 들면 일본 근대사연구자인 오비나타 스미오(大日方純夫)도 다음과 같은 견해를 밝히고 있다. "젊은 세대 안에는 이것[전쟁을 긍정하는 조류]을 일종의 새로움으로 받아들이는 듯한 감각이 있는 게 아닌가 합니다. 현상을 덮고 있는 폐색감 속에서 자기(자국의

필자도 같은 의견이다. 일본의 젊은이들의 '기운 없음'은 분명히 장래에 대한 희망을 가질 수 없다는 점에서 기인하는 것이어서, 이 점의 분석과 극복이 이루어지지 않으면 배외주의적 역사인식의 만연을 막을 수 없을 것이다.

이러한 현상에 직면해 역사연구의 입장에서 문제의 본질을 명확히 하려고 한 것이 『歴史評論』 제670호(2006. 2)의 특집 「歴史の改ざんを支えるもの」이다. 이 특집에서는 " 새역모의 주장이 어느 정도 국민의 지지를 받고 있고, 그 구조를 무너뜨릴 수 없는 현실이 존재하는 것도 사실이다. 새역모 교과서의 배경에는 배외적 내셔널리즘과 시장주의의 융합을 허용하는 일본 국민의 정치적, 경제적, 정신적 구조가 있다"라는 인식 아래, 오늘날 일본사회에 퍼져있는 "신자유주의적 세계화와 배외적 내셔널리즘은 원래 서로 상반된 것으로 보이는데도 기묘하게 상호보완하고 있는 실태"를 검토했다.[36)]

특집 좌담회에서 야스다 히로시(安田浩, 일본근대사)는 마미야 요스케(間宮陽介, 경제학)의 견해를 부연하면서 일본에서 1980년대 나카소네 야스히로(中曾根康弘) 정권 이후, "신자유주의적 개혁을 밀어붙인 결과 사회적 격차가 확대되었고 이로써 강고한 사회적 상층이 출현했다"고 지적했다. 그리고 "이 10년 사이에 사회적 하층의 저변도 넓어졌고", "게다가 젊은 층에 편중되어, 미래에 전망을 가질 수 없는 젊은이가 늘어났다." 그리고 "이러한 경쟁과 사회적 격차가 확대된 결과, 다른 사람에 대한 공격성이 대단히 높아졌다"고 분석했다. 따라서 "내셔널리즘과 신자유주의를 대립적으로 볼 것이 아니라 …… 보완적인 형태로 게다가 논리적 관련을 가지

과거)의 정당성을 단언하는 것에는 욕구불만을 해소하는 어떤 기능이 있는 건지도 모르겠습니다. 또 자신상실 · 자기상실이 현저한 시대에 정체성을 회복시키는 작용이 있는 건지도 모르겠습니다"(吉岡吉典 · 大日方純夫 · 石山久男, 「座談会 歴史認識と東アジア」, 『経済』 123, 2005. 12, 29~30쪽).

36) 「特集にあたって」, 『歴史評論』 670, 2006. 2, 2쪽.

고 있다고 봐야 한다"고 결론짓고 있다.[37)]

이러한 분석은 "미래에 전망을 가질 수 없는 젊은이" 자신들의 주장과도 일치한다. 1975년생으로 월급 10만 엔이 조금 넘는 아르바이트 생활을 할 수밖에 없는 아카기 도모히로(赤木智弘)는 "평화스런 사회를 목표로 한다는, 일견 지극히 온당하고 양식적인 슬로건은 실은 사회의 모순을 포스트 거품경제 세대, 거품경제 경기가 붕괴된 1990년대 전반부터 2000년대 전반까지의 취직난 시기에 사회에 나온 1970년대생이 중심인 세대에게 떠넘기고, 이들 세대 이전의 경제성장 세대에게만 형편이 좋은 사회의 달성을 지향하는 게 아닌가 하는 생각이 든다. 이러한 어찌할 수 없는 불평등감이 쌓인 결과, 포스트 거품경제 세대의 약자인 젊은이들이 향하는 길의 하나가 '우경화'다"고 관찰한다. 아카기는 고이즈미(小泉) 정권이 "개혁이라는 이름 아래 격차확대 정책을 추진했다"고 인정하면서, 정부의 기득권 파괴 주장이 경제적 약자가 된 젊은이들의 기대를 모았다고 보았다. 그리고 젊은이들은 "한국, 중국, 북한과 같은 아시아의 나라들을 깔보며 일본의 군국화를 지지함으로써 결과적으로 신보수주의 · 신자유주의 정권을 지탱하기"도 했던 것이다.

그리고 아카기는 다음과 같이 말한다.

> 평화가 계속되면 이러한 불평등이 평생 계속될 것이다. 이러한 폐색 상태를 타파하고, 유동성을 만들어 줄지도 모를 무엇인가, 그 가능성의 하나가 전쟁이다. …… 반전평화라는 슬로건이야말로 우리들을 평생 빈곤 속으로 밀어 넣는 '가진 자'의 오만함이라고 이해하고 있다.[38)]

37) 間宮陽介 · 安田浩 · 吉田裕 · 源川真希, 「座談会'歴史の改ざん'にひそむもの－'現代の野蛮'に向き合って－」, 『歴史評論』 670, 2006. 2, 12쪽.

38) 赤木智弘, 「'丸山眞男'をひっぱたきたい－31歳フリーター. 希望は, 戦争.－」, 『論座』 140, 2007. 1, 57～59쪽.

이처럼 신자유주의적 정치개혁이 사회의 유동화를 기대하는 젊은이들을 우경화시키고 평화 질서를 파괴하는 위험한 올가미로 끌어들이는 것이, 현재 일본사회의 상황이다.

한편, 앞에서 언급한 좌담회에서 미나가와 마사키(源川真希, 일본근대사)는 '현대 역사학의 문제'로 "종래 네오리버럴리즘을 역사학의 과제로 분석하려는 것에 관심이 낮았던 건 무엇 때문인지", 또 '국민국가' 비판이 "국민국가의 억압성을 파헤쳤다는 의의는 높게 평가해야 할" 일이지만, "국민 혹은 국민국가의 해체라는 논의가 시장화, 세계화를 뒤에서 미는 역할을 한 측면은 없는가" 하는 문제제기를 했다.[39] 이는 일본 역사학계에서 오랫동안 지지를 얻어 온 '국민국가' 비판 논리를 신자유주의의 확대를 지탱한 한 요인으로 상대화해서 재평가하려는, 주목할 만한 문제제기라고 생각된다.

5. 맺음말

오늘날 일본사회에는 신자유주의＝시장경제지상주의와 미국 주도의 세계화에 대한 뿌리 깊은 반발이 있다. 그러나 솔직히 말해 신자유주의에 대항할 만한 유효한 대안이 준비되지 않았음을, 유감스럽지만 인정하지 않을 수 없다. 이러한 가운데 내셔널리즘이 신자유주의와 상호보완적인 연관성을 갖고 등장한다면, 이를 극복하는 일은 결코 쉽지 않을 것이다.

배외주의적이고 국가지상주의적인 역사인식을 극복하기 위한 즉효약은 눈에 띄지 않는다. 젊은이들에게 파고드는 배외의식과 차별의식의 원인을 다양한 관점에서 밝혀내고, 끈질기게 대응해가는 것 이외에는 방법이 없

39) 間宮陽介 · 安田浩 · 吉田裕 · 源川真希, 「座談会'歴史の改ざん'にひそむもの－'現代の野蛮'に向き合って－」, 4~5쪽.

는 듯하다. 그런 의미에서 한국을 비롯한 여러 외국의 시민들이 일본의 민주주의의 위기에 대해 많은 관심을 가져 주었으면 하고 바라지 않을 수 없다. 일본의 민주주의의 붕괴가 동아시아의 평화와 우호를 저해하는 결정적 요인이 된다는 사실을 우리들은 바로 역사의 교훈에서 배웠다.

일본의 중학교 역사교과서에 대한 다음 검정은 2008년도에 실시될 예정이다. 그렇다면 2009년 여름에는 세 번째로 교과서 채택을 둘러싼 공방전이 벌어지게 될 가능성이 아주 높다. 현대 일본에서 민주주의의 시금석이라고 할 수 있는 '기억의 내전'의 행방은 아직 예측을 불허하는 상황이다.

참고문헌

「'つくる会' / 常識的な採択結果だ」,『朝日新聞』, 2005. 10. 7.
「'つくる会':こんな教科書でいいのか」,『朝日新聞』, 2005. 4. 6.
「社説検証 靖国と歴史認識(3-1)」,『産経新聞』, 2005. 10. 18.
「産経社説:'封殺'の意味をご存じか」,『朝日新聞』, 2005. 4. 10.
「産経社説:こちらこそ驚いた」,『朝日新聞』, 2005. 4. 8.
「朝日社説:本質をそらしてはいけない」,『産経新聞』, 2005. 4. 9.
「中学校教科書:脱ゆとりでどこへ行く」,『北海道新聞』, 2005. 4. 6.
「中学校教科書検定:語り継ぐ大切さ再確認を」,『琉球新報』, 2005. 4. 7.
「中学教科書:記述の是正はまだ不十分」,『産経新聞』, 2005. 4. 6.
「中学教科書検定:考える力どう育てるか」,『中国新聞』, 2005. 4. 7.
「教科書問題:驚かされた朝日新聞社説」,『産経新聞』, 2005. 4. 7.
「教科書採択 / こんなやり方でいいのか」,『朝日新聞』, 2005. 7. 30.
「教科書検定:異論を尊ぶ姿勢がない」,『京都新聞』, 2005. 4. 7.
「教科書検定:国の関与, 薄める工夫を」,『毎日新聞』, 2005. 4. 6.
「歴史教科書:検定, 採択は日本の国内問題だ」,『読売新聞』, 2005. 4. 6.
「歴史教育問題 / 教科書も読まずに批判するとは」,『読売新聞』, 2005. 5. 26.
「インフォメーション:扶桑社の教科書に反対するアピール」,『毎日新聞』, 2005. 5. 2.

후지나가 다케시(藤永 壯), 「현대 일본 반동세력의 한국사 인식-일본형 역사 수정주의가 등장하기까지-」, 『역사비평』 44, 1998.

「'つくる会'教科書をめぐる文科省・公取委への告発文書」,『季刊戦争責任研究』 48, 2005.

「新・新しい教科書, 誕生の内幕-'新しい歴史教科書をつくる会', 内紛最終章-」,『AERA』 19(32), 2006.

「右派論壇，仁義なき戦いー'つくる会'分裂だけじゃないー」，『AERA』 19(56)，2006.

「特集にあたって」，『歴史評論』 670，2006.

間宮陽介・安田浩・吉田裕・源川真希，「座談会'歴史の改ざん'にひそむものー'現代の野蛮'に向き合ってー」，『歴史評論』 670，2006.

吉岡吉典・大日方純夫・石山久男，「座談会 歴史認識と東アジア」，『経済』 123，2005.

大月隆寛，「ベストセラー漫画『嫌韓流』は『ゴー宣』よりスゴイんです」，『諸君!』 37(10)，2005.

山田邦明，「2006年度歴史学研究会大会報告主旨説明〈特設部会〉歴史研究と教科書叙述」，『歴史学研究』 814，2006.

上杉聰，「よりよい教科書をつくろう(9) 'つくる会'の惨敗と反対運動のこれから」，『教育評論』 704，2005.

石山久男，「侵略戦争を賛美し，憲法を否定する異常な'教科書'ー'新しい歴史教科書をつくる会'歴史・公民教科書批判ー」，『前衛』 791，2005.

赤木智弘，「'丸山眞男'をひっぱたきたいー31歳フリーター．希望は，戦争．ー」，『論座』 140，2007.

八木秀次，「歴史教科書採択はどう行われたのかー子供たちに"輝く虹"を見せようー」，『改革者』 545，2005.

八木秀次・岡崎久彦，「『新しい歴史教科書』は九〇点ー中韓が望む歴史解釈を日本の子どもに押し付けるなー」，『Voice』 329，2005.

俵義文，「'つくる会'教科書の採択をめぐる状況と阻止活動の現状と展望」，『マスコミ市民』 438，2005.

俵義文，「'つくる会'教科書を撃退した市民の力」，『世界』 744，2005.

俵義文，「緊急寄稿'つくる会'教科書がふさわしくないこれだけの理由」，『サンデー毎日』 84(36)，2005.

香山リカ，「若者はなぜナショナリズムに惹かれるのかー〈私〉探しと愛国心ー」，

『クレスコ』58, 2006.

「新しい歴史教科書をつくる会 趣意書」
http://www.tsukurukai.com/02_about_us/01_opinion.html.

「日本会議とは~日本会議のご紹介」
http://www.nipponkaigi.org/0100-toha/0110-syokai.html.

「平成17年度歴史・公民教科書採択結果についての'つくる会'声明」
http://www.tsukurukai.com/02_about_us/05_adopt.html.

小熊英二・上野陽子,『〈癒し〉のナショナリズム－草の根保守運動の実証研究－』, 慶應義塾大学出版会, 2003.

櫻田武・鹿内信隆,『いま明かす戦後秘史』, サンケイ出版, 1983.

子どもと教科書全国ネット21, 『ここが問題「つくる会」教科書－新版歴史・公民教科書批判－』, 大月書店, 2005.

田中宏・板垣竜太 編,『日韓 新たな始まりのための20章』, 岩波書店, 2007.

太田修・朴一ほか,『"マンガ嫌韓流"のここがデタラメ』, コモンズ, 2006.

俵義文,『あぶない教科書NO!－もう21世紀に戦争を起こさせないために－』, 花伝社, 2005.

歴史学研究会 編,『"新しい歴史教科書"の問題点』, 歴史学研究会, 2005.

歴史学研究会 編,『歴史研究の現在と教科書問題－「つくる会」教科書を問う－』, 青木書店, 2005.

文部科学省 http://www.mext.go.jp/

日本史研究会 http://wwwsoc.nii.ac.jp/jhs/

朝鮮史研究会 http://wwwsoc.nii.ac.jp/chosenshi/

俵義文のホームページ http://www.linkclub.or.jp/~teppei-y/tawara%20HP/

대만사회의 시선

주더란(朱德蘭)*

1. 머리말

인류 사회는 다양한 종족, 피부색, 언어, 사상을 가진 '타자(他者)'로 이루어진 집단으로서, 역사학은 시공간과 인간이 서로 어떻게 영향을 미치면서 인류 생활을 함께 창조하고 변화시키는가를 탐구하는 학문이다. 따라서 객관적이고 공정한 역사교과서를 편찬하여 올바른 역사인식을 전달함으로써 학생들이 인류의 교류 과정에서 성공과 실패의 경험을 배우도록 하고, 서로 돕는 인류애와 대립과 충돌로 인한 불행을 이해하도록 하며, 역사에서 교훈을 취하여 정의롭고 올바른 보편적 가치관을 정립하도록 함으로써 인류의 평화와 발전을 촉진하는 것은 교육에 관심이 있는 사람이라면 누구나 진지하게 고민해야 할 문제일 것이다.

* 대만중앙연구원(台灣中央研究院) 교수.

본고는 역사교육의 중요성을 감안하여, 2005년 일본정부가 검정한 중학교 역사교과서 문제를 연구 대상으로 삼아 대만의 시각에서 살펴볼 것이다. 먼저, 일본 역사교과서의 기술을 통해 나타나는 '대만'의 이미지를 살펴보고, 이어 대만 관련 일본 역사교과서 기술이 갖는 문제점을 하나하나 짚어보겠다.

2. '대만'에 대한 일본 역사교과서의 기술

2002년 대만 교육부는 2001년 일본정부가 검정한 중학교 역사교과서 내용이 국제사회의 강력한 비난을 초래한 이유를 연구하기 위해, 일본정부가 검정한 8종의 중학교 역사교과서 가운데 중국과 대만에 관한 기술 내용을 분석하기 위한 목적으로 '일본 중학교 역사교과서 연구팀'의 조직을 중앙연구원 근대사연구소에 위촉하였다. 연구팀은 근대사연구소의 연구원인 장위파(張玉法) 교수, 천산징(陳三井) 교수, 이언한(李恩涵) 교수, 뤼팡상(呂芳上) 교수, 황쯔진(黃自進) 교수 및 국립정치대학의 좐치이(傅琪貽) 교수로 구성되었다. 필자 역시 두 차례의 토론회에 참가 요청을 받았다. 연구 결과, 후소샤(扶桑社)에서 펴낸 교과서의 경우 역사적 사실을 심각하게 왜곡한 13곳의 기술에 대해 수정을 요구하였고, 기타 7개 출판사의 경우에도 역사적 사실에 부합하지 않는 내용에 대해서 발췌 설명하고 수정할 것을 요구하였다.[1)]

일본이 대만을 식민통치한 51년간(1895~1945년)과 2차 대전이 끝난 이후부터 지금까지 일본과 대만의 긴밀한 교류관계를 보면, 대만은 일본 근현대사 발전 과정에서 중요한 구성 부분이었음을 부정할 수 없다. 그렇다면

1) 황쯔진 교수는 2002년 '일본 중학교 역사교과서 연구팀'의 의견에 따라 대만 교육부 참고용으로 「日本中學歷史教科書研究小組」를 정리 편찬하였으나 공개 발표되지는 않았다.

일본 중학교 역사교과서는 대만을 어떻게 기술하고 있을까? 일본 역사에서 대만의 위치는 어떠한가? 이러한 질문들은 관심을 기울일 만한 가치가 있는 주제이다. 다음은 2001년판 중학교 역사교과서를 수정하여 2005년 일본정부의 검정을 통과한 8개 출판사의 교과서를 중심으로 일본 교과서에 기록된 대만의 이미지를 살펴보고자 한다.

1) 扶桑社 : 대만에 대한 기술은 모두 여섯 군데 있다.[2)]

▮ 대만 출병과 류큐(琉球)

2005년 신판 교과서 150~151쪽에서 목단사(牡丹社)사건과 대만 출병 및 류큐 처리에 관해 간략하게 다루고 있다. 내용은 2001년 검정본 199쪽과 동일하다.

▮ 시모노세키조약(下関條約)과 3국간섭

2005년 신판 교과서 164쪽에서 청이 대만을 일본에 할양하였다고 간략하게 소개하고 있다. 내용은 2001년 검정본 218쪽과 거의 비슷하다.

▮ 인물 칼럼 "대만의 개발과 야츠다 요이치(八田與一)"

2005년 신판 교과서 171쪽. 2001년 검정본에는 없던 내용이다.

▮ 전시 생활

2005년 신판 교과서 208쪽에서 전쟁 막바지 조선과 대만에서의 징병과 자원 징발 상황을 간략하게 소개하였다. 내용은 2001년 검정본 287쪽과 거의 비슷하다.

---

2) 西尾幹二 外 13人(著), 『新しい歴史教科書』, 扶桑社, 2002. 이 부분은 2001년 일본정부 검정 당시 교과서를 인용한 것으로, 이 책의 내용과 검정 이후 수정을 거쳐 2002년 출판된 페이지 수에는 약간의 차이가 있다. 이 밖에 藤岡信勝 外 11人(著), 『改訂版 新しい歴史教科書』, 扶桑社, 2006 참고.

▌국제연합과 냉전의 시작

2005년 신판 교과서 216쪽에서 국공내전, 중화인민공화국 탄생 및 국민당의 대만 이전을 간략하게 기술하였다. 2001년 검정본 302쪽의 내용을 약간 수정하였다.

▌외교관계의 진전

2005년 신판 교과서 221쪽에서 일본과 중국의 국교 수립과 일본과 대만의 국교 단절을 간략하게 소개하였다. 내용은 2001년 검정본 316쪽과 거의 비슷하다.

2) 清水書院 : 대만에 대한 기술은 모두 여덟 군데 있다.[3)]

▌오키나와현 탄생

2005년 신판 교과서 155쪽에서 일본의 대만 정벌을 간략하게 소개하고 있다. 내용은 2001년 검정본 139쪽과 거의 비슷하다.

▌일청전쟁과 일러전쟁

2005년 신판 교과서 166쪽에서 청이 시모노세키조약에 서명하여 대만을 일본에 할양했다고 간략하게 소개하고 있다. 내용은 2001년 검정본 150쪽과 거의 비슷하다.

▌일본의 식민지지배

2005년 신판 교과서 168쪽에서 총독통치, 토지제도 및 일본어 초등 교육 실시를 간략하게 기술하고 있다. 내용은 2001년 검정본 152쪽과 거의 비슷하다.

---

3) 大口勇次郎 · 西脇保幸 · 中村研究一 外 12人(著), 『新中學校 歷史 日本の歷史と世界』, 清水書院, 2002 ; 大口勇次郎 · 中村研一 外 8人(著), 『新中學校 歷史 改訂版 日本の歷史と世界』, 清水書院, 2006.

전쟁과 이웃 국가들

2005년 신판 교과서 203쪽에 일본이 조선과 대만에서 징병제를 실시했다고 간략하게 소개하고 있다. 내용은 2001년 검정본 188쪽과 거의 비슷하다.

전쟁과 민중 및 전후보상 과제

2005년 신판 교과서 204쪽에서 일본이 식민지에서 실시한 징병과 자원 징용 및 전후 사죄와 보상문제를 간략하게 기술하였다. 내용은 2001년 검정본 189쪽과 거의 비슷하지만, 사죄와 보상문제는 기술하지 않았다.

일본의 패전

2005년 신판 교과서 207쪽에 일본의 침략전쟁이 교전국과 조선인 및 대만인에게 상처를 입혔다고 간략하게 기술하였다. 내용은 2001년 검정본 191쪽과 거의 비슷하다.

아시아 각국의 독립

2005년 신판 교과서 214쪽에 중화인민공화국의 출범과 더불어 국민당이 대만으로 이전한 사실을 간략하게 소개하였다. 내용은 2001년 검정본 198쪽과 거의 비슷하다.

중일 국교 정상화

2005년 신판 교과서 222쪽에 중화인민공화국이 유엔에서 대표권을 얻게 되고 일본과 대만이 국교를 단절했다고 간략하게 기술하였다. 내용은 2001년 검정본 204쪽의 "중일 국교 회복"과 거의 비슷하다.

3) 教育出版株式會社 : 대만에 대한 기술은 여섯 군데 있다.[4]

국경의 확정과 오키나와

2005년 신판 교과서 121쪽에서 일본의 대만 정벌을 간략하게 소개하였다. 내용은 2001년 검정본 147쪽과 거의 비슷하다.

▮ 청일전쟁과 시모노세키조약

2005년 신판 교과서 127쪽에서 청이 대만을 일본에 할양하였다고 간략하게 소개하였다. 내용은 2001년 검정본 157쪽과 거의 비슷하다.

▮ 대만의 식민지화

2005년 신판 교과서 127쪽에서 대만 총독의 통치 조치, 대만의 독립운동 및 전시에 수많은 대만 사람이 전쟁터에서 일본의 군무(軍務)에 협조한 사실을 간략하게 기술하였다. 내용은 2001년 검정본 163쪽 내용과 거의 비슷하다.

▮ 황민화정책

2005년 신판 교과서 167쪽에 조선에서 일본이 실시한 황민화정책을 주로 기술하고 있다. 내용은 2001년 검정본 196쪽과 거의 비슷하다.

▮ 조선과 대만

2005년 신판 교과서 173쪽에서 전쟁 말기 일본이 대만에서도 징병제를 실시했다고 간략하게 기술하고 있다. 내용은 2001년 검정본 204쪽과 거의 비슷하다.

▮ 아시아의 독립과 중국, 조선

2005년 신판 교과서 184쪽에서 일본과 대만의 국교 단절을 간략하게 기술하였다. 내용은 2001년 검정본 212쪽과 거의 비슷하다.

---

4) 笹山晴生・阿部齊・奥田義雄 外 39人(著),『中學社會 歷史 未來をみつめて』, 教育出版株式會社, 2002 ; 笹山晴生・竹内啓一・阿部齊 外 39人(著),『中學社會 歷史 未來をみつめて』, 教育出版株式會社, 2006.

4) **東京書籍 :** 대만에 대한 기술이 극히 적은 편으로 네 곳에 불과하다.[5)]

▮ 오키나와현

2005년 신판 교과서 149쪽에서 일본의 대만 정벌을 간략하게 소개하였다. 내용은 2001년 검정본 133쪽과 거의 비슷하다.

▮ 청일전쟁

2005년 신판 교과서 156쪽에서 청이 시모노세키조약에 서명하고 대만을 일본에 할양하였다고 간략하게 소개하였다. 내용은 2001년 검정본 140쪽과 거의 비슷하다.

▮ 강제적 통제 경제

2005년 신판 교과서 189쪽에서 일본이 조선에서 황민화를 추진하였으며 또한 대만에서도 황민화를 추진하였다고 간략하게 기술하였다. 내용은 2001년 검정본 171쪽과 거의 비슷하다.

▮ 일본의 항복

2005년 신판 교과서 195쪽에서 2차 세계대전이 끝나고 동남아시아 각국, 조선, 대만이 모두 해방되어 독립의 길로 향했다고 간략하게 기술하였다. 내용은 2001년 검정본 177쪽과 거의 비슷하다.

5) **帝國書院 :** 대만에 대한 표제 열한 군데서 언급하고 있어 많기는 하지만, 내용은 매우 간략하다.[6)]

▮ 국경과 영토

2005년 신판 교과서 157쪽에 일본의 대만 정벌을 간략하게 소개하였

---

5) 田邊裕 外 37人(著), 『新しい社會 歷史』, 東京書籍株式會社, 2002 ; 五味文彦 · 齋藤功 · 高橋進 外 45人(著), 『新編新しい社會 歷史』, 東京書籍株式會社, 2006.

다. 내용은 2001년 검정본 157쪽과 거의 비슷하다.

▌청일전쟁

2005년 신판 교과서 171쪽에 청이 시모노세키조약에 서명하여 대만을 일본에 할양하였다고 간략하게 소개하였다. 내용은 2001년 검정본 167쪽과 거의 비슷하다.

▌조선, 대만, 만주 정책

2005년 신판 교과서 175쪽에서 일본 기업이 식민지 대만에서 설탕 산업을 주로 장악했다고 간략하게 소개하였다. 내용은 2001년 검정본 171쪽과 거의 비슷하다. 이 표제의 경우, 일본 식민지 역사의 선후 순서로 볼 때 대만을 조선 앞에 두어야 역사적 사실에 부합된다.

▌식민지와 점령지의 모습

2005년 신판 교과서 209쪽에서 전시 일본이 대만에서 진행한 황민화 정책을 간략하게 기술하였다. 내용은 2001년 검정본 207쪽과 거의 비슷하다.

▌전시 사람들의 생활

2005년 신판 교과서 210쪽에서 전시 일본이 대만과 조선에서도 징병제를 실시했다고 간략하게 기술하였다. 내용은 2001년 검정본 208쪽과 거의 비슷하다.

▌전쟁터로 변한 오키나와

2005년 신판 교과서 211쪽에서 1944년 오키나와 아동과 노인이 큐슈와 대만 등지로 소개되었다고 간략하게 언급하였다. 내용은 2001년 검

---

6) 里田日出男 · 小和田哲男 · 成田龍一 · 里井洋一 · 真榮平房昭 · 仁藤敦史 · 土屋武志 · 梅津正美 外(著),『ここまで変わった 中學校社會科歷史』, 帝國書院, 2002 ; 里田日出男 · 小和田哲男 · 成田龍一 · 里井洋一 · 真榮平房昭 · 仁藤敦史 · 土屋武志 · 梅津正美 外(著),『社會科 中學生の歷史 日本の歩みと世界の動き』, 帝國書院, 2006.

정본 209쪽과 거의 비슷하다.

전쟁의 종결

2005년 신판 교과서 214쪽에서 제2차 세계대전이 끝나고 식민지 조선과 대만 및 일본군에게 점령당한 중국, 동남아 등지의 민중들이 모두 해방을 기뻐했다고 간략하게 기술하였다. 내용은 2001년 검정본 212쪽과 거의 비슷하다.

전후의 시작

2005년 신판 교과서 215쪽에서 전후 전쟁터에서 송환된 일본 병사와 만주, 조선, 대만에서 일본으로 돌아온 사람들이 있었다고 간략하게 기술하였다. 내용은 2001년 검정본 213쪽과 거의 비슷하다.

평화조약의 체결과 국제연맹 가입

2005년 신판 교과서 224쪽에서 1951년 일본이 조선의 독립을 승인하고 대만, 치시마 열도, 남사할린섬을 포기하였다고 간략하게 기술하였다. 2001년 검정본 217쪽에서는 조선이 독립하였다고 기술했을 뿐, 일본이 대만 등지를 포기하였다는 내용은 없었다.

일본과 아시아

2005년 신판 교과서 228쪽에서 1972년 일본과 중국의 국교 수립과 대만의 국민당정부와의 국교 단절을 간략하게 기술하였다. 이 부분에서 국민정부는 국민당정부라고 수정되어야 정확할 것이다. 2001년 검정본 220쪽에서는 일본과 대만의 국교 단절을 기재하지 않았다.

전후보상과 이웃나라

2005년 신판 교과서 231쪽 각주 1)에서 전시 위안시설에 보내진 여성과 일본군으로 징집된 조선과 대만의 남성 등에 대한 보상을 요구하는 소송이 재판 중이라고 기술하였다. 내용은 2001년 검정본 221쪽과 거의 비슷하다.

6) 大阪書籍 : 대만에 대한 기술은 모두 여섯 군데 있다.[7)]

▌류큐에서 오키나와까지

2005년 신판 교과서 145쪽에서 류큐 어민(정확하게는 표류민이 되어야 한다)이 대만에서 피살되자 1874년 일본이 대만을 정벌하고 청이 전쟁 배상금을 지불하였다고 간략하게 기술하였다. 내용은 2001년 검정본 119쪽과 거의 비슷하다.

▌시모노세키조약과 3국간섭

2005년 신판 교과서 157쪽에서 일본이 대만을 획득하고 무력으로 대만인의 저항운동을 진압하였으며 대만 총독부를 두고 군인을 총독으로 임명하여 대만을 식민지통치하였다고 간략하게 소개하고 있다. 내용은 2001년 검정본 131쪽과 거의 비슷하다.

▌한국병합

2005년 신판 교과서 160쪽에서 주로 일본의 조선 병합과 동화정책을 기술하고 있다. 대만에 대해서는 "마찬가지로 대만에서도 동화정책을 시행하였다"고 간단하게 한 마디 언급하고 있을 뿐이다. 내용은 2001년 검정본 134쪽과 거의 비슷하다.

▌조선과 대만 및 통일을 추진하는 중국

2005년 신판 교과서 191쪽의 기술은 다음과 같다. "제1차 세계대전이 끝나고 세계 각지에서 민족 자결의 바람이 불면서 일본 식민지였던 조선과 대만의 사회 불안 분위기가 고조되었다. 1929년 조선에서 일본 학

---

7) 熱田公 外 13人(著), 『中學社會 歷史的分野』, 大阪書籍株式會社, 2002 ; 鈴木正幸 外 13人(著), 『中學社會 歷史的分野研究と資料』, 大阪書籍株式會社, 2006.

생의 모욕적인 언행에 항의하는 광주학생사건이 발생하였다. 이듬해(1930) 대만 우서(霧社) 지역의 주민이 노역에 저항하면서 일본 경찰서와 학교를 습격하였다." 첨부 자료로서 당시 우서사건을 보도한 신문을 인용하고 있다. 보도 제목은 "대만 야만인의 폭동 연속 보도, 내지인 다수 피살, 우서 부락 전멸"이다. 이 밖에 편집자 주에서는 "이 뉴스는 저항운동에 대한 차별 보도이다"라고 적고 있다. 내용은 2001년 검정본 161쪽과 거의 비슷하다.

▮ 아시아와 태평양의 전쟁

2005년 신판 교과서 200쪽은 전시 일본정부가 병력 보충을 위해 조선과 대만에서도 징병제를 실시하여 일본군으로 전쟁터에 보냈다고 간략하게 기술하고 있다. 내용은 2001년 검정본 170쪽과 거의 비슷하다.

▮ 평화조약을 체결하지 않은 국가

2005년 신판 교과서 219쪽에서 평화조약을 체결하지 않고 교전국과 군사 동맹을 맺지 않도록 일본에 요구한 나라들이 있으며, 나중에 일본은 인도, 미얀마, 대만(국민당정부)과 각각 평화조약을 체결하였다고 간략하게 기술하고 있다. 내용은 2001년 검정본 189쪽과 거의 비슷하다.

7) 日本書籍新社 : 대만에 대한 기술은 모두 네 군데 있다.[8)]

▮ 중국과 조선의 관계

2005년 신판 교과서 129쪽에서 일본이 대만인의 류큐 표류민 살해를 이용해 거병하여 대만을 정벌하였다고 간략하게 소개하였다. 내용은 2001년 검정본 129쪽과 거의 비슷하다.

---

8) 兒玉幸多 · 峯岸賢太郎 外 15人(著), 『わたしたちの中學社會 歷史的分野』, 日本書籍新社, 2002 ; 峯岸賢太郎 外 13人(著), 『わたしたちの中學社會 歷史的分野』, 日本書籍新社, 2006.

▌청일전쟁

2005년 신판 교과서 159쪽에서 청이 시모노세키조약을 체결해 대만을 일본에 할양한 이후, 일본이 파병하여 대만의 독립운동을 진압하고 식민지통치를 시작하였다고 간략하게 소개하였다. 내용은 2001년 검정본 141쪽과 거의 비슷하다.

▌전쟁을 향하여

2005년 신판 교과서 199쪽에서 일본이 대만에서 황민화정책을 강제 추진하였다고 간략하게 소개하였다. 내용은 2001년 검정본 177쪽과 거의 비슷하다.

▌물거품이 된 대동아공영권

2005년 신판 교과서 202, 205, 207쪽에서 일본이 비록 식민지를 해방하겠노라고 선전했지만 조선과 대만을 독립시키지 않았고, 병력 부족으로 1943년에는 조선에서, 1944년에는 대만에서 징병제를 시행하였으며, 이번 전쟁에서 일본 군인과 민간인의 사망자 수가 310만 명이고 여기에는 조선인과 대만인 5만 명이 포함된다고 간략하게 기술하고 있다. 내용은 2001년 검정본 180, 183, 185쪽과 거의 비슷하다.

8) 日本文教出版 : 대만에 대한 기술은 여덟 군데 있다.[9)]

▌류큐의 귀속

2005년 신판 교과서 118쪽에서 일본은 류큐 어민(정확하게는 표류민)이 대만에서 피살되었다는 이유로 거병하여 대만을 정벌하였다고 간략하게 기술하였다. 내용은 2001년 검정본 140쪽과 거의 비슷하다.

---

9) 大濱徹也 外 11人(著),『中學生の社會科 歷史 日本の歩みと世界』, 日本文教出版, 2002 ; 大濱徹也 外 10人(著),『中學生の社會科 歷史 日本の歩みと世界』, 日本文教出版, 2006.

▌일청, 일러 전쟁과 동아전쟁의 시작

2005년 신판 교과서 137쪽에서 청이 시모노세키조약을 맺어 대만과 펑후제도(澎湖諸島)를 일본에 할양하였다고 간략하게 소개하였다. 내용은 2001년 검정본 169쪽과 거의 비슷하다.

▌식민지에 대한 통제

2005년 신판 교과서 177쪽에 전시 일본이 식민지 대만과 조선에서 군인을 모집하기 시작하고 황민화정책을 펼쳤다고 간략하게 기술하였다. 내용은 2001년 검정본 203쪽과 거의 비슷하다.

▌일본의 패전

2005년 신판 교과서 185쪽에서 1945년 8월 15일 일본 천황이 항복을 선언하여, 이날은 식민지 대만과 조선 및 일본군이 점령한 중국과 동남아시아 사람들에게 민족해방의 날이 되었다고 간략하게 기술하였다. 내용은 2001년 검정본 211쪽과 거의 비슷하다.

▌일본의 재출발

2005년 신판 교과서 190쪽에서 1945년 9월 일본에 미국을 위시한 유엔군이 진주하고 대만은 중국에 넘겨졌다고 간략하게 기술하였다. 내용은 2001년 검정본 214쪽과 거의 비슷하다.

▌두 개의 세계

2005년 신판 교과서 201쪽에서 전후 중국에서 국민당정부와 공산당 간의 내전이 발발하였고 중국 공산당이 국민당정부를 대만으로 내쫓았으며 1949년 중화인민공화국(중국)이 탄생하였다고 간략하게 기술하였다. 내용은 2001년 검정본 221쪽과 거의 비슷하다.

▌일본의 독립

2005년 신판 교과서 203쪽에 1951년 일본과 18개 국이 상호 평화조약을 체결하고 조선의 독립과 대만, 사할린섬, 치시마 열도의 포기를 인정하였다고 간략하게 기술하였다. 내용은 2001년 검정본 222, 223쪽과 거의 비슷하다.

▮우리와 현대

2005년 신판 교과서 208쪽에서 1971년 중국이 중화민국(대만)을 대신해 유엔에 가입하고, 이듬해 미국과 중국 양국이 관계를 개선하였으며, 일본은 이러한 상황 변화에 따라 중일공동성명을 발표하여 중국과 정상적 외교관계를 발전시켰다고 간략하게 기술하였다. 내용은 2001년 검정본 228쪽과 거의 비슷하다.

3. 대만 관련 일본 역사교과서 기술 검토

1895년에서 1945년에 걸친 일본의 대만통치 51년을 돌아보면서, 일본 각계 인사들은 일반적으로 대만을 일본이 이민족에 대해 가장 다양한 통치 경험을 축적한 지역으로 그 성패는 조선, 남양군도, '만주국' 경영정책을 시행하는 데 귀감이 되었다고 강조한다. 이렇게 일본제국이 중국 남부 지역 및 동남아 지역으로 영토를 확장하는 과정에서 전진 기지가 된 것은, 대만이 가진 매우 특수한 가치와 관계 때문이었다. 구체적으로 보면 첫째, 대만은 일본이 통치한 열대 권역 가운데 유일한 자원 공급 지역이었다. 둘째, 남방 지역에 대해 대만은 지리적으로 가깝다는 특성이 있다. 셋째, 대만과 화교가 널리 퍼져 있는 아시아 지역 사이에 긴밀한 인문적 관계가 있다. 넷째, 대만에서 일본인과 대만인은 우수한 열대 산업 기술과 실무 경험을 보유하였다. 다섯째, 대만은 남방 사정을 상세하게 조사 연구한 성과물과 같은 우수한 여건을 갖추고 있어, 일본 엘리트들은 대만을 일본 식민지 경영의 출발점으로 보았다. 따라서 대만을 철저하게 파악하고 대만인의 동화에 박차를 가해 아시아인으로서 대만인의 특성을 잘 활용하는 것이 일본의 남진정책을 추진하는 데 있어 매우 중요했다.[10)]

대만이 일본 제국주의의 대외 영토 확장의 전진 기지였다면, 일본 역사교과서 내용에서도 진실된 식민정부통치 역사를 반영해야 마땅하다. 하지만 유감스럽게도 일본 역사교과서는 대만을 식민통치한 일본의 군사적 야심과 자원 수탈의 목적을 기술하는 데 소홀할 뿐 아니라, 8종의 교과서를 보면 기술이 모호하거나 잘못 설명된 부분이 적지 않다. 지면관계상 이러한 부분에 대해 몇 가지만 예를 들어 설명하고자 한다.

1. 후소샤의 인물 칼럼 "대만의 개발과 야츠다 요이치" 기술은 다음과 같다.

> 일본통치하에 있던 가남(嘉南)평야는 면적이 넓어 대만 전체 경지 면적의 1/6을 차지하고 있었지만, 우기의 홍수와 건기의 물부족으로 인해 불모지가 되었다. 일본 이시카와현(石川縣)에서 태어나 도쿄제국대학에서 토목기술을 공부한 후 대만 총독부에서 일하던 야츠다 요이치(1886~1942년)는 대만 남부로 가서 현지 조사를 하고 나서 공사 계획서를 제출하였다. 그 내용은 가남평야 상류에 댐을 만들어 농경지 관개용 수리 시설로 삼자는 것이었다. 이 수리 시설 공사는 상당히 어려운 것이었다. 어느 날 갑자기 가스 폭발 사고로 50여 명의 사상자가 발생하였다. 야츠다 요이치는 이러한 불행한 사고에 대해 탄식하면서 말했다. "앞으로는 아무도 내 말을 듣지 않겠구나!" 대만인이 말했다. "사고는 당신 탓이 아닙니다. 당신은 우리를 위해서, 대만을 위해서 목숨을 걸고 일했습니다." 이 말에 야츠다는 고무되었다. 1930(쇼와 5)년 10년에 걸친 세기적 공사가 드디어 끝나자, 가남평야는 녹색

---

10) 楠井隆三(당시 타이베이제국대학 교수),「據点性より基地性へ」,『台灣時報』, 1941. 11, 16쪽 ; 前根壽一(당시 일본수산 대만 출장소 소장),「南方圈の性格と台灣」,『台灣時報』, 1941. 11, 25쪽 ; 渡邊國弘(당시『台灣日日新報』 제3부장),「台灣及台灣人のアジア的性格」,『台灣時報』, 1941. 11, 36쪽 ; 阿部信行(당시 익찬정치회 총재),「南進基地台灣の新しき性格－第四十七回始政記念日特別講演－」,『台灣時報』, 1942. 7, 23쪽.

의 땅으로 변모하였다. 미국 토목학회는 이를 '야츠다 댐'이라고 명명하여 세계에 그의 위대한 업적을 소개하였다.
사진 : 가남댐 설계자 야츠다 요이치 사진.[11)]

이 부분은 1997년 대만에서 출판된 『國民中學認識台灣(歷史篇)教師手冊』의 내용을 인용한 것이다. 출판되고 얼마 후 이 책은, 일본이 대만 식민통치에 대해 취하고 있는 긍정적인 관점으로 인해 각계 인사의 문제제기를 받으면서 파문을 일으켰다.[12)] 그렇다고 해도 이 책이 일본의 침략과 대만인의 무장 저항, 일본군의 무력 진압과 대만 총독부에서 실시한 경찰 정치, 중일전쟁 이후 추진한 '황민화정책', 일본의 전쟁 수행을 위한 인력 및 자원 수탈 및 강제동원된 대만인의 희생 등의 내용을 기술하지 않은 것은 아니다. 하지만 후소샤에서는 일본의 대만 식민통치의 악행은 읽지 않은 채 일본 통치자들에게 유리한 부분만을 취사선택하여, 역사의 진실된 모습을 훼손하고 있다.[13)]

그렇다면 '대만의 개발과 야츠다 요이치'의 진상은 무엇인가? 반드시 분명하게 밝혀야 한다.

전문 학자들의 연구에 따르면, 일본정부가 대만 남부 지역에 대규모 수리 관계 시스템을 지원하고 건설한 주요 목적은 급수를 통제하여 대만 농민들에게 쌀과 사탕수수 윤작을 하도록 강제함으로써, 일본 제당회사가

---

11) 藤岡信勝 外 11人(著), 『改訂版 新しい歷史教科書』, 171쪽.

12) 唐祖基, 「不容青史盡成灰－對國民中學教科書"認識台灣"(歷史篇, 社會篇)'非中國化'傾向的批判」, 『"認識臺灣" 教科書評析』, 人間出版社, 1999 ; 許南村, 『"認識台灣"教科書評析』, 人間出版社, 1999, 9쪽 수록 ; 鄧昭陽, 「教科書怎能這樣不注重史實的準確－論國民中學教科書"認識台灣"(歷史篇)第四章幾處明顯的史實錯誤」, 『"認識臺灣" 教科書評析』, 人間出版社, 1999, 97쪽 ; 楊義德, 「是殖民主義, 還是經濟發展」, 『"認識臺灣" 教科書評析』, 人間出版社, 145쪽 ; 吳展良, 「超然的歷史教育不因政治轉移」, 『聯合報』, 2003, A15쪽.

13) 國立編譯館, 『國民中學認識台灣(歷史篇)教師手冊』, 國立編譯館, 1997, 84쪽 ; 笠原十九司(都留文科大學文學部), 「東アジアの視點から」, 歷史學研究會 編, 『歷史研究の現在と教科書問題 「つくる會」教科書を問う』, 青木書店, 2005, 90~91쪽.

사탕수수 수매 가격을 효과적으로 낮추도록 하여 일본의 전반적 경제에 이익을 도모하려는 데 있었다. 따라서 수리 관개에 대한 통제는 대만 농민의 농작물 선택의 자유를 완전히 박탈하는 것이었다. 1939년 통계를 보면, 일본인이 소유한 토지의 경우 남부 지역의 밭에서는 대부분 사탕수수를 경작하고 가남평야의 논에서는 벼를 3년 윤작하였다. 이러한 경지 면적은 전체 대만 경지 면적의 12.96%를 차지하였다. 이를 통해 볼 때 수리 시설 건설의 결과 혜택을 입은 자들은 일본 자본가들이라는 점을 알 수 있다.[14)]후소샤는 이러한 연구는 도외시한 채 일부 내용만을 가지고 일본의 식민 통치를 정당화하고 미화하였다. 이는 역사교육에 있어 잘못된 지식을 전달하는 것이다.

"국제연합과 냉전의 시작" 기술은 다음과 같다.

> 일본 패전 이후 중국에서, 과거에는 손을 잡고 협력하여 일본에 대항했던 국민당과 공산당이 다시 내전을 시작하였다. 1949년 마오쩌둥(毛澤東)이 이끄는 공산당이 승리를 거두고 중화인민공화국을 수립하였다. 장제스(蔣介石)는 국민당정부를 이끌고 대만으로 도망갔다.[15)]

이 부분의 장점은 "국민당이 대만인을 진압하고 대만인 3만 명을 살해하였으니, 바로 '2·28사건'이다"라고 기술하여 사실을 과장한 2001년 검정본 303쪽의 내용을 삭제한 것이다.[16)]

이 밖에 "외교관계의 진전"의 기술은 다음과 같다.

> 1972년 9월 다나카 가쿠에이(田中角榮) 수상이 중국을 방문하고 중일공동성명에 서명하여 양국의 국교가 수립되었다. 하지만 이로 인해 대만의 중

14) 柯志明,『米糖相剋－日本殖民主義下臺灣的發展與從屬』, 群學出版, 2003, 50~51·73·120~121·163·175쪽.

15) 藤岡信勝 外 11人(著),『改訂版 新しい歷史教科書』, 216쪽.

16) 西尾幹二 外 13人(著),『新しい歷史教科書』, 303쪽.

화민국과는 국교를 단절하였다. 이후 1978년에 중일 양국은 중일평화조약을 체결하였다.[17)]

이 부분은 8종 교과서 가운데 유일하게 중국 대륙과 대만이 두 개의 서로 다른 나라라고 표현하고 있다. 중국 대륙의 원칙에 도전하면서, 대륙과 대만의 현실적 정치 상황을 반영하는 내용이라 할 수 있다.

2. 시미즈쇼인(清水書院)서원의 "일본의 식민지지배" 기술은 다음과 같다.

청일전쟁의 결과 대만을 식민지로 갖게 된 일본은 총독을 두어 통치의 전권을 부여하였다. 대만 총독은 무력으로 주민의 저항운동을 진압한 후에 곧바로 토지조사를 실시하였다. 또한 근대화된 소유권을 기반으로 토지제도를 구축하였으며, 일본어 초등 교육정책을 실시하였다.[18)]

이토록 간략하게 총독부의 행정을 기술한 것은 식민지 대만인의 시각을 전혀 반영하지 않은 것이다.

이 밖에 "전쟁과 민중 및 전후보상 과제"의 기술은 다음과 같다.

일본 식민지와 일본이 침략하여 지배한 지역은 대만, 조선, 중국, 동남아 등지에 이르렀다. …… 일본이 조선과 대만에서 실시한 징병제로, 태평양전쟁에 동원한 숫자는 각각 20만 명과 2만 명이다. 징병제로 인해 강제 연행되어 전쟁터로 보내져 혹독한 노동에 종사하도록 강요된 사람은 남성뿐만 아니라 여성도 포함되었다. 히로시마와 나가사키에서 원자탄으로 사망한 조선인이 있으며, 일본군의 신분으로 점령지에서 종전을 맞거나 전범이 된 조선인과 대만인도 있었다. 이들 가운데 개인적 입장에서 일본정부와 기업

---

17) 藤岡信勝 外 11人(著), 『改訂版 新しい歴史教科書』, 221쪽.

18) 大口勇次郎 · 中村研一 外 8人(著), 『新中學校 歴史 改訂版 日本の歴史と世界』, 168쪽.

에 사죄와 보상을 요구하는 사람들도 있다.[19]

이 책은 8종 교과서 가운데, 일본이 전쟁 총동원을 진행한 시기에 식민지 대만을 동원한 방법과 이와 관련된 전후보상 문제에 대해 가장 자세하게 기술한 교과서이다.

3. 교이쿠슛판(教育出版) 교과서는 203쪽에서 '세계 인권 선언' 제2조를 인용하여 인류는 의견 차이, 성별, 종교, 인종, 언어, 피부색의 차이 및 태어난 나라에 상관없이 기본적인 권리는 변하지 않는다고 기술하면서, 인도주의적 정신으로 국제사회에서 기본 인권을 존중해야 한다고 일본 중학생에게 가르치고 있다. 하지만 이 책은 결코 이러한 관점에서 식민지 대만인이 일본의 차별통치를 받은 상황을 다루고 있지 않다.

4. 도쿄쇼세키(東京書籍) 교과서의 대만에 대한 기술은 네 군데에 불과하고 내용도 매우 간략하다. 이는 일본이 대만을 51년 동안이나 식민 지배한 사실에 크게 위배된다.

5. 테코쿠쇼인(帝國書院)에서 출판한 교과서는 8종 교과서 가운데 유일하게 일본군 '위안 시설'을 언급한 책이다. 하지만 그다지 눈에 띄지 않는 '각주'의 방식으로 약간의 의견을 나타냈을 뿐이다. 내용이 지나치게 간략하고 추상적이어서 '타자'의 시선으로 사실을 기록하지 못하고 있어, 학생들이 이를 통해 생명의 소중함과 여성 인격의 중요성을 인식하여 '기본 인권'의 올바른 개념이 무엇인지를 배우기란 불가능하다.[20]

---

19) 大口勇次郎 · 中村研一 外 8人(著), 『新中學校 歷史 改訂版 日本の歷史と世界』, 204쪽.

20) 里田日出男 · 小和田哲男 · 成田龍一 · 里井洋一 · 真榮平房昭 · 仁藤敦史 · 土屋武志 · 梅津正美 外(著), 『社會科 中學生の歷史 日本の歩みと世界の動き』, 231쪽, 각주 1).

사실상 1993년 일본 내각의 고노 요헤이(河野洋平) 관방장관은 공개적인 발언을 통해, 위안부 모집은 일본군의 요청을 받은 업자가 중심이 되어 교묘한 말로 속이거나 강요하는 등 본인의 의사에 반해 모집한 사례가 많으며 이 와중에 관에서도 직접 개입하였다고 설명하였다. 또한 여성들의 위안소 생활은 강제적인 상황에서 고통스러운 것이었다고 밝혔다. 고노 요헤이는 일본이 이러한 역사적 사실을 회피하지 않고 나아가 이러한 역사적 교훈을 직시할 필요가 있다고 보고, 역사연구와 역사교육을 통해 이 문제를 영원히 기억함으로써 일본이 다시는 이러한 잘못을 저지르지 않겠노라는 결심을 보여주어야 한다고 인식하였다.

1994년 8월 31일 무라야마 도미이치(村山富市) 총리는 다음과 같은 담화를 발표하였다.

> 우리 나라가 과거 한때 저지른 행위는 국민에게 많은 희생을 가져왔을 뿐 아니라 아시아 이웃 나라 사람들에게도 지금까지 치유되지 않는 상처를 남겼다. 나는 우리 나라의 침략 행위와 식민지지배로 수많은 사람들에게 큰 고통과 비극을 가져온 것에 깊은 반성의 심정을 가지고 있다. 다시는 전쟁이 일어나서는 안 된다는 심정으로 세계 평화 창조를 향해 나가는 것이 일본이 앞으로 노력해야 할 방향이다. 소위 종군위안부 문제는 여성의 명예와 존엄을 심각하게 훼손하는 문제이기에, 이 기회를 빌어 나는 진심으로 깊은 반성과 유감을 표한다.

2002년 고이즈미 준이치로(小泉純一郎) 총리와 하시모토 류타로(橋本龍太郎), 오부치 게이조(小淵惠三), 모리 요시로(森喜朗) 등 역대 총리 역시 종군위안부 문제에 대해 당시 위안부는 일본군의 참여하에 발생한 사건으로 일본은 역사를 직시하고 도의적인 책임을 지며 이 교훈을 후손에게 전할 것이라고 밝혔다.[21]

---

21) 財團法人女性のためのアジア平和國民基金,『償い事業を終えたいま 事業報告』, 財團法

위와 같은 발언을 종합해 보면, 일본 총리는 역사를 반성하고자 결심하고 심정을 고백하고 있지만, 사실상 일본정부는 출판사가 위안부 관련 기록을 삭제하도록 동의하고 있다. 역사교육을 통해 이 문제를 기억하려는 의사가 없는 것이다. 일본정부와 역사교과서 집필자가 역대 총리와는 상반된 입장에 서 있는 이유를 국제사회에 설명해야 할 것이다.

6. 오사카쇼세키(大阪書籍)에서 발행한 교과서는 유일하게 대만 우서사건(霧社事件)을 기술하고 있는 책으로 긍정적으로 평가된다. 하지만 오사카쇼세키 출판사는 2002년 교과서에서 우서사건 당시 일본의 군대 파병, 비행기를 이용한 폭격 및 독가스 진압을 명확하게 기술하였지만,[22] 2006년 출판한 새 책에서는 일본의 잔혹한 진압 수단을 삭제하였다. 또한 대만 우서 지역의 주민[원주민인 타이야족(泰雅族)]이 왜 노역에 저항했는가, 저자는 이에 대해서도 사건이 발생한 배경에 대해서는 밝히고 있지 않다.

사실상 우서사건의 역사적 진상은, 일본인의 가혹한 노역 강요에 대해 오랫동안 누적된 대만 원주민의 원한이 일본 경찰에 대한 저항 행동으로 폭발한 것이다.[23]

7. 니혼쇼세키신샤(日本書籍新社)는 "물거품이 된 대동아공영권" 부분에서 2차 세계대전 당시 조선인과 대만인 사망자 수를 모두 5만 명이라고 기술하고 있지만, 이 숫자는 매우 부정확하다. 이 밖에도 여성의 시각이 부족하다. 많은 여성들이 일본군의 성폭력으로 정조와 가정을 잃은 사실과 침략전쟁으로 인한 인명과 재산 손실 상황에 대해서는 기술이 전혀 없다.[24]

人女性のためのアジア平和國民基金, 2003, 13 · 17 · 18쪽.

22) 熱田公 外 13人(著), 『中學社會 歷史的分野』, 161쪽.

23) 鈴木正幸 外 13人(著), 『中學社會 歷史的分野研究と資料』, 191쪽. 우서사건에 관해서는 向山寬夫, 『台灣高砂族の抗日蜂起 : 霧社事件』, 中央經濟研究所, 1999 참고.

8. 니혼분교슛판(日本文敎出版) 교과서 "두 개의 세계" 부분의 기술 내용은 제목과 배치된다.

1949년 중화인민공화국 탄생 이전 대륙의 국명은 1912년 청을 멸망시킨 새로운 정권 '중화민국'이다. 본문 표제는 "두 개의 세계"라고 되어 있지만, 두 세계가 어떻게 다른지는 기술하지 않았다. 사실 이 두 세계의 공통점은 주요 인구가 모두 한족(漢族)으로 유교 윤리, 도교 신앙, 조상에 대한 제사, 민간 풍습 등이 대체로 비슷하다는 점이다. 차이점으로는 1949년부터 대륙과 대만 두 지역이 각자 스스로의 화폐, 국명, 국기, 국가(國歌)를 가지고, 각각 공산주의와 민주주의라는 서로 다른 정치적 사상을 가진 국가 체제를 구축하였다는 것이다. 이 둘의 정치, 사회, 경제 발전 상황은 모두 다르다. 특히 대륙에서 내전에 패배하고 대만으로 도망 온 중화민국정부는 한족 조상들이 남긴 '번체한자(繁體漢字)'를 계승하여 사용하고 있어, 지금으로서는 유일하게 한족의 전통적인 한자문화를 유지하고 있다. 반대로 중화인민공화국은 전통적인 한자문화를 버리고 새로 만든 '간체한자(簡體漢字)'로 바꾸어 사용하고 있다.[25]

4. 맺음말

2001년 일본 역사교과서와 2005년 개정판을 종합적으로 살펴볼 때, 51년에 걸쳐 일본이 식민지배하면서 긴밀한 역사적 상호관계를 맺은 대만에 대해, 일본 학자들은 일본의 전제통치와 경제적 수탈 그리고 대만인에 대

---

24) 峯岸賢太郎 外 13人(著), 『わたしたちの中學社會 歷史的分野』, 202 · 205 · 207쪽. 제2차 세계대전 사망자 수의 경우 대만인은 30,304명으로(「日本中學新版歷史教科書不符史實之硏究計畫報告」, 10쪽 인용), 한국인 사망자 수가 대만보다 적을 수는 없기 때문에 총 사망자 수가 5만 명이라는 기술은 신뢰도가 크게 떨어진다.

25) 大濱徹也 外 10人(著), 『中學生の社會科 歷史 日本の歩みと世界』, 201쪽.

한 차별 대우와 잔혹한 처사를 은폐하려는 의도를 나타내고 있다. 객관적이고 공정한 역사교과서라면 대만인의 시각을 드러내야 하며, 이러한 시각에 따라 집필자들은 '우서사건', '대만 의회설치 청원운동', '고사의용대(高砂義勇隊)', '위안부' 등의 내용을 보강해야 한다고 생각한다.[26)]

츠치야 다케시(土屋武志) 선생은 「歷史教育と教科書」라는 글에서 다음과 같이 말했는데, 필자는 그의 관점에 매우 공감한다.

> 사회는 본래 '타자'의 집합체이다. 학교의 역사교육은 아이들에게 있어 일종의 기회이다. 그들은 다양한 '타자'의 관계를 통해 스스로 '역사'를 구성하는 방법을 배운다. 역사를 가르치는 목적은 앞으로 학생들이 세계에 대해 상호 대립적인 사고방식을 확대하면서 주권자의 행동에 이용되는 방패가 되지 않도록 하는 데 있다. 교과서에 아이들이 인명을 경시하거나 독재자를 긍정하지 않게끔 이끄는 내용이 들어가도록 만드는 것은 '어른'들의 책임일 것이다.[27)]

---

26) 傳琪貽, 「霧社事件」, 「高砂義勇隊」; 朱德蘭, 「慰安婦」. 모두 黃自進, 「日本中學新版歷史教科書不符史實之研究計畫報告」에 수록, 각각 첨부문서 7-1 · 7-2 · 7-3. 위안부에 관한 상세한 연구로는 주더란의 『台灣總督府と慰安婦』, 明石書店, 2005년 참고. 대만 의회설치 청원운동에 대한 연구로는 周婉窈, 『日據時代的台灣議會設置請願運動』, 自立報系文化出版部, 1998년 참고.

27) 土屋武志, 「歷史教育と教科書」, 歷史學研究會 編, 『歷史研究の現在と教科書問題「つくる會」教科書を問う』, 青木書店, 2005, 197 · 204쪽.

참고문헌

大口勇次郎・西脇保幸・中村研究一 外 12人(著), 『新中學校 歷史 日本の歷史と世界』, 清水書院, 2002.

大口勇次郎・中村研一 外 8人(著), 『新中學校 歷史 改訂版 日本の歷史と世界』, 清水書院, 2006.

大濱徹也 外 10人(著), 『中學生の社會科 歷史 日本の歩みと世界』, 日本文教出版, 2006.

大濱徹也 外 11人(著), 『中學生の社會科 歷史 日本の歩みと世界』, 日本文教出版, 2002.

藤岡信勝 外 11人(著), 『改訂版 新しい歷史教科書』, 扶桑社, 2006.

鈴木正幸 外 13人(著), 『中學社會 歷史的分野研究と資料』, 大阪書籍株式會社, 2006.

里田日出男・小和田哲男・成田龍一・里井洋一・真榮平房昭・仁藤敦史・土屋武志・梅津正美 外(著), 『社會科 中學生の歷史 日本の歩みと世界の動き』, 帝國書院, 2006.

里田日出男・小和田哲男・成田龍一・里井洋一・真榮平房昭・仁藤敦史・土屋武志・梅津正美 外(著), 『ここまで変わった 中學校社會科歷史』, 帝國書院, 2002.

笠原十九司(都留文科大學文學部), 「東アジアの視點から」, 歷史學研究會 編, 『歷史研究の現在と教科書問題「つくる會」教科書を問う』, 青木書店, 2005.

峯岸賢太郎 外 13人(著), 『わたしたちの中學社會 歷史的分野』, 日本書籍新社, 2006.

西尾幹二 外 13人(著), 『新しい歷史教科書』, 扶桑社, 2002.

笹山晴生・阿部齊・奧田義雄 外 39人(著), 『中學社會 歷史 未來をみつめて』, 教育出版株式會社, 2002.

笹山晴生・竹内啓一・阿部齊 外 39人(著), 『中學社會 歷史 未來をみつめて』, 教育出版株式會社, 2006.

兒玉幸多・峯岸賢太郎 外 15人(著), 『わたしたちの中學社會 歷史的分野』, 日本書籍新社, 2002.

熱田公 外 13人(著), 『中學社會 歷史的分野』, 大阪書籍株式會社, 2002.

五味文彦・齋藤功・高橋進 外 45人(著), 『新編新しい社會 歷史』, 東京書籍株式會社, 2006.

財團法人女性のためのアジア平和國民基金, 『償い事業を終えたいま 事業報告』, 財團法人女性のためのアジア平和國民基金, 2003.

田邊裕 外 37人(著), 『新しい社會 歷史』, 東京書籍株式會社, 2002.

朱德蘭, 『台灣總督府と慰安婦』, 明石書店, 2005.

土屋武志, 「歷史教育と教科書」, 歷史學研究會 編, 『歷史研究の現在と教科書問題 「つくる會」教科書を問う』, 青木書店, 2005.

向山寬夫, 『台灣高砂族の抗日蜂起：霧社事件』, 中央經濟研究所, 1999.

柯志明, 『米糖相剋－日本殖民主義下臺灣的發展與從屬』, 群學出版, 2003.

國立編譯館, 『國民中學認識台灣(歷史篇)教師手冊』, 國立編譯館, 1997.

楠井隆三, 「據点性より基地性へ」, 『台灣時報』, 1941.

唐祖基, 「不容青史盡成灰－對國民中學教科書"認識台灣"(歷史篇, 社會篇)'非中國化'傾向的批判」, 『"認識臺灣" 教科書評析』, 人間出版社, 1999.

渡邊國弘, 「台灣及台灣人のアジア的性格」, 『台灣時報』, 1941.

鄧昭陽, 「教科書怎能這樣不注重史實的準確－論國民中學教科書"認識台灣"(歷史篇)第四章幾處明顯的史實錯誤」, 『"認識臺灣" 教科書評析』, 人間出版社, 1999.

阿部信行, 「南進基地台灣の新しき性格－第四十七回始政記念日特別講演－」, 『台灣時報』, 1942.

楊義德, 「是殖民主義, 還是經濟發展」, 『"認識臺灣" 教科書評析』, 人間出版社, 1999.

吳展良, 「超然的歷史教育不因政治轉移」, 『聯合報』, 2003.

前根壽一, 「南方圈の性格と台灣」, 『台灣時報』, 1941.

周婉窈,『日據時代的台灣議會設置請願運動』, 自立報系文化出版部, 1998.
許南村,『"認識台灣"教科書評析』, 人間出版社, 1999.
黃自進,「日本中學新版歷史教科書不符史實之硏究計畫報告」, 2002.

중국의 인식과 대응

왕위안저우(王元周) *

1. 머리말

전략 경쟁, 영토 분쟁 및 역사 분쟁은 대체로 현재 동아시아 국제관계에 영향을 미치는 주요한 문제들이다. 역사 분쟁의 경우, 아시아 이웃국가를 침략한 범죄 행위를 부정하는 일본과 이와 관련된 일본 역사교과서 문제가 가장 중요한 핵심이다.

뿌리 깊은 일본 역사교과서 문제는 오랫동안 미해결로 남아 있을 뿐 아니라 날로 심각해지고 있어, 동아시아 각국 학자와 시민단체의 관심과 경각심을 불러일으키고 있다. 일본 역사교과서 문제가 중요한 이유는 일본의 우경화 경향을 선도하고 있기 때문이다. 이미 경제대국이 된 일본은 현재 정치대국을 추구하고 있다. 하지만 일본에서 우익세력이 득세하면서

* 북경대학교(北京大學校) 교수.

국제적인 정의감이라고는 전무한 극단적인 국가주의가 팽배하고 있어, 이대로 가다가는 동아시아 나아가 세계의 평화에 심각한 위협이 될 것이다.

그렇기 때문에 일본 역사교과서 문제가 터질 때마다, 중국정부와 민간은 자신의 엄숙한 입장을 표명해 왔다. 중국정부의 항의 외에, 중국 민간에서도 다양한 행동으로 항의의 의사를 표시하였다. 일본 교과서 문제에 관한 학술적 연구는 1990년대 중반기부터 활발해져, 이제는 상당한 양의 학술적 성과를 보여주고 있다.[1] 중국 사회과학원 근대사연구소의 부핑(步平), 북경대학의 쉬융(徐勇), 리한메이(李寒梅), 량윈샹(梁雲祥) 등은 모두 장기간 이 문제에 큰 관심을 기울여 왔다. 필자는 본고를 통해 기존의 각종 연구 성과와 관련 자료를 종합적으로 살펴보면서 일본 역사교과서 문제에 대한 중국인의 인식을 분석하고, 2005년 이후 일본 역사교과서 문제에 대한 중국 측의 반응과 이 문제의 해결 방안에 대한 중국학자들의 제안을 간략하게 살펴보고자 한다.

2. 일본『新しい歴史教科書』문제에 대한 중국의 인식

1) 일본 역사교과서 내용과 역사관에 대한 인식

일본 교과서 문제에 대한 중국 학자들의 분석은 다음과 같은 몇 가지 차원으로 나누어 살펴볼 수 있다.

첫째, 후소샤(扶桑社)『새로운 역사교과서』의 역사 사실 왜곡과 침략전쟁을 비호하는 잘못된 역사적 기술을 분석하는 차원으로, 특히 중국과

---

[1] 이 문제에 대한 출판 저서로는 쑤즈량(蘇智良)의『日本歷史教科書风波的真相』(人民出版社, 2001), 왕즈신(王智新)·유치(劉琪)의『揭开日本教科書問題的黑幕』(世界知識出版社, 2001), 장하이펑(張海鵬)·부핑(步平)의『日本教科書問題評析』(社會科學文献出版社, 2002) 등이 있다. 이 밖에도 많은 학술 논문이 있으나 생략한다.

관련된 역사적 기술을 집중 분석하고 있다. 2005년판 『새로운 역사교과서』에 대해서는 주로 1937년 중일전쟁의 기원과 남경대학살 관련 기술을 집중 반박하고 있다. 후소샤의 『새로운 역사교과서』의 중일전쟁 기원에 관한 기술은 다음과 같다.

> 1937(쇼와 12)년 7월 7일 저녁, 누군가 베이징 교외의 노구교(盧溝橋)에서 훈련 중이던 일본군에게 포격을 가했다. 다음날 새벽, 일본군과 중국 국민당 군대 사이에 전투 상황이 벌어졌다(盧溝橋事件). 양측은 현장에서의 해결을 시도하기도 하였지만, 얼마 후 일본 측은 대규모 병력을 증파하였고, 국민당정부 역시 즉각 동원령을 내렸다. 이렇게 8년에 걸친 일중전쟁의 서막이 열렸다.[2)]

전쟁의 발발을 우연적인 요인에 의한 것으로 기술하고 있으며, 전쟁책임을 중국인들에게 미루려는 의도가 분명하다. 게다가 일본군 병력의 화북 증파, 화북 다섯 개 성(省)의 자치 책동 및 군사 훈련 등을 오랫동안 일본이 계획해 온 중국 침략 확대를 위한 중요한 포석으로 보는 것이 아니라, 모두 일본의 당연한 권리로 인식하고 있다.

남경대학살에 대해, 『새로운 역사교과서』는 다음과 같이 기술하고 있다.

> 같은 해 8월, 외국의 권익이 집중된 상하이에서 두 명의 일본 병사가 사살되었다. 중일 양국은 이 때문에 전면전을 벌였다. 국민당정부의 수도인 난징을 함락시킨다면 장제스(蔣介石)가 투항할 것이라고 판단한 일본군은 12월에 난징을 점령하였다(당시 일본군의 점령으로 많은 민중 사상자가 있었으니, 곧 남경사건이다).[3)]

여기서 남경대학살을 남경사건으로 모호하게 정의하고 있을 뿐 아니라,

2) 이 번역문은 蘇智良, 「日本教科書問題調查」, 『中國新聞周刊』, 2005. 4. 18, 19쪽에서 인용.
3) 이 번역문은 蘇智良, 「日本教科書問題調查」, 19쪽에서 인용.

학살된 중국 민중의 숫자를 고의로 언급하지 않았으며, 게다가 이를 전쟁의 필연적인 결과로 간주하고 있다. 이는 잔인무도한 일본의 만행을 은폐함으로써 이에 대해 학생들이 죄책감을 갖지 않도록 하려는 의도이다. 이것이 바로 근대 일본의 침략전쟁에 대해 후소샤 『새로운 역사교과서』가 취하고 있는 사고방식으로, 모든 전쟁책임을 피해자들에게 미루려는 의도를 보여준다. 중국 학자와 일반 시민은 『새로운 역사교과서』의 이러한 기술방식에 반발하고 있다. 물론 『새로운 역사교과서』에는 이 밖에도 역사적 사실을 왜곡한 부분이 많으며, 많은 중국 학자들은 역사적 사실을 왜곡한 부분을 정리하여 반박하고 있다. 역사적 문제 외에 영토문제도 있다. 중국은 일본 교과서에서 댜오위다오(釣魚島)를 '일본 영토'라고 직접 언급한 부분에 항의하였다. 이는 일본 교과서 문제에 대한 중국의 일차적 차원의 인식이자 일본 교과서 문제에 대한 최초의 반응이기도 했다.

둘째, 『새로운 역사교과서』의 역사관을 비판하는 차원이다. 부핑에 따르면 『새로운 역사교과서』는 상고 및 중세 부분에서 일본의 독자성과 '신국(神國)'적 특징을 강조하고 있으며, 근대 부분에서는 일본의 선진성을 강조하고 있다. 이러한 잘못된 역사관에서 출발하여, 그들에게 있어 전쟁을 포함해 근대 이후 아시아에서 일본의 활동은 모두 아시아에서 일본이 마땅히 누려야 할 지도자적 지위를 보호하기 위한 것으로 합리적이고 합법적인 행동이었고, 비록 학살과 피해가 있었지만 불가피한 것일 뿐이며, 나아가 일본으로서는 스스로의 생존과 자위를 위해 필요로 했던 행동이었다고 한다.[4] 그러므로 전쟁책임 문제에 대해 신판 『새로운 역사교과서』에서 나타난 가장 두드러진 특징은 바로 중국과 한국 등에 대한 침략전쟁의 책임을 피해국가에 전가하는 것으로, 일본의 침략전쟁을 "민족 독립"을 위해서 또는 "아시아가 구미의 침략을 받지 않도록 보호"하기 위해서 등으로

[4] 步平, 「對日本歷史教科書問題的深层思考」, 『紅旗文稿』, 2005년 15기.

기술하고 있다.[5] 이러한 잘못된 역사관의 핵심은 곧 황국사관으로, 배타성과 침략적 성격을 특징으로 한다. 따라서 이러한 잘못된 역사관은 역사적 사실에 대한 왜곡보다 훨씬 위험한 것으로서, 우리가 관심을 기울여야 한다.

셋째, 후소샤의 역사교과서에 주의를 기울일 뿐 아니라, 일본 역사교과서 전체를 통합적으로 바라보면서 다른 출판사의 역사교과서에서 나타나고 있는 전반적인 변화에 주목하는 차원의 연구이다. 비록 현재 일본 국내의 극우세력이 아직까지는 일본사회의 주류가 아니지만, 일본 우익세력의 인식과 행위는 어느 정도 사회적 · 문화적 기반을 가지고 있다. 20세기 중반기부터 일본 교과서는 전반적으로 후퇴하는 경향을 보이고 있는데, 이러한 변화는 날로 심해지는 일본의 우경화를 반영한 것이다.

2) 일본 역사교과서 문제의 성격에 대한 인식

중국에서 관심을 갖는 것은 교과서의 내용 즉 기술만이 아니며 오히려 그 배후에 숨겨져 있는, 침략 역사를 부정하는 일본의 경향이다. 그러므로 일본 역사교과서 문제의 본질은 과거의 침략 역사를 일본이 과연 올바르게 인식하고 대처할 수 있는가라는 문제라고 중국은 보고 있다. 2004년 8월 26일 쿵취안(孔泉) 중국 외교부 대변인은 "우리는 역사문제에 있어 지금까지 보여준 태도와 약속을 실질적으로 이행하여 정확한 역사관으로 후손들을 교육하도록 일본 측에 촉구한다"고 밝힘으로써 다시금 중국의 이러한 인식을 명확하게 드러냈다.[6]

일본 역사교과서 문제의 책임 소재에 대하여 중국 학자들은 보편적으로 일본정부의 책임을 강조하고 있다. 즉 일본 문부과학성이 이미 막후 조종

---

5) 王智新, 「評2005年的日本教科書事件」, 『抗日戰爭研究』, 2005년 2기.

6) 蘇智良, 「日本教科書問題調查」, 『中國新聞周刊』, 20~21쪽.

자 역할에서 무대의 전면에 나서 교과서 개악을 전두 지휘하고 있으며 공개적으로 우익을 부추기고 있다고 분명하게 지적하고 있다.[7] 1982년 확정된 '근린제국조항' 역시 지금 문부과학성 관리들의 정면 공격을 받고 폐기될 운명에 직면하고 있다. 2005년 4월 시모무라 하쿠분(下村博文) 문부과학성 부장관은 강연을 통해 '근린제국조항'은 '자학사관 조항'이라고 공개적으로 폄하하였다. 2004년 11월 나카야마 나리유키(中山成彬) 문부과학성 장관도 일본은 '자학사관'에 따라 교육할 수 없다며 과거의 교과서에 대한 불만을 공개적으로 나타냈다. 2005년 검정 결과 발표 이후 나카야마 나리유키는 후소샤의 역사교과서를 공개적으로 옹호하기도 하였다. 따라서 중국 학자들은 "역사교과서 문제는 학술적 문제가 아니라 심각한 정치적 문제로서, 일본 정치의 향방을 가늠하는 풍향계라고 할 수 있다. 일본의 보수 우경화 경향이 심해지면서 교과서 문제의 조속한 해결이 불가능해졌다"고 강조한다.[8]

아울러 중국 학자들은 또한 '새로운 역사교과서를 만드는 모임'(이하 새역모)의 활동은 일회적인 사건이라기보다는 연속성을 가진 운동으로서, 시민운동의 성격을 갖는다고 인식하게 되었다. 왕즈신(王智新)은 새역모가 일본인 납치 구원 관련 인사와 기존의 우익조직의 지원을 등에 업고 점차 전국적인 조직적 기반을 갖추고 있다고 지적하였다.[9] 우리는 좌익과 우익이 일본에서 아직은 소수이며 대부분의 일본인은 역사문제에 그다지 관심이 없는 '침묵하는 다수'[10]에 속한다는 사실을 인식해야 하지만, 동시에 새역모의 운동이 일본사회에서 이처럼 큰 반향을 일으킬 수 있는 데에는 미디어를 장악하는 수단과 뛰어난 마케팅 전략뿐 아니라 어느 정도는

7) 王智新, 「評2005年的日本教科書事件」.

8) 王智新, 「評2005年的日本教科書事件」.

9) 王智新, 「評2005年的日本教科書事件」.

10) 蘇智良, 「日本教科書問題調查」, 『中國新聞周刊』, 20쪽.

사회적 기반을 가지고 있기 때문이라는 점을 간과해서는 안 된다. 따라서 새역모 활동에 참여하는 사람들이 비록 일본사회에서는 소수에 불과하지만, 대다수 일본인들에게 광범위한 동정과 공감을 불러일으키고 있기에 그 잠재적 위험성을 과소평가해서는 안 된다.[11)]

더욱 우려되는 사실은 교과서 문제와 일본의 전반적 전략 변화 사이에 모종의 상관관계가 있다는 점이다. 냉전 종식 이후 미소 대립 국면이 사라지면서, 러시아로부터의 위협이 약화되었다. 그러자 일본은 중국을 '잠재적 위협 국가'로 간주하고, 방위의 중심을 중국의 대만 지역을 포함하는 '주변 지역'으로 이동시키고 있다. 이러한 전략적 변화에 따라 일본은 중국과 기타 아시아 각국에 더욱 주목하면서, 이들 국가와 관계된 역사를 새롭게 정리하고 있다. 따라서 일본 역사교과서 문제는 또한 냉전 이후 일본 정치 우경화 경향의 표출이라고 할 수 있으며, 일본의 정치 대국화 전략의 일환이다. 북경대학의 쉬융 교수는 "일본 우익세력이 교과서 문제에 대해 목소리를 높이고 있는 핵심적 이유는 전후 민주 개혁의 기본적인 원칙을 부정하여, 신군국주의라는 정치적 목표를 실현시키기 위해서이다"라고 강조한 바 있다.[12)] 중국 사회과학원 일본연구소 진시더(金熙德) 박사 역시 일본이 영토 분쟁과 역사문제에 있어 점점 더 강경한 태도를 보이는 이유는 아시아 패권을 차지하려는 전략적 목표를 위한 것이라고 강조한 바 있다.[13)]

일본 우익세력이 교과서 문제에 힘을 기울이는 이유는, 사실상 교과서를 돌파구로 삼아 침략의 역사를 부정하고 최종적으로 개헌이라는 목적을 달성하기 위해서이다. 그들은 대외적으로 전쟁을 일으킬 수 없도록 일본이 평화적 발전의 길을 걸어야 한다고 규정하고 있는 현행 헌법 제9조가

---

11) 李寒梅, 「关于"教科書問題"與日本社會思潮研究」, 『國際政治研究』, 2004년 4기.

12) 徐勇, 「日本教科書問題综述」, http://www.pkuer.net/wmkj/renwen3/History/10/1/37.htm.

13) http://www.china-korea.org/news/2005/06/06/14244929096377.html.

일본에 대한 처벌이라고 보고 있기 때문에, 21세기에 전쟁을 일으킬 수 있는 후세를 길러내어 천황과 일본 신도를 인정하는, 동서양에 자랑할 만한 국가로 만들고자 한다. 현재 일본 교육계에서 '교육기본법'을 개정하고 전전(戰前)의 「教育敕语」를 재평가하자는 주장이 활발하게 개진되고 있다. 일본이 정상적인 국가가 될 수 있도록 일본의 평화헌법을 개정하여 정치대국을 지향해야 한다는 목소리도 점차 득세하고 있다. 하지만 원래 막대한 군비를 지출하고 있는 일본은 강력한 자위대를 보유하고 있으면서 여러 차례 해외에 파병한 바 있다. 만약 일본이 전후의 방어형 국가에서 공격형 국가로 변모한다면, 아시아 지역의 평화와 안정에 불안전 요인이 될 것이다.[14)]

결론적으로 중국인들은 대부분 교과서 문제가 군국주의를 부활시키려는 일본의 의도가 표출된 결과이며 앞으로 전쟁을 일으키기 위한 사전 여론 조성이라고 인식하고 있다.

3) 일본 역사교과서 문제 발생의 근원에 대한 인식

일본이 역사교과서 문제를 일으키는 근원에 대해서도 중국 학자들은 여러 각도로 분석하고 있다. 단순화를 무릅쓰자면, 이는 1990년대 초부터 시작된 일본 경제의 침체, 민족주의의 대두, 우익세력의 확장, 주류 언론의 보수화 경향과 관계가 있다.[15)]

하지만 일본 교과서 문제는 그 뿌리가 깊은 것으로, 과거의 역사에서 그 근원을 살펴볼 수 있다. 전후 일본 역사를 살펴보면, 교과서 문제는 2차 대전 종결 이후 일본에 대해 철저하지 못했던 처리의 결과이다. 2차 대전

---

14) 李慶, 「日本軍國主義阴魂不散」, 『黨政干部學刊』, 2002년 7기.

15) 쑤즈량 상해 사범대학 역사학과 교수의 견해는 「日本教科書問題調查」, 『中國新聞周刊』, 2005. 4. 18 참고.

이후 냉전이라는 국제 질서와 미국의 전략으로 인해, 일본에 천황제도와 기존의 정부 구조가 존속하게 되면서, 전쟁 범죄를 철저하게 청산하지 못하고 일부 군국주의의 잔재가 온존하게 되었다. 따라서 일본의 우익세력은 그동안 한 번도 근절되지 못하였다. 지금도 일본을 이용하여 아시아를 통제하려는 미국은 일본 우익의 세력 확장에 유리한 국제적 환경으로 작용하고 있다. 이는 또한 1990년대 중반 이후 일본 교과서에 다시금 개악 경향이 나타나게 된 국제적인 배경이기도 하다.[16)]

하지만 일본 우익세력에 대해 전통적인 좌우 구분 개념으로 단순하게 평가할 수 없다는 점에 주목하는 학자도 있다. '자유주의사관 연구회'와 새역모의 주요 구성원인 후지오카 노부카즈(藤岡信勝), 오쓰키 다카히로(大月隆寬)와 만화가인 고바야시 요시노리(小林善紀)는 본래 일본의 전통적인 보수나 우익 활동과 아무런 관계가 없었다. 이들 조직은 전통적인 우익사상에 뿌리를 내리고 있을 뿐 아니라, 냉전 종식 이후 일본에서 나타나고 있는 '신민족주의' 경향을 대표하는 측면도 있다. 이러한 신민족주의는 '대국주의', '신보수주의' 또는 '신국가주의'로 해석될 수 있으며, 황국사관적 요소도 가지고 있어 그 구성이 복잡하고도 다층적이다. 일본의 저명한 사상가인 마루야마 마사오(丸山眞男)나 타케우치 요시미(竹内好) 등이 분석한 바와 같이, 전후 일본은 민족주의가 군국주의의 길로 나아가게 된 이유를 올바르게 밝히고 국가와 민족 그리고 개인의 관계를 제대로 정립하는 작업에 실패하였다. 이에 따라 전후 평화헌법은 일본인에게 건강한 국가의식과 민족의식을 심어주지 못하였다. 냉전 종식 이후 다시금 확산되고 있는 민족주의는 여전히 매우 강력한 국가주의적 경향을 보이고 있다. 일각에서는 '신의 나라'와 '대일본제국'을 통해 일본인의 자긍심과 자신감을 되찾으려고 하면서, 전쟁책임 문제에 대해서는 회피와 부정의 태도를 취

---

16) 石源華, 「日本右翼执意翻案将危及日本和东亚前途－日本教科書事件析」, 『當代韓國』, 2001년 가을호.

하는 것이다. 일본 역사교과서 문제는 이러한 자아를 추구하는 일본의 신민족주의 경향이 대표적으로 표출된 것으로, 이는 새역모가 영향력을 빠르게 확대하는 원인이기도 하다.[17)]

새역모의 활동을 일련의 운동으로 바라보는 인식은 바로 이러한 시각에서 제기된 것이다. 새역모운동은 "일본 국민의 정신을 새롭게 형성하려는 대중적 · 민족주의적 보수운동으로, 매우 배타적으로 국가 이익만을 추구하는 경향에 그 위험성이 있다. 이것이 바로 중국 학자들이 주목하고 있는 '신국가주의'적 경향이다."[18)]

또한 일본문화의 특징과 일본인의 국민성에 착안하여 교과서 문제 발생의 근원을 분석하고자 하는 학자들도 있다. 이들은 일본의 전통문화가 대내적으로는 상호 존중과 조화를 추구하지만, 대외적으로는 대응 능력의 부족을 드러내면서 대외관계에 있어 자기 비하와 오만의 자기 모순적 정서와 거시적인 도덕 기준의 결여를 보이는 경향이 있다고 판단한다. 이에 따라 역사문제에 대해서도 도덕적인 관념의 부재를 드러내면서, 전쟁 범죄에 대해 후회하기보다는 패전에 대해 치욕스러워할 뿐이라는 것이다.[19)]

3. 2005년 일본 역사교과서 문제에 대한 중국의 대응 조치

1982년 이후 중국정부와 민간이 일본 역사교과서 문제에 크게 주목하면서, 학계에서도 1990년대 중반기 이후부터 집중 연구 대상이 되었다.

일본 교과서 문제에 대한 중국정부의 기본적인 방침은 '역사를 거울 삼아 미래로 나아가자'이다. 다시 말해 중일관계에서 역사문제를 중요한 문

17) 李寒梅, 「关于"教科書問題"與日本社會思潮研究」, 『國際政治研究』, 2004년 4기.

18) 李寒梅, 「关于"教科書問題"與日本社會思潮研究」.

19) 梁雲祥, 「日本歷史教科書問題及中國的立场」, 『太平洋學報』, 2005년 8기.

제로 보는 동시에, 역사 존중의 기반 위에서 보다 거시적인 안목을 가지고 미래 지향적인 중일 우호관계라는 큰 틀을 유지하면서 양국 국민의 우호관계를 지속적으로 발전시켜 나가자는 것이다. 따라서 역사교과서 문제에 대해 중국은, '과거를 기억하여 미래의 귀감으로 삼는다'는 원칙에 따라 아시아 각국을 침략했던 과거를 일본이 되풀이하지 않기를 바라고 있다. 교과서 문제가 불거질 때마다, 중국 외교부 대변인이나 중국 지도자들은 항의의 뜻을 나타내고 있는데, 그 정신은 대체로 이러한 원칙에 따른 것이다. 하지만 유감스러운 것은 이러한 '역사 존중의 기반'이 중일관계에 아직까지 구축되지 못하고 있어, 역사문제가 여전히 중일관계 발전의 장애물로 남아 있다는 점이다.

지금부터는 2005년 4월 5일 일본 문부과학성의 후소샤의 중학교 사회과 역사 및 공민교과서 검정 합격 공식 발표를 전후하여 나온 중국의 반응을 간략하게 살펴보겠다.

2005년 3월, 중국 민간의 항의 활동이 나타나기 시작하였다. 3월 중국 시나닷컴, 인민닷컴, QQ닷컴 등 인터넷 사이트에서 일본이 유엔 상임이사국이 되는 것에 반대하는 세계 중국인 서명운동이 시작되었다. 4월이 되자 중국 대륙의 각종 언론에서 전국 각지의 '반일' 활동을 집중 보도하였다. 선양(瀋陽)에서 시작된 '일본상품불매' 운동이 전국 여러 도시로 빠르게 퍼져 나갔다. 4월 2일과 3일, 창사(長沙), 청두(成都), 뤄양(洛陽), 구이린(桂林), 충칭(重慶), 샤먼(廈門), 선양 등지에서 크고 작은 반일 가두시위가 나타났다. 4월 9일과 10일 베이징(北京), 선전(深圳), 광저우(廣州) 등지에서도 만 명이 넘는 시위가 연이어 진행되었고, 상하이(上海), 쑤저우(蘇州), 난창(南昌), 닝보(寧波), 하이커우(海口), 타이위안(太原)에서도 크고 작은 가두시위가 일어났다. 이러한 반일 시위는 전국 20개 성(省)과 40여 개 도시로 번져 나갔다. 각지의 시위는 새로운 일본 역사교과서에 대한 항의 외에도 일본의 유엔 상임이사국 선임 반대, 댜오위다오 수호, 일본상품

불매운동 등의 내용을 담고 있다. 이는 역사문제가 국제 정치나 영토 분쟁 사건과 함께 결합되고 있다는 사실을 보여주는 것으로, 역사문제가 그토록 큰 반향을 일으킨 원인이기도 하다.

중국 민중의 반일 정서가 커지자, 중국정부도 더 이상 좌시할 수 없게 되었다. 3월 24일 류젠차오(劉建超) 중국 외교부 대변인은 연례 기자회견에서, 네티즌들의 일본 안보회 상임이사국 진출 반대를 반일 정서의 일환이라기보다는 역사문제에 대해 올바르고 책임감 있는 자세를 취하도록 일본에 촉구하는 행동으로 본다고 밝혔다. 학생들과 시민들의 시위에 대해 당시 인도 뉴델리를 방문 중이던 원자바오(温家寶) 중국 국무원 총리는 기자 회견 당시 다음과 같이 지적하였다. "중일관계의 핵심문제는 일본이 올바른 역사관을 갖도록 촉구하는 것이며, 일본의 유엔 안보리 상임이사국 진출에 반대하는 아시아 인민들의 시위 활동에 대해 일본 당국이 깊은 반성을 해야 한다. 역사를 존중하고 역사에 대해 용감하게 책임질 줄 아는 국가만이 아시아, 나아가 세계 인민들의 신뢰를 얻는 국가가 될 수 있으며, 국제사회에서 더 큰 역할을 할 수 있다."[20] 2005년 4월 23일 후진타오(胡錦濤) 중국 국가 주석은 자카르타에서 가진 일본 고이즈미 준이치로(小泉純一郎) 수상과의 회견에서, 중일관계 발전의 난국을 조속히 타개하기 위한 다섯 가지 제안을 하였다. 이 제안의 두 번째 내용은, 일본이 역사를 귀감으로 삼는 미래 지향적인 자세를 가지고 실질적인 행동으로 침략전쟁의 역사를 반성하고 더 이상 중국과 아시아 관련 국가 인민들의 감정을 상하게 하는 일을 하지 않아야 한다는 것이었다.[21] 2005년 5월 리자오싱(李肇星) 중국 외교부 장관은 일본 마치무라 노부다카(町村信孝) 외상과의 회담 당시 일본의 역사문제에 대해 격렬한 논쟁을 벌인 결과, 양측은 양국 관계를 개선하기 위해 "공동위원회를 구성하여 역사문제를 공동연구한다"

20) http://news.sina.com.cn/c/2005-04-12/16165629838s.shtml.

21) http://news.sina.com.cn/c/2005-04-23/23135732159s.shtml.

는 합의를 보았다. 최근 들어서는 2006년 11월 16일, 리자오싱 중국 외교부 장관이 아소 다로(麻生太郎) 일본 외상과 '중일공동역사연구회'를 구성해 역사문제에 대한 연구와 교류를 진행하여 역사문제 해결을 위한 방법을 모색하자는 데 다시 한번 인식을 같이하였다. 사실상 중국과 한국 및 일본에서 이미 출판된 『미래를 여는 역사』가 바로 세 나라 민간 학자들의 공동연구 성과물이라고 할 수 있다.

하지만 중국정부는 역사문제로 인해 중일관계가 완전히 결렬되는 것을 바라지 않는 것 같다. 이에 따라 중국 각지에서 시위가 끊이지 않자 중국 국내 언론은 오히려 보도를 자제하는 모습을 보였다. 4월 23일 이후 각종 언론 매체는 대학생과 국민들에게 이성적인 태도와 현실적인 사고로 애국해야 하며 사회 질서를 지켜야 한다는 호소와 국민들의 반일 정서를 가라앉힐 수 있는 조치를 촉구하는 글을 지속적으로 게재하였다. 개인적으로 볼 때, 중국정부의 이러한 조치는 국내 요인 외에도 중일관계의 근본적인 지위를 고려한 때문으로 생각된다. 다시 말해 이 때문에 중일 경제 및 외교관계가 파국으로 치닫는 것을 바라지 않기 때문이다. 이는 사실상 일본 역사교과서 문제에 대한 중국의 태도를 결정지어 온 중요한 요인이다. 이러한 상황에 단기간 내에 근본적인 변화는 없을 것이다. 민간의 애국운동에 대한 중국정부의 이러한 태도를 비판하는 사람도 있기는 하지만, 보다 나은 해결 방법을 내놓는 사람이 없는 것도 사실이다. 게다가 일본 역사교과서 문제는 일본과 중국 등 아시아 각국의 민족 감정과 민족문화 전통이라는 문제와 맞닿아 있으며, 동시에 일본과 중국 등 아시아 각국의 국제적 전략적 지위라는 문제와도 얽혀 있어, 일본정부와 우익세력의 진심 어린 참회와 반성을 기대하기란 현실적으로 쉽지 않은 일이기도 하다. 따라서 중국 학자들은 일반적으로, 일본 역사교과서 문제는 매우 까다로운 문제로서 빠른 시일 안에 해결될 수 없다고 보고 있다. 양국 국민 감정에 교과서 문제가 끼치는 영향력이 매우 크며, 상호 우호관계의 진전에도 잠재적인 위협이 되고 있다.

4. 일본 교과서 문제 해결 방안 모색

그렇다면 앞으로 중국은 일본 역사교과서 문제를 어떻게 처리해야 하는가? 일찍이 2003년 한 학자는 일본에 대한 새로운 사고라는 제언으로, 역사문제에 대해 중국정부가 양보하여 더 이상 역사문제를 거론하지 말 것을 제안하기도 하였다. 하지만 이러한 관점은 광범위한 반대에 부딪혔다. 이 학자는 중국 네티즌들에게 '4대 매국 학자' 리스트의 1위로 뽑히기도 하였다. 일반적으로 역사문제에 대한 중국의 양보가 중일관계와 관련된 모든 문제의 해결책이 될 수는 없다고 보고 있다. 앞으로 중국과 일본 사이에 역사문제로 인해 끊임없이 외교적 분쟁이 일어날 것으로 판단되기 때문에 장기적인 투쟁을 위한 준비를 해야 한다. 구체적인 방법론에 있어서 학자들도 나름의 구상을 내놓고 있다. 구체적으로 보면, 남북한 및 일본 국내의 진보세력과의 연대를 강화하여 공동연구와 비판을 진행하자는 의견도 있고, 객관적이고 세부적인 조사와 증거 발굴을 기반으로 중요한 역사적사건에 대한 연구를 진행하여 역사적 사실의 부족을 보완하면서 동시에 역사적 사실에 대한 일본 우익의 왜곡을 비판하자는 의견도 있다. 또한 중일 양국의 문화 교류 확대, 특히 양국 학자들의 공동연구를 통해 역사인식 문제에 대한 신뢰와 이해를 증진하자는 의견도 있으며, 중일 양국의 보다 광범위한 공동의 이익을 모색하여 양국관계의 기반을 다져나가면서 역사문제는 점차 희석시켜야 한다는 의견도 있다.[22]

이러한 방법들이 물론 일본 역사교과서 문제 해결에 일조하면서 후소샤

---

22) 梁雲祥, 「日本歷史教科書問題及中國的立场」, 『太平洋學報』, 2005년 8기.

『새로운 역사교과서』의 악영향을 어느 정도 억제하는 역할은 하겠지만, 단시일 안에 뚜렷한 성과를 내기는 어려우며, 일본 교과서 문제를 해결하는 근본적인 방법도 되지 못한다.

현재 중국과 같이 과거 일본 군국주의 침략을 겪은 나라로서는, 일본 교과서 문제에 대해 곤혹스러운 입장일 수밖에 없다. 다양한 방법과 경로를 통해 일본정부에 압력을 가하면서도 이로 인한 일본과의 외교관계 후퇴나 파국을 우려할 수밖에 없는 것이다. 대부분의 중국 학자들은 일본 교과서 문제로 인한 중일관계의 파국을 원하지 않는다. 중국정부의 입장은 더욱 그러하다. 따라서 민간의 반일 정서가 고조될 때마다, 일부 언론과 전문가들은 정부 입장을 대변하면서 국민들에게 '이성적인 애국'을 호소하곤 한다. 사실상 일본 역사교과서 문제는 역사인식 문제이기도 하지만 국제정치 문제로서의 측면이 더 크기 때문에, 중국을 포함한 각국 정부가 어느 정도 외교적 압력을 행사해야 할 필요성이 있다. 이를 감안하여 중국, 한국, 동남아 각국은 공동 전선을 펼쳐 함께 일본에 외교적 압력을 가해야 한다. 아울러 유럽이나 미국의 공감과 지원을 적극적으로 얻어내 광범위한 국제적 압력을 일본에 가해야 한다. 자신의 침략전쟁과 식민통치에 대해 인정하기를 거부하는 일본의 태도는 피해국에 대한 도전일 뿐 아니라 전 세계가 공감하는 국제적 기준과 인류의 보편적 가치에 대한 위협이기 때문이다. 따라서 각국 정부와 시민이 모두 나서 이에 반대해야 할 것이다.

물론 일본 교과서 문제 해결을 위해서는 무조건 강경책으로 일관하기보다는 유연한 방법도 병행해야 한다는 점을 기억해야 한다. 이러한 측면에서 역사 공동연구가 필요할 것이며, 보다 중요하게는 중국·한국 등의 역사연구 성과와 관점을 일본에 소개하여, 우익 역사교과서 문제의 본질을 대다수 일본 시민들이 보다 올바르게 인식하도록 해야 한다. 아울러 일본의 진보적 학자들에 대한 지원을 강화하여, 중국·한국·동남아 역사에 대한 일본 학자들의 연구를 지원해야 한다. 또한 일본에서 다양한 토론회, 전시회, 강연회 등을 열어 일본 민중들에게 근대 일본 군국주의의 만행을 알리는 방법도 가능할 것이다.

또 하나의 효과적인 방법으로는 각국의 인적 교류, 특히 젊은이들 사이의 교류를 확대하여 상호이해와 신뢰를 증진하는 것이다. 동아시아 각국은 이를 기반으로 협력을 강화하여 정치, 경제, 문화 분야의 교류를 촉진함으로써 상호 동질성을 높일 수 있다. 이미 많은 학자들이 동아시아 공동체 문제를 토론해 왔는데, 비록 동아시아 공동체가 단기간 내에 구축되기는 어렵더라도 동아시아 공동체 형성을 위한 각국의 노력은 결국 일본 교과서 문제 해결에 도움이 될 것이다.

하지만 일본 역사교과서 문제 해결의 열쇠는 결국 일본인 자신에게 있다. 일본 역사교과서 문제 해결을 위해서는 일본인의 각성이 필요하며, 최종적으로는 우익세력의 각성이 필요하다. 식민주의는 이미 역사의 뒤안길로 사라졌다. 일본 우익세력은 역사적 사실에 반하는 역사관을 버려야 하며, 가해와 피해를 뒤바꾸는 잘못된 가치관을 버려야 한다. '대동아공영권'이라는 미망에서 깨어나 동아시아 각국과 평화롭고 사이좋게 지내는 법을 배워야 하며 다른 나라를 존중하는 법을 배워야 한다.

5. 맺음말

일본의 역사교과서 문제는 역사인식의 오류를 반영한다. 이러한 잘못된 역사인식의 뿌리는 일본의 극단적인 민족주의에 있으며, 현재 일본 국내에서 나타나고 있는 신민족주의는 '신국가주의'적 경향이 강해 군국주의로 발현되기 쉽다. 근대 일본의 민족주의가 군국주의로 변질된 까닭은 서구를 배우는 과정에서 일본이 서구의 식민지 침략 이론을 절대화하고 정당화했기 때문이며, 또한 국가 이익을 절대시하면서 국제적인 도의의 존재를 부정하였을 뿐 아니라 국제조약을 신뢰하지 않고 그 결과를 믿지 않았기 때문이다. 이러한 사상적 경향으로 인해 일본은 '탈아입구(脫亞入歐)'로서 동아시아의 전통과 문화를 부정하면서도 서구의 문화와 정신을 배우지는 못하고, 결국 극단적인 민족주의라는 오류에 빠지게 되었다. 역사교과서 문제 해결의 열쇠는 일본의 각성에 달려 있다. 그렇기 때문에 우리는 일본이 개인과 국가의 관계를 재정립하고 나아가 자국과 지역 및 세계와의 관계를 올바르게 정립하기를 바란다. 자국과 지역 및 세계와의 관계를 재정립하는 과정에서 일본은 동아시아 사회로 다시 돌아와야 하며, 동아시아 고유의 전통과 문화를 발현하여 공생의 민족주의를 세워야 한다. 희망적인 사실은 일본 국내에 와다 하루키(和田春樹)나 강상중(姜尚中)과 같은 학자들이 '동아시아 공동의 집'과 같은 구상을 내놓고 있으며, 동북아 공동체 형성을 통해 지역 평화를 갈망하는 일본인이 많다는 점이다. 이러한 긍정적인 경향이 일본 국내에서 점점 더 확대되기를 희망한다.

참고문헌

梁雲祥, 「日本歷史教科書問題及中國的立场」, 『太平洋學報』, 2005.
李慶, 「日本軍國主義阴魂不散」, 『黨政干部學刊』, 2002.
李寒梅, 「关于"教科書問題"與日本社會思潮研究」, 『國際政治研究』, 2004.
步平, 「對日本歷史教科書問題的深层思考」, 『紅旗文稿』, 2005.
石源華, 「日本右翼执意翻案将危及日本和东亚前途－日本教科書事件析」, 『當代韩國』, 2001.
蘇智良, 「日本教科書問題調查」, 『中國新聞周刊』, 2005.
蘇智良, 「日本教科書問題調查」, 『中國新聞周刊』, 2005.
蘇智良, 『日本歷史教科書风波的真相』, 人民出版社, 2001.
王智新, 「評2005年的日本教科書事件」, 『抗日戰争研究』, 2005.
王智新 · 劉琪, 『揭开日本教科書問題的黑幕』, 世界知識出版社, 2001.
張海鵬 · 步平, 『日本教科書問題評析』, 社會科學文献出版社, 2002.

http://news.sina.com.cn/c/2005-04-12/16165629838s.shtml.
http://news.sina.com.cn/c/2005-04-23/23135732159s.shtml.
http://www.china-korea.org/news/2005/06/06/14244929096377.html.
徐勇, 「日本教科書問題综述」, http://www.pkuer.net/wmkj/renwen3/History/10/1/37.htm.

유럽의 경험 및 동아시아의 현재 상황에 비추어 본 일본 역사교과서 문제

클라우디아 슈나이더(Claudia Schneider)*

최근 몇 년간 동아시아에서는 여러 개의 '역사전쟁'이 전개되고 있다. 가장 극심한 대립이 이뤄지고 있는 주제들, 이른바 위안부 문제, 남경대학살, 일본정치인들의 야스쿠니신사 참배문제 등은 모두 일본 제국주의 및 전쟁기로부터의 유산이다. 그중에서도 특히 이웃 나라들의 비난과 비판을 사고 있는 대목은, 일본 역사교과서들이 특정한 일들을 기술, 기억, 기념하지 않는 점이라 하겠다. 이런 상황에서 전후 유럽의 화해와 협력은 하나의 참조대상 또는 모델로까지 받아들여지고 있다. 특히 교과서 문제에 있어서의 성공적 협조사례들이 주목받고 있고, 어떤 경우 참조되기도 한다.

본고에서는 유럽의 경험을 참고하며 일본 교과서 문제를 분석해 보았다. 물론 일본과 유럽이 정치적·윤리적으로 같은 상황을 보이고 있는 것은 아니지만, 교과서 문제에 있어서의 협조 가능성을 높이거나 낮추는 몇

* 전 라이프치히대학(University of Leipzig, Institute of East Asian Studies) 교수.

몇 변수들을 발견해 내기 위해 그렇게 진행해 본 것이다. 분석은 3단계로 진행되었다. 우선 2005년 이른바 『새로운 역사교과서』와 관련하여, 독일 학자들 및 신문보도에서 제시된 분석을 소개하였다. 그리고 독일과, 독일의 희생자였던 두 국가, 프랑스와 폴란드 사이의 교과서협조 사례를 소개하고 양 사례를 서로 비교해 보았다. 그리고 마지막으로, 동아시아의 상황을 유럽과 비교해 보았다. 본고를 통해 일본 교과서 문제 해결에 걸림돌이 되고 있는 몇 가지 사항들을 지적하고, 이러한 상황을 관리하기 위한 기초적인 제언을 제시하고자 한다.

1. 2005년 일본 교과서 논란

1) 2005년 『새로운 역사교과서』

이러한 공격은 사실 두 번째로, 이미 예고된 것이었다. 2005년 봄, 민족주의단체인 '새로운 역사교과서를 만드는 모임'(이하 새역모)은, 이 모임에서 만든 중학교 2학년 역사 및 공민교과서가 일본 문부과학성으로부터 최초로 승인된 지 4년 만에, 같은 교과서를 재심의를 위해 제출하였다. 이 교과서들은 다시 승인되었지만, 대단히 많은 수정을 요구받았다. '새역모'는 교과서 채택률을 끌어올리기 위해 또다시 비정상적인(그리고 부분적으로 불법적인) 방법을 동원하였다. 물론 이 시도는 다시 실패하였다. 학교 중 0.4%만 이 교과서를 채택하였기 때문이다.

2005년판 『새로운 역사교과서』의 기조는 2001년 초판과 기본적으로 거의 동일하며, 일본역사서로는 문제점이 많은 책이다. 기본적으로 한쪽의 입장에 치우친 내용을 담고 있으며, 국가적(심지어 군국주의적) 민족주의에 열도 성향 및 자기옹호적 관점이 혼합된 모습을 띠고 있다. 또 서양 중심주의적 사고에, 같은 동아시아 인근국들에 대한 거만한 태도도 깔려 있다. 필자들이 일본의 제국주의적 · 군국주의적 노력을 너무나 미화, 정당화한 나머지, 일본 문부과학성의 보수성향 심사관들마저 개입하여 독선적 주장들을 완화하고 서술에서 인근국들을 더 고려할 것을 요구할 정도였던 대목들도 더러 있다.[1)]

1997년 초 창립된 새역모는 스스로를 이른바 '자학사관'에 대응하는 주체로 인지하고 있다. 그들은 이러한 자학사관이 1990년대 일본 역사교과서들에 광범위하게 반영되어 있다고 믿는다. 새역모는 보수적 정치, 경제, 언론 단체들과 긴밀히 연결되어 있으며 그 지지를 받고 있는 것으로 알려져 있다. 그러나 그들이 일반대중으로부터 받는 지지의 정도에 대해서는 견해들이 엇갈리고 있다. 어떤 분석가들은 그들의 등장을 세계화 및 경제부진의 와중에 민족주의적, 그리고 신보수주의 성향이 부상하고 있는 징조로 받아들인다. 다른 쪽에서는 그러한 경향이 별다른 호응을 얻지 못하고 있는 소수의견에 불과하다고 본다. 후자의 입장에서는 진보성향 시민운동들의 효과적인 대응이나 일본의 국제적(특히 동아시아 사회 내에서의) 이미지 및 대외관계에 대한 우려뿐만 아니라, 많은 일본인들이 실제로 자국이 벌인 전쟁범죄 및 제국주의적 유산을 인식하고 있기 때문에 채택률이 그렇게 낮은 것이라 보고 있다. 이 점은 새역모가 교과서 채택률을 높이기 위한 노력을 지속함에 있어, 그간 그들에게 불리하게 작용해 온 지역 교과서 선정 과정 자체를 변화시키는 데 초점을 맞추고 있다는 사실에서도 어느 정도 확인된다(교사들 및 이 사안에 대해 우려를 지닌 시민들이 선정 과정에서 어느 정도 영향을 미치고 또 교과서들을 검증할 수 있었다). 여하간, 새역모는 보수적 '정부'와 대체로 진보적인 '사회' 사이의 대치상황이 빚어낸 결과라기보다, 상대적으로 작은 규모를 지녔으면서

1) Cf. 원안 및 심사관들의 언급, 그리고 수정된 문구들이 담긴 미출판본.

도 높은 응집력을 가진 한 시민운동 단체가 대단히 민감한 영역에서 활동하며 특히 아시아적 환경에서 주목을 받고 있는 경우라고 보아야 할 것이다.[2)]

새역모의 시도와 관련해 가장 우려되는 점은, 그러한 시도들이 다른 교과서들에게 끼칠 부정적 영향이다. 1982년의 '근린제국조항' 및 더욱 까다로워진 외국의 시각, 그리고 관련 역사자료의 발굴로 인해 일본의 전쟁범죄에 대해 더욱 열린 시각을 견지하는 것이 가능해졌음에도 불구하고, 근래의 교과서들은 몇몇 관련 사안들에 대해 이전보다도 더욱 닫힌 태도를 보이고 있다. 게다가 이러한 '교과서에 대한 세 번째 (보수적) 공격'은 1950년대 중반 및 1980년대와 다른 모습을 보이는데, 사실관계 차원의 옳고 그름에 대한 비판을 어렵게 하는 구조주의적인, 그리고 포스트모더니즘적인 주장들을 펼친다는 점에서 그러하다.

더 넓은 관점에서 바라볼 때 새역모의 활동은, 좀 더 강도 높은 '애국주의'를 학생교육에 주입하고 더 나아가 평화헌법도 고치고자 하는 일본 보수주의자들의 시도와 맥을 같이 하고 있으며, 그러한 노력의 주요 일부이기도 하다. 일본의 국가적 정체성 및 미래 동북아시아 사회 내에서의 위상과 관련하여, 보수주의세력과 진보주의세력은 이러한 사안들을 둘러싸고 현재 충돌하고 있다.

2) 독일언론 및 학계에서의 2005년 일본 교과서 논란

전쟁유산 및 제국주의와 관련한 동아시아의 많은 이슈들은, 뉴스가 될 만한 엄청난 사건이 아닌 이상 사실 독일언론의 관심을 그리 많이 끌지는 못해 왔다. 그런데 2001년과 2005년 새역모 교과서 출판을 둘러싼 광범위한 항의와 시위는 그들의 관심을 끌만한 사건이었다.

---

2) 유사한 주장이 후지와라 키이치(Fujiwara Kiichi)에 의해 제기되었다.

세턴(Seaton)은 영국언론에서 다뤄진 2001년 교과서논란에 대한 연구(2005)에서 그러한 보도가 일본전쟁의 기억과 관련해 전형적이고도 편향된 측면만을 제시하고, 일본 내부의 다양한 논쟁은 대부분 소개하지 않았음을 발견하였다. 버레스(Burress) 또한 일부 미국 내 언론보도와 관련해 유사한 지적을 하였다(2003).

2005년 교과서 문제에 대한 독일신문들의 보도는 이들 경우와는 좀 달랐는데, 독일 언론인들 및 독자들이 과거사 정리와 관련한 문제제기나 논란에 특히 민감하기 때문인 것으로 보인다(물론 독일인들이 이런 사안에 대해 좀 더 상세히 조사하고, 더 많은 정보를 취득했기 때문일 수도 있겠다). 독일 언론의 보도들은 다음과 같은 특징을 보였다.[3)]

독일의 보도들은 새역모 교과서의 부정적 측면 및 부정적 영향에 대해서는 일치된 의견을 보였다. 그러나 그 교과서들의 오류나 일본 교과서와 관련한 일반 정보에 대한 자세한 사항들은 담고 있지 않았다. 그저 민감한 사안에 대한 간단한 언급만 담고 있을 뿐이었다(e.g. taz, 11 April, 2005 : p.4).

보도들은 대체로 반일 시위 및 다양한 반대 명분들을 소개하는 것에 초점을 맞추었다. 교과서 문제는 영토 분쟁, 고이즈미의 야스쿠니신사 참배, 그리고 일본의 유엔안보리 이사국 피임명 노력과 함께, 반일 항의의 한 사안으로 제시되었다(Welt-Online, 8 April, 2005).

때때로, 보도는 중국-일본 간의 심각한 관계에 국한되기도 했는데, 그것이 당 지역에서 가장 중요한 사안으로 인식되고 있기 때문이었다.[4)] 한

---

3) 관련보도를 다 찾아보려고 노력은 했으나, 이 연구에서 모든 보도를 다 다루었다고 하기는 어렵다. *Frankfurter Allgemeine Zeitung*(hereafter : F.A.Z.), *Süddeutsche Zeitung* (hereafter : SZ), *Welt*, and *die tageszeitung*(hereafter : taz) 등 메이저 신문에 초점을 맞추었다.

4) Cf. 관련기사 중 가장 종합적인 것이 "Am Ende von zehntausend Jahren der Freundschaft" [Facing the End of Ten Thousand Years of Friendship](작성자 : Zhou Derong), F.A.Z., 2005.

보도는 이 사안을 지역적 차원의 문제로 다루었는데, 부상하는 민족주의를 동아시아 커뮤니티 형성의 장애로 보고, 당 지역에서의 미국의 역할을 살폈던 것이다(F.A.Z., 21 April, 2005 : p.10).

좀 더 상세한 기사들에서는 이 상황과 유럽의 전후 경험 사이의 차이가 다루어지기도 했는데, 천황제가 지속되고 있는 것이 이런 차이를 발생시킨 결정적 원인으로 꼽혔다(SZ, 15 April, 2005 : p.13). 여기서 유럽사회의 경험이 바로 일본의 상황과 정반대되는 기준으로 제시되었지만, 이러한 보도들이 독일의 업적을 과시한다든가 하지는 않았다.

보도들은 객관적 제3자의 시각에서 이러한 이슈들을 검토하려고 노력했으며, 때때로 동북아시아 여타 국가들의 교과서가 지닌 이념적 문제들을 지적하기도 하였다. 그러나 한편으로, 대단히 비판적이고도 고발적인 칼럼에 프랑크푸르트 주재 일본영사가 분노에 찬 항의를 담아 쓴 글을 편집자에게 발송하는 일도 있었다.[5)]

2005년 교과서 문제에 대한 학술적 기고문들 또한 언론보도와 마찬가지로 새역모 교과서에 대해 대단히 비판적이었다. 리히터(Richter, 2005)는 기초적인 분석을 시도하면서 덜 알려진 사실들, 예컨대 허수아비 정권이었던 만주국의 위상, 일제가 표방한 동일혈연을 매개로 한 일본국적 공유론 문제 등에 주목하였다. 그녀는 그것을 보수적 '역사정치'의 일부로 비판하면서, 일본인들이 차후 세대를 향후 있을지 모를 외국과의 충돌에 대비시키려 하는 것이라 보았다. 그녀는 또한 이 사안을, 교육을 통한 애국심의 고취 및 신보수주의의 강화 등과 관련한 논란의 차원에서 검토하였다. 살러(Saaler, 2005)는 2005년 교과서채택 과정을 둘러싼 갈등에 대한 그의 분

4. 19, p.40이라 할 수 있다. 신문보도라기보다는 특집기사이기 때문에, 역사 관련 정보가 좀 더 풍부하게 제시되어 있다.

5) Schneppen, Anne, "Nippons Schatten" [Nippon's Shadow], F.A.Z., 12 April, 2005. Kosuge Junichi로부터의 회신, F.A.Z., 21 April, 2005.

석에서 새역모 교과서에 대해 동일한 견해를 피력했으나, 조금 다른 결론에 도달하였다. 그는 새역모가 이미 막다른 골목에 봉착했으며, 새역모가 일본사회 내에서 소수의견을 점하고 있을 뿐만 아니라, 결코 환영받지 못할 방식의 로비노력으로 스스로를 궁지로 몰아넣었다고 보았다.

2. 유럽의 경험 : 독일의 프랑스 및 폴란드와의 협력 – 교과서 문제에서[6)]

독일이 비록 자주 '과거사정리'의 모델로 거론되기는 하지만, 이전의 적국들과 현재 나누고 있는 상호신뢰와 이해는 하루아침에 만들어진 것은 아니었다. 특히 독일–폴란드 간 관계는 여전히 그리 견고하지 못한 상태이다. 이 장에서는 오랜 기간을 두고 전개된 두 개의 교과서 문제 관련 협력사례들을 비교 검토하였는데, 이러한 노력들이 실현가능하고 또 성공적이기 위해 먼저 갖춰져야 할 전제조건들에 초점을 맞춰 보았다.[7)] 이런 검토를 통해, 교과서 문제에서의 협력이 역사적 화해 자체를 가능케 할 도구까지는 되지 못하더라도, 우호적 여건 아래 상호이해 및 화해를 위한 담론의 형성에는 기여할 수 있음을 확인할 수 있었다.[8)]

---

6) 본고에서 '독일'은 통일 전 및 통일 후 FRG를 가리킨다. 따라서 동독–폴란드 교과서는 여기서 논의되지 않았다.

7) 본고의 독일–폴란드 교과서위원회 관련 서술은, GEI를 위해 준비된 내부보고서(작성자 : Strobel, cf. bibliography)에 제시된 확인사항 및 건의사항 등을 광범위하게 인용한 것임을 밝혀둔다.

8) 이는 휩켄(Hoepken)의 주장을 연상케 하는 대목이기도 하다(Hoepken, 2005, p.30) : "교육과 교과서는 …… 긴장완화 및 화해정책을 촉발하거나 대체할 수는 없으나, 그 일부는 되어야 한다."

1) 정부들 : 관심은 있으나(또는 최소한 관대하지만), 개입하지는 않는

프랑스-독일 교과서 협조는 독일-폴란드 교과서 협조보다는 원활하게 진행되었다. 냉전기 유럽에서 두 나라는 동일 전략권에 속해 있었으며, 양국의 정치 엘리트들은 유럽의 틀 내에 평화적 공존관계를 구축하는 것에 깊은 관심을 갖고 있었다. 더욱이 독일-프랑스의 역사적 관계에서는 전후보상이나 영토분쟁 같은 중대한 경쟁과 갈등이 그리 많이 발견되지 않는다. 그러한 환경에서 공동교과서위원회가 1951년 구성되었고, "유럽사 관련 논쟁사안에 대한 독일-프랑스 간 합의"(이하 "합의") 또한 같은 해 이루어졌다. 제목에서도 알 수 있듯이, 이러한 노력이 유럽의 틀을 향해, 또는 유럽의 틀 안에서 당시 이미 전개되고 있었던 것이다(Alexandre, p.11). 이후 후속 학술회의들이 특정 주제를 가지고 1967년까지 계속되었으며, 잠시 휴지기를 가진 뒤, 1976년 다시 시작되었다.

반면, 독일-폴란드 교과서위원회는 1972년 2월에 이르러서야 구성되었는데, 독일총리 빌리 브란트(Willy Brandt)의 '신동방정책' 덕분에 정치적 긴장완화가 이루어진 결과였다. 이전의 경우, 관심 있는 일부 개인 및 개신교 일부 교파에서 유사한 시도를 한 바 있었지만, 적대적 정치환경 때문에 실패한 적이 있었다. 폴란드는 사회주의권 국가로 분류되고 있었고 따라서 소련과 가까웠으며, 서독과는 대척되는 입장을 지니고 있었다. 그러나 폴란드정부는 교과서위원회의 설치에 관심을 갖고 있었고, 소련 영향으로부터의 얼마간의 탈피 및 교과서위원회를 통해 얻게 될 긍정적인 정치적 효과를 기대하고 있었다.

위원회는 1972년 이래 1975년까지 8번 소집되었고, 독일-폴란드 간의 역사와 관련하여 "FRG 및 폴란드인민공화국 역사 및 지리교과서와 관련한 제안"(이하 "제안")을 만드는 데 노력하였다. 이 "제안"은 1976년 완성되었다. 독일의 경우 정부는 거의 개입하지 않았고, 정부와 무관한 국제교과서회[International Textbook Institute, 이후 1975년 게오르그 에커트 국제 교과서연구소(Georg Eckert Institute for International Textbook Research)로 바뀜]가 이 일을 주도하였다. 여러 독일정권들은 여러 가지 이유로 개입하지 않으려 하거나, 너무 가까이 연루되는 것을 원하지 않았다. 반면 폴란드 측 위원회는 구조적으로 국가권력과 좀 더 밀접히 연계되어 있었지만, 폴란드위원회에 참가한 인사들의 경우 비판적인 폴란드 사람의 공격으로부터 자신을 방어하여, 위원회가 국가권력의 도구화하는 것을 피할 수 있었던 것으로 보인다.

2) 공공의 장 : '교과서 논란'의 부재

독일과 프랑스 대중 사이에 "합의"가 별다른 문제제기를 일으키지 않는 가운데, "제안"은 1977년 공식화되자마자 사회적인, 그리고 또한 정치적 색채를 짙게 띤 토론을 독일 내에 불러일으켰다. 그러나 비판의 목소리가 오래 가지는 않았다. "제안"은 이후 독일-폴란드 관계와 관련한 대중의 지배적 여론이 되었는데, 적어도 두 가지 변수가 중요하게 작용한 결과였다. 당시 장기집권하고 있던 사회민주당이 폴란드와의 친선을 희망하고 있었고, 일본의 전쟁유족회와 같은 영향력 있고 단합된 보수단체가 없었던 점이 그것이었다.

"제안"은 구속력은 없었다. 교과서 저자들이 그것을 따를 의무는 없었던 것이다. 그러나 이와 관련한 사회적 토론들은 독일-폴란드 관계에 관련된 몇몇 이슈들에 대한 사회적(또한 교과서 필자들의) 이해를 높이는 데 긍정적 효과를 낳았고, 그 결과 독일 교과서들의 내용에 간접적 영향을 끼치게 되었다. 따라서 비록 폴란드에 대한 기술이 여전히 제한적이고 거칠지만, "제안"은 (남)동유럽의 다른 국가들에 비해 폴란드가 독일 교과서에서 좀 더 상세히 다루어지는 데 기여했던 셈이라 할 수 있다.

폴란드의 경우 공산주의 시기에는 "제안"이 거의 알려지지 않았다. 또 당시 자유로운 의사표현이 제한돼 있었기 때문에, "제안"은 사회적 논란이나 민족주의적 관점에 입각한 노골적인 대중적 비판으로부터 차단되어 있었다고 할 수 있다. 그런데 폴란드가 민주화되고 폴란드 내에 뭔가에 대해 불만스러워하고 뭔가를 요구하는 목소리가 높아진 이후에조차, 독일 교과서가 더 이상 비판거리가 되지 않을 만한 상황이었던 셈이다.

앞서 언급한 토론이, 바로 교과서 또는 관련문서들이 독일 내부에서 역사 및 국가정체성과 관련한 토론의 대상이 되었던 유일한 사례였다. 다른 유사한 논란들은 교과서 문제를 그렇게 중점적으로 다루지 않았다. 반면 일본에서는, 1950년대 중반 이래 보수파와 진보파 사이의 이념적 분립이 교과서 논쟁을 통해 표출되고 있었다. 더욱이 보수성향 의원들은 그들의 정치활동의 일환으로 교육문제를 들고 나오곤 했다. 교육문제에 집중하는 학습그룹들이 의회 내에 여럿 생겼고, 몇몇 자유민주당 의원들은 새역모의 이사이기도 했다.[9]

독일의 경우 언론이 그다지 중요한 역할을 하지 않았다. 반면 2001년 일본에서의 교과서논란은 진보신문 및 보수신문 사이의 언론전쟁으로 인해 확대된 측면이 강했다. 보수신문의 경우 『새로운 역사교과서』에 대해 지지의 입장을, 진보신문의 경우 비판의 입장을 피력하였다. 반면 독일에서는 어떠한 우익 교과서라도 대중의 분노와 멸시를 살 상황이었다. 독일의 전쟁 죄악을 인정하고 차후의 독일세대에게 그것을 가르칠 책무를 자부하는 것이 독일 내의 가장 지배적인 담론이었다.

그래서 전후 독일-프랑스 간, 독일-폴란드 간 관계에 있어 국제 교과

9) Wieczorek, Ines and Dirk Nabers, "Offene Wunden im chinesisch-japanischen Verhältnis : Japanische Schulbücher, der Yasukuni-Schrein und die Diaoyu-Inseln" [Open Wounds in Sino-Japanese Relations : Japanese Textbooks, the Yasukuni Shrine, and the Diaoyu Islands], In : *China Aktuell*, 2005. 3, S.13.

서 문제와 관련한 갈등은 일어나지 않았던 것으로 보인다. 그러나 그랬다고 해서 양국의 교과서 내 기술이 대단히 모범적이기만 했던 것은 아니다. 두 나라 간의 구조적 불균형 때문에, 폴란드 교과서는 독일역사를 대단히 자세히 다루고 있지만, 독일 교과서는 폴란드의 역사에 대해 그 정도로 다루고 있지는 못하다(Borodziej, p.163). 그러나 논란이 일어나기 위해서는 누구든 불만을 제기해야 하는 법이다. 전후 초기 독일 교과서들은 당시 대학살 문제에 대한 독일인들의 침묵을 반영하듯 대학살 문제를 다루지 않았지만, 관련된 희생자단체에서 아무런 비판도 없었던 것이다.

3) 독일-폴란드 교과서위원회의 특징[10)]

독일-폴란드 역사가위원회는 여러 장애에도 불구하고 몇 가지 요소로 인해 장수하고 또 성과를 낼 수 있었다. 우선, 참가자들이 그들 스스로를 무엇보다도 자국의 대표가 아닌 학자들로 인지하였다. 그들은 이미 그들의 작업에서 엄격한 민족주의적 관점을 극복한 상태였다. 둘째, 참가자들은 독일-폴란드 간의 역사를 반복된 갈등 및 전쟁으로 점철된 관계로서뿐만 아니라, 복잡다단한 측면을 지녔던 관계로서도 보는 데 주력하였다. 지나치게 곤란한 문제제기나 정치적 금기사항들(e.g. SU의 역할, 폴란드의 유태인들 ; 전후 독일인 추방문제)은 논의에 포함시키지 않거나, 단계적으로 접근하였다. 셋째, 원칙적으로 지역적인 문제 등은 없었다. 독일의 동부 국경과 관련해, 위원회는 좋은 독일 기획을 보장하는 데 익숙해 있었다. 독일이 통일되기 이전에는 이 국경문제를 해결하는 것이 헌법적으로 불가능했다. 넷째, 위원회는 특히 초기에 유네스코의 명분 있는 지원을 많이 받았는데, 유네스코가 '중립'의 우산 아래 위원회를 보호한 격이었기 때

10) 지면이 부족하므로, 이후 논의는 역사분야에서의 활동에 국한시키고자 한다.

문이다. 다섯째, 오랜 기간 대단히 드물었던 양국 간 학술 접촉의 한 사례였다는 점에서 위원회는 대단히 특이한 존재였으며, 양국 정부도 그래서 위원회를 중요시하였다.

양국 전문가들이 참가한 이후 학술회의들은 1987년까지 계속되었다. 1990년대의 모임들은 완전히 다른 정치, 사회적 환경 아래 개최되었다. 독일의 재통일과 폴란드의 민주화로 인해 양국 간의 좀 더 견고한 화해를 가능케 할 통로들이 열리게 되었다. 국경문제도 영구히 확정되었고, 좀 더 개방적이고 좀 더 자기비판적인 담론이 폴란드에서 형성되게 되었으며, 민간 차원의 교류(특히 젊은 세대 간 교류)가 증가하였다.

지금까지 위원회와 '게오르그 에커트 국제교과서 연구소'는 다수의 두꺼운 자료집을 발간하였다. 가장 중요하고 또 유명한 것은 『Germany and Poland in the 20th Century. Analyses－Sources－Pedagogic Recommandations』이라 할 수 있다.[11] 이 자료집은 1976년의 "제안"을 업데이트하고 또한 더욱 방대하게 만든 것이라 할 수 있다. 이전에는 정치적으로 금기시되던 토의들이 담겨 있고,[12] 그간의 변화발전을 반영하고 있으며, 역사교육의 실제 단계에 초점을 맞춘 형태로 기획되었다. 종족적 동질성이나 '아(我)'와 '피아(彼我)'에 대한 강한 구분 등 폴란드 역사 속의 기본적 원리들에 대한 폴란드 내의 토론을 촉발시킬 것으로 기대된다. 1976년의 "제안"이 독일 내에 사회적 여론을 조성하는 데 기여했듯이 말이다.[13]

---

11) 이 간행물은 양국어로 간행되었다. Becher, Ursula A., Borodziej, Włodzimierz and Robert Maier (ed.) (2001), *Deutschland und Polen im zwanzigsten Jahrhundert. Analysen－Quellen－didaktische Hinweise,* Hannover : Hahn. 분석은 동일하나, 교육학적 고려와 자료들은 맥락에 맞게 조정되었다.

12) 2차 대전 종결 이후 독일인들의 (강제) 이주문제, 또는 독일과 폴란드 내 유대인 문제.

13) Cf. http://www.gei.de/index.php?id=56(accessed on 1 April, 2007)의 설명.

4) 프랑스-독일 공동역사교과서

독일-폴란드의 경우와 마찬가지로, 프랑스-독일 위원회의 제안도 구속력은 갖고 있지 않았다. 출판 전 교과서들에 대한 평가는 자발적으로 받게끔 되어 있을 따름이었다. 따라서 "합의" 이후 교과서들의 질이 바로 개선되지는 않았으며, 심지어 1980년대에 가해진 분석에서도 여전히 여러 구태의연한 대목들과 부정확한 기술들을 지적하고 있을 정도였다. 그래서 1988년 새로운 제안들이 발표되었다.[14] 2006년 여름 출판된 프랑스와 독일 제2의 시니어(senior secondary)학교들을 위한 정규, 통일 교과서들은 (Le Quintrec and Geiss) 가장 높은 수준의 협력을 보여주는데, 이 교과서들은 이후에도 국제적 교과서 협력의 새로운 기준이 될 것으로 보인다.

이 기획은 '긍정적' 역사정치의 한 사례로 꼽힐 만하다. 2003년에 양국정부는 독일-프랑스 청년국회의 제안을 수용, 기획의 초기단계부터 지원하였고, 관료들을 프로젝트 지도그룹에 배속시켜 독일 각 주 교육위원회의 승인을 얻는 것을 도왔다. 편집위원회는 양국 간 대표로 구성된 지도부의 지휘를 받았고, 프랑스·독일 역사가들이 같은 수로 하여 필자로 참가하였다. 이 교과서는 화해를 기반으로 한 탁월한 노력의 한 상징이었으며, 이런 목적을 성취하기 위해 흔히 발생하는 고통스러운 과정은 아니었다. 이 교과서는 과거의 실수로부터 뭔가를 배우고(특히 독일 쪽에서 그러하였다) 위험한 민족주의에 경도되는 것을 지양한다는 확고한 의도 아래 구성되었고, 공동의 유럽이 가꿔 나갈 미래에 대한 믿음과 전망을 담아 마련되었다. 평화와 협조의 시기를 조망하기 위해서뿐만 아니라, 여전히 존재하는 관점의 차이를 드러내고, 학생들의 관점을 변화시키고자 한 것이다.

---

14) 이 간행물은 양국어로 간행되었다. *Deutschland und Frankreich : Raum und Zeitgeschichte. Empfehlungen für die Behandlung im Geschichts-und Geographieunterricht beider Länder / La France et l'Allemagne. Espace et histoire contemporaine.*

현재의 간행물은 독일-프랑스 간 관계에 대한 것은 아니지만, 유럽의 틀 내에서 2차 대전 이후 양국 간의 관계를 다루고 있다. 그래서 "1945년 이래의 유럽과 세계"로 제목이 붙여졌다. 이후 출판될 두 간행물은 각기 고대로부터 프랑스혁명까지, 그리고 프랑스혁명부터 2차 세계대전의 종결까지를 다루게 될 것이다.

집필 과정에서 필자들이 맞닥뜨린 역사 평가상의 차이들은 양국 간의 관계와는 무관했으나, 미국에 대한 인식에서 발생하기도 하였다. 출간된 결과물에 대한 비평은 관련된 역사인물들의 생략 등 주로 세부사항에 치중되어 있으며, 기획 자체의 의도에 대한 비평은 찾아보기 어렵다. 이후 출간될 두 간행물이 어쩌면 필자들 사이의, 또는 필자들과 무관한 토론을 유발할 내용을 더 포함할 수도 있겠다. 하지만 지금까지의 가장 큰 문제는 양국 교육제도 및 교수법 간의 차이에서 발생하곤 했다.[15)]

프랑스-독일 공동교과서는 또한 일반적 경향이 되어 가고 있고, 교과서 집필에 있어서의 국가적 한계를 극복할 수 있는 국가 간 공동노력의 특별한(specific) 사례가 되었다. 최근 유럽 몇 개국에서는 국가사의 틀이 재고되고 있는데, 새로운 패러다임을 찾으려는 학술적 사유, 그리고 유럽적 정체성, 관용, 다양성에 대한 존중 등을 확립하려는 윤리, 정치적 사유가 작용한 결과라 하겠다.

---

15) 프랑스는 중앙집권적 교육제도를 갖고 있지만, 독일은 16개 주에 교육 관련 권한이 부여되어 있다. 프랑스에서는 교과서 내용에 대한 교과지침이 있지만, 독일은 좀 다르다. 또 프랑스교과서들은 시간 순으로 기술되어 있는 반면, 독일 교과서들은 토픽 위주로 기술되어 있다.

3. 현대 동아시아에서의 일본 교과서 문제

1) 상황의 규정 : 앞으로의 도전

앞서 유럽 교과서 협조와 관련한 두 사례가 특정의 역사적 · 사회정치적, 그리고 구조적 환경으로부터 도움받은 바 있음을 언급하였다. 또한 양국관계에서 교과서가 하나의 '문제'로 간주되기 전, 그리고 전쟁책임 및 기념에 대한 양국 내의 논란에 휘말리기 이전에 그러한 노력이 시작되었고, 오히려 반대로 그러한 이슈들이 부상하는 것을 막는 데 기여했음을 살펴보았다.

그러나 동아시아에서는 상황이 달랐다. 교과서 문제는 지난 20년간 일본의 아시아 인근 국가들, 특히 남한과 중화인민공화국과의 관계에 정기적으로 관련됨과 동시에 그에 큰 영향을 주어 왔다.[16)]

교과서 문제는 지난 20년간 동아시아에서 전개된 사회 · 정치적 변화와 세력 간 관계의 진화를 보여주는 프리즘이라고 할 수 있다. 일본 역사교과서는 거의 반세기간 내적 토론의 대상이 되어 왔지만, 1982년에 이르러서야 교육부의 교과서 내용 정화(sanitize) 시도가 국제적 이슈가 되었다. 비록 일본 교과서가 그 자체로도 독일 교과서들에 비해 일본의 전쟁기 과거에 대한 기술에 있어 불만족스러운 측면을 내포하고 있고, 새역모의 교과서 역시 명백한 오류들로 점철돼 있지만, 교과서 문제가 발생하고 또 지속되고 있는 것을 설명하기 위해서는 3국 간 상황의 변화, 3국의 태도, 그리고 3국 간 교류의 문제를 함께 고려할 필요가 있다. 전체적으로 이 지역은 증가된 교류와 동일경제권 속 상호의존이 긍정적 상호인식으로 직결되지는 않는다는 것을 잘 보여주며, 후자의 경우 특별한 노력이 필요하다는 점

16) 중국공화국(대만)과 관련해서는 이 책에 실린 주더란(朱德蘭) 교수의 글 참조.

또한 보여준다. 그러나 일본 교과서 문제와 관련하여, 이 사안을 해결하기 위해 필요한 변수보다는 이 사안의 해결을 요원케 하는 변수가 더 많은 실정이다.

1990년대의 일본은 세계화의 기류 속에 자국의 경제부진과 중국의 부상을 목도해 왔다. 이는 사회 여기저기에 심리적 불안정 및 일종의 악의가 조성되는 결과로 이어졌고, 일본인들은 민족주의적 명분에 더욱 민감해지는 모습을 보였다. 대다수 일본인들에게, 일본과 아시아 인근국들 사이의 관계는 긴급하거나 중요한 사안이 아니다. 최근의 조사는 일본인들이 국내의 문제를 더 크게 우려하고 있음을 보여준다.[17] 따라서 정치인들로서는, 역사적 사안들에 있어 보수적 입장을 가지는 것이 적어도 선거에서의 승리를 방해하지는 않는다. 더욱이 다수의 지성인들에 의해 동아시아 커뮤니티를 구성하자는 주장이 제기되었음에도, 미국은 여전히 가장 가까운 동맹이자 대부분의 정치엘리트들의 동반자로 남아 있다. 전 정권과 마찬가지로, 현 정권도 '동아시아에 집중하는 것'에 그리 적극적인 것 같아 보이지 않으며, 아베신조 총리 또한 보수적 입장으로 잘 알려져 있다. 그는 비록 야스쿠니신사에는 참배하지 않았지만, 학생들의 애국심을 고취하기 위해 교육기본법에 대한 수정을 추진하였고, 최근에는 위안부 문제에 있어 정부의 개입사실을 부인하였다. 현 정부의 이러한 모습들은 현 정부가 정권 차원의 노력을 기울여 일본 역사교과서의 내용을 일본의 전시행적을 좀 더 인정하는 방향으로 수정할 가능성이 적다는 점을 보여준다. 전반적으로, 일본정부의 인근국에 대한 현재의 전략은 '과거사 정리'의 필요성이라는 도덕적 신념보다는 오히려 실용적 고려에 더 기반해 있다. 자국의 근대사에 대한 평가에 있어 내적 공론이 형성되어 있지 않은 일본에서, 대중의 지지를 확보하는 동시에, 결코 좋은 반응을 얻기 어려운 방법들을 통해

---

17) 2007년 1월 『読売新聞』의 여론조사, cf. http://www.mansfieldfdn.org/polls/poll-07-5.htm.

화해를 추구하기 위해서는, 강력한 정치력을 지닌 계몽된 지도자가 필요하다. 그런데 아베총리는 그러한 인물이 못된다.[18)]

한편 이러한 상황은 한국과 중국의 지도자들로 하여금 그러한 역할을 하는 것 또한 어렵게 한다. 일본의 무책임, 무관심, 부정에 직면한 상태에서, 한국과 중국의 지도자들이 과거를 대범하게 뒤로 하고 현재를 무시하며 미래를 바라보는 것은 거의 불가능에 가까운 일이다. 한국과 중국정부가 과거사에 대한 정리를 독점해 온 상황에서, 남한의 민주화와 중화인민공화국의 제한된 자유화는 두 국가에서 역사가 만들어지는 방식을 현저히 바꾸어 놓았다. 정부들은 역사의 서술과 전파에 대한 통제력을 상실했고, 개인과 민간단체들이 서로 다른 의제들을 가지고 역사 관련 사안들에 개입하게 되었다. 오랫동안 참아왔던 역사적 고통과 탄식, 예를 들면 이른바 위안부들과 같은 경우가 이제 드디어 분출되고 있다. 한국이든 중국이든 잠재적 지지자들로서의 대중의 견해를 고려하게 되었다. 양국 모두에서 반일감정이 고조되고 있는 것으로 보이는데, 한국의 정치인들과 중국정부 또한 비록 수사의 차원에서나마 일본에 대한 압박을 유지해야 하며, 일본의 '공격'에 대해 나약하게 대처하는 것으로 비춰지면 안 되는 상황이다.[19)] 양국의 시민들에게 일본의 역사왜곡에 대한 대응은 반제국주의적 전통에 입각한 애국적 임무로 인식될 수 있으며, 또한 정당화될 수 있다(e.g. Soh on South Korea). 물론 그러한 노력은 대체로 위안부나 강제징집에 대한 보상문제 등의 정당한 목적에 기울여지지만, 라일리(Reilly)는 중국의 경우 대중적 '역사 행동주의'가 일본에 대한 대중의 분노를 유지시킴으로써 단

---

18) "계몽된 지도자"라는 개념은 양(Yang)이 거론하였다. Yang, Daqing, "Historical Reconciliation between Japan and China", In : UNESCO Asia Pacific Center of Education for International Understanding (ed.). *Historical Reconciliation in Europe and Asia : Focusing on Textbook Issue*, Unpublished conference reader, 2004, p.63.

19) Cf. Reilly, James, "History Activism and Sino-Japanese Relations", In : *China : An International Journal* vol. 4, 2, Sep. 2006, p.209. for the PRC.

기적으로는 화해의 가능성을 오히려 줄이고 있다고 지적하였다.[20)]

더욱이 일본 교과서 문제는, 이전의 피해국들이 그들의 처지를 정확히 묘사해 줄 것을 일본에 요청하기 마련이라는 점에서 국제적 측면을 갖는다. 교육의 내용이라는, 원칙적으로는 국내적인 사안에 국제적 영향의 개입이 요구되는 셈이다. 이런 부분이 그 해결을 어렵게 하는 측면이 있다. 첫째, 이러한 상황 때문에 외교적 항의 또는 대중 차원의 항의 이외에는, 비일본인으로부터의 문제제기가 상황의 해결에 영향을 미칠 통로가 사실 없는 셈이다. 예컨대 지방의원에게 로비하는 것이 불가능한 점을 들 수 있다. 둘째, 이러한 사안에 무관심한 일본인이나 심지어 이런 사안을 이해하는 일본인이라 하더라도, 이러한 외국의 요구를 일본내정에 대한 외국의 부당한 압박이나 간섭이라 여겨 반발할 수 있다.[21)] 중화인민공화국과 같은, 스스로도 역사를 왜곡하는 것으로 유명한 권위주의정권에서 역사를 제대로 쓰라는 공박을 일본에 할 경우 더욱 그렇다.

교과서 논쟁은 특정사안에 치중하는 경향이 대단히 강한데, 특정의 토픽이 제대로 다루어지지 않는 경우에 주목하기 때문이다. 동아시아에는, 일본제국주의 및 아시아태평양전쟁기에 발생했으되 아직 해결되지 않은 문제들이 상당히 많이 남아 있다. 이런 부분들을 논의 과정에서 배제한 유럽과 달리, 동아시아에서는 그 문제들이 논쟁의 중심에 위치해 있다. 도덕적 관점에서 보면, 개별적 비판은 당연히 정당화될 수 있고, 특정 이슈에 대한 침묵과 미보도는 뭔가 제대로 다뤄지지 않고 있다는 특정의 기류를 잘 보여준다. 그러나 그러한 상황에 대한 인정이 일단 일본 측으로부터 제기되어야 함에도 불구하고, 두 가지 사례를 통해 상황이 정반대로 가고 있

20) Reilly, James, *China : An International Journal* vol. 4, p.207f.

21) Soh, Chunghee Sarah, "Politics of the Victim/Victor Complex : Interpreting South Korea's National Furor over Japanese History Textbooks", In : *American Asian Review* vol. XXI, 4/2003, p.172. 서(Soh)는 이 주장을 뒷받침하는 여론조사결과를 인용하였다.

음을 알 수 있다. 가장 악명 높은 사례는 위안부 문제이다. 국제적 압박 때문에 일본 교과서도 1990년대 중반부터는 더 이상 이 사안에 대해 침묵할 수 없었다. 그러나 바로 그때부터 새역모가 교과서를 (그들의 주장에 따르면) 자학적이고도 부적절한 내용으로부터 정화하려는 노력을 전개하며, 위안부 문제를 공격대상으로 삼기 시작했다. 『새로운 역사교과서』의 가장 명백한 부작용이 그것이기도 했는데, 위안부에 대한 일체의 언급이 2005년 출판된 모든 중학교 교과서에서 사라졌던 것이다. 또 현재의 영토분쟁 역시 교과서의 내용에 영향을 미치고 있음을 볼 수 있는데, 일본 문부과학성에서 필자들에게 2005년 심사 과정 도중 독도(다케시마)의 귀속처가 일본임을 강조하라고 지시하였음에서 그것이 잘 드러난다.[22]

이러한 변화들은 중국과 한국교과서의 내용에도 악영향을 미치고 있다. 계속되는 일본 측의 부정에 직면하여, 이들 나라의 교과서들도 일본의 제국주의 및 전시 악행, 만행들에 대한 언급을 계속 담거나 심지어 늘리고 있는데, 필자는 이를 '부정적 확대'로 칭하고 싶다.

또한 애국심의 강조를 역사교육의 중심목표로 간주하고 있는 것은 일본 보수주의자들 및 역사 수정주의자들뿐만이 아니며, 한국과 중국의 교과과정에서도 나타나고 있다. 국가적 자존심 및 단합을 고취해야 한다는 이러한 핵심목표들은 일제강점기에 대한 한국 교과서의 묘사에서, 그리고 반일 저항전쟁에 대한 중국 교과서의 묘사에서 잘 드러난다. 예컨대, 중국 교과서에서 중국인들은 영웅적 저항주체(국가정신을 상징하는 인물들로) 또는 피해자로(훼손된 국체를 상징하는 인물들로), 또는 반역자로 묘사된다(국가에 의해 말소된 인물들로). '정당한 저항'의 중요성이라는 도덕적 교훈, 그리고 국가의 긍정적 이미지 유지 등이, 과거의 복잡한 현실에 대한 역사적 탐구보다 중요하게 다루어지고 있는 것이다.[23] 유사한 입장에

---

22) 수정 요구사항 및 논평이 드러나 있는 교과서초안들은 일본도서관에서 공개적으로 열람할 수 있었다.

서, 서(Soh) 또한 한국 국정교과서의 반일항쟁 강조가 가해자/피해자 콤플렉스와 일본의 재무장에 대한 대중들의 우려(공포)를 양산하고 있음을 확인하였다.

2) 일본 교과서 문제에 대한 접근(tackling) : 몇 가지 기초적 제안

현재 동북아시아의 어려운 사정을 고려할 때, 민간단체들 및 비정부기관들의 평화와 화해를 위한 여러 다양한 노력들은 마땅히 존경받고 또 지원받아야 할 필요가 있다. 해결을 위한 실현 가능한 제안들을 제안함에 있어, 새역모 교과서라는 특정사안과 일본 역사교과서상의 여러 한계들을 구분해 보는 것이 적절할 듯하다.

당분간 새역모 교과서의 문제는 해결되지 못한 채 견제만 될 가능성이 크다. 유일한 궁극적 해법으로는 일본정부가 근린제국조항을 좀 더 엄격히 적용하거나, 새역모 교과서 및 여러 유사한 교과서들의 정부승인을 불허하는 방법들이 있겠지만, 현재로서는 기대하기 어렵다. 그러나 지방교육위원회에 대한 로비를 통해 그 영향력을 최소화하는 시도나, 효과적인 국가 간 항의노력 등이 중요한 역할을 할 수도 있다. 그러한 활동을 통해, 『새로운 역사교과서』는 그 선행교과서의 운명을 걸으며 사라져버릴 수도 있다. 1986년 역사 수정주의자들이 집필한 고등학교 역사교과서가 그것이다. 이 교과서는 현재 존재하고는 있으나 시장에서 거의 호응을 받지 못하고 있다. 이러한 노력이 더욱 널리 홍보되면, 『새로운 역사교과서』의 한계와 오류에 대한 사회적 인식을 제고할 수 있는 긍정적 효과도 기대할 수 있다. 아울러 진보적 일본 민간단체나 NGO들이 날이 갈수록 더욱 적대적인 환경 내에서 그러한 노력을 계속할 수밖에 없을 것이라는 점에 대한

---

23) 하마다(Hamada)의 중국 및 일본 교과서와 관련한 자체연구 및 비교분석이 있다.

대책도 마련되어야 한다.

한편 비록 정당한 분노라 하더라도, 때때로는 일본 교과서에 대한 공격 일변도의 접근에서 좀 벗어나거나, 일본 교과서의 내용에 직접적 영향을 끼치려는 주장과 좀 거리를 두는 것이 필요하기도 할 것이다. 외부의 압박이라는 인상을 피하려면, ① 우선 현존 일본 규정 내에서 이 사안을 논의하는 것이 필요하며(그래서 근린제국조항이 대단히 중요), ② 어떤 종류의 상황개선도 인정해 주고 그를 토대로 더 나은 상황을 도모하는 동시에, 조금이라도 긍정적인 부분을 지적함으로써 공동활동의 단초를 마련하는 것이 필요하다. 의심의 여지없이 일본에 대한 비난과 비판은 정당하고 또 큰 의미를 지니고 있으나, 실용적 관점에서 볼 때, 갈등의 쟁점들에 집중하는 것은 현재의 갈등을 확인하는 것으로 이어질 뿐 그것을 극복하는 방책이 되지 못한다.

그 밖에도 항의, 시위라는 방식은 거듭될 경우 의례화하기 마련이고, 따라서 덜 심각하게 받아들여질 수도 있게 되는 위험을 내포하고 있다. 우익 활동이나 '정당한 대응'의 구조를 벗어날 수 있는 방식이나 대안을 강구하는 것이, '향후에도 유지 가능한 상황의 개선'으로 이어지는 단서가 되거나 극적인 성과를 이끌어내는 계기가 될 수 있다. 2006년 한중일 공동역사교재와 페미니즘의 시각에서 쓰여진 유사 교재 등을 포함한 장기간 노력에 따른 여러 결과들은 대단히 바람직한 성취들이다. 한국의 경우, 현재의 한류 및 전반적으로 긍정적인 일본 내 한국 이미지를 활용하는 것이, 한국인들에게 중요한 이슈들을 일본인들에게 각인시키는 데 효율적인 일일 수 있다.

전문가 및 교과서 공동위원회는 역사 및 역사교육에 관련된 사안들에 대한 상호이해를 증진시킬 가장 가능성 있고 권장할 만한 방식이다. 다만 양자 간, 또는 다자 간 논의 중 어떤 것이 더 좋은 결과로 이어질 것인지는 고민해 보아야겠다. 후자의 경우 민족적 관점을 축소시키고 지역적 모양

새를 갖추게 하는 데 더 도움이 될 것이다. 반면 양자 간 협의는 한국 등 좀 더 작은 나라들의 경우에 더 유리하다. 그러나 그럼에도 불구하고, 현재의 긴장상황 때문에 이러한 위원회들이 유럽의 경우에 비해 정부나 공공대중으로부터 검증의 영향을 더 많이 받을 가능성이 크다는 점이 인정되어야 한다. 따라서 상세한, 내용에 집중한 제안을 조금 유보하고, 좀 더 일반적인 역사교과서 지침, 즉 관련국들이 모두 준수해야 할 거시적 지침을 작성하고 홍보하는 작업에 집중하는 것이 좀 더 바람직한 일일 수 있다. 이렇게 하면, 한 나라의 교과서만 비판적으로 검토되고 마는 상황을 피할 수 있다. 그리고 그렇게 하려면, 준·공식적 국제위원회들의 경우 초당파적인(중립적인) 중재자인 유네스코 등의 지지를 확보하는 것이, 당파적이라거나 정부 차원의 노력이라 비난받을 위험을 줄이는 일일 수도 있다.

비정부기구들은 동아시아의 평화, 화해 노력에서 특수한 위상을 지닌다. 물론 그들이 일본 교과서의 내용에 직접적 영향을 끼치고, 우익세력들의 의식구조와 수사를 바꾸거나 또 다른 이유에서 정치엘리트들의 그것까지도 바꾸거나 하지는 못할 것이다. 그러나 대안적 시각을 제시하고 희생자들에게 설 땅을 마련하며 합리적이고 이성적인 목소리를 제공함으로써 역사 수정주의자들에 대응할 수 있는 균형 잡힌 상황을 창출할 수 있다. 그들은 상대국 사회의 복잡다단한 측면들에 대한 상호이해를 고취하는 데 기여할 수 있고, 그 결과 우리와 저들 사이의 구분을 해소하는 데 기여할 수 있다. 아울러 그들은 역사를 국가적 자기성찰의 근원으로 전환시키는 것을 도울 수 있으며, 동아시아뿐만 아니라 전 세계의 사람들로 하여금, 적극적이고, 책임을 지며, 평화를 사랑하는 자국 시민들로 거듭날 수 있게 할 것이다.

참고문헌

Philippe, Alexandre(필리페), Zur Vorgeschichte einer deutsch-französischen Schulbuchrevision(독일-프랑스 교과서-선사시대까지[개정판]), http://www.france-blog.info/pdf/Alexandre_250906.pdf(accessed 1 April, 2007).

Borodziej, Włodzimierz(보로드지), "Die Deutsch-Polnische Schulbuchkommission 1972~1999" [The German-Polish Textbook Commission 1972~1999](독-폴 교과서 위원회 1972~1999), In : Becher, Ursula A. J. and Rainer Riemenschneider (ed.). *Internationale Verständigung : 25 Jahre Georg-Eckert-Institut für internationale Schulbuchforschung in Braunschweig* [International Understanding : 25 Years of the Georg Eckert Institute for International Textbook Research](국제적 이해 : 국제 교과서 리서치를 위한 25년간의 Georg Eckert 학술회), Hannover : Hahn, 2000.

Burress, Charles(브레스), "Reporting the Battles over Japan's War Memory"(일본의 전쟁 기억에 대한 논쟁에 관한 보고서), Unpublished paper prepared for the SSRC Workshop(SSRC 워크샵을 위해 준비된, 출판되지 않은 문헌), *Memory, Reconciliation and Security in the Asia-Pacific Region : Implications for Japan-U.S. Relations*(기억, 아시아 태평양 지역의 화해와 안전 : 일본과 미국 관계 암시), GWU, Washington, DC, 2003.

Fujiwara, Kiichi(후지와라), "History and Nationalis"(역사와 국가주의자들), Unpublished paper prepared for the SSRC Workshop(SSRC 워크샵을 위해 준비된, 출판되지 않은 문헌), *Memory, Reconciliation and Security in the Asia-Pacific Region : Implications for Japan-U.S. Relation*(기억, 아시아 태평양 지역의 화해와 안전 : 일본과 미국 관계 암시), GWU, Washington, DC,

2003.

Hamada, Tomoko(하마다), "Constructing a National Memory : A Comparative Analysis of Middle-School History Textbooks from Japan and the PRC"(국가의 기억 형성: 일본과 중화인민공화국의 중등 교과서 비교를 통한 분석), In : *American Asian Review* vol. XXI(미국의 아시아 리뷰 vol. XXI), 2003.

Hoepken, Wolfgang(횝켄), "History-Textbooks in Post-War and Post-Conflict Societies : Preconditions and Experiences in a Comparative Perspective" (전후와 분쟁 후 사회의 역사교과서: 전제와 경험 비교), In : The Center for Information on Korean Culture at The Academy of Korean Studies (ed.), *Nationalism and History Textbooks in Asia and Europe*(국가주의와 아시아, 유럽의 역사 교과서), Seoul : The Editor Publishing Company, 2005.

Le Quintrec, Guillaume and Geiss, Peter(르 퀸트렉스, 가이스) (ed.), *Histoire/Geschichte : Europa und die Welt seit 1945* [History(in French)/History(in German) : Europe and the World Since 1945](역사 : 1945년 이후부터의 유럽과 세계), Stuttgart and Leipzig : Klett, 2006.

New History Textbook : 新しい歴史教科書, 扶桑社, 2004.

New History Textbook(Revised Version) : 新しい歴史教科書(改訂版), 扶桑社, 2005.

Recommendations : "Empfehlungen für Schulbücher der Geschichte und Geographie in der Bundesrepublik Deutschland und in der Volksrepublik Polen" [Recommendations for History and Geography Textbooks in the Federal Republic of Germany and in the People's Republic of Poland] (추천: 독일 정부에 의해 추천된 역사, 지리 교과서와 폴란드의 역사, 지리 교과서). In : *aus politik und zeitgeschichte*(정치에서, 그리고 역사의 시간에), B47/77, 1977.

Reilly, James(라일리), "China's History Activism and Sino-Japanese Relations"(중국의 역사 실천주의와 시노-일본의 관계), In : *China : An International Journal* vol. 4(중국: 국제 저널 vol.4), Sep. 2006.

Richter, Steffi(리히터), "Alle vier Jahre wieder und nichts Neues? Das umstrittene, Neue Geschichtslehrbuch' für japanische Mittelschulen" [Same Procedure as Every Four Years-and Nothing New? The Contested, New History Textbook' For Japanese Middle Schools](4년마다 같은 절차는 반복하지만 바뀌는 것은 없다, 새 일본 중등 교과서에 관한 논쟁). In : *Internationale Schulbuchforschung* vol. 27(국제교과서연구소 vol. 27), 2005.

Saaler, Sven(살러), "Geschichtsrevisionismus in der Krise : das Ende des Schulbuchstreits in Japan? [The Crisis of Historical Revisionism : The End of the Textbook Controversy in Japan?](역사 수정주의의 위기 : 일본 교과서 논쟁의 종말), In : *Internationale Schulbuchforschung* vol. 28(국제교과서연구소 vol. 28), 2006.

Seaton, Philip(시튼), "Reporting the 2001 textbook and Yasukuni Shrine controversies : Japanese war memory and commemoration in the British media"(2001년 교과서와 야스쿠니 신사 논쟁 : 일본의 전쟁 기억과 영국 언론의 축전), In : *Japan Forum : The International Journal of Japanese Studies* vol. 17(일본 포럼 : 국제 일본학 저널 vol. 17), Nov. 2005.

Soh, Chunghee Sarah(서), "Politics of the Victim/Victor Complex : Interpreting South Korea's National Furor over Japanese History Textbooks"(희생자와 정복자 복합의 정치: 일본의 교과서에 대한 남한의 국가적 감격 이해), In : *American Asian Review* vol. XXI(미국의 아시아 리뷰 vol. XXI), 2003.

Strobel, Thomas(스트로벨), *Bedingungen der Arbeit bilateraler Historikerkommissionen am Beispiel der Deutsch-Polnischen Schulbuchkommission* [Conditions of the Activities of Bilateral Historians' Commissions : Taking the German-Polish Textbook Commission as an Example](양국 역사학

자들의 위원회 활동의 현황 : 독-폴 교과서 위원회를 예로 들어), Unpublished internal report for the GEI(GEI를 위한 미발표 내부논문), Braunschweig.

Ines, Wieczorek and Nabers, Dirk(아이네스, 네이버스), "Offene Wunden im chinesisch-japanischen Verhältnis : Japanische Schulbücher, der Yasukuni-Schrein und die Diaoyu-Inseln" [Open Wounds in Sino-Japanese Relations : Japanese Textbooks, the Yasukuni Shrine, and the Diaoyu Islands](시노-일본 관계의 묵은 상처들, 야스쿠니 신사, 댜오위다오 섬), In : *China Aktuell* (현대중국), 2005.

Yang, Daqing(양), "Historical Reconciliation between Japan and China"(일본과 중국의 역사적 화해), In : UNESCO Asia Pacific Center of Education for International Understanding (ed.), *Historical Reconciliation in Europe and Asia : Focusing on Textbook Issue*(유럽과 아시아의 역사적 화해: 교과서 문제에 관해), Unpublished conference reader, 2004.

한국사회의 인식과 대응

안병우*

1. 머리말

2005년 상반기에는 '역사'와 '독도'가 한국과 일본 사이에 최대의 이슈였다. 이미 2001년에 '새로운 역사교과서를 만드는 모임'(이하 새역모)이 기왕의 교과서와는 질적으로 다른 교과서를 발간하여 한국사와 중국사를 매우 심각하게 왜곡한 사실이 있었으므로, 역사왜곡 문제는 4년 만에 재발한 것이었다. 따라서 새역모의 왜곡 실태는 대개 알고 있었으며, 얼핏 보기에 새역모의 개정 교과서는 2001년과 비슷한 수준으로 한국사를 왜곡하고 있었으므로, 2001년만큼 충격은 크지 않았다.

2005년 역사왜곡을 더욱 심각하게 만든 것은 일본의 독도 영유권 주장을 공민교과서에 서술한 점이었다. 공민교과서에서 독도가 역사적으로나

* 한신대학교 교수.

국제법적으로나 일본의 영토라고 서술함으로써 한일 간의 갈등은 역사문제를 넘어 영토문제로까지 확대되는 심각한 상황을 초래했다. 정부는 물론 시민과 언론 모두 역사왜곡 문제보다 독도에 더 관심을 기울였다.

2005년 한일 간의 역사문제를 둘러싼 갈등은 2001년과 동일한 측면도 있지만 다른 면모도 보였다. 이 글에서는 새역모 교과서의 문제점을 역사교육과 역사관의 측면에서 지적하고, 일본의 역사왜곡 문제에 관한 한국 정부와 학계 및 시민단체의 인식과 대응 양상, 그리고 그 특징을 정리하려고 한다. 그리고 그 바탕 위에서 한국과 일본, 나아가 동아시아의 역사대화와 공동의 역사인식을 추구할 필요성에 관해 일단의 생각을 피력하고자 한다.[1)]

2. 역사교육의 목적에 비추어 본 새역모 역사교과서의 문제점

1) 역사교육의 목적

일본의 역사왜곡을 보면 역사는 무엇이며, 왜 가르치는가 하는 질문을 할 수밖에 없다. '역사란 무엇인가'에 대한 대답은 여러 가지일 수 있다. 그러나 역사를 다루는 학문인 역사학은 과거에 벌어진 일을 다루는 학문이며, 역사학을 연구하는 역사가가 과거의 사실(事實)을 재구성하여 보통

---

1) 이 글은 필자가 "동북아의 평화와 역사 갈등, 해결을 향한 모색"을 주제로 한 회의(아시아평화와역사교육연대 주최, 2005. 6. 8)에서 발표한 「일본역사교과서의 문제와 그에 대한 대응」과 "동아시아 역사갈등을 바라보는 다섯가지 시선"이라는 제목의 국제 심포지엄(아시아평화와역사교육연대 주최, 2006. 12. 16)에서 발표한 「동아시아의 역사대화와 협력 방안」을 바탕으로 하여 작성한 것이다. 일본 역사교과서 왜곡에 대한 대응에 관하여는 김순석, 「일본의 역사교과서 왜곡과 한국사회의 대응－후소샤판 중학교 역사교과서의 근대사 서술을 중심으로」, 『국학연구』 7, 2006과 이신철, 「2005년 교과서운동과 '새역모'의 분열」, 『한 · 일근현대역사논쟁』, 선인, 2007이 참고된다.

사람들이 이해할 수 있도록 만들어낸 역사상(歷史像)이 역사라고 하는 데는 대체로 동의한다. 그러므로 역사란 역사가가 만들어낸 역사상이다.

역사가는 언어로 기록된 사료(史料)를 통해 과거 사실(事實)을 재구성한다. 역사가는 '현재'라고 하는 시간과 공간의 지배를 받으며 사는 존재이고, 나름의 사고와 가치를 가진 인간이기 때문에, 역사가가 과거 사실을 재구성할 때는 늘 자신의 가치를 반영하는 관점을 갖게 된다. 역사가마다 과거 사실에 대해 달리 인식할 수 있고, 그 때문에 과거 사실(事實)과 역사가 사이에는 팽팽한 긴장관계가 형성된다.

역사가가 역사상을 창조하지만, 역사가가 허구를 창조해도 좋은 것은 아니다. 역사가는 '현재'에 제약될 뿐 아니라 보다 근원적으로 과거 사실에 구속되는 존재이다. 아니 구속될 수밖에 없는 존재이다. 이러한 제약 조건 속에서 역사가는 사실(史實)을 해석하여 역사상을 재구성하는 것이다. 그러므로 역사학은 실증적이고 과학적인 학문이다.

역사교육은 역사가들이 재구성한 역사상을 가르치는 것이다. 역사교육은 일차적으로 역사에 관한 지식을 전달하는 데 목표를 두지만, 그것이 역사교육의 진정한 최종목표는 아니다. 사실(史實)을 알 뿐 아니라 그 사실에 대한 가치 판단을 할 수 있는 능력을 길러주고, 그를 통해 역사와 사회를 비판적으로 바라볼 수 있는 능력을 길러주는 것이 역사교육 목표의 하나이다.

역사교육의 대상은 자국사(自國史)와 자민족사(自民族史), 그리고 세계사 모두이다. 그러나 역사 단위가 대체로 국가와 민족이므로, 역사연구와 서술, 교육도 자연히 국가와 민족 단위로 하는 것이 일반적이다. 이 과정에서 역사교육은 자연스럽게 민족주의적 성향을 갖기 쉽다. 자국사 교육은 국민으로서의 정체성과 자부심을 길러주는 역할을 담당하기 때문이다.

그러나 역사교육이 자국민의 긍지와 일체감 형성에 그치는 것은 바람직하지 않다. 더욱이 다른 국가나 민족의 역사에 대해 배타적인 자세를 갖게 하는 것은 경계해야 한다. 자국사를 교육하더라도 세계사적인 안목이 요구되는 것이다. 역사교육은 자국사와 세계사, 민족주의와 범세계주의를 바르게 조화시키는 데 기여해야 한다. 단순히 세계 각국의 역사를 모아놓은 세계사가 아니라 인류의 경험을 총체적으로 추적하고, 세계인의 지향(指向), 다시 말하면 평화와 인권이라는 보편적 가치를 반영한 세계사를 가르쳐야 한다.[2] 이러한 세계사의 관점에서 상호 주관적일 수밖에 없는 자국 역사[3]의 틀을 벗어나려는 노력을 끊임없이 해야 하는 것이다.

동아시아 3국의 역사교육은 모두 문제를 안고 있지만, 가장 심각한 것은 일본이다. 2001년부터 시작된 역사왜곡 교과서 발행은 동아시아에 역사갈등과 분쟁을 야기시켰다. 2005년에는 그 갈등이 더욱 깊어졌다. 새역모 교과서는 더욱 왜곡되었고, 다른 교과서도 전반적으로 왜곡의 길로 한층 깊이 들어섰다.[4]

교과서 문제가 야기하는 파장은 심각하다. 일본의 역사교과서 왜곡은 한국과 중국 국민의 일본관을 부정적으로 만들고, 한국과 중국의 민족주의를 부추긴다. 배타적인 민족주의 역사인식에 입각한 역사교육은 적대관계를 재생산하는 결과를 낳는데, 새역모 교과서는 적대관계를 재생산할 것이 분명하다.[5] 일본이 역사적 가해 사실 자체를 부정하면 할수록 모든 일본인은 '집합적 유죄'라는 심증은 더욱 굳어지고, 한국과 중국의 '세습적 희생자 의식'은 더욱더 정당화된다.[6] 한국과 중국에서 벌어진 민중의 반

---

2) 이존희, 「역사교육에서 민족주의와 범세계주의」, 『역사교과서 속의 한국과 일본』, 혜안, 2000, 16쪽.

3) 카토 아키라(加藤章), 「일한관계사 연구와 역사교과서 교류의 새로운 단계를 향하여」, 『역사교과서 속의 한국과 일본』, 혜안, 2000, 22쪽.

4) 중학교 역사와 공민교과서에 대한 전반적인 분석은 日本教職員組合, 『教科書白書 2005』, アドバンテージサーバー, 2005 참고.

5) 고시다 타카시(越田稜), 「정리에서의 발언」, 『세계의 역사교과서』, 작가정신, 2005, 333쪽.

6) 임지현 · 사카이 나오키, 『오만과 편견』, 휴머니스트, 2003, 16쪽.

일 시위는 이러한 민족주의 감정의 표출이다. 이러한 각국 민족주의의 강화는 동아시아의 평화를 해칠 것이다.

2) '새역모'의 역사관

필자는 2001년에 발행된 새역모의 교과서를 분석하여, 그 역사관을 19세기 말부터 20세기 전반까지 일본과 아시아, 나아가 세계를 전쟁과 파멸의 구렁텅이로 밀어 넣은 황국사관의 재판이라고 규정한 적이 있다. 이 교과서에서는 과거 사람들의 생각을 중심으로 역사를 가르치고, 역사의 과학성과 객관성을 부정하고 역사를 이야기로 간주하며, 지배층 중심의 역사관과 인종주의적 편견, 그리고 국가지상주의적 관점을 갖고 있다[7]고 지적하였다. 이러한 관점은 이번 교과서에서도 전혀 변하지 않았으며, 오히려 교묘하게 강화되었다.[8]

새역모의 교과서는 역사에서의 가치 판단을 왜곡하고 있다. 사료를 임의로 취사선택하고, 사료에서 도출되는 객관적 사실을 무시하였다. 이렇게 교과서를 집필한 데는 역사를 과학이 아니라 이야기로 보는 관점이 깔려 있다. 새역모의 역사관이 기본적으로 '이야기론'이라는 사실은 일반적으로 인정된다.

새역모는 '역사이야기론'의 논리를 이용하여 국가주의적 입장을 전개하였다. '역사이야기론'은 본래 일원적 역사, 남성 중심의 역사, 권력자의 역사를 다원화하고 민주화하려고 했다. 그러나 새역모는, 소수민족의 이야기에 권리가 있다면 지배민족의 이야기에도 권리가 있고, 여자 이야기에

---

7) 安秉佑, 「扶桑社刊行の歷史教科書の問題點」, 『歷史學硏究』 767, 2002.

8) 2005년 새역모 교과서의 문제점에 관하여는 여러 측면에서 분석한 글들이 발표되었다. 필자의 분석은 「한국, 일본 식민지배 덕분에 타율과 종속의 역사 청산?」, 『신동아』, 2005년 5월호, 306~315쪽 참고.

권리가 있다면 남자 이야기에도 권리가 있다고 주장한다. 그리고 일본인은 자신들을 중심으로 한 이야기를 만들어낼 권리가 있고, 한국인이나 중국인이 일본 역사에 간섭해서는 안 된다고 주장한다. 그래서 그들은 일본의 침략 사실을 부정하고, 전쟁 범죄를 저지른 적이 없다고 우긴다. 결국 새역모의 이론가들은 국가주의와 국민주의 역사를 비판하고 상대화하기 위한 '역사이야기론'을 도용하여 국가주의를 강화하고 있는 것이다.[9)]

새역모는 역사이야기론을 뒷받침하기 위해 역사를 과거 사람들의 생각이라고 강변한다. 물론 과거 사람들의 생각도 사실(史實)의 일부이다. 역사가는 필요한 경우 과거 사람의 생각을 끄집어내어 말하게 할 수 있다. 문제는 누구의 생각을 말하게 하는가이며, 그것은 역사가가 판단해야 한다. 카(E. H. Carr)가 말했듯이, 사실(事實)은 역사가가 불러주었을 때만 말하는 것이며, 어떤 사실을 어떤 순서, 어떤 문맥에서 발언하도록 할 것인가는 역사가가 결정한다. 그러므로 역사는 해석이다.[10)]

카도 역사가가 제멋대로 과거를 해석할 수 있다고는 하지 않았다. 그러나 새역모는 이 역사가의 권한을 남용하였다. 그들은 자신들에게 유리한 생각만을 끄집어내어 서술하였다. 그래서 태평양전쟁을 당시 일본정부나 어용학자들이 '성전(聖戰)'이라고 불렀다는 이유로 '성전'이라고 평가하고, 올바른 전쟁으로 서술한다. 이런 식으로 말하면 모든 과거의 역사는 정당화될 수 있다.

이렇게 새역모의 역사교과서는 역사를 보는 시각 자체에 큰 문제를 안

---

9) 사카모토 다카오(坂本多加雄)는 "국민이란 존재는 그 자체는 눈에 보이지 않는 관념적 존재이며, 그런 관념을 만들어내는 것이 바로 국민의 이야기"(『歷史教育を考える』, PHP 研究所, 1998)라고 하였고, 니시오 간지(西尾幹二)는 "넓은 의미에서 볼 때 모든 역사는 신화이다. 과거에 대해 우리가 알 수 있는 것은 과거에 일어난 일의 상징이며, 비유에 지나지 않는다. 역사는 과거의 일을 복원하는 것이 아니다. 역사는 현대를 살아가는 우리의 새로운 구성물이다"고 하였다(양억관, 「옮긴이의 말」, 『세계의 역사교과서』, 작가정신, 2005, 353~355쪽).

10) E. H. Carr 지음, 이연규 옮김, 『역사란 무엇인가』, 단우, 1992.

고 있다. 역사를 이야기와 과거 사람들의 생각으로 보는 것이 근본적인 문제이며, 그런 관점에서 현대 인류의 보편 가치인 인권이나 평화, 민중과 여성은 도외시하고 있다. 역사교육의 핵심이라고 할 수 있는 비판적 안목은 이 교과서를 통해서는 육성될 수 없고, 오히려 전쟁을 긍정하는 국가지상주의적 사고를 갖게 될 것이다. 이렇게 교과서를 만든 이유는 그들의 주장이 학문적 · 교육적 의논이 아니고, 정치운동으로 변질되어 버렸기 때문이다.[11] 새역모는 역사교과서를 만들어 정치운동을 하고 있는 것이다.

3. 역사갈등에 대한 인식과 대응

1) 정부의 인식과 정책적 대응

정부는 일본의 역사왜곡이 독도 영유권으로까지 확산되자 안보 관련 사안으로 인식하고 적극적인 대응책을 모색하였다. 3월 11일 교육부 차관을 반장으로 하고 외교부 등 관계 부처가 참여하는 일본역사교과서왜곡대책반을 구성하고, 매주 회의를 개최하면서 대응책을 마련하였다. 정부의 기본입장은 검정 발표 이전에는 검정신청본에 나타난 한국사 왜곡 내용의 시정에 노력하고, 검정을 통과한 이후에는 채택의 최소화를 위해 다각적으로 노력한다는 것이었다.

정부의 대응은 2001년보다 훨씬 적극적이었고, 안보 관련 부처가 간여한 점에서 이전과 달랐다. 역사문제가 독도 영유권, 즉 영토문제와 맞물려 제기되었기 때문이다. 영토문제는 역사인식에 기초한 역사교과서 문제와는 성격과 차원을 달리하는 문제로 인식하였다. 국가안전보장회의(NSC)는

---

11) 나카무라 마사노리(中村政則), 「일본역사교과서에 보이는 역사서술과 역사관」, 『일본 역사교과서, 무엇이 문제인가』, 동방미디어, 2002, 133~134쪽.

3월 17일 독도사태와 교과서 왜곡으로 악화된 한일관계에 관한 향후 기조 4개항과 대응방향 5개항을 담은 '신일본독트린'을 발표하고,[12] 청와대브리핑에 일본의 독도 영유권 주장을 조목조목 반박하는 글을 게재하여 정부의 입장이 확고함을 밝혔다.[13] 노무현 대통령도 담화를 통해 일본의 역사왜곡은 "침략의 역사를 정당화하는 행위"이며 독도 영유권 주장은 "침략과 지배의 역사를 정당화하고 패권주의를 관철하려는 의도"라고 강력히 비판하였고,[14] 일본 연립여당의 간사장단을 면담한 자리에서 "우리 정부와 국민이 일본에 바라는 것은 새로운 사죄와 반성이 아니라 과거에 한 사죄와 반성에 합당한 행동을 실천으로 보여달라는 것"이라고[15] 실천을 촉구했다.

일본이 전혀 반성하거나 수정하려는 태도를 보이지 않는 가운데 정부는 동북아역사재단 설립과 역사교육 강화 방안을 마련하였다. 4월 8일 정부는 대통령 소속으로 '동북아평화를위한바른역사정립기획단'을 설치하여 동북아 역사문제 등을 항구적으로 다룰 재단의 설립과 교과서, 독도문제 등 주요 사안에 대한 대책을 수립하게 하고, 기획단의 단장으로 청와대 정책실장을 임명하여 무게를 실어주었다. 그러나 재단 설립은 고구려연구재단과의 통합 등의 문제로 인해 쉽게 진척되지 못하였고, 2006년 9월에야 출범하였다.

역사교육 강화 방안은 2004년 설치된 국사교육발전위원회의 연구 결과

---

12) 4대 기조는 인류 상식에 기초한 한일관계, 세계사의 보편적 방식에 입각한 과거사 문제 해결, 일본 일각의 독도 및 과거사 관련 행태에 단호히 대처, 우리의 대의와 정당성을 국제사회에 당당히 전파, 합의된 일본과의 정치외교적 교류는 변함없이 증진한다는 것이고, 5대 원칙은 독도 영유권을 확고히 수호하기 위한 조치, 국제사회 및 일본의 양심세력과 연대해 역사왜곡 시정, 일제피해자 문제의 정당한 해결 노력, 일본의 움직임을 주시하고 적절히 대응, 동북아 평화안정의 동반자 관계 지속 등이다.

13) 『중앙일보』, 2005. 3. 30.

14) 노무현 대통령, 「최근 한일관계와 관련하여 국민 여러분에게 드리는 글」, 2005. 3. 23.

15) 『동아일보』, 2005. 5. 7.

를 토대로 마련되었다. 중고교의 역사를 사회과에서 독립시키고, 고등학교 국사 과목에 근현대사를 보강하기로 하였다.[16] 국사 내지 역사를 사회과목에서 독립시키라는 요구는 이전부터 강하게 있었는데,[17] 그것은 역사 담당 교사의 전공 및 수능시험과도 관련이 되므로 역사교육의 질과 직결되는 핵심적인 문제이기 때문이다.

한편 일본과의 역사대화의 창구 역할을 해 온 한일역사공동연구위원회 1기 활동 기간이 끝나가자 제2기 위원회를 구성하기로 2004년 12월에 합의하였다. 그러나 1기 위원회가 활동을 종료한 5월 말까지 2기 위원회는 구성되지 못하였다. 6월 20일의 한일정상회담에서 위원회 산하에 교과서위원회를 두기로 합의하고, 두 나라의 교과서제도 안에서 공동연구 결과를 교과서 편수 과정에 참고하도록 노력하기로 합의하였다. 그럼에도 불구하고 구성을 둘러싸고 진통을 겪어 결국 역사교과서 채택이 마무리될 때까지 위원회를 출범시키지 못했다.

2) 학술적 분석과 대응

일본 역사교과서 왜곡은 이미 4년 전부터 예기된 것이었기 때문에 그에 대한 학술적 대응은 검정 결과가 발표되기 전부터 시작되었다. 역사교육연구회가 역사학회, 한국역사연구회와 공동으로 3월 5일 '일본 역사교과서에 대한 한·일 양국의 시각과 공동 대응방안'을 주제로 학술대회를 개최하여, 검정 중인 교과서의 서술 방향을 검토하고 대응책을 강구하였다. 이 심포지엄에서 이만열 국사편찬위원장은 기조강연을 통해 일본의 역사왜

16) 『중앙일보』, 2005. 5. 17. 2007년 2월 고시될 때는 국사를 역사로 변경하고, 고등학교의 선택과목으로 동아시아사를 개설하는 내용이 포함되었다(교육인적자원부 고시 제2007-79호 초·중등학교 교육 과정).

17) 이만열, 「국사를 사회과목서 독립시켜야」, 『중앙일보』, 2005. 4. 1 ; 최갑수, 「역사교육 강화를 위한 제언」, 『한겨레신문』, 2005. 5. 4.

곡이 식민지 시기의 황국사관과 동류라고 지적하였고,[18] 기미지마 가즈히코(君島和彦) 교수는 역사교과서 문제를 둘러싼 최근 일본의 정황에 관해 발표하였다.[19] 또한 대응 방안으로 비판 및 채택저지와 함께 대안교재 간행 등이 제시되었다.[20] 아직 검정 결과가 발표되지 않았지만 어느 정도 새역모 교과서의 내용을 파악한 상태에서 열린 이 심포지엄으로 일본 교과서에 대한 관심이 불붙기 시작하였다.

일본 역사교과서의 내용이 밝혀진 것은 3월 11일 '아시아평화와역사교육연대'(이하 역사교육연대)가 주최한 기자회견을 통해서였다. 새역모의 교과서를 분석한 결과 역사관은 근본적으로 변화가 없고, 문장과 편집이 훨씬 세련되었지만, 내용은 2001년판보다 오히려 개악되었다고 평가하였다. 또한 공민교과에서는 독도를 국제법적으로나 역사적으로 일본의 고유한 영토라고 서술한 사실이 밝혀져 커다란 충격을 주었다. 이 기자회견은 검정 결과가 발표되기 전에 열린 것이어서 내외에 파문을 일으켰다. 곧바로 외교부도 논평과 기자회견을 통해 교과서 분석 결과를 발표하였고, 언론은 여러 날 이에 관해 상세하게 보도했다.

일본 역사교과서에 대한 본격적인 분석 결과는 학계와 시민단체가 함께 개최한 4월 11일의 심포지엄에서 밝혀졌다. 이 심포지엄에서 검정을 통과한 후소샤(扶桑社), 도쿄쇼세키(東京書籍), 니혼쇼세키신샤(日本書籍新社) 교과서의 한국사 관련 서술과 일본사, 중국과 여성 관련 서술, 국제관계 서술을 깊이 분석하고, 역사교육의 측면에서도 검토하였다. 그리고 공민

---

18) 이만열, 「일본 역사교과서 왜곡 : 그 배경과 현상」, 『일본역사교과서에 대한 한 · 일 양국의 시각과 공동대응방안』(학술대회 자료집), 2005.

19) 기미시마 가즈히코(君島和彦), 「日本歴史教科書問題最近情況」, 『일본역사교과서에 대한 한 · 일 양국의 시각과 공동대응방안』(학술대회 자료집), 2005.

20) 안병우, 「2005년 일본역사교과서 문제와 한국의 대응」, 『일본역사교과서에 대한 한 · 일 양국의 시각과 공동대응방안』(학술대회 자료집), 2005.
그 밖에 곤노 히데하루(今野日出晴)(愛媛大), 박성기(하남고), 송상헌(공주교대) 교수가 발표하였다.

교과서도 함께 다루었다.[21] 검정 통과 후 일주일 만에 분석 결과를 발표한 것은 한국 학계와 시민단체의 대응 역량이 그만큼 높아졌음을 보여준다.

역사학계는 역사학연구단체협의회와 한국사연구단체협의회를 결성하고, 일본 역사교과서의 문제점을 학술적으로 규명하는 활동을 조직적으로 전개하였다. 4월 22일 한국사연구단체협의회가 '일본 중학교 교과서의 역사서술과 역사인식' 심포지엄을 개최하여, 역사교과서 문제의 배경과 특징을 검토한 후 시대별로 분석 결과를 발표했다.[22] 새역모 교과서는 균형감각을 상실한 자민족 우월주의에 입각하여 과거의 침략사를 부정하고 전체주의를 찬양하는 교과서로 규정되었다.[23] 이어 7월 8일에는 역사연구단체협의회가 '일본교과서의 근대사 인식과 역사교육'이라는 국제학술회의를 개최하였다. 이 회의에는 독일, 일본, 중국, 베트남, 싱가폴 등 외국 학자들이 참가하여 일본 교과서의 역사인식과 서술의 문제점을 다양한 시각에서 논의하였다.[24]

한편 역사교육연대는 7월 18일 미국 콜롬비아(Columbia)대학에서 국제학술회의를 개최하여, 세계 여론에 일본의 역사왜곡 실태를 알렸다. 이 회의에는 하버드(Harvard)대학의 이난 허(Yinan He), 뉴욕주립대학(SUNY)의 요시코 노자키(Yoshiko Nozaki), 독일의 볼프강 홉켄(Wolfgang Hopken)과 필자가 발표하고, 찰스 암스트롱(Charles Armstrong) 교수 등이 토론자로 참여하였다.[25]

---

21) 아시아평화와역사교육연대 · 역사문제연구소 · 한국역사연구회, 『2005년도 일본 문부과학성 검정통과(후소샤 · 동경 · 일본) 교과서 분석 심포지엄』, 2005.

22) 한국사연구단체협의회, 『일본 중학교 교과서의 역사서술과 역사인식』, 2005.

23) 허동현, 「총론－일본 중학교 역사교과서 문제의 배경과 특징 : 역사기억의 왜곡과 성찰」, 『일본 중학교 역사교과서의 역사서술과 역사인식』(심포지엄 자료집), 2005. 7. 8.

24) 역사연구단체협의회, 『일본교과서의 근대사 인식과 역사교육』, 2005.

25) Asia Peace and Historical Education Network, *From Conflict to Trust-Building－A Discussion of Japan's New History Textbook*, 2005. 7. 18.

이번에 정부는 구체적으로 수정을 요구하지는 않았다. 2001년의 수정 요구가 내정간섭이라는 비판을 받은 것이 원인일 것이다. 그러나 학계와 역사교육연대는 공동으로 8종 교과서 전부를 분석하여 67개 항목에 걸친 수정요구서를 작성하였고, 6월 3일 주한일본대사관과 출판사에 전달했다. 수정 요구 대상은 명백히 잘못 서술한 것, 근거가 부족한 소수의 학설을 채택하여 서술한 것, 전후 문맥상 오해의 소지가 있게 서술한 것, 마땅히 서술해야 하는데도 서술하지 않은 것이었다.[26] 이러한 수정 요구가 효력을 발휘하든 그렇지 않든 잘못을 지적하고 수정을 요구하는 것은 학계와 시민운동 차원에서 응당 해야 할 일이다.

3) 홍보와 채택저지운동의 전개

일본의 역사왜곡은 언론이 다투어 보도하였으므로, 시민들은 자연히 이 문제를 알게 되었다. 언론은 사실 보도 이외에 다양한 특집을 마련하여 심도 있게 이 문제를 다루었고, 사설과 칼럼에서도 비중 있게 처리하였다.[27] 언론의 적극적인 보도에 힘입어 일본의 역사왜곡은 거의 모든 시민에게 큰 관심거리로 부상하였다.

기자회견, 기고 등 언론을 통한 홍보, 순회 전시회와 강연회 등도 시민들에게 실상을 알리는 데 도움이 되었다. 3월 11일 역사교육연대의 기자회견 이후 계속된 언론의 전문가 인터뷰, 기고, 토론, 대담, 그리고 강연 등을 통해 시민들은 일본 역사교과서의 왜곡 실태를 접할 수 있었다.

역사교육연대는 3월 11일부터 27일까지 '소리 없는 전쟁－일본의 역사

---

26) 아시아평화와역사교육연대 · 역사연구단체협의회, 「수정을 요구하는 이유」, 『수정요구서』, 2005. 6. 3

27) 예를 들면 『한겨레신문』은 "우익의 도발"(3. 14~15)을, 『중앙일보』는 "일본 우경화"(4. 25~27)를 주제로 특집을 만들었고, 릴레이 기고 등의 형태로 새역모 교과서의 문제점을 분석하였다.

왜곡을 말한다'라는 전시회를 국회도서관에서 개최하였고, 검정 결과 발표일(4. 5)에 맞추어 규탄 기자회견을 개최하고 9일에 항의 집회를 열었다.

5월 16일에는 "일본의 역사왜곡, 어떻게 대응할 것인가"라는 제목으로 한일관계현안토론회가 열렸다. 토론회에는 국회의 역사교육의원모임, 한국학중앙연구원, 역사교육연대, 독도수호대, 흥사단, 전국교직원노동조합, 전국역사교사모임 등이 참여하여 향후 대책을 논의하였다. 앞으로 계속 이러한 토론회를 갖기로 하여 광범위한 네트워크가 형성되었다. 네트워크를 통해 폭넓게 시민단체가 참여하게 되었다.

『미래를 여는 역사』를 비롯한 부교재의 출간은 일본 역사왜곡을 알리는 좋은 기회가 되었다. 출판 자체가 관심의 대상이었을 뿐 아니라 『한겨레신문』은 『미래를 여는 역사』의 주요 내용을 매주 한 차례씩 소개하였고, 인터넷신문인 『오마이뉴스』도 이 책을 소개하여 시민의 관심을 계속 유도하였다. 6월 12일에는 동아시아 평화를 위한 걷기대회를 역사교육연대와 한겨레신문사가 개최하여 시민이 참여하는 기회를 제공하였다.

적극적인 실천적 대응은 채택저지운동으로 나타났다. 채택저지운동의 일선에서 가장 적극적으로 활동한 것은 역사교육연대였다고 할 수 있다. 역사교육연대는 새역모 교과서를 채택하지 말도록 요청하는 편지 보내기, 채택 가능성이 높은 지역 직접 방문하기, 일본 언론에 의견광고 게재하기 등의 다양한 활동을 조직하고 선도하였다.

편지 보내기는 2001년의 채택저지운동 과정에서 가장 효과가 있었다고 평가된 지방 자치단체 사이의 교류를 운동의 차원에서 조직화한 것이다. 새역모 교과서를 채택할 가능성이 매우 높은 '위험지구'와 결연관계를 맺고 있는 한국의 지방자치단체장과 의회로 하여금 채택하지 말라고 요청하는 편지 내지 공문을 보내는 방식이다.[28] 해당 자치단체에서 활동하고 있

[28] 그 성과는 이신철, 「2005년 교과서운동과 '새역모'의 분열」, 『한·일근현대역사논쟁』, 147쪽 참고.

는 한국과 일본의 시민단체들을 연결시켜서 채택저지운동을 지원하는 방법도 함께 실천하였으며,[29] 자매결연 관계에 있는 학교에서도 역시 교장이나 학생들에게 편지를 보냈다. 이 방법은 이번에도 큰 효과를 거둔 것으로 평가되었다.

새역모 교과서를 채택할 위험성이 높은 지역에는 역사교육연대의 운영위원과 해당 지역과 결연관계가 있는 한국의 지역 시민단체 활동가가 직접 방문하였다. 6월에서 8월에 히로시마현 등 12개 지역을 방문하여 일본의 활동가들과 함께 교과서 채택 권한을 가지고 있는 지역 교육청을 방문하여 새역모의 교과서를 채택하지 말라고 요청하는 한편 심포지엄이나 대중 강연을 개최하여 시민들의 관심을 촉구하였다.[30]

이러한 일련의 활동은 별 관심이 없던 일본의 여론을 움직이는 데 상당한 효과를 거둔 것으로 평가된다.[31] 이러한 과정에서 한일 시민단체 사이에 연대관계가 형성되었고, 지방자치단체와 시민단체가 참여하는 '민-관-정 협력'이라는 새로운 협력모델이 창출되었다.

일본 유력지에 의견광고를 게재하는 활동은 역사교육연대의 7월 3일 기자회견으로 시작하여, 『讀賣』, 『朝日』, 『每日』 같은 일본 3대 일간지를 비롯해 새역모 교과서 채택 가능성이 높은 지역의 신문에 이르기까지 총 10개 신문에 14번 의견광고를 실었다. 이 광고는 일본 시민들에게 신선한 충격을 주었으며, 채택저지에 크게 기여한 것으로 평가되었다. 광고 게재에 드는 경비는 국민 모금으로 충당하였는데, 개인 1,210명, 단체 806개가 참

29) 대표적인 사례가 미군기지 이전 예정지인 평택의 시민단체와 새역모 교과서를 채택하여 사용하고 있던 에히메현의 연대활동과 서울 서초구와 도쿄 스기나미구의 연대활동이라고 할 수 있다(아시아평화와역사교육연대, 『4년의 활동, 한일 시민의 승리-2005년 교과서운동 백서』, 2005, 127~154쪽).

30) 아시아평화와역사교육연대, 『2005활동보고서』, 2006, 76~85쪽.

31) 양미강, 「2005년 한국 교과서운동의 성과와 남은 과제들」, 『4년의 활동, 한일 시민의 승리-2005년 교과서운동 백서』, 2005.

여하였으며, 모금액은 6억 9,000여만 원에 달하였다.[32] 놀라운 일이라고 하겠다.

4. 역사갈등 인식과 대응에 나타난 특징

1) 역사갈등에 대한 인식에 나타난 특징

2005년 일본의 역사왜곡에 관한 인식에 나타난 특징의 하나는 단순히 역사교과서를 통한 한국사 왜곡으로 인식하던 차원에서 야스쿠니신사 참배, 독도 영유권, 일본군'위안부' 문제 등이 착종된 역사갈등의 국면이자 교육문제(교육기본법 개정 움직임), 평화헌법 개정 등 일본의 우경화 추세와 관련하여 인식한 점이라고 하겠다.

2004년부터 왜곡 교과서 채택을 위한 총력전에 뛰어든 우파(언론, 문부과학성의 일부 수뇌부, 상당수의 재계지도자 등)의 지향점이 "우파 이념의 일방통행식 전파가 가능한 강력한 국가주의의 부활"이라고 규정하고, 역사왜곡이 교육기본법이나 헌법 개정과 군사력 팽창, 영토확장 욕구와 함께 진행되고 있음을 언론에서도[33] 정확하게 지적하였다. 이는 일본의 역사왜곡을 바라보는 시야가 확대되고 사태의 본질에 접근하게 되었음을 의미한다.

두 번째는 역사교과서 문제와 함께 독도문제가 발생하였음에도 불구하고 이 두 문제를 분리하여 인식한 점이다. 독도 영유권 문제는 역사성을 갖고 있지만 기본적으로 영토문제의 범주에 속하는 것으로, 역사인식의 문제와는 구분하여 파악한 것이다. 따라서 대응책도 구분하여 마련하였다.

---

32) 아시아평화와역사교육연대, 『2005활동보고서』, 2006, 108~122쪽.

33) 박중언, 「우익의 도발－되살아나는 국가주의」, 『한겨레신문』, 2005. 3. 14.

결과적으로 역사왜곡과 독도 영유권 문제를 분리하여 인식하고 대응한 것은 역사왜곡에 대한 대응을 훨씬 용이하게 하였다. 일본의 양심적인 세력과 연대하여 교과서 왜곡에 대처할 때, 독도 영유권 문제를 함께 거론하였더라면 참으로 어려운 상황을 초래했을 것이다.

한일 두 나라를 넘어 동아시아라는 틀 속에서 역사왜곡 문제를 바라보려는 논의가 본격화한 점이 또 하나의 특징이다. 역사왜곡과도 깊은 관련이 있는 "일본의 평화헌법은 내정문제이자 동아시아 지역 전체의 문제"라고 한 이종원 교수의 말을 특기한 기사에서[34] 그러한 인식을 볼 수 있으며, 일본 역사교과서의 동아시아 인식을 탈아(脫亞) 관점에서 분석한 글도[35] 역시 같은 맥락에 있다고 할 수 있다.

이렇게 된 데에는 고구려사를 비롯한 한국고대사를 중국사의 일부로 편입하려는 중국의 시도와 새로운 담론으로 제시되고 있는 동아시아론이 영향을 주었으나, 2001년부터 한중일 세 나라, 혹은 한일 두 나라 사이에 역사대화를 진전시키면서 얻은 경험도 중요한 기반이 되었다.

동아시아의 평화와 협력이라는 관점에서 인식하려고 하는 경향이 농후해진 것도 특징이다. 동아시아의 평화라는 관점에서 바라본 결과 배척보다는 미래 협력의 대상으로 일본을 바라보고, 가능한 방법을 찾아 역사갈등을 해소하려는 자세를 견지하였다. 역사갈등의 와중에도 "한중일 정상이 머리를 맞대면 동북아의 평화와 협력의 큰 틀이 나올 것"이라는[36] 기대를 버리지 않았다. 일부 시민들이 과격하게 항의하는 모습도 보였지만, 시민들의 감정적 반응은 이전에 비해 절제되었다.

---

34) 『중앙일보』, 2005. 4. 27.

35) 유용태, 「일본 역사교과서의 동아시아 인식」, 『역사교육』 98, 2006.

36) 『한겨레신문』, 2005. 5. 17.

2) 대응의 측면에 나타난 몇 가지 특징

대응의 측면에서 볼 수 있었던 특징의 하나는 일본의 역사왜곡에 대응하기 위한 조직을 다양하게 결성한 점이다. 학계는 2001년의 역사교과서 왜곡 사태에 단발적으로 대응한 것을 반성하고, 조직적으로 대응하기 위해 학술단체들이 참여하는 조직을 건설했다. 앞에서 말한 바 있듯이, 한국사를 연구하는 학회들의 협의체로 '한국사연구단체협의회'와 한국사와 동양사, 서양사를 망라한 역사학 관련 48개 학술단체가 결성한 '역사학연구단체협의회'가 그것이다. 역사학계를 망라한 조직이 검정결과 발표 직후에 결성된 것은 학계에서 일본의 역사왜곡을 얼마나 심각한 사안으로 받아들였는지를 잘 보여준다.

시민사회에서는 역사교육연대가 2005년에 대비하고 있었다. 일본의 역사왜곡에 대응하기 위해 2001년 결성된 일본교과서바로잡기운동본부에서 이름을 바꾼 이 단체는 운동가와 역사학자들이 결합하여 운동력과 전문성을 갖추고 있었고, 4년 동안 꾸준히 준비를 하였다. 그런 까닭에 2001년의 경험을 충분히 활용하면서 '준비된 대응'을 할 수 있었다. 역사교육연대는 2005년 일본의 역사왜곡 관련 활동의 중심에 서서 활약하였다.

시민사회단체들도 연합 조직을 건설하여 대응하였다. 3월 18일 '일본역사왜곡 해결을 위한 한일 시민단체 공동집회'를 국회 앞에서 개최하고, 전국교직원노동조합을 비롯한 15개 단체가 참여하여 역사왜곡 대책 TFT를 결성한 것이 좋은 사례라 하겠다. 특히 채택저지활동을 효과적으로 수행하기 위해 한국과 일본의 시민단체와 지방자치단체, 국회의원을 연결하는 '민관정 협력체제'를 만든 것은 새로운, 그러면서도 매우 효과적인 시도였다.

정부는 대책반과 기획단을 조직하여 본격적으로 대응하였으며, 국회도 '독도 수호 및 일본의 역사왜곡대책특별위원회'를 4월 5일 만장일치로 구성하고 일본을 항의방문하는 등의 활동을 전개하였다.

역사갈등이 발생하고 한일 간에 긴장이 고조되었음에도 양국이 적절히 조절하여 파국을 피해간 점이 두 번째 특징이라고 하겠다. 3월 이후 역사왜곡과 독도 영유권 문제로 한일 간 갈등은 심각한 상태로 접어들었다. 한국정부의 비판에 대해 아베 신조(安倍晉三) 자민당 간사장 대리는 '종군위안부는 허구'라고 맞섰고,[37] 나카야마 나리아키(中山成彬) 문부과학상은 '학습지도요령'에 독도와 센가쿠열도를 일본 영토로 명기해야 한다고 주장하며[38] 자국의 교과서 서술과 독도 영유권 주장을 옹호하였다. 자민당은 식목일로 되어 있는 쇼와(昭和)천황의 생일을 '쇼와의 날'로 바꾸고,[39] 헌법 전문에 "국민 통합의 상징인 천황은 국민과 역사를 함께 걸어왔다"는 표현을 넣기로 함으로써[40] 천황제에 대한 동아시아인의 거부감에 불을 지폈다. 게다가 마치무라 노부타카(町村信孝) 외상은 중의원에서 "노무현 대통령은 정상회담에서 야스쿠니신사 참배에 관해 문제를 제기한 적이 없다"고 답변하였다가 한국정부의 강력한 반발을 샀다.[41] 유엔주재 김삼훈 대사는 일본은 안보리상임이사국 진출 자격이 없다고 발언하였으며,[42] 한국은 일본의 상임이사국 진출에 끝내 찬성하지 않았다. 반기문 외교통상부장관도 후소샤의 공민교과서 검정본은 개악되었다고 평가하였다.[43] 한일 간에 설전이 계속되는 가운데 한국은 두 차례나 일본의 정상회담 제의를 거부하였다. 한일 사이의 관계는 수십 년 이래 최악의 상태였다. 그러나 파국에 이르지는 않고, 6월 20일 양국 정상이 '역사회담'을 서울에서 열

37) 『중앙일보』, 2005. 4. 1.
38) 『중앙일보』, 2005. 3. 30.
39) 『중앙일보』, 2005. 4. 1.
40) 『연합뉴스』, 2005. 4. 2.
41) 『동아일보』, 2005. 3. 31.
42) 『중앙일보』, 2005. 4. 2.
43) 『중앙일보』, 2005. 4. 2.

었다. 그러나 성과는 별로 없었다. 그럼에도 불구하고 정상회담은 양국관계가 더 이상 경색되는 것을 막았다고 할 수 있다.

한편에서는 외교전쟁이 한일 모두에 손실을 가져올 것이라는 신중론도 대두하였다. 한국의 과격한 대응이 오히려 국제사회에 일본의 주장을 알리는 역할을 하고, 균형 잡힌 입장을 가지고 있는 대다수 일본인의 혐오감을 불러일으킬 수 있기 때문에 냉철한 논리로 접근해야 한다는 것이다.[44] 한일 사이의 밀접한 관계로 볼 때, 역사갈등을 더 이상 확대하는 것은 바람직하지 못하다는 판단이 저변에 깔려있었기 때문에 결정적인 파국에는 이르지 않은 것이다.

새역모 교과서의 채택저지라는 네거티브운동과 함께 대안을 제시하는 운동을 전개한 점이 또 하나의 특징이다. 채택저지활동을 전개하는 동안에도 한일 사이의 역사대화를 계속하였고, 그 결실로 부교재 성격의 책을 출판한 사실은 특기할 만하다. 학계와 대학 차원의 대화는 계속되었고, 역사교육연대가 참여하는 동아시아평화포럼과 한중일 청소년역사캠프도 예정대로 진행하였다. 전교조 대구지부와 히로시마현 교직원조합은 3년 동안의 교류 결실로 『조선통신사－도요토미 히데요시의 조선 침략과 우호의 조선통신사』를 양국에서 출판하였으며, 『미래를 여는 역사』가 한중일 3국에서 동시에 출판되었다.[45]

두 책은 모두 교과서를 표방하며 만들었고, 3년 이상 걸린 노작들이다. 이들 교재 발간은 중요한 의미를 갖는다. 두 나라, 혹은 세 나라의 교사와 교수들이 참여하여 공통의 역사인식을 마련하기 위해 논의하고 집필하였다는 점은 그 구체적 성과와는 별개로 그 자체로서 의미가 크다. 『조선통

44) 최동진, 「'외교전쟁'은 한일 모두에 손실」, 『중앙일보』, 2005. 3. 24.

45) 전국역사교사모임 역시 역사교육자협의회와 공동으로 『마주보는 한일사』(사계절)를 2006년에 간행하였고, 한국의 역사교과서연구회와 일본의 역사교육연구회는 10년 동안의 공동작업 끝에 『한일 교류의 역사－선사부터 현대까지』(혜안)를 2007년 출간하여 또 다른 가능성을 보여주었다.

신사』 집필이 “한국과 일본의 공생시대를 만들기 위해 한 사람의 교육자로서 아이들에게 무엇을 전달할 것인가를 되새기며 진행해 온 과정이었다”는[46] 술회는 깊이 새겨야 할 증언이다.

공통의 역사인식을 마련하기 위한 실험은 일단 성공했다. 책이 출간되었기 때문에 성공했다고 말하는 것은 아니다. 책의 출간보다 더 소중한 결실을 거두었기 때문이다. 그것은 “역사인식의 큰 격차를 극복할 수 있을까”라는[47] 우려와 부담에서 시작하여, “이 작업을 함께 하면서 우리는 언어도 다르고 국가도 다르지만, 서로에 대한 믿음과 신뢰라는 소중한 자산을 갖게 되었습니다. 이러한 믿음이 과거의 아픈 상처와 서로의 불신을 극복하는 씨앗이 되리라 생각합니다”라는 말에 잘 표현되어 있다.[48]

“이 책을 통해 이웃나라의 역사와 상호관계를 조금이나마 더 깊이 알게 되기를 바라는 마음에서” 집필한 『미래를 여는 역사』는 “역사를 배우는 것은 바로 과거를 교훈 삼아 미래를 개척하기 위해서”라고 정의하고, “평화와 민주주의, 인권이 보장되는 동아시아의 미래를 개척하기 위해서 우리가 역사를 통해 얻을 교훈이 무엇일까” 이 책을 읽으면서 생각해 보자고 제안한다.[49] 이들 공동작업의 결과물 출판은 역사대화가 비판의 수준에 머무르지 않고 창의적으로 미래를 향한 대안을 제시할 수 있음을 보여준 쾌거였다.

학계와 시민단체가 적극적으로 협력하여 전문성과 실천력을 결합시킨 것도 하나의 특징이라고 할 수 있다. 전문적 역량과 실천 능력을 함께 갖춘 역사교육연대는 새역모의 검정본을 입수하여 학계에 제공하고 학계와

---

46) 김양기, 「한일공통역사인식의 견고한 초석이 되길 바라며」, 『조선통신사』, 한길사, 2005, 7쪽.

47) 고다마 가이소(兒玉戒三), 「두 민족의 우호와 평화의 시작이 되길 바라며」, 『조선통신사』, 한길사, 2005, 166쪽.

48) 강태원, 「끝이 아니라, 이제 시작입니다」, 『조선통신사』, 한길사, 2005, 169쪽.

49) 한중일3국공동역사편찬위원회, 『미래를 여는 역사』, 한겨레신문사, 2005, 11쪽.

공동으로 분석하였다. 이를 기초로 심포지엄 개최, 수정요구안 작성 등을 공동으로 수행하였다. 이렇게 학술단체와 시민단체가 긴밀하게 협력한 것은 역사왜곡에 대한 대응이 전문적인 지식을 필요로 한다는 특성에 기인하는 바가 크다. 또한 그것을 가능하게 한 것은 시민단체에서 활동하고 있는 역사학자들의 역할과도 무관하지 않다고 본다.

채택저지운동 과정에서 일본의 양심적인 시민단체들과 긴밀하게 협력한 점이 또 하나의 특징이다. 일본의 역사왜곡에 대하여 한국의 정부나 시민사회, 학계가 할 수 있는 일은 제한적일 수밖에 없다. 특히 채택 국면에 들어서면 그것을 저지하는 것은 기본적으로 일본이 담당할 일이었다. 그러나 일본의 시민단체, 학계와 긴밀히 협력하여 그들을 지원하는 것, 도덕적 차원 이상의 실질적 지원으로 만드는 것은 한국의 몫이었다.

2001년에 형성된 한국과 일본 시민단체와 학계의 관계와 경험을 바탕으로, 한국과 일본의 시민단체들은 교과서 검정 결과를 발표하기 이전부터 공동으로 대응책을 모색하였다. 채택 과정에는 한국과 일본 상호방문을 통한 회의와 의견 조율을 통해 효과적인 방법을 모색하였고,[50] 실천 과정에서는 한일 활동가들이 일본의 여러 지역에서 합동으로 활동하여 운동의 효과를 높였다. 그리고 채택이 종료된 뒤에는 평가를 통해 성과와 문제점을 점검하였다.[51]

또 하나의 특징은 일본의 역사왜곡을 국제적인 이슈로 부각시키고 국제적 협력과 공조를 모색한 점이다. 국내에서 개최하는 학술회의에 중국과 일본은 물론 유럽이나 동남아시아의 학자를 초청하기도 하고, 미국에서 심포지엄을 개최하거나 유엔의 GPPAC(Global Partnership for the Prevention Armed Conflict UN Conference)에서 이 문제를 제기하여 일본의 역사왜곡

50) 아시아평화와역사교육연대, 『동북아의 평화와 역사갈등, 해결을 향한 모색』, 2005.

51) 아시아평화와역사교육연대, 『일본 역사왜곡, 그 해결을 위한 전진』(2005년 일본 후쇼사 교과서 불채택운동 평가 심포지엄), 2005.

을 국제 이슈로 삼았다. 이러한 노력의 결과로 유럽과 미국, 동남아시아의 역사학자들과 갈등문제 전문가들도 동아시아의 역사갈등에 깊은 관심을 갖게 되었다.

일본은 중국 역사도 왜곡하였기 때문에 역사왜곡은 중국과 일본 사이의 문제이기도 하다. 중국에서도 정부, 학계, 언론이 일본의 역사왜곡을 비판하였고,[52] 선전(深圳)과 상하이(上海), 광저우(廣州) 등 대도시에서는 반일 시위도 일어났다. 그러므로 일본의 역사왜곡은 한중일 3국이 관련된 문제이지만, 한국이 전략적 차원에서 중국과 협조하는 모습은 볼 수 없었다. 상호 연구 결과를 활용하고, 한국에서 중국학자를 초청하는 수준에 그쳤을 뿐이다. 오히려 중국은 한국과의 능동적 협조를 회피한다는 인상을 받았다. 이러한 한중 관계는 한국이 일본의 양심적인 시민단체와 적극 협력하여 채택을 막아낸 것과는 크게 대비되는 모습이다.

마지막으로 일본의 역사왜곡에 대응하는 과정에서 역사대화에 깊은 관심을 갖게 된 점을 들 수 있다. 역사대화는 역사갈등을 해소할 수 있는 유력하고도 사실상 유일한 방안으로 부각되었으며, 다양한 역사대화 방법을 모색하게 되었다.[53] 특히 유럽의 역사대화 경험에 유의하게 되었으며, 일본 중국과 다양한 역사대화의 기회를 한국이 적극적으로 마련하기 시작하였다.

한국이 역사대화에 적극적으로 나서게 된 데는 한국이 동아시아 역사갈등의 피해자라는 처지도 작용하였겠지만, 민주화와 통일운동의 과정에서 동아시아의 평화 정착과 공영(共榮)을 선도할 수 있는 정치사회적 경험을 축적하였기 때문이기도 하다.

---

52) 예컨대 상하이의 주력 주간신문인 『遼望東方週刊』은 새역모 교과서가 왕실 관련 억지 주장, 남경대학살 왜곡, 전쟁 도발 미화, 일본은 전쟁 피해국, 패전 후 연합국의 조치, 대만은 중국 통치권 밖의 국가로 기술하는 등 사실을 왜곡하였다고 보도하였다(2005. 3. 29).

53) 신주백, 「동북아에서 역사교과서 협력이 갖는 의미와 진로」, 『역사와현실』 56, 2005.

5. 앞으로의 과제
– 역사대화와 공동의 역사인식 추구

1) 역사대화의 필요성과 가능성

동아시아의 평화를 위해서 역사갈등은 반드시 해결해야 할 과제이다. 역사갈등을 해결하는 방법은 끊임없는 대화를 통해 서로를 이해하고, 궁극적으로 상호 인정할 수 있는 역사인식을 공유하는 것이라고 생각한다. 그러나 여기에는 몇 가지 생각해야 할 점이 있다고 본다.

현존하는 역사갈등 해결의 목표를 어디에 둘 것인가? 역사갈등을 근본적으로 해결하는 데 둘 것인가, 아니면 역사문제가 더 이상 악화되지 않도록 '관리'하는[54] 데 둘 것인가. 역사문제의 근본적 '해결'은 역사문제가 정치쟁점이나 시민사회의 이슈에서 사라지는 것을 의미한다고 하겠다. 그렇지만 역사를 보는 관점은 한 국가 안에서도 학자에 따라 다르기 때문에, 한일 간에 동일한 관점에서 역사를 보고, 역사적 사실에 대한 해석을 통일할 수는 없을 것이다. 그것은 사실상 불가능할 뿐 아니라, 바람직하지도 않다.

역사갈등을 해결하기 위한 공동의 역사인식은 그런 것을 의미하는 것은 아니라고 본다. 인류가 지향하는 보편적 가치를 역사를 보는 기준으로 삼고, 그러한 기준으로 역사적 사실을 해석하여 가르치는 데 동의하는 것을 의미할 따름이다. 최소한 다른 나라가 이의를 제기하는 것에 관하여 충분히 이해하려는 열린 자세를 갖고, 수정해 나가려는 노력이 그 바탕이 될 것이다.

역사갈등은 다른 정치 · 사회 문제와 분리된 것이 아니고, 국가 사이의

---

54) 정재정, 「한일의 역사 갈등과 극복 방향」, 『21세기 동북아의 공동번영을 위한 역사문제의 극복』, 동북아역사재단, 2008, 250쪽.

정치 · 사회 관계의 일부라는 시각을 견지하는 것이 바람직한가, 아니면 그러한 전제를 깔더라도 역사갈등을 역사문제로만 보고, 그 해결에 주력할 것인가?

궁극적으로 역사갈등의 해결은 국가의 용인 내지 동의를 필요로 한다. 역사문제는 상당 부분 교육과 직결되어 있고, 교육은 정치적 결정에 의존하는 바가 크기 때문이다. 그런데 역사문제는 정치외교 상황에 영향을 받으며, 반대로 역사문제가 정치외교 관계에 영향을 주기도 한다. 한일 간에는 역사교과서 문제와 함께 독도문제, 동해 표기문제 등이 쟁점으로 거론되고 있다. 따라서 역사문제가 독립변수일 수는 없다. 그렇지만 역사문제를 다른 사안과 연계시켜 논의할 필요는 없다고 생각한다. 역사문제는 교육과 관련이 있는 동시에 학술영역에 속하는 문제이기도 하므로, 학문과 교육 차원에서 논의하는 것이 바람직하며, 그럴 수 있을 것이다.

동아시아 3국의 정부는 지금 역사교육에 큰 관심을 기울이고 있다. 일본에서는 새역모 교과서 채택을 위해 자민당이 적극적으로 지원했고, 한국에서는 일본과 중국의 역사 공세를 방어하기 위해 정부 차원에서 역사교육을 강화하고 있다. 또한 중국은 애국주의, 신중화주의 입장에서 역사교육을 민족통합에 활용하고 있다.

역사교육과 관련된 각국 정부의 이러한 조치들이 역사갈등 해결에 긍정적으로 기여하리라고 기대할 수 있는가? 이러한 방향 설정과 조치들은 피할 수 없이 국가주의적 성향을 띠게 되며, 다른 나라의 역사를 정당하게 평가하지 않게 될 가능성이 매우 높다. 따라서 오히려 역사갈등을 조장하거나 심화시킬 수도 있다. 그러므로 정부가 역사교육에 대한 관점을 전환하여 보다 넓은 시야에서 역사교육의 목표와 효용성을 진지하게 재검토할 필요가 있다.

일본과의 역사대화는 어떤 방법으로 하는 것이 효과적일까? 현재 정부 차원과 민간 차원에서 대화를 진행하고 있다. 정부 차원에서는 제2기 한

일역사공동연구위원회를 구성하여 활동하고 있다. 위원회 산하에 역사분과를 둔 것은 역사교과서와 역사교육을 의제로 삼지 못했던 제1기 위원회의 한계를 극복한 것으로 의미 있는 일이다. 정부가 구성하는 위원회는 공신력이 높고 합의하는 경우 교과서에 쉽게 반영할 수 있지만, 국가 대표라는 성격을 띠게 되어 부담이 따르고, 그런 까닭에 합의에 이르기 어렵다는 문제점도 있다.

정부가 담당해야 할 중요한 과제는 대화를 통해 역사갈등을 평화적으로 해결하려는 의지를 유지하면서 장기적이고 구체적인 전략을 수립하는 것이다. 그러한 역할의 상당 부분은 동북아역사재단의 몫이라고 판단되며, 설립 이후 역사갈등을 해소하기 위해 다방면으로 노력해왔다. 국가가 만든 재단이 역사갈등 해소에 어떻게 기여해야 하는지는 계속하여 논의해야 할 과제이며, 재단은 재단에 적합한 방향을 찾아나가야 할 것이다.

양국 시민 사이의 이해와 협력은 역사갈등 해소의 밑거름이다. 그러므로 민간 차원에서 다양한 활동을 꾸준히 전개하는 것이 한일 간, 나아가 동아시아의 역사갈등 해소에 도움이 된다. 특히 교사와 학자, 시민단체 사이의 긴밀하고 다양한 형태의 대화와 교류가 필요한데, 학교 간 혹은 도시 간, 시민단체 간의 자매결연과 상호방문, 교사와 청소년의 공동 수업과 활동, 특정 주제에 관한 공동연구나 교재 개발 등 다양한 프로그램을 다양한 주체들이 다양하게 수립하고 실천할 필요가 있다.

정부는 이들의 활동을 지원하여야 한다. 가시적인 것, 예컨대 재정 지원 같은 것뿐 아니라 대화를 할 수 있는 정치외교적 여건의 조성이 필요하다. 그리고 무엇보다도 민간 차원에서 협력의 결과로 산출한 성과를 역사교육 현장에서 활용할 수 있도록 보장하였으면 좋겠다. 일본은 심지어 한일역사공동연구위원회의 연구를 교과서 문제의 해결 수단으로 생각하지 않는다는 입장을 밝혔다.[55] 이는 역사대화의 의지와 그 효과를 스스로 부정하고 대화의 결과를 무용지물로 만들 수 있는 언행으로서, 전혀 바람직하지 못하다.

동아시아의 역사대화에 외국의 경험, 특히 유럽의 경험이 얼마나 도움이 될 것인가? 상호이해와 신뢰 구축이 대화의 전제라는 점은 유경험자들이 공통적으로 지적하는 사항이다. 이러한 일반적 전제 이외에 정확한 현실 분석, 즉 한국과 일본의 현실에 대한 정확한 분석이 필요하다. 한일 사이의 관계는 독일－폴란드나 독일－프랑스와 어떤 점이 다르고, 같은가? 일본의 진정한 반성과 사과가 없었다는 점, 사과를 했다고 하지만 말에 그쳤을 뿐 행동으로 보여주지 않는 점, 일본사회의 우경화 등이 쉽게 파악할 수 있는 큰 차이라고 하겠다.[56)] 타국의 사례와 경험의 활용은 언제나 필요하지만, 차이와 같음에 대한 정확한 파악은 또한 언제나 그 전제가 된다.

2) 공동의 역사인식 추구

대화를 통해 마련되는 역사인식은 한일 간에는 물론 동아시아 전체에서 인정받고 통용될 수 있어야 할 것이다. 그 역사인식의 바탕에는 현재의 동아시아가 요구하는 가치와 지향하는 미래상이 내재되어 있어야 한다고 생각한다. 그것은 평화와 인권, 민주 등의 가치에 입각한 동아시아의 협력과 공동의 발전일 것이다.

한국과 일본은 민주주의와 인권, 평화 같은 보편적인 가치를 기준으로서 공유할 수 있을 것이라고 생각한다. 보편적인 가치를 일본과 한국, 세계에 적용시킬 때, 한국의 교과서는 어떤가, 일본 교과서는 어떤가 하는 문제점이 부각되고, 서로 보편적 가치에 입각한 미래를 만들어가려는 입장에 서야만 공유할 수 있는 동아시아상이 시야에 들어올 것이다.

---

55) 『동아일보』, 2005. 5. 6.

56) 일본과 독일의 전후 처리의 차이에 대하여는 이원덕, 「전후처리의 일독 비교연구 서설」, 『사회과학연구』 15, 국민대학교, 2002 참고.

동아시아의 평화를 위한 역사인식의 기반은 한국과 일본 사이에서도 이미 오래전에 거론된 적이 있다. 1995년 8월 15일, 종전 50주년을 맞이하여 무라야마 도미이치(村山富市) 총리는 아시아 각국 사람들에게 마음으로부터 사과한다면서 "특히 근린제국의 국민들과 협조하여 아시아 · 태평양 지역 더 나아가 세계평화를 확고히 해 나가기 위해서는 무엇보다도 이들 여러 나라와의 사이에 깊은 이해와 신뢰를 바탕으로 하는 관계를 키워나가는 것이 불가결하다"고 강조했고,[57] 1998년 김대중 대통령과 오부치 게이조(小淵惠三) 총리는 "한일 두 나라가 21세기의 확고한 선린 우호협력 관계를 구축해 나가기 위해서는 양국이 과거를 직시하고, 상호이해와 신뢰에 기초한 관계를 발전시켜 나가는 것이 중요하다"는 점을 강조한 한일파트너십선언을 발표했다. 물론 이러한 협력과 평화관계 구축을 위한 전제로 "과거 한때 식민지지배로 인하여 한국 국민에게 다대한 손해와 고통을 안겨준 역사적 사실에 대하여 통절한 반성과 마음으로부터의 사죄"가 있었다.[58]

이런 담화나 파트너십선언에 담긴 내용은 동아시아 국가들이 최소한으로 공유해야 하는 역사인식의 토대가 될 수 있을 것인데, 아쉽게도 일본의 정치지도자들이 스스로 부정함으로써 물거품처럼 사라져 버렸다. 2001년 교과서 검정 결과를 발표한 마치무라 당시 문부과학상은 "원래 교과서 검정에서 집필자의 역사인식 등에 대한 옳고 그름을 판단하는 것은 사상과 양심의 자유를 보장한 헌법 규정에 저촉되기 때문에 역사교과서 검정은 국가가 특정한 역사인식이나 역사사실 등을 확정한다는 입장에서 하는 것이 아니다"라는 이유로, 한국사를 심하게 왜곡한 교과서를 통과시켰다. "사회과 교과서 검정은 이번에도 '근린제국조항'을 충분히 배려하며 실시하였다"고 하였지만,[59] 이를 액면 그대로 받아들이는 사람은 없다.

---

57) 『동아일보』, 1995. 8. 16.

58) 「21세기의 새로운 한일 파트너십 공동선언」(1998. 10. 8).

민주라는 가치도 한국과 일본은 공유하고 있다. 한국은 지극히 험난한 근현대사를 경험하며 민주주의를 쟁취하였다. 제2차 세계대전에서 패배한 결과로 민주주의를 이식받은 일본에서는 지금 민주주의를 위협하는 세력이 발호하고 있지만, 민주주의를 수호하려는 일본인들의 의지도 굳건하다. 이런 데서 공통의 인식을 모색할 수 있을 것이며, 그러한 공통인식을 토대로 한국과 일본이 함께 새로운 역사인식을 갖도록 해야 한다.[60] 지금과 같은 상황에서는 특히 민중의 인권의식, 평화관을 기반으로 한 역사인식을 육성할 필요가 있다.[61]

걸림돌은 어느 나라 역사에서나 볼 수 있는 것처럼 민족과 국가의 문제이다. 배타적 민족주의나 국가주의는 인근 국가나 민족의 존엄과 생존을 존중하지 않는다. 국익을 우선하고 그를 위해서는 전쟁도 불사하는 관성을 가지고 있기 때문에 이웃 국가들에게 위협이 되고 피해를 입힌다. 국가는 인근 국가와 공존하며 평화를 유지하려는 의지도 갖고 있지만, 역사갈등을 유발하는 장본인이기도 하다. 따라서 각국의 역사를 기반으로 하면서도 각국 역사에 대한 이해를 공유하고,[62] 동아시아를 하나의 역사단위로 삼는 역사인식을 만들어나가야 할 것이다.

현재로서는 두 나라 정부가 역사인식의 차이를 좁히는 노력을 경주하여 성과를 거둘 것이라고 기대하기는 어렵다. 시민사회와 학계 차원에서 공통의 역사인식을 모색하는 노력을 경주해야 할 것이고, 그 첫걸음은 이미 의미 있는 성과를 거두었다. 이제 좀 더 진전된 작업을 수행해야 할 때이다.

---

59) 『동아일보』, 2001. 4. 4.

60) 이시와타 노부오(石渡延男), 「민족주의사관의 좋은 점과 나쁜 점」, 『세계의 역사교과서』, 작가정신, 2005, 43~45쪽.

61) 고시다 타카시(越田稜), 「정리에서의 발언」, 『세계의 역사교과서』, 작가정신, 2005, 341쪽.

62) 김한종, 「한 · 중 · 일 3국의 역사교육과 역사인식 공유 방안」, 『한 · 중 · 일 3국의 근대사 인식과 역사교육』, 고구려연구재단, 2005, 39쪽.

6. 맺음말

한일 간의 역사문제를 둘러싼 갈등은 연원적으로 보면, 일제가 조선을 병합하기 이전부터 시작되었다. 조선을 식민지로 삼기 위한 역사왜곡이 한국사를 기형으로 만들었고 왜곡된 황국사관을 창조했는데, 아직도 그러한 사관을 그대로 유지하려고 하는 것이다. 새역모가 편찬한 역사교과서는 전형적으로 황국사관을 계승하고 있다.

역사갈등은 독도 영유권과 함께 발생하였지만 정부와 학계, 시민단체에서는 이 둘을 구분하여 인식하고 대응하였으며, 동아시아라는 보다 넓은 틀 속에서 평화의 관점을 가지고 인식하였다. 또한 정부와 학계, 시민사회는 다양한 조직을 결성하여 역사갈등 국면에 대응하였으며, 갈등의 와중에도 갈등의 수위를 적절히 조정하여 파국을 면하였다. 한편에서는 역사대화도 계속하여 성과물을 발간하였으며, 대응의 과정에서는 학계와 시민단체가 협력하며 상호 보완하였다. 그리고 일본의 역사왜곡을 국제 이슈로 만들어내었다.

일본의 역사왜곡은 지금도 계속되고 있다. 그러므로 역사대화를 진행하여 역사인식의 차이를 좁혀 나가고 마침내는 상호 인정할 수 있는 공동의 역사인식을 만들어나가야 할 과제가 제시되어 있다. 공동의 역사인식은 두 나라 사이에만 유효한 것이 아니라 적어도 동아시아에서 통용되어야 하고, 그렇기 때문에 인류의 보편적 가치를 기준으로 하고 미래의 동아시아상을 염두에 두고 형성되어야 할 것이다.

참고문헌

『동아일보』.
『연합뉴스』.
『중앙일보』.
『한겨레신문』.

『遼望東方週刊』, 2005. 3. 29.

박중언, 「우익의 도발－되살아 나는 국가주의」, 『한겨레신문』, 2005. 3. 14.
이만열, 「국사를 사회과목서 독립시켜야」, 『중앙일보』, 2005. 4. 1.
최갑수, 「역사교육 강화를 위한 제언」, 『한겨레신문』, 2005. 5. 4.
최동진, 「'외교전쟁'은 한일 모두에 손실」, 『중앙일보』, 2005. 3. 24.

加藤章, 「日韓關係史 연구와 역사교과서 교류의 새로운 단계를 향하여」, 『역사교과서 속의 한국과 일본』, 혜안, 2000.
김순석, 「일본의 역사교과서 왜곡과 한국사회의 대응－후소샤판 중학교 역사교과서의 근대사 서술을 중심으로」, 『국학연구』 7, 2006.
김한종, 「한 · 중 · 일 3국의 역사교육과 역사인식 공유 방안」, 『한 · 중 · 일 3국의 근대사 인식과 역사교육』, 고구려연구재단, 2005.
石渡延男, 「민족주의사관의 좋은 점과 나쁜 점」, 『세계의 역사교과서』, 작가정신, 2005.
신주백, 「동북아에서 역사교과서 협력이 갖는 의미와 진로」, 『역사와현실』 56, 2005.
아시아평화와역사교육연대, 『2005활동보고서』, 2006.
아시아평화와역사교육연대, 『4년의 활동, 한일 시민의 승리－2005년 교과서운동 백서』, 2005.
아시아평화와역사교육연대, 『동북아의 평화와 역사갈등, 해결을 향한 모색』, 2005.
아시아평화와역사교육연대, 『일본 역사왜곡, 그 해결을 위한 전진』(2005년 일본 후소샤 교과서 불채택운동 평가 심포지엄), 2005.

아시아평화와역사교육연대 · 역사문제연구소 · 한국역사연구회, 『2005년도 일본 문부과학성 검정통과(후소샤 · 동경 · 일본) 교과서 분석심포지엄』, 2005.
아시아평화와역사교육연대 · 역사연구단체협의회, 『수정요구서』, 2005.
안병우, 「한국, 일본 식민지배 덕분에 타율과 종속의 역사 청산?」, 『신동아』, 2005.
양억관, 「옮긴이의 말」, 『세계의 역사교과서』, 작가정신, 2005.
역사교육연구회 · 역사학회 · 한국역사연구회, 『日本歷史教科書에 대한 韓 · 日 兩國의 視角과 共同對應方案』(학술대회 자료집), 2005.
역사연구단체협의회, 『일본교과서의 근대사 인식과 역사교육』, 2005.
越田稜, 「정리에서의 발언」, 『세계의 역사교과서』, 작가정신, 2005.
유용태, 「일본 역사교과서의 동아시아 인식」, 『歷史教育』 98, 2006.
이신철, 「2005년 교과서운동과 '새역모'의 분열」, 『한 · 일근현대역사논쟁』, 선인, 2007.
李存熙, 「역사교육에서 民族主義와 汎世界主義」, 『역사교과서 속의 한국과 일본』, 혜안, 2000.
임지현 · 사카이 나오키, 『오만과 편견』, 휴머니스트, 2003.
정재정, 「한일의 역사 갈등과 극복 방향」, 『21세기 동북아의 공동번영을 위한 역사문제의 극복』, 동북아역사재단, 2008.
中村政則, 「일본역사교과서에 보이는 역사서술과 역사관」, 『일본 역사교과서, 무엇이 문제인가』, 동방미디어, 2002.
한국사연구단체협의회, 『일본중학교 교과서의 역사서술과 역사인식』(심포지엄 자료집), 2005.
한일공통역사교재제작팀, 『조선통신사』, 한길사, 2005.
한중일3국공동역사편찬위원회, 『미래를 여는 역사』, 한겨레신문사, 2005.

安秉佑, 「扶桑社刊行の歷史教科書の問題點」, 『歷史學研究』 767, 2002.
坂本多加雄, 『歷史教育を考える』, PHP研究所, 1998.

Asia Peace and Historical Education Network, *From Conflict to Trust-Building–A Discussion of Japan's New History Textbook*, 2005.

제2부

2005년 검정통과한 일본의 사회과(역사 · 공민 · 지리) 교과서 분석

고대사

김창석*

1. 머리말

고대 동아시아의 국제관계에 관해서는 그간 한일 양측의 연구가 진전되고 학문적 교류도 활발해지면서 인식의 차이를 좁혀왔다. 하지만 일본 정계와 학계 일각에서 여전히 한국 고대사에 대해 편견을 갖고 있음을 이번 중학교용 역사교과서의 검정 과정을 통해 확인할 수 있다.

특히 후소샤(扶桑社)는 이미 2001년에 주변국의 역사상을 왜곡한 교과서를 펴내 한국, 중국은 물론 일본 내에서도 반발을 불러일으킨 것은 주지의 사실이다. 올해 재검정을 위해 제출한 검정신청본(이하 신청본)은 앞서의 비판을 수용하여 면모를 일신하기를 바랐다. 그리고 신청본의 문제점을 검정 과정에서나마 일본정부가 정정해주기를 기대했다. 그러나 지난 4

* 강원대학교 교수.

월 5일 문부과학성이 발표한 검정 결과를 보면, 극히 일부의 표현을 바꾸거나 이견이 있는 부분은 아예 빼도록 했다. 문제를 회피하는 데 급급하다는 인상을 지울 수 없다. 신청본에서 새롭게 제시한 내용이나 사료, 그 밑바탕에 깔려 있는 한국 고대사에 대한 비하(卑下)의 관점은 여전하기 때문이다.

이 글에서 검토 대상으로 삼은 교과서는 2006년 시행을 위해 신청한 후소샤의 검정신청본(검정 시 수정 지시 포함), 2001년판 후소샤 역사교과서, 그리고 역시 2006년 시행을 위해 검정 신청한 도쿄쇼세키(東京書籍)와 니혼쇼세키신샤(日本書籍新社)의 역사교과서이다. 하지만 논지의 전개상 가장 많은 문제를 안고 있는 후소샤의 신청본을 주 분석 대상으로 삼고 나머지 교과서는 관련 부분에서만 언급하려고 한다.

2. 구성과 분량 : 후소샤판 교과서 한국 관련 부분

번호	현행 교과서(2001년판)	2005년 검정신청본	비고
1	1장 2절 5항 '동아시아 속의 일본'(32~33쪽)	1장 2절 5항 '중국 역사서에 기록된 일본'(26~27쪽)	"중국 중심의 국제관계" 항목 신설
2	1장 2절 7항 '야마토조정의 외교정책' (37~39쪽)	1장 2절 7항 '야마토조정과 동아시아' (32~33쪽)	"기술의 전래와 씨성제"를 "귀화인과 불교전래"로 바꾸고 분량 축소
3	1장 3절 11항 '율령국가의 출발' (54~57쪽)	1장 3절 12항 '대보율령과 평성경' (42~43쪽)	"나라시대의 율령국가" 항 분리, 신설

위 표에서 보듯이, 목차의 구성이나 서술 분량에서 2001년판과 신청본은 큰 차이가 없다. 하지만 후소샤와 다른 출판사의 신청본을 비교해 보

자. 고대 한일관계의 핵심 시기라 할 수 있는 4~6세기의 서술 분량을 보면, 도쿄쇼세키판은 7쪽(26~32), 니혼쇼세키신샤판은 5쪽(36~40)인 데 비해, 후소샤의 신청본은 10쪽(28~37)에 이른다. 후소샤 신청본의 필자들이 고대 일본사에서 한일관계를 중시하고 있고 이에 대한 관심이 지대함을 알 수 있다. 그러나 그 내용을 보면 2001년판의 왜곡된 인식이 확대 재생산되고 있다.

후소샤의 신청본 교과서는 2001년판과 여러 가지로 달라진 모습도 보인다. 우선 판형을 확대하고 도판을 다량 삽입했다. 좌우 날개를 이용하여 핵심적인 내용을 미리 예상할 수 있게 하는 질문을 제시하거나, 보충 설명에 할애했다.

항목 마지막에 '생각해 봅시다' 란은 앞서 서술한 내용을 간략히 정리하는 데 활용하여 학습 내용을 유기적 · 조직적으로 정리할 수 있도록 배려했다. 또 만화를 이용하여 중학생들에게 친근감을 높였고, 설명방식이 논리적이며 친절하다. 『源氏物語』를 쓴 여성 작가를 소개하는(59쪽) 등 역사를 풍부하게 이해하는 데 필요한 다양한 접근도 돋보인다. 그러나 죠몬(繩文)문화가 일본문화의 기초를 형성했다는 등 시대성을 초월한 비약도 엿보인다.[1)]

현재의 상황과 연관 지어 설명, 서술하는 부분도 다수 확인된다. 예컨대 현재 일본 축구협회의 심볼인 까마귀의 유래가 초대 천황인 신무천황의 동정시(東征時) 천조대신(天照大神)이 보내 길을 안내한 까마귀를 형상화한 것이라는 설명을 들 수 있다. 이는 학습자들에게 친근하게 다가갈 수 있는 효과적인 방법이다.

그리고 2001년판과 비교하여 고고학연구 성과를 많이 반영했다. 고분의 확산을 활용하여 야마토(大和)조정의 통합 과정을 설명한다든지, 구체적

---

1) 이에 대해서는 검정 과정에서 "[죠몬시대에] 다양하고 유연한 일본문화의 기초가 마련되었다는 측면도 있다"고 표현을 완곡하게 바꿨다.

인 유적을 들어 전방후원분(前方後圓墳)을 소개하는 점 등이 눈에 띈다.

형식과 체제 면에서는 자료, 설명방식이 보완되었고 학습자의 편의를 위해 내용을 유기적으로 조직하고 공간 배치를 효율적으로 하는 등 훨씬 개선되었다고 생각된다. 하지만 한국사와 관련된 내용 서술을 보면 개악이라고 할 수밖에 없다.

3. 주제별 분석

전체적으로 일본 중심적 인식이나 인종주의적인 일본민족 우월성의 강조는 많이 순화되었다. 신화에 대한 서술이나 대중국 관계 서술에서 비교적 합리적이고 균형 잡힌 내용으로 수정하였다. 하지만 한국 관련 내용은 기본 논지가 2001년판과 다름이 없고 오히려 논지를 강화하는 보조 자료를 추가했다.

1) 한사군과 대방군

(1) 출판사별 내용

가. 扶桑社

27쪽 : 대방군(帶方郡)의 중심지가 현재의 서울 부근.

수정 지시 : 없음.

나. 淸水書院

28쪽 : 진(秦)의 뒤를 이은 한(漢)은 중앙아시아와 베트남 북부 그리고 조선반도 북부에도 세력을 확장했다. 이 한의 세력 확대에 따라 조선반도에서는 기원 전후 북부에 고구려가 건국되고 남부에서는 소국들이 합쳐져 백제, 신라가 섰다.

33쪽 : '야마타이국(邪馬臺國)까지의 행로' 지도에서 대방군의 위치를 황해도에 표시.

수정 지시 : 없음.

다. 大阪書籍

15쪽 : 기원전 2세기 말 한이 조선반도를 공격해서 낙랑군 등을 두었다. '2세기의 세계와 실크로드' 지도에서 충남 일부 지역 이북을 한 영역으로 표시.

21쪽 : '3세기 동아시아' 지도에서 충남 일부 지역 이북을 위(魏) 영역으로 표시.

수정 지시 : 없음.

라. 日本文教出版

11쪽 : 한은 기원전 2세기 후반 무제 때에 가장 강성하여 조선반도의 대부분을 비롯하여 사방으로 영토를 넓혔다.

수정 지시 : 없음.

마. 東京書籍, 日本書籍新社, 帝國書院, 教育出版

언급 없음.

(2) 분석

후소샤의 신청본에서 "대방군의 중심지가 서울 근처에 있었다"(27쪽)는 주장이 새롭게 등장했다. 대방군은 후한 말인 3세기 초에 공손씨(公孫氏)

정권이 한반도 남부와 왜 지역을 통제하고 교역을 장악하기 위해 설치했다. 그 치소(治所)를 서울 부근으로 보는 견해는 일부 중국 사료에 "백제 시조가 대방군의 옛 땅에서 건국했다"는 기록이 전하고, 서울의 풍납토성 등에서 출토된 중국계 유물을 근거로 하여 일본 학계 일각에서 제기된 바 있다.[2] 백제의 초기 왕성이 서울 지역의 하남위례성임은 움직일 수 없는 사실이므로 원래 그 자리에 있었던 대방군의 중심지도 서울에 있었다는 논리다. 그러나 서울·경기 지역의 중국계 유물은 대방군의 것이 아니라 한성백제기에 중국과 벌인 문물 교류의 흔적으로 보아야 한다.[3] 일부 사서에서 백제와 대방군을 연관 지은 것도 백제에 대한 연고권을 강조하려는 중국 측의 의도가 서려있음을 고려해야 한다. 대방군의 중심지는 '대방태수'를 새긴 벽돌이 발견되었고 중국계 고분과 유물이 집중되어 있는 황해도 봉산 지역이라는 것이 한국은 물론 일본 학계[4]에서도 통설이다.[5]

둘째, 이와 관련하여 한국사에서 차지하는 낙랑군의 의미에 대한 인식이 주목된다. 대방군은 낙랑군이 속한 한사군(漢四郡)은 아니지만 역시 중국 세력의 통치기구이므로 낙랑군에 대한 인식은 곧바로 대방군으로 연장되기 때문이다. 권말에 보면 관련국의 연표를 실었는데, 한국사의 경우 낙랑군을 첫머리에 올려놓았다. 중국은 은(殷), 일본은 죠몬시대부터 표기하

---

2) 西本昌弘, 「帶方郡治の所在地と辰韓廉斯邑」, 『朝鮮學報』 130, 1989.
한편 田中俊明, 「『魏志』東夷傳の韓人と倭人」, 『古代を考える 日本と朝鮮』, 吉川弘文館, 2005, 18쪽에서는 대방현(帶方縣)이 당초 서울 방면에 있다가 곧 이동하여 3세기 초 대방군 설치 시에는 황해도 방면에 있었다고 보았다.

3) 권오영, 「고고자료를 중심으로 본 백제와 중국의 문물교류」, 『진단학보』 66, 1988 ; 「백제의 대중교섭의 진전과 문화변동」, 『강좌 한국고대사』 4, 가락국사적개발연구원, 2003 ; 박순발, 「한성백제의 대외관계-국가 성립기 대외교섭의 실상과 의의」, 『백제연구』 30, 1999.

4) 礪波護·武田幸男, 『隋唐帝國と古代朝鮮』(世界の歷史 6), 中央公論社, 1997, 282쪽에서 대방군의 고지(故地)를 "황해북도 봉산군 토성지"에 비정한 것이 대표적이다.

5) 대방군의 중심지가 서울 근처에 있었다는 내용은 검정 과정에서 '수정 사항'으로 지적되지 않았다.

면서 한국사의 출발을 한이 설치한 낙랑군으로 잡은 것은 한국의 역사가 뒤늦게, 그것도 외부세력에 의해 타율적으로 시작되었음을 보여주기 위해서이다. 한사군 이전에 엄존했던 고조선을 전설시대라고 하여 부정하는 식민사학의 전통이 이 책에는 여전히 살아있는 것이다. 이에 비해 니혼쇼세키신샤판은 "한반도에서는 기원전 10세기경부터 농경이 시작되었는데 이 나라를 고조선이라 부른다"라 하고, 연표에도 BC 1000년경에 '조선'을 표기했다.[6)]

대방군의 중심지가 서울 지역에 있었다면, 중국세력이 한국사의 전개에 끼친 영향력을 보다 확대하여 내세울 수 있는 호재임에 틀림없다. 여기에 착안하여 소수 학설에 불과하지만 전격 채택했을 가능성이 높다.

2) 고대 한일관계

(1) 출판사별 내용

가. 扶桑社

32쪽 : 일본 열도인들은 원래 귀중한 철 자원을 찾아서 한반도 남부와 깊은 교류를 갖고 있었으므로 야마토조정은 바다를 건너 조선에 출병했다. 이때 야마토조정은 반도 남부의 임나(가라)라고 하는 땅에 거점을 설치했다고 생각된다.

33쪽 : 야마토조정이 굳이 남조의 조공국이 된 것은 고구려에 대항하고 조선 남부의 지배를 인정받기 위해서였다. 무(武, 웅략천황 추정)가 송(宋)에 보낸 국서에서 한반도 95개국을 평정했다는 내용 추가 소개. 신라는 야마토조정이 거점을 둔 임나도 위협하고자 했다. 562년 결국 임나는 신라에 멸망당하고 야마토조정은 한반도

6) 뒤의 〈표 1〉 '고조선' 항목 참조.

에서 발판을 잃었다. 5~6세기에 걸쳐 야마토조정이 조선반도의 정치에 적극 관여한 결과, 조선반도를 통해서 중국의 앞선 문화가 일본에 들어왔다.

수정 지시 : 33쪽 "조선 남부의 지배를 인정받기 위해" → "조선 남부와의 연계를 유지하기 위해서였다."

33쪽 "야마토조정이 거점을 둔" 부분 삭제.

나. 東京書籍

26~27쪽 : 야마토의 대왕은 왜왕으로서의 지위와 한반도 남부를 군사적으로 지휘하는 권리를 중국 황제로부터 인정받기 위해 남조(南朝)에 사절을 파견.

32쪽 : 백제, 신라의 세력이 강해지면서 야마토정권은 조선반도 남부에서 세력을 잃었다.

수정 지시 : 없음.

다. 日本書籍新社

36쪽 : 5세기 왜국의 대왕은 5대에 걸쳐 송 황제에게 사자를 보냈다. 왜국왕의 지위와 조선반도 남부를 지배하는 장군으로서의 지위를 인정받기 위해 노력했다.

수정 지시 : 없음.

라. 日本文敎出版

17쪽 : 야마토정권은 철과 대륙의 앞선 기술을 구해 조선반도 남부에도 세력을 뻗쳤다. 5세기에 대왕은 조선반도 남부를 지배하는 지위를 중국으로부터 인정받고자 했다.

수정 지시 : 없음.

마. 大阪書籍

25쪽 : 백제와 신라 사이에 낀 가야(가라, 임나) 지방의 작은 나라들은 야마토왕권과의 연계를 이용해서 양국에 대항했다. 조선과 중국의 기록에는 4세기 무렵부터 왜가 조선반도의 나라들과 교섭한 것, 5세기에 왜왕이 5대에 걸쳐 중국에 사절을 보낸 것 등이 보인다.

수정 지시 : 없음.

바. 帝國書院

29쪽 : 야마토왕권은 반도 남단의 가라(가야) 지역과의 연계를 강화하고 백제와 연합하여 고구려, 신라와 싸웠다.

5세기가 되면 야마토왕권은 중국의 황제에게 몇 차례 사절을 보내고, 그 힘을 빌려 조선반도 여러 나라에 대해 우위에 서고자 했다.

수정 지시 : 없음.

사. 教育出版

21쪽 : 조선에서 백제와 신라 등이 대두하자 야마토정권은 백제와 동맹하고, 외교와 전쟁을 통해서 조선 남부와도 관계를 강화했다. 5세기 들어 야마토정권의 대왕은 중국에 몇 번이나 사절을 보내 중국 황제의 권위를 빌려 조선 북부의 고구려에 대항하고 조선과의 관계를 유지하고자 했다.

수정 지시 : 없음.

아. 清水書院

34쪽 : 야마토왕권은 조선반도 진출을 꾀하고, 그 정당성을 인정받기 위해 중국 황제에게 사신을 몇 번이나 보냈다.

수정 지시 : 없음.

(2) 분석

대방군과 한사군이 한반도 중부 이북 지방에 대한 타율성론의 근거라면, 남부 지역에서 이를 주장하는 근거가 바로 '임나일본부'설이다. 고대 일본의 야마토정권이 한반도에 출병하여 가야(임나) 지역을 지배하고 백제, 신라에 강력한 영향력을 행사했다는 것이다. 이번 신청본 모두에는 '임나일본부'와 같은 용어는 없다. 하지만 후소샤의 신청본에서 야마토정권이 가야 지역에 '거점'을 마련하고 '군세(軍勢)'를 이용하여 고구려의 남진을 좌절시켰다(32~33쪽)는 서술은 과거 임나일본부설의 논지 그대로이다. 오히려 야마토조정이 "고구려에 대항하고 한반도 남부의 지배를 인정받으려고" 중국 남조에 조공했다(33쪽)는 내용을 추가하고, 서술 분량이 늘어났다.[7)]

그리고 「광개토대왕릉비문」의 신묘년 조, 『宋書』 왜국전의 관련 사료를 제시하여 주장을 보강했다. 그런데 이 자료들은 그렇게 단순하지가 않다. 능비의 신묘년 조는 일본세력의 한반도 내 거점을 말하고 있지 않다. 다만 일본의 활동을 과장하여 표현하고 있는데, 이것은 이질적인 침략세력인 일본을 격퇴한 광개토대왕의 업적을 현양하기 위해서였다.[8)] 『宋書』의 기록도 왜(倭)정권이 자칭한 것이어서 일본 측의 외교 전략을 감안해야만 바르게 이해할 수 있다. 이렇게 복합적인 텍스트를 무비판적으로 인용한다

---

7) 이 부분은 검정 과정에서 일부 수정이 이뤄졌다. "한반도 남부의 지배를 인정받으려고"를 "한반도 남부와 맺은 관계를 유지하기 위해"라고 바꾸고, "야마토정권이 임나에 거점을 두었다"는 부분을 삭제(지적 번호 16)한 것이다. 그나마 한국 학계의 수정 요구를 부분적으로 반영했다고 평가할 수 있지만, 일본세력이 한반도에 진출하여 고구려와 맞섰고 이를 통해 중국의 선진 문물을 도입할 수 있었다는 왜곡된 해석은 그대로이다.

8) 노태돈, 「5세기 금석문에 보이는 고구려인의 천하관」, 『한국사론』 19, 1988.

면, 왜곡된 역사상을 주입받은 독자들이 사료를 글자 그대로 믿고 잘못된 확신을 가질 수 있다.

한편『宋書』왜국전의 사료를 인용하면서 "渡平海北 九十五國"을 "바다를 건너 조선반도의 95개국을 평정했다"고 해석했는데, 이는 야마토정권의 한반도 진출을 사실화하기 위한 의도적인 사료 왜곡이다.

3) 조공-책봉 관계

(1) 출판사별 내용

가. 扶桑社

39쪽 : 645년 대화(大化) 연호 제정. 동아시아에서 중국 왕조가 정한 것과 달리 독자의 연호를 정해서 계속 사용한 나라는 일본뿐.

42쪽 : 당의 복속국 위치에 있었던 신라가 독자적 율령을 갖지 못했던 데 비해 일본은 중국에서 배우면서도 독자의 율령을 만들려는 자세를 견지했다.

수정 지시 : 없음.

나. 東京書籍

33쪽 : 동아시아에서 일본의 입장을 유리하게 하고 중국의 앞선 제도와 문화를 도입하기 위해 오노노이모코(小野妹子) 등을 수(隋)에 파견하고 많은 유학생과 승려를 동행시켰다.

수정 지시 : 없음.

다. 教育出版

25쪽 : 조선반도의 나라들과 일본도 당에 사절과 유학생을 보내 앞선 제도와 문화를 배우고 국가의 틀을 정비했다.

신라는 당의 영향을 받으면서 중앙집권체제를 갖추고 도읍에는 불교문화가 융성했다. 신라로부터 앞선 문화가 일본에 전해졌다.

수정 지시 : 없음.

라. 帝國書院

32쪽 : 오노노이모코 일행을 수나라에 파견하여 대등한 국교를 지향하고 앞선 정치체제와 문화를 수입하고자 했다. 고구려와 대립하던 수나라는 왜국과의 관계를 중시하여 그 요구를 들어주었다.

33쪽 : 7세기 초 수를 대신하여 당이 대제국을 형성하고 율령이라는 법률로 나라를 다스렸다. 그리고 조선반도에도 세력을 확장했다.

수정 지시 : 없음.

마. 大阪書籍

26쪽 : 신라는 당의 세력을 물리치고 조선반도를 통일. 당의 율령제도와 문화를 받아들이고 유교와 불교를 진흥했다.

28쪽 : 수를 대신한 당에 대해 일본은 대항하는 국력을 키우고자 했다. 그래서 견당사(遣唐使)를 보내 국교를 맺는 것과 함께 수대부터 유학하던 사람들을 귀국시키고, 당의 우월한 제도를 받아들여 나라를 정비하고자 했다.

수정 지시 : 없음.

바. 清水書院

37쪽 : 성덕태자(聖德太子)는 중국과 대등한 관계를 맺고자 오노노이모코 등을 사절로 수에 파견하고 유학생과 승려도 동행시켰다.

수정 지시 : 없음.

사. 日本書籍新社, 日本文教出版
언급 없음.

(2) 분석

후소샤의 신청본은 국제관계 면에서 고대 일본이 한반도 국가들보다 우위에 있었다고 누차 강조하고 있다. 고대 동아시아의 최고 문명국은 중국인데, 일본은 그 선진 문물을 받아들이면서도 7세기 이래 대등한 외교관계를 지속한 반면, 3국과 통일신라는 중국에 조공함으로써 정치적으로 종속되었다고 한다. 그래서 당(唐)의 복속국이었던 신라는 독자적 율령을 갖지 못했고(42쪽), 대화개신(大化改新) 이후 중국과 다른 연호를 계속해서 사용한 나라는 동아시아에서 일본밖에 없었다(39쪽)고 자부한다. 신라의 율령 조목이 남아 있지 않은 상황에서 단정할 수 없지만 골품제도 등 고유한 제도에 관한 규정이 분명히 들어 있었을 것이고, 신라 현실에 맞게 율령을 고쳐나간 사실은 『三國史記』에서도 확인할 수 있다.[9] 그런데도 어떻게 이런 무단적인 서술을 할 수 있고, 검정 과정에서 아무런 조치도 취해지지 않았는지 이해하기 어렵다.

중국에 대한 외교정책에서 한반도와 왜가 서로 달랐던 것은 한반도가 중국과 육지로 연결돼 있는 지정학적 · 군사적 조건의 차이를 염두에 두고 봐야 한다. 그리고 조공－책봉 관계는 전근대 동아시아의 독특한 외교 형식인데, 조공을 하면 복속된 것이고 하지 않으면 독립국으로서 고유문화를 보존한 것이라는 이분법의 논리는 역사인식의 빈곤성을 스스로 드러내는 것이다.

전반적으로 대외관계의 서술에서는 동아시아 국제정세의 두 축을 중국

---

9) 『三國史記』 卷7, 新羅本紀 7, 文武王 下 21年 "律令格式 有不便者 卽便改張 布告遠近 令知此意 主者施行."

과 일본으로 설정하고 한반도는 두 세력 간 세력 확장의 장 혹은 쟁탈의 장으로 묘사하고 있다. 그리고 한반도 국가들의 의의를 선진적인 중국 문물을 일본 열도에 전해주는 매개적 역할만으로 축소했다.

마지막으로 2001년판에 이어 '귀화인(歸化人)', '헌상(獻上)' 등 『日本書紀』의 율령적인 표현, 일본 중심 대외관이 투영된 용어를 그대로 사용했다. 이는 역사 용어의 객관성, 명징성을 훼손하는 것으로 편찬자들이 한국사를 편파적으로 인식하고 있음을 단적으로 보여준다.

참고로 후소샤를 중심으로 도쿄쇼세키, 니혼쇼세키신샤 신청본의 주요 쟁점별 내용 서술을 〈표 1〉로 제시한다.

〈표 1〉 주요 교과서별 내용 비교

쪽수	扶桑社 (신청본)	扶桑社 (2001년)	東京書籍	日本 書籍新社	수정 지시 및 비고
고조선					
	권말 연표 2쪽에서 생략. 낙랑군부터 출발.	동일.	48쪽(연표) : 4세기 3국으로부터 시작. 동아시아와 일본의 관계는 중국과의 관계만 표시.	29쪽 : 조선반도에서는 기원전 10세기경부터 농경이 시작. 이 나라를 고조선이라 부른다. 이윽고 청동기문화가 보급되고 철기도 사용했다. 기원 전후로 해서 북부에서 고구려가 일어나고 중국의 동방지배를 위협. 남부에서도 1세기 경 소국 등장. 58쪽(연표) : BC 1000년경 조선 표기.	

비미호(卑彌呼)의 대중(對中)관계					
27	추가 : 히미코가 위(魏)에 사신을 보내고 황제로부터 '친위왜왕' 칭호, 금인(金印), 동경 등을 받았다. 조책(朝冊)관계를 통해 중국 중심의 동아시아 국제관계에 편입.	38쪽 : 야마토조정과 백제는 중국의 남조에 조공했다. 39쪽 박스 : 일본이 고대에 조공을 한 시기가 있었지만, 조선·베트남과 비교하면 독립적 입장을 관철.	24쪽 : 히미코가 사절을 위도(魏都)에 보냈고 황제로부터 '친위왜왕'의 칭호와 금인, 동경 100매 등 많은 선물을 받았다고 『魏志』 왜인전에 기록됨.	34쪽 : 왜국의 여왕 히미코는 위에 사절을 보내 '친위왜왕'의 칭호와 동경을 받았다.	후소샤 : 책봉체제 편입 명시.
『魏志』 왜인전의 부정확성					
27	부정확한 내용도 많다고 간단히 언급.	왜인전 작자가 일본을 방문하지도 않고, 40년 전 후쿠오카만을 방문한 사자(使者)의 견문을 기록한 것에 불과.	24쪽 : 사료를 요약 인용.		
대방군의 위치					
27	추가 : 중심지가 현재의 서울 부근.				
4세기 한반도 정세					
28	추가 : (3국이 대두하고) 통일국가로의 움직임이 강화.		26쪽 : 고구려·백제·신라의 3국이 세력을 다투었고, 야마토정권은 백제, 소국이 분립해 있던 가라(임나) 지방의 나라들과 연결하여 고구려·신라와 싸웠다.		후소샤 : 야마토조정의 소국 통일 움직임과 부응하는 것으로 설정.

고구려의 공세					
32	수정 : 4세기 말 백제를 공격.	반도 남부의 신라와 백제를 압박.			2001년 교과서 정정 요구 시 고구려-신라가 주종관계였으므로 '압박'으로 표현할 수 있다고 했으나 이번에 수정.
임나에 야마토조정의 거점 설치					
32	(고구려의 공격을 맞아) 백제는 야마토조정에 도움을 구(求)했다. 일본 열도인들은 원래 귀중한 철 자원을 찾아서 한반도 남부와 깊은 교류를 갖고 있었으므로 야마토조정은 바다를 건너 조선에 출병했다. 이때 야마토조정은 반도 남부의 임나(가라)라고 하는 땅에 거점을 설치했다고 생각된다.	백제는 야마토조정에 구원을 청(仰)했다. 일본 열도인들은 원래 철 자원을 찾아서 한반도 남부와 교류를 갖고 있었다. 그리하여 4세기 후반 야마토조정은 바다를 건너 조선에 출병했다. 야마토조정은 반도 남부의 임나(가라)라는 땅에 거점을 설치했다고 생각된다.			
광개토왕의 백제 공략과 야마토					
32	고구려는 백제의 수도 한성을 공격, 함락시켰지만, 백제 그리고 임나를 거점으로 한 야마토조정의 군세의 저항으로 반도 남	고구려는 백제의 수도 한성을 공격하여 함락하고 반도 남부를 석권했다. 그러나 백제와 임나를 지반(地盤)으로 한 일본 군	24쪽 : 광개토왕의 공적을 새긴 석비에 호태왕이 종종 왜군을 격파한 내용을 기록.		고구려의 반도 남부 석권은 야마토의 저항과 논리적으로 모순되므로 자체 삭제한 듯. 수정 지시 16번 : '임나를 거점으

<table>
<tr><td></td><td>부의 정복은 이루지 못했다.</td><td>세의 저항으로 정복은 이뤄지지 않았다.</td><td></td><td></td><td>로 한' 부분 삭제.</td></tr>
<tr><td colspan="6">야마토조정의 대남조(對南朝) 조공 의도</td></tr>
<tr><td>33</td><td>추가 : 야마토조정이 굳이 남조의 조공국이 된 것은 고구려에 대항하고 조선 남부의 지배를 인정받기 위해서였다.
추가 : 무(武, 웅략천황 추정)가 송에 보낸 국서에서 한반도 95개국을 평정했다는 내용 소개.</td><td></td><td>26 · 27쪽 : 야마토의 대왕은 왜왕으로서의 지위와 한반도 남부를 군사적으로 지휘하는 권리를 중국 황제로부터 인정받기 위해 남조에 사절을 파견.
26쪽 박스 : 왜왕 武의 서신 소개.</td><td>36쪽 : 5세기 왜국의 대왕은 5대에 걸쳐 송 황제에게 사자를 보냈다. 왜국왕의 지위와 조선반도 남부를 지배하는 장군으로서의 지위를 인정받기 위해 노력했다. 武라는 대왕은 중국 황제에게 서신을 보내 희망하던 지위를 거의 인정받았다.</td><td>수정 지시 14번 : 조선 남부의 지배를 인정받기 위해 → 조선 남부와의 연계를 유지하기 위해서였다.</td></tr>
<tr><td colspan="6">5세기 국제동맹 관계</td></tr>
<tr><td></td><td>삭제.</td><td>38쪽 : 고구려-북위 동맹에 비해 송-백제-왜는 바다를 끼고 있어 불리했고 야마토조정의 반도정책은 점차 부진.</td><td></td><td></td><td></td></tr>
<tr><td colspan="6">6세기 국제정세</td></tr>
<tr><td>33</td><td>요약 서술.</td><td>고구려·북위 쇠퇴와 신라·백제의 성장. 임나에 대한 신라, 백제의 압박. 신라-고구려 연합의 백제 압박에 대</td><td>32쪽 : 백제, 신라의 세력이 강해지면서 야마토정권은 조선반도 남부에서 세력을 잃었다.</td><td></td><td>수정 지시 15번 : 6세기가 되면 신라가 힘을 키웠고, 고구려와 신라에 압박된 백제는 대항했지만 어려운 입</td></tr>
</table>

33		해 백제는 왜에 구원요청(성왕의 불상, 불경 헌상).			장에 처했다.
삼국의 대일 접근					
33	삭제.	570년 이후 수의 통일, 3국 간 외교전의 결과로 3국은 경쟁적으로 왜에 접근. 이로 인해 반도정책에 실패한 야마토조정은 자신감 회복.			
임나 멸망					
33	신라는 야마토조정이 거점을 둔 임나도 위협하고자 했다. 562년 결국 임나는 신라에 멸망당하고 야마토조정은 한반도에서 발판을 잃었다.	562년 임나는 망하여 신라령(新羅領)이 되었다.			수정 지시 16번 : '야마토조정이 거점을 둔' 부분 삭제.
선진 문물 도입					
33	추가 : 5~6세기에 걸쳐 야마토조정이 조선반도의 정치에 적극 관여한 결과, 조선반도를 통해서 중국의 앞선 문화가 일본에 들어왔다.	39쪽 : 조선반도를 통해서 중국문화는 일본에 유입되었다. 전쟁 등으로 백제와의 교류가 활발해지면서 사람들의 왕래도 잦아졌다.	27쪽 : 조선 제국(諸國)과 교류가 잦아지면서 도래인(渡來人)이 철제 농구, 관개용 토목기술, 스에키, 견직물 제조기술, 한자, 유교 경전, 불교 등을 전래. 한반도와 일본의 금관, 금동신	36 · 37쪽 : 왜 조정은 도래인을 대부분 긴키(近畿)지방에 이주시켜 토목기술, 스에키, 단야(鍛冶), 양잠, 기직(機織) 기술 등을 받아들임. 41쪽 : 광륭사 미륵반가사유상과 같은 양식의 불	

			발 등의 사진을 실어 비교.	상이 신라에서 전래. 성덕태자의 관위12계(官位12階)는 조선에서 배운 것. 아스카문화에는 조선계 도래인 참여.	
불교 전래					
33	6세기에는 백제의 왕이 일본의 지원을 구할 때 불상과 경전을 야마토조정에 헌상하여 불교가 일본에 전해졌다.	538년(일설에는 552년) 백제의 성명왕은 불상과 경전을 일본에 헌상했다.	38쪽 : 6세기 중엽 백제가 불상, 불경을 조정에 보내 불교가 전해졌다. 아스카문화, 법륭사 등은 대체로 조선반도의 도래인들이 만들었지만, 남북조의 중국·인도·서아시아 문화의 영향도 받았다.	37쪽 : 6세기 중엽 백제로부터 불경, 불상 등이 전래.	
수(隋)의 통일과 동아시아					
34	수정 : 강대한 군사력을 가진 수의 출현은 동아시아 국가들에게 큰 위협이었다. 한반도의 백제, 고구려, 신라는 수에 조공했다. 일본도 이에 어떻게 대처할지 태도를 결정해야 했다.	44쪽 : (일본은 제도가 불비했지만) 새로 일어난 수에게 조공하고 복종하는 외교는 하고 싶지 않았다. 일찍이 왜의 5왕이 조공한 이유는 강대한 고구려에 대항하기 위해 중국왕조와 연결할 필요가 있었지만 이제 고구려는 위협이			한반도 국가와 일본의 대중국 외교정책 대비.

		되지 않았다.			
독자 연호 사용					
39	추가 : 645년 대화(大化) 연호 제정. 동아시아에서 중국 왕조가 정한 것과 달리 독자의 연호를 정해서 계속 사용한 나라는 일본 뿐.	54쪽 : '일본' 국호가 정해진 이래 연호가 연속 사용되었다. 신라는 당의 연호를 강제로 사용할 수밖에 없었다.			'계속 사용'이라는 제한을 붙여 3국과의 차별성 강조.
아스카(飛鳥)문화와 한반도					
	삭제	64쪽 : 아스카문화는 중국과 조선에서 전한 새로운 문화를 적극 취하여 일본인의 미의식에 맞는 건축과 미술품을 만들었다.			
대보율령					
42	701년 대보율령을 만들었다. (중략) 당의 복속국 위치에 있었던 신라가 독자적 율령을 갖지 못했던 데 비해 일본은 중국에서 배우면서도 독자의 율령을 만들려는 자세를 견지했다.	54쪽 : 동아시아에서 중국으로부터 배우면서 독자적 율령을 편찬한 나라는 일본밖에 없었다. 신라는 당의 율령 가운데 자국에 필요한 내용만을 뽑아서 썼고 자신의 율령을 만들려고 하지 않았다.			

비고 : 밑줄은 인용자가 친 것이다.

4. 맺음말

일본 학계 일부에서 한국 고대사를 왜곡해 온 것은 어제오늘의 일이 아니다. 이번 후소샤의 검정신청본 교과서는 고대 동아시아의 국제관계에 대한 편파적 주장을 집요하게 확대 재생산해 온 결과물이다. 특정 사실에 대한 해석 차원의 문제가 아니다. 검증 안 된 이야기를 비중 있게 소개한다거나 사료를 비판 없이 이용하는 것은 역사 서술의 기본에 위배될 뿐더러 중학교 교과서로는 더더욱 적절하지 않다.

검정판은 국제관계 면에서 고대 일본이 한반도 국가들보다 우위에 있었다고 누차 강조하고 있다. 고대 동아시아의 최고 문명국은 중국인데, 일본은 그 선진 문물을 받아들이면서도 7세기 이래 대등한 외교관계를 지속한 반면 3국과 통일신라는 중국에 조공함으로써 정치적으로 종속됐다고 한다. 검정판이 그대로 통과되면 독자들은 고대 동아시아의 역사상을 거인(巨人) 중국과 성인(成人) 일본, 그리고 그 사이에서 중국에 기대어 간신히 서 있는 왜소한 체구의 한국으로 기억할 것이다.

중세사 I
- 왜구 서술 -

안병우*

1. 扶桑社

왜구란 이 무렵 조선반도와 중국 연안에 출몰하던 해적집단을 말한다. 거기에는 일본인 이외에 조선인도 다수 포함되어 있었다. 16세기 중엽 감합(勘合)무역이 정지되자 또다시 왜구가 번성하게 되었는데, 그 구성원은 거의 중국인이었다. 왜구가 조선반도에서 중국 연안까지 황폐화시키며 돌아다녔기 때문에 고려는 쇠약해졌고, 명의 멸망을 재촉했다(신청본, 79쪽).[1]

---

* 한신대학교 교수.

1) 2001년판에도 마찬가지로 기술하였고, 이번에도 수정 없이 검정을 통과하였다.

2. 東京書籍

이 무렵 중국에서는 한민족이 몽골 민족을 북쪽으로 추방하고, 명을 건국하였다. 명은 대륙연안을 습격하는 왜구의(왜구 가운데는 일본인 이외의 사람도 많이 있었다) 단속을 일본에 요구하였다. 이 무렵 서국(西國)의 무사나 상인·어민 가운데 집단을 만들어 무역을 강요하고, 해적 행위를 하는 자가 있어, 왜구라고 불렸던 것이다(신청본, 64~65쪽).[2]

3. 日本書籍新社

남북조 내란 무렵 키타큐슈(北九州) 등의 무사·상인·농어민 가운데는 무장한 대선단으로 조선반도에 건너가서 쌀이나 콩 등의 식료를 빼앗기도 하고, 사람을 잡아 노예로 팔기도 하는 자가 나타났다. 조선에서는 그들을 왜구라고[왜구는 이키(壹岐)나 쓰시마(對馬) 등을 근거지로 한 일본인이었다] 부르며 두려워했다(신청본, 74쪽).[3]

왜구는 통상 그 활동 시기에 따라 13세기부터 15세기 전반기까지 활동한 전기 왜구와 15세기 후반부터 16세기에 걸쳐 활동한 후기 왜구로 나눈다. 고려 말 조선 초기에 침입한 왜구는 전기 왜구에 해당되며, 후기 왜구는 주로 중국과 동남아 연안에 출몰하였다.

왜구에 대하여는 일제 시기부터 일본인들이 관심을 갖고 연구하였다.[4]

---

2) 수정 없이 검정을 통과하였다.

3) 수정 없이 검정을 통과하였다.

4) 왜구연구사에 대하여는 田中建夫, 「中世海賊史研究の動向」, 『中世海外交涉史の研究』, 東京大学出版会, 1959 참고.

그리하여 왜구의 성격을 무장상인집단으로 규정하기도 하고,[5] 그 발생 원인을 이키나 쓰시마의 경제적 빈곤, 고려의 무역제한,[6] 원군(元軍)의 침입에 대한 복수[7] 등으로 설명했다. 왜구의 발생 원인이나 그 성격은 시기에 따라 차이가 있다. 그러므로 왜구에 대하여는 이러한 점을 고려하면서 서술해야 한다.

교과서 서술에서 특히 문제가 되는 사안은 왜구의 구성과 발생원인에 관한 것이다. 이 점에서 세 교과서는 현격한 차이를 보인다. 극단적인 차이는 후소샤(扶桑社)와 니혼쇼세키신샤(日本書籍新社) 교과서 사이의 차이다. 후소샤 교과서는 전기 왜구에 조선인이 많았다고 기술했고, 후기 왜구에는 구성원의 대부분이 중국인이었다고 하였다. 그에 비해 니혼쇼세키신샤의 교과서는 왜구가 일본이었다고 기술하여 대조를 보인다. 가장 많이 채택되는 도쿄쇼세키(東京書籍) 교과서에는 왜구에 일본인 이외의 사람도 많았다고 서술하여, 고려(혹은 조선)나 중국 사람이 많이 있었다고 암시하였다.

전기 왜구에 고려인이 포함되었다고 하는 주장은 일찍부터 있었고, 지금까지도 끈질기게 계속되고 있다. 이러한 주장은 동아시아 여러 나라의 민족사를 국적이나 민족의 틀에 사로잡히지 않고 여러 나라 사이의 교류관계사라고 하는 관점에서 왜구의 구성을 재고하려는 경향과 관련이 있다. 그러한 경향에서 '왜구＝고려·일본인연합'론 혹은 '왜구＝고려·조선인주체론'이란 학설이 나타났다.

왜구의 주축이 고려인이라는 주장을 명확히 한 대표적인 학자는 다나카 다케오(田中健夫)와 다카하시 기미아키(高橋公明)이다.[8] 그들은 14세기 후

---

5) 森克己,「日·宋·麗交涉と倭寇の發生」,『石田博士頌寿紀念東洋史論叢』, 1965.

6) 田中建夫,『中世海外交涉史の研究』, 東京大学出版会, 1959.

7) 青山公亮,『日麗交涉史の研究』, 明治大学, 1955.

8) 田中健夫,「倭寇と東アジア通交圏」,『日本の社會史 第1巻 列島內外の交通と国家』, 岩波

반 조선반도를 뒤흔든 대규모 왜구집단의 주체가 실은 쓰시마 등의 일본인보다도 오히려 고려의 제주도민, 혹은 양수척(揚水尺)·재인(才人) 등의 천민집단이었다고 주장했다. 이 주장을 바탕으로 하여 '왜(倭)'나 '왜구'가 반드시 '일본'이나 '일본인의 행위'는 아니며, 국경이나 민족을 넘는 개념으로 이해하는 것이 근년의 학계의 일반적 경향이라고 한다.[9] 왜구를 민족이나 국가의 틀에 속하지 않은 존재 즉, 고려와 일본, 중국의 경계에 거주한 여러 민족으로 구성된 집단으로 파악하는 것이다.[10]

교류관계사의 시각에서 사실을 새롭게 인식하는 것은 의미 있는 시도라고 할 수 있다. 그러나 시각을 달리한다고 하여 사실을 왜곡해서는 안 된다. 고려 말기의 왜구 가운데 고려민이 다수였다는 견해의 근거는 매우 박약하다. 다나카 등은 정황 증거로 침입한 인원과 선박, 그리고 왜구집단이 소유한 말이 너무 많다는 점을 들었다. 즉 『高麗史』에 보이는 왜구의 주체를 쓰시마인 혹은 쓰시마를 경유한 왜구라고 한정하기에는 그 수가 너무 많다고 의문을 제기하였다. 실제로 왜구는 무려 500척의 선단을 이끌고 침입하기도 하였다. 왜구가 소유한 말의 수를 구체적으로 열거하면서 "일본 기지로부터 말을 조달하고 수송하는 것은 지극히 어려운 일"이라면서 "1천 필을 넘는 왜구집단의 말은 해상으로 수송한 것이 아니고, 현지에서 조달한 것"이라고 본다. 그리고 우마의 밀도살을 전업으로 하는 화척과 연합한 것이라는 뜻으로 "현지조달"이란 용어를 사용했다. 문헌상의 직접 증거로는 세종 28년 이순몽(李順蒙)의 다음과 같은 발언을 든다.

> 신이 들으니, 고려 왕조의 말기에 왜구가 흥행(興行)하여 백성들이 살 수

書店, 1987 ; 高橋公明, 「中世東アジア海域における海民と交流」, 『名古屋大学文学部研究論集』 史学 33, 1987.

9) 李領, 「高麗末期倭寇の實像と展開」, 『倭寇と日麗關係史』, 東京大學出版會, 1999.

10) 村井章介, 『中世倭人伝』, 岩波新書, 1993.

가 없게 되었습니다. 그러나 그 속에 왜인(倭人)은 (10명에) 1, 2명에 지나지 않았고, 본국의 백성들이 거짓으로 왜인의 의복을 입고서 무리를 지어 난을 일으켰으니, 이것 또한 감계(鑑戒)되는 일입니다.[11]

이러한 주장의 문제점에 대하여는 이미 이영,[12] 하마나카 노보루(浜中昇)[13] 등이 비판한 바 있다. 그 비판에 의하면, 다나카의 주장은 『高麗史』의 왜구 관련 사료에 대한 잘못된 해석과 확대 해석에 기인한 것이다.

먼저 왜구의 규모는 여몽 연합군이 일본을 공격하기 이전인 13세기에 비해 1350년 이후 훨씬 커지는데, 그것은 고려인이 가세해서가 아니라 남북조의 내란이라는 일본의 시대적 상황 때문이었다. 즉 간노(觀応) 원년(1350) 2월 간노의 난(観応擾乱)의 주축의 하나였던 아시카가 다다후유(足利直冬)의 공세로 궁지에 빠진 쇼우니 요리히사(少貳賴尙)의 부하이자 쓰시마의 실질적 지배자였던 소우 츠네시게(宗經茂)가 위기상황에서 군량을 구하기 위해 고려를 침략하였기 때문이다.[14] 그가 바로 왜구의 중심인물이었다.[15]

왜구가 대규모 선단을 이끌고 침입한 것은 왜구가 보유한 선단이 컸고[16] 고려의 선박을 약탈한 결과이지 고려민이 가담하였기 때문은 아니다. 1350년 이후 큐슈(九州) 전역과 세토나이해(瀨戶內海) 등 광범위한 지역의 악당(惡黨)이 남조의 수군으로 동원된 특수한 배경도 왜구 선단의 규모가 대규모화한 요인이다.[17] 왜구가 대규모의 말을 가지고 다닌 것 역시

---

11) 『世宗實錄』 권114, 세종 28년 10월 임술.

12) 이영, 「고려말기 왜구의 구성원에 관한 일고찰」, 『한일관계사연구』 5, 1996 ; 「高麗末期倭寇の實像と展開」, 『倭寇と日麗關係史』, 東京大學出版會, 1999.

13) 浜中昇, 「高麗末期倭寇集團の民族構成」, 『歷史學硏究』 685, 1996.

14) 이영, 「'경인년 왜구'와 일본의 국내정세」, 『국사관논총』 92, 국사편찬위원회, 2000.

15) 이영, 「일본인이 보는 왜구의 정체」, 『역사비평』 46, 1999.

16) 창왕 원년 박위(朴葳)가 쓰시마를 정벌했을 때에도 왜선 300척을 소각했다(『高麗史』 권106, 박위 열전).

당시 제해권을 장악하고 있던 왜구가 연해와 섬에 있었던 고려 목장을 약탈하여 얻은 것이다.[18]

고려인이 왜구의 주체라고 주장하는 데 사용된 유일한 직접 사료인 이순몽의 발언은 호패법 시행을 주장하는 가운데 한 말이다. 비록 판중추원사(判中樞院事)라는 직책을 가지고 있기는 하지만, 그의 학문이나 무예 등으로 볼 때, 이순몽의 발언은 신빙성이 떨어지는 것으로 판단된다.[19] 조선 태조 2년에 발생한 장갈매(張葛買)사건처럼[20] '가왜(假倭)'로 불리는 존재가 있기는 했지만, 이 사건도 단순히 왜구를 가장한 조선인 해적으로 단정하기 어렵다.[21]

제주도가 왜구의 소굴이었다는 주장도 근거가 약하기는 마찬가지다. 왜구가 제주도 사람이라는 근거는 "제주도인이 왜인의 말을 하고, 왜인의 옷을 입고 섬을 오가며 몰래 약탈을 한다"[22]는 기록 같은 것인데, 이는 제주도민으로서 왜구를 모칭하는 '가왜'를 가리키는 것이다. '가왜'가 존재했다고 하여, 왜구가 모두 제주도민이거나 고려인이었다고 하는 것은 견강부회이다. 왜구는 쓰시마와 이키 등지의 민중, 악당이나 악당화한 구주 서국의 무사들이 중심이었다고 보는 것이 타당하다.

---

17) 李領, 『倭寇と日麗關係史』, 174쪽.

18) 李領, 『倭寇と日麗關係史』, 198쪽.

19) 李領, 『倭寇と日麗關係史』, 217쪽.

20) 『太祖實錄』 권5, 태조 3년 2월 기축.

21) 이영, 『역사비평』 46, 212쪽.

22) 『成宗實錄』 권145, 성종 13년 윤8월 무인.

중세사 Ⅱ
- 임진왜란, 왜관 관련 서술의 문제점 -

한명기*

1. 머리말

임진왜란은 애초 일본의 침략에 의해 조일전쟁(朝日戰爭)으로 시작되었지만 곧이어 명과 여진을 포함한 동아시아 전체를 소용돌이 속으로 몰아넣은 대전란이었다. 이 전쟁을 계기로 조선에서는 수많은 무고한 사람들이 희생되었고, 국토는 초토화되었으며, 그 때문에 일본에 대한 적개심이 결정적으로 높아졌다. 임진왜란은 사실상 이후 일본, 일본인에 대한 조선 사람들의 인식을 규정지었던 사건이라고 해도 과언은 아니다.

하지만 일본 교과서에서 기술된 임진왜란은 한국인들이 생각하는 것과는 자못 동떨어져 있는 모습을 보이고 있다. 특히 이미 2001년 주변 국가의 역사상을 왜곡한 교과서를 펴내 안팎에 커다란 파장을 불러일으켰던

* 명지대학교 사학과 교수.

후소샤(扶桑社)판 교과서의 임진왜란 서술은 문제가 심각하다. 임진왜란을 부르는 명칭, 임진왜란이 일어나게 된 동기, 임진왜란의 진행 상황, 임진왜란이 남긴 결과 등 전란과 관련된 모든 서술에서 총체적으로 문제를 드러내고 있기 때문이다. 한 마디로 2006년판 후소샤 교과서의 임진왜란 관련 서술은 2001년판 교과서의 내용에 비해 훨씬 개악되었다. 서술 용어를 교묘하게 바꾸거나 내용을 자의적으로 삭제하는 등의 방식을 통해 임진왜란이 '침략'이 아니라고 강변, 호도하려는 자세가 두드러진다.

아무리 교묘하고 자의적으로 왜곡하려고 시도하더라도 임진왜란이 침략전쟁이었다는 사실을 바꿀 수는 없다. 일본 학자들의 주장처럼 다양한 측면에서 임진왜란을 연구함으로써 전란의 전체상을 조명하는 것도 물론 중요하다. 하지만 보다 중요한 것은 도요토미 히데요시(豊臣秀吉)의 침략전쟁 때문에 희생되었던 조선사람들을 비롯한 무고한 동아시아 민중들의 넋을 진혼(鎭魂)하고, 다시는 전쟁이 없는 '평화의 동아시아'를 만들어 나가야 한다는 마음가짐이다.

본고는 이 같은 문제의식을 바탕으로 일본 역사교과서에 실린 임진왜란 관련 서술을 개관하고 그 문제점을 지적하고자 한다. 특히 문제가 가장 심각한 후소샤판 교과서를 중점적으로 살피고, 그 밖의 교과서에 대해서도 필요한 사항을 언급하고자 한다.

2. 명칭 관련 서술의 문제점

후소샤판 교과서의 임진왜란 관련 서술은 2001년 당시의 그것보다 개악되었다고밖에 할 수 없다. 우선 여전히 '임진왜란'을 부르는 명칭에서 '출병(出兵)'이란 용어를 사용하여 '침략전쟁'의 본질을 서술하는 것을 회피하고 있다. 2001년판에서는 그나마 정유재란(丁酉再亂) 부분에서 "침공"이란 표현을 사용했지만 신판에서는 "파견", 혹은 "나아가지 못하고" 등의 애매한 표현을 사용하고 있다.

물론 막말(幕末) 유신기(維新期)에 이르러 정한론(征韓論)이 대두하면서 도요토미 히데요시의 조선 침략을 '정벌'로서 파악하고, 조선을 일본의 '영토'로 생각하던 인식과 연결된 "분로꾸게이쵸노에키(文祿慶長の役)"라는 명칭을 사용했던 것보다는 진전되었지만[1] '출병', '파견' 등의 용어는 분명 침략의 본질을 희석하는 것이다. 이러한 태도는 1990년에 들어와 일본에서도 "조선 침략"이란 용어를 사용하거나[2] 최소한 "분로꾸게이쵸노에키"와 "임진왜란"을 병기해 주는 연구 경향이 나타나고 있는 것[3]과도 대조되는 것이라고 아니할 수 없다.[4]

그렇다면 후소샤판 이외의 다른 교과서는 어떠한가? 먼저 용어와 관련된 측면을 살펴보자. 도쿄쇼세키(東京書籍) · 오사카쇼세키(大阪書籍) · 시미즈쇼인(清水書院) · 테코쿠쇼인(帝國書院)에서 나온 교과서는 일단 '조선 침략'이란 항목을 설정하여 임진왜란의 본질이 침략전쟁이라는 사실을 서술하고 있다. 그런데 니혼분교슛판(日本文教出版)판은 '침략'이란 용어 대신 "바다를 넘어서는 히데요시군(秀吉軍)"이란 애매한 제목을 사용했다. '바다를 넘어서는' 이란 표현은 사실상 '침략'을 호도하는 것이자 메이지(明治) 시기 이후 도요토미 히데요시의 조선 침략을 '일본의 무위(武威)를 해외로 발양한 쾌거'로 찬양하면서 대외 침략을 부추겼던 풍조를 연상시키기도 한다. 한편 교이쿠슛판(教育出版)판은 '조선 침략'이란 항목을 설정했으나 구체적인 서술에서는 "명의 정복을 계획하고 조선에 협력을 구했다"

---

1) 임진왜란과 관련된 용어에 담긴 역사성에 대해서는 北島万次, 『豊臣政權の對外認識と朝鮮侵略』(校倉書房, 1990), 제1장 참조.

2) 北島万次, 『豊臣秀吉の朝鮮侵略』, 吉川弘文館, 1995.

3) 中里紀元, 『秀吉の朝鮮侵攻と民衆·文祿の役(壬辰倭亂)』, 文獻出版, 1993.

4) 참고로 니혼쇼세키신샤(日本書籍新社)판은 '히데요시가 조선을 침략하다', 도쿄쇼세키판은 '병농분리와 조선침략'이란 항목을 설정하여 전쟁의 본질을 좀 더 명확히 하고 있다.

라는 표현을 사용하고 있다. 이 부분을 확대해석하면 '일본의 목표는 본래 명나라를 치려는 것이었는데 조선이 이른바 가도입명(假道入明)의 요청을 거부하여 어쩔 수 없이 조선을 공격했다'라는 뉘앙스를 풍긴다. 다른 나라를 공격하는 데 필요한 길을 빌려 달라는 요구에 순응할 나라가 과연 있을까? 결론적으로 용어문제와 관련하여 생각할 경우, 니혼분교숏판판이나 교이쿠숏판판 모두 후소샤판 못지않게 문제를 안고 있는 것이다.

3. 전쟁 진행 상황 및 결과에 대한 서술의 문제점

임진왜란의 진행 상황과 관련된 서술에서도 후소샤판은 문제를 안고 있다. 우선 1597년 히데요시가 정유재란을 도발했던 사실을 서술하면서 "그러나 명과의 교섭은 성립되지 않았고 1597(게이쵸 2)년 일본은 다시 약 14만의 대군을 파견했다. 그러나 이번에는 조선 남부에서 앞으로 나아가지 못하고 다음 해에 히데요시가 죽음으로써 군대를 철수시켰다"고 서술했다. 여기서 주목되는 것은 '침략'의 본질을 흐리기 위해 "파견했다"는 표현을 사용한 점이다. 이 부분은 구판에서 "14만의 대군으로 조선을 침공했다"라고 했던 것과 비교해도 근본적으로 후퇴한 것이다.

후소샤판은 또한 조선이 임진왜란 때문에 입어야 했던 막대한 피해와 조선 민중의 참상에 대해 서술하는 것을 거의 외면했다. 2001년 구판에서는 "두 번에 걸쳐 행해진 출병의 결과, 조선의 국토와 인간들의 생활은 현저하게 황폐해졌다"고 하여 그나마 한 줄 정도로 조선의 피해를 서술했었다. 하지만 2005년 검정신청본에서는 그것마저 삭제했고 수정문에서 마지못해 "두 차례에 걸쳐 행해진 출병에 의해 조선의 국토와 인민들의 생활은 현저히 황폐해졌다"라는 대목을 복구시켰다.

또 2001년 구판에서는 임진왜란이 남긴 영향 가운데 도공(陶工)에 관련된 언급이 있었다. 그러나 그것도 "조선의 도공에 의해 도자기 기술이 전래되고……" 운운하여 조선 도공이 마치 자발적으로 일본으로 간 것처럼 오해할 수 있게 서술되어 있었다. 그런데 2005년판에서는 도공 관계 서술을 아예 삭제했다. '침략전쟁'의 본질을 회피하는 것은 물론, 비정상적인 방식으로나마 조선에서 도자기 제조 기술이 전수되었다는 사실을 밝히고 싶지 않은 속내를 드러낸 것이다.

후소샤판은 임진왜란 항목의 맨 뒷부분에서 "임진왜란이란 전쟁이 도요토미가(家)의 지배에 불안정을 초래했다"고만 서술했다. 침략으로 인해 조선이 입어야 했던 피해에 대한 언급은 없고, 왜란이 일본 내부 정치정세 변동 과정에 미친 영향만을 단출하게 언급하고 있는 것이다. 요컨대 후소샤판은 침략전쟁 때문에 조선이 겪어야 했던 피해를 서술하는 데는 극히 인색한 태도를 보이고 있는 것이다.

후소샤판 이외의 다른 교과서들의 전쟁 상황과 결과에 대한 서술은 대체로 대동소이하다. 도쿄쇼세키판과 오사카쇼세키판은 임진왜란 때문에 조선 민중이 겪어야 했던 희생과 경지가 황폐해졌던 사실 등을 간략히 서술했다. 니혼쇼세키신샤판은 비록 간략한 것이기는 하지만 일본군이 조선에서 저질렀던 잔학한 행위에 대해 서술하고 있다. 니혼분쿄슛판판은 일본군에 의한 인명 살상 등의 내용은 다루지 않고 "조선의 토지가 황폐화되고 일본의 무사나 민중이 무거운 부담에 시달렸다"고 운운하여 조선과 일본의 피해를 동일한 선상에 놓고 서술하는 자세를 보이고 있다. 시미즈쇼인판은 전쟁의 결과와 관련하여 '도공 연행' 등의 사실을 비교적 객관적으로 서술했고, 결과와 관련된 서술에서는 테코쿠쇼인판이 가장 충실한 내용을 담고 있다.

후소샤 교과서의 임진왜란 관계 서술

	구판	신판	비고
동기	히데요시는 더욱이 중국의 명나라를 정복하고 천황도 자신도 거기에 살면서 동아시아에서 인도에 이르는 지역을 지배하려는 거대한 꿈에 사로잡혀 1592(분로꾸 원)년 15만의 대군을 조선에 보냈다.	히데요시는 중국의 명나라를 정복하고 천황과 함께 대륙으로 이주하여 동아시아에서부터 인도까지 지배하려는 거대한 꿈을 가지기에 이르렀다. 1592(분로꾸 원)년 히데요시는 15만이 넘는 대군을 조선에 보냈다.	
상황	그러나 명과의 교섭은 이루어지지 않았고 1597(게이쵸 2)년 일본은 다시금 14만의 대군으로 조선을 침공했다. 그러나 일본군은 조선 남부에 침공했을 뿐으로 전황은 정체되었고 다음 해에 히데요시가 병사함으로 병사들을 철수시켰다.	그러나 명과의 교섭은 성립되지 않았고 1597(게이쵸 2)년 일본은 다시 약 14만의 대군을 파견했다. 그러나 이번에는 조선 남부에서 앞으로 나아가지 못하고 다음 해에 히데요시가 죽음으로써 군대를 철수시켰다.	침공→파견
결과	두 번에 걸쳐 행해진 출병의 결과, 조선의 국토와 인간들의 생활은 현저하게 황폐해졌다. 명도 일본과의 싸움에 의해 쇠약해졌으며 도요토미가의 지배도 흔들리게 되었다. 이 무렵 조선의 도공에 의해 도자기 기술이 전래되고 다도(茶道)의 발전에도 연결되었다.	(두 차례에 걸쳐 행해진 출병에 의해 조선의 국토와 인민들의 생활은 현저하게 황폐해졌다) 이 출병에 막대한 병력과 비용을 소모한 도요토미 가의 지배는 불안정해졌다.	* 조선의 피해 부분 삭제 * 도공 부분 삭제

4. 왜관(倭館) 관련 서술의 문제점

임진왜란 이후 재개된 쓰시마섬(對馬島)과의 관계, 구체적으로 왜관(倭

館) 관계 서술 또한 눈에 거슬리는 부분이 있다. 후소샤판은 쇄국하의 대외관계를 세분하여 데지마(出島) 무역을 따로 떼어 내고 조선을 류큐(琉球), 에조치(蝦夷) 등과 묶어 병렬시켜 서술했다. 류큐는 일찍이 사쓰마번(薩摩藩)의 무력 침공에 의해 정복된 이후 사실상 일본의 속방이나 마찬가지였다. 에조치 또한 비슷한 상황이었다. 이런 측면들을 고려하면 조선을 류큐, 에조치 등과 한꺼번에 묶어 서술한 것은 당시 동아시아 국제관계에서 조선의 위상을 의도적으로 낮추어 보려는 의도가 깔린 것이라고 할 수밖에 없다.[5)]

왜관의 설치와 관련된 서술 또한 문제가 있다. 왜관을 설치해 준 주체가 조선이라는 사실을 제쳐두고, 그것이 마치 일본이 자국 안에 행정기관이나 정보기관을 설치하는 듯한 차원에서 이루어진 것처럼 서술하고 있다.

임진왜란 이후 쓰시마를 매개로 한 국교의 재개나 왜관의 설치 등과 관련한 기존의 연구를 보면 왜관 재건과 무역 재개를 위해 쓰시마가 벌였던 '각고의 노력'을 엿볼 수 있다. 조선이 —임진왜란으로 말미암아 일본에 대해 커다란 적개심과 원한을 품었음에도 불구하고— 일본과의 국교를 재개하고, 왜관을 다시 열었던 것은 분명 '후금(後金)의 발흥'으로 인해 명청교체(明淸交替)의 조짐이 가시화되는 등 동아시아의 정세 변화가 심상치 않았기 때문이었다. 일본 또한 조선과의 국교 재개와 조선통신사의 유치를 통해 새로 등장한 도쿠가와 막부(德川幕府)의 기반과 권위를 공고히 하려는 의도를 지니고 있었다.[6)] 하지만 그럼에도 불구하고 당시 조선이 국교를 재개하고 왜관에서의 교역을 재개한 것은 일본에 대한 구원(舊怨)을 억누르고 내린 '결단'이었다. 이 같은 점을 고려할 때 후소샤판의 '왜관' 관련

5) 도쿄쇼세키판 역시 '조선과 류큐'라는 항목을 묶어 서술했는데, 니혼쇼세키신샤판은 '조선과 중국'이라는 항목을 설정했다.

6) 미야케 히데토시(三宅英利) 저 · 손승철 역, 『근세한일관계사』, 이론과 실천, 1991, 103~171쪽 ; 山本博文, 『對馬藩江戶家老』, 講談社學術文庫 1551, 2002, 17~55쪽 등.

서술은 조선의 존재를 무시하는 듯한 태도를 보이고 있다는 점에서 문제를 안고 있는 것이다.

임진왜란과 왜관 서술을 포함하여 후소샤판 교과서의 근세사 서술은 전반적으로 16세기 후반~19세기 후반까지 일본이 '세계적인 선진국'이었다는 사실을 부각시키는 데 초점이 맞춰져 있는 것으로 여겨진다. 예를 들어 "일본은 세계 제일의 철포 생산국이 되었다(92쪽)", "일본의 경제는 당시 유럽경제를 유지할 정도로 역할을 했다(111쪽)", "일본의 과학기술은 서양제국에 비해 뒤떨어지지 않을 정도의 수준에 도달해 있었다(113쪽)" 등의 기술에서 그 같은 경향을 감지할 수 있다. 근거만 제시된다면 이 같은 서술은 전혀 문제될 것이 없지만 그 같은 자부심의 한편에서는 상대적으로 조선을 류큐나 에조치와 병렬시켜 하시(下視)하려는 경향을 드러낸 것으로 여겨지는 것이다.

한편 니혼분교슛판판은 '세계에의 창구'에서 조선 관련 사항을 서술하고 있다. 시미즈쇼인판과 교이쿠슛판판은 쇄국하의 대외관계 전체를 바라보는 입장에서 조일관계를 서술했으나 역시 병렬적 차원에서 다루고 있다. 테코쿠쇼인판은 나가사키(長崎)와 쓰시마를 병렬하여 기술하고 있거니와 전체적으로 볼 때 대외관계 관련 서술이 비교적 객관적이고 충실하다고 평가할 수 있다.

5. 맺음말

이상에서 살펴보았던 것처럼 후소샤판 교과서를 비롯한 일본의 교과서들은 임진왜란 관련 서술에서 문제점을 안고 있다.

'침략전쟁'의 본질을 회피하거나 호도하기 위해 '출병', '보냈다', '파견했다' 등의 용어를 사용하는가 하면 전쟁 동안 자행된 일본군의 잔학 행위에 대한 서술은 거의 생략되었다. 후소샤판 교과서의 경우, 2001년 구판에서 서술되었던 내용에 비해 현저하게 개악된 모습을 보여 주었다. 나아가 왜관과 관련된 서술에서도 17세기 이후 일본의 선진적인 발전상을 부각시키는 한편에서 조선을 상대적으로 하시하거나 무시하려는 의도가 엿보이는 서술도 나타나고 있는 실정이다.

후소샤판을 제외한 나머지 교과서들은—비록 일부에서 문제점이 없지 않지만— 임진왜란이 갖는 '침략전쟁'의 본질을 설명하고, 그 침략전쟁 때문에 조선 민중들이 겪어야 했던 고통에 대해서 언급하는 등 과거보다는 진전된 모습을 보여주고 있다.

후소샤판에서 뚜렷하게 드러난 임진왜란 관련 서술의 문제점들은 앞으로 분명 철저히 수정되어야 할 것이다. 나아가 향후 좀 더 객관적이고 발전적인 교과서 서술을 위해 일본의 교과서 서술이나 검정 과정을 계속 주시해야 하는 것은 물론, 임진왜란의 연구, 교육과 관련하여 한중일 3국 사이에 진지한 대화와 교류가 필요하다고 생각한다. 예컨대 임진왜란을 한국에서는 '왜란', 일본에서는 '분로꾸게이쵸노에키', 중국에서는 '항왜원조(抗倭援朝)'로 부르고 있는 것에서 드러나듯이 임진왜란에 대한 3국의 인식에는 근본적으로 커다란 간극이 있다. 한국에서는 '난동'으로, 일본에서는 '정복'으로, 중국에서는 '원조'로 해석하는 등 철저히 자국 중심적 시각을 벗어나지 못하고 있는 것이다.

동아시아의 평화를 파괴하고 조선 민중을 비롯한 3국 민중들에게 엄청난 고통을 강요했던 임진왜란의 침략성을 철저히 인식하고 부각시키려는 노력과 아울러 3국의 역사인식이 지니는 간극을 점차 좁혀 나가기 위한 진지한 노력과 장기적인 모색이 절실한 시점이다.

근대사 I

왕현종*

1. 근대 시기 전체 검토 의견

현행 검정신청본 일본 중학교 역사교과서에서는 근대 시기(1868~1910) 일제의 침략에 대한 반성에 입각한 역사 서술이 전혀 이루어지지 않았다. 또한 2001년 당시 한국 및 중국 측에서 요구한 시정요구는 이번에도 거의 수용되지 않았으며, 도리어 일본 군국주의 침략을 옹호하려는 서술의 기조를 그대로 유지하고 있다. 더구나 일본 문부성이 기존의 서술원칙을 거의 그대로 인정하면서 일부 부분 수정만 요구한 것은 잘못된 것이라 할 수 있다. 일본 문부성은 전반적인 서술구조를 일본의 대외팽창과 침략전쟁을 미화시키는 것이 되지 않도록 관련서술을 과감히 고치라는 수정 지시를 해야 했다.

---

* 연세대학교 교수.

〈표 1〉 2005년 일본 중학교 사회(역사)교과서 주요 수정 요구사항

	항목	주요 오류 사항	수정 의견
1	강화도 조약 체결 과정	우연한 충돌이 아닌 일본정부의 계획적 도발 명시.	의도적 충돌, 일본의 침략사실 서술, 각주가 아닌 본문에서 서술해야 함.
2	불평등 조약의 내용	구체적인 내용 미비.	일본에게 유리한 조약이 되었다(教育出版, 121쪽).
3	정한론	조선 개항을 위한 방법론으로 설명.	대만원정과 강화도사건을 묶어서 조선 침략의 논리로 설명해야 함.
4	청일전쟁 이전 국제관계	구미열강의 침략 속에 조선에 진출하지 않는다면 일본의 전도 위태, 일본 침략의 정당성 서술.	일제의 침략논리 긍정(東京書籍, 155쪽) 수정 요구.
5	동학농민 운동	동학교도, 혹은 동학을 중심으로 하는 농민으로 주체를 모호하게 표현.	조선왕조의 부패무능에 항의하는 농민들이 동학의 조직을 활용하여 농민들을 규합시켰다.
6	청일전쟁의 발발	일본의 출병과 왕궁점령, 전쟁 도발이 명확히 서술되지 않음.	일본의 전쟁 도발을 위해 출병, 왕궁점령이 있었다는 사실을 명시함(日本書籍新社, 159쪽).
7	을미사변	을미사변 누락.	을미사변의 예를 설명하고 일본의 침략성을 서술함.
8	러일전쟁 발발	러시아의 침략에 대응한 방위전쟁으로 설명.	일본의 전쟁 도발과 한국지배를 강조해야 함.
9	러일전쟁 피해	전투 과정 일부 사상자 통계제시. 민중의 피해 서술하지 않음.	전쟁 당사국의 피해 및 중국·한국 주민의 피해 기술함.
10	러일전쟁 평가	황색인종인 일본이 백인제국 러시아에 승리, 아시아 제민족에게 독립 고취함.	일본 제국주의의 침략성을 바로 인식하고 비판한 아시아제국의 반응에 대해서 설명해야 함(일본 문부성 교과서 서술지침 학습지도요령 자체 수정 요구).
11	지정학적 위치론	한반도가 일본에 적대적인 대국의 지배하에 들어간다면 일본의 안보에 위태.	일본의 대륙팽창의 논리를 비판하는 방향으로 서술이 이루어져야 함(扶桑社, 163쪽) 수정 요구.

12	근대화 역할론	개항 이후 일본의 근대화 역할을 강조한 반면, 중국에 종속된 조선의 위상을 강조함.	조선 내부의 주체적인 근대화 노력을 서술할 필요. 반면 일본은 근대화의 협조자라기보다는 일본의 세력 확장을 위해 개입하려고 했음을 서술해야 함.
13	전쟁의 책임과 피해	청일·러일 전쟁의 발발과 책임에 대해서 언급 없음. 일본 민중을 비롯한 아시아 민중 피해 사실 서술하지 않음.	최소한 전쟁으로 인한 인명 피해를 제시해야 하고, 두 차례의 전쟁의 불가피성이 아닌 전쟁의 책임론을 부각시켜 평화 선린을 위한 기초로 삼아야 함.

〈표 2〉 1910년 이전 근대사 부분 교과서 체제 및 내용 분석

	출판사	2005년 검정신청본	종전 교과서(2002~2005년)	비고
1	日本書籍新社	제4장 근대국가의 성립과 아시아(127~174쪽)	『わたしたちの中學社會－歷史的分野』, 日本書籍新社, 2002(平成 14), 제4장(113~156쪽)	
2	東京書籍	제5장 개국과 근대일본의 나아감(123~168쪽)	『新しい社會－歷史』, 2002, 제5장(111~150쪽)	
3	扶桑社	제4장 근대일본의 건설(131~178쪽)	『中學社會－新しい歷史教科書』 2002, 제4장(167~236쪽)	판형 변화, 지면 축소(70쪽 ⇒ 48쪽)
4	大阪書籍	제4편, 근현대의 일본과 세계(119~208쪽)	『中學社會－歷史的分野』, 2002, 제4장(92~141쪽)	
5	教育出版	제5장 근대의 일본과 세계(105~144쪽)	『中學社會 歷史』, 2002, 제5장(127~172쪽)	
6	清水書院	제4장 근대화의 나아감 세계와 일본(129~176쪽)	『新中學校 歷史－日本の歷史と世界』, 2002, 제2편 근대 현대의 일본과 세계 제1장(117~161쪽)	
7	帝國書院	제5장 근대일본의 나아감과 국제사회(135~182쪽)	『社會科 中學生の歷史』, 2002, 제5장(137~180쪽)	
8	日本文教出版	제4장 근대의 일본과 세계 제5장 근대일본과 국제관계(105~153쪽)	『中學生の社會科 歷史』, 日本文教出版, 2002, 제4·5장(129~190쪽)	

일본 중학교 역사교과서에 서술된 근대 시기 서술은 종전과 크게 달라지지 않았다. 위 표와 같이 8종의 교과서에서는 대개 크게 2개의 장으로 구성하고 있다. 하나는 "근대 국가의 성립과 아시아", 혹은 "개국과 근대일본의 나아감" 등의 제목으로 개국 이후 메이지(明治)헌법의 제정과 변화에 대한 부분이다. 다른 하나는 이후 "근대일본과 국제관계"라는 장을 설정하여 청일전쟁과 러일전쟁 등 일본과 주변 이웃과의 전쟁에 대해서 서술하고 있다. 서술 분량은 전체적으로 30~40쪽 정도의 분량으로 채워지고 있다. 다만 후소샤(扶桑社)의 검정신청본에서는 판형의 변화로 인하여 지면이 70쪽에서 48쪽으로 대폭 축소되었으나, 서술 내용의 분량에는 큰 차이가 없다.

여기서는 근대 시기 한국과 관련된 부분에 대해 일본 역사교과서가 어떻게 서술하고 있는지를 살펴보고자 한다. 이에 해당되는 주제는 1. 개항통상조약과 정한론, 2. 청일전쟁, 3. 러일전쟁, 4. 한국과 일본과의 관련 기타 등으로 나누어 보았다. 이하 분석의 방식은 각 주제별로 출판사별로 어떻게 서술하고 있는지를 구체적으로 제시하고, 해당 주제에 대한 분석을 세부항목별로 나누어 검토해 보고자 한다.

2. 개항 통상조약과 정한론

1) 교과서별 내용 소개

	2005년도	2001년도
1	**중국 · 조선과의 관계** ‖ 한편, 조선에 대해서는 1873년 군대를 보내 공격하자는 주장(정한론)이 있었다. 그 후, 일본은 조선에 강화도사건을 일으켜 그것을 계기로 하여 조선에 압력을 가하여 일본이 구미제국에서 밀어붙인	**중국 · 조선과의 관계** ‖ 조선에 대해서는 1873년 군대를 보내 공격하자는 주장(정한론)이 나타났다.

	것과 같이 불평등조약을 조선에 체결하였다(일조수호조규).	
	日本書籍新社, 147쪽.	『わたしたちの中學社會』, 日本書籍新社, 129쪽.
2	**중국과 조선** ‖ 청(淸)과는 1871년 대등한 입장에서의 조약(일청수호조규)을 체결하였지만, 중국에 조공하고 있던 조선은 구미에 대하여 쇄국하고, 일본과의 국교도 거부하고 있었다. 정부 내에는 무력으로 개국시키자는 주장(정한론)이 높아지고, 1873년 일단 사절의 파견이 결정되었지만, 구미로부터 귀국한 이와쿠라(岩倉具視)와 오쿠보(大久保利通)는 국력의 충실이 우선이라고 하여 파견을 중지시켰다. 그 후 일본은 1875년에 강화도사건을 일으키고, 이를 계기로 하여 다음 해 일조수호조규를 맺고, 조선을 개국시켰다. 그러나 그 내용은 불평등조약을 강요한 것이었다. 일본이 조선, 중국과 맺은 조약은 근대국제법에 기초하여 구미형의 외교관계를 아시아에 가져오려는 것인데, 중국을 중심으로 하는 아시아의 전통적 국제 질서와 대립하였고, 일본과 중국은 조선에 대한 주도권을 둘러싸고 대립이 심각하게 일어났다.	**중국과 조선** ‖ 청(淸)과는 1871년 대등한 입장에서의 조약(일청수호조규)을 체결하였지만, 중국에 조공하고 있던 조선은 구미에 대하여 쇄국하고, 일본과의 국교도 거부하고 있었다. 정부 내에는 무력으로 개국시키자는 주장(정한론)이 높아지고, 일단 사절의 파견이 결정되었지만, 구미로부터 귀국한 이와쿠라(岩倉具視)와 오쿠보(大久保利通)는 국력의 충실이 우선이라고 하여 파견을 중지시켰다. 그 후 일본은 1875년에 강화도사건을 일으키고, 이를 계기로 하여 다음 해 일조수호조규를 맺고, 조선을 개국시켰는데, 그 내용은 불평등조약을 강요한 것이었다.
	東京書籍, 148~149쪽.	『新しい社會－歷史』, 東京書籍, 132~133쪽.
3	**정한론** ‖ 그러나 국내에는 1873(메이지 6)년 일본의 개국 권고를 거절하였던 조선의 태도를 무례하다고 하여, 사족(士族)들 사이에는 무력을 배경으로 하여 조선의 개국을 촉구하는 정한론이 들끓었다. 폐번(廢藩)에 의해 실직하였던 사족들은 징병령이 시행되었기 때문에 무사의 자존심이 상처받았다고 하여 불만이 고조되어 있었다. 그들 중에는 조선과의 전쟁으로서 자신	**이와쿠라사절단과 정한론** ‖ 그러나 국내에는 1873(메이지 6)년 일본의 개국 권고를 거절하였던 조선의 태도를 무례하다고 하여 사족들 사이에는 무력을 배경으로 하여 조선의 개국을 촉구하는 정한론이 터져 나왔다. 폐번(廢藩)에 의해 실직하였던 사족들은 정부가 구번(旧藩)에 주었던 가록(家祿)으로 생활하고 있었다. 그리고 징병령이 시행되어 전사로서 긍지를 가진 다수

	들의 존재 의의를 보이려고 하는 자도 있었다. 그들이 기대를 걸었던 것은 사절단의 공백을 맡고 있던 사이고 다카모리(西鄕隆盛)였다. 사이고는 정부에 있으면서 근대국가를 만드는 개혁을 추진하면서도, 사족들의 정신 또한 중요하다고 생각하여 그들의 사회적인 역할과 명예를 지켜주어야 한다고 생각하고 있었다. 사이고는 스스로 사절로서 조선으로 가겠다고 강력하게 주장하고, 이타가키 다이스케(板垣退助), 에토 신페이(江藤新平) 등 다른 참의(參議)도 이에 동의하여 정부의 결정을 받아내었다. 사이고 자신은 전쟁을 각오한 협상에 의해 조선에 문호를 개방시키려고 생각하고 있었다. **정부의 분열과 서남전쟁**‖그러나 구미제국의 강대한 군사력을 목도하고 귀국한 이와쿠라와 오쿠보 등은 일본이 조선에 군사를 보내면 반드시 구미열강이 개입하고, 일본은 멸망한다고 우려했다(⇒ 국력의 충실을 먼저 도모해야 한다고 생각하고, 출병은 구미의 간섭을 초래할 수 있다고 우려했다, 검정 수정 지시). 그래서 그들은 조정과 정부 부내를 공작하여, 각의에서 정식으로 결정된 사이고의 사절 파견을 연기했다. 이에 분노한 사이고, 에토, 이타가키 등은 정부의 역직을 사임했다.	의 사족들의 불만이 높아졌다. 그래서 그들은 정한(征韓)의 전쟁이 자기들의 존재의의를 보여주는 일면이 있다는 것이다. 그들이 기대하고 있었던 것은 사절단의 유수(留守)를 관여하였던 정부의 참의 사이고 다카모리(西鄕隆盛)였다. 사이고는 정부에서 개혁을 추진하면서도 사족들의 정신도 중요하다고 생각하고 저들의 사회적인 역할과 명예가 지켜져야 한다고 생각하였다. 사이고는 스스로 사절로서 조선으로 감을 강력하게 주장하고, 이타가키 다이스케(板垣退助), 에토 신페이(江藤新平) 등 다른 참의(參議)도 동의하였다. 사이고는 일본의 진출 방향성에 대하여 스스로가 희생을 한다면 문제가 해결되리라고 생각하였다. 스스로 조선에 가서 살해된다면, 그것을 명목으로 일본이 출병하여 조선에 문호를 개방할 수 있을 것이라고 보았다. 그러나 이후 귀국한 이와쿠라와 오쿠보는 '부국'이 우선이라고 생각하고 정한이 외국에 말려들어 전쟁으로 되는 것을 두려워했기 때문에 조정과 정부부내(政府部內)를 공작하여 사이고의 사절 파견을 연기하였다. 이에 화난 사이고, 에토, 이타가키 등은 참의를 사직하였다.
	扶桑社, 152~153쪽.	『中學社會－新しい歷史教科書』, 扶桑社, 202~203쪽.
4	**조선의 개국**‖사이고 다카모리 등은 신정부에 불만을 가진 사족의 관심을 해외로 향하게 하기 위하여 쇄국을 하고 있었던 조선에 대하여 무력으로 호소하면서까지 일본과 국교를 맺게 하려고 하였다(정한론). 그러나 구미시	**조선의 개국**‖쇄국을 하고 있었던 조선에 대하여 사이고 다카모리 등은 신정부에 불만을 가진 사족의 관심을 해외로 향하게 하려는 목적도 있고, 무력으로 호소하면서까지 일본과 국교를 맺게 하려고 하면서 정한론을 주장

	찰에서 귀국한 이와쿠라와 오쿠보 등은 국력의 충실이 먼저라고 반대하여 논쟁에서 패배한 사이고 등은 정부에서 물러났다. 그러나 1875년 정부는 조선과의 정체된 교섭을 타개하기 위하여(검정에서 생략 요구) 군함을 파견하고 강화도 포대와의 사이에 포격전이 일어났다(강화도사건). 이를 이유로 이듬해 치외법권 등을 포함한 일조수호조규를 조선에 인정하게 하고 부산 등의 세 항구를 개항하고 무역을 시작하였다.	하였다. 그러나 구미시찰에서 귀국한 이와쿠라·오쿠보 등에게는 국력의 충실이 우선한다고 반대하여, 사이고 등은 정부에서 제거되었다. 그러나 1875년 정부는 조선에 군함을 파견하고 연안을 무단으로 측량하는 등 압력을 가해서 강화도 포대와의 사이에 포격전이 일어났다(강화도사건). 이를 이유로 이듬해 군사력을 배경으로 하여 치외법권 등을 포함한 일조수호조규를 조선에 인정하게 하고 부산 등의 세 항구를 개항하고 무역을 시작하였다.
	大阪書籍, 144쪽.	『中學社會－歷史的分野』, 大阪書籍, 146~147쪽.
5	**조선과의 외교** ‖ 1868년 쓰시마번은 조선에 메이지유신을 알리는 문서를 전했다. 그 내용은 일본이 조선의 위에 있다는 것이고, 조선은 문서를 접수하기를 거부하였다. 일본정부 내에서는 사이고 다카모리와 이타가키 다이스케들을 중심으로 하여 무력을 사용하여서라도 조선에 새로운 외교관계를 인정하게 하자는 주장(정한론)이 일어났다. 그러나 1873년 구미시찰에서 귀국한 오쿠보·기도 다카요시(木戸孝允) 등은 국내의 개혁을 우선으로 하여 그것에 반대하였다. 사이고·이타가키 등은 의견이 받아들여지지 않자 정부를 떠났다. 1875년의 강화도사건을 계기로 하여 이듬해 일본은 군함을 거느린 사절을 조선에 보내어 압력을 가해 일조수호조규를 맺고 개국시켰다. 이 조약은 일본에게는 유리한 조약이 되었다.	**조선과의 외교** ‖ 쇄국정책을 취하고 있어 메이지신정부와의 국교에 응하지 않은 조선에 대하여 일본은 강한 자세로 국교회복을 하려고 했다. 조선이 그것을 부당한 것으로 거부함으로 일본정부 내에서는 사이고 다카모리와 이타가키 다이스케 등을 중심으로 무력을 사용하여서라도 요구를 실현하여야 한다는 주장(정한론)이 일어났다. 그러나 1873년 구미시찰에서 귀국한 오쿠보·기도 다카요시(木戸孝允) 등은 국내를 개혁하여 국력을 충실하게 하는 것이 우선이라 하여 그것에 반대하였다. 사이고·이타가키 등은 의견이 받아들여지지 않자 정부를 떠났다.
	教育出版, 120~121쪽.	『中學社會 歷史』, 教育出版, 146쪽.
6	**이웃나라와의 관계** ‖ 또한 국교를 계속하고 있던 조선에 왕정복고를 통고하고 새로운 관계를 맺으려고 하였	**구미·동아시아와의 관계** ‖ 또한 국교를 계속하고 있던 조선에 왕정복고를 통고하고 새로운 관계를 맺으려고 하

7	다. 그러나 당시 엄격한 양이정책을 취하고 있던 조선은 (⇒ 조선은 당시 양이정책을 취하고 있었던 것도 있어서 : 검정 수정 지시) 일본의 새로운 정부와의 교섭을 거절하였다. 왕정복고가 있었고 국내의 일부에서는 조선에 출병하여 나라의 힘을 보여주자는 주장(정한론)이 있었는데, 조선의 대응은 그것에 좋은 구실을 되었던 것이다. 정한론은 폐번치현과 징병령 등의 개혁에 지위가 위태롭게 되었던 사족에 지지를 받아 정부에서는 사이고 다카모리와 이타가키 다이스케가 대표였다. 그러나 구미에서 돌아온 이와쿠라 · 오쿠보 · 기도 등은 지금의 국력으로는 정한론이 위험하고 국내체제를 먼저 정비해야 할 수 있다고 주장하여 사이고 등의 주장을 물리쳤다.	였다. 그러나 조선이 관계의 변화를 거절하자 사족 중에는 조선을 비난하는 것을 구실로 전쟁을 일으켜 조선에 출병하여 힘으로 개국시키자는, 정한론이 높아갔다. 징병령 등의 개혁으로 위태롭게 되었던 사족의 신분을 지키려고 한 것이다. 정한론은 정부에서는 사이고 다카모리와 이타가키 다이스케가 대표였다. 그러나 구미에서 돌아온 이와쿠라 · 오쿠보 · 기도 등은 지금의 국력으로는 정한론이 위험하고 국내체제를 먼저 정비해야 할 수 있다고 주장하였다.
	清水書院, 152~153쪽.	『新中學校 歷史－日本の歷史と世界』, 清水書院, 138~139쪽.
7	정한론 ‖ 신정부는 구미제국에서 배운 외교를 하는 방법을 아시아에 대하여 행하려고 하였다. 우선 신정부는 조선과 국교를 맺으려고 하였지만, 조선은 에도시대로부터의 관계를 손상하는 방법이라고 생각하고 그 요구에 응하지 않았다. 그래서 사이고 다카모리와 이타가키 다이스케들은 무력에 호소하여서라도 조선에 요구를 통하게 하려는 정한론을 주장하였고, 사족의 불만 해소도 목표로 하였다. 그런데 1873년 이와쿠라 · 오쿠보 등이 귀국하여 국내의 정비가 우선이라고 하여 정한론을 중지시켰다. 그로 인해 같은 해 사이고 · 이타가키 등은 정부를 떠났다. …… 다음 해 조선의 강화도 앞바다에 일본 군함이 조선에 무단으로 측량을 하였기 때문에 포격을 한 사건이 일어났다(강화도사건). 이 사건을 구실로	정한론 ‖ 신정부는 조선과 새로운 외교관계를 맺으려고 하였지만, 조선은 종래의 관계를 손상하는 방법이라고 생각하여 그 요구에 응하지 않았다. 그래서 사이고 다카모리와 이타가키 다이스케들은 무력으로 조선에 자국의 요구를 통하게 한다는 정한론을 주장하였지만, 1873년 귀국한 이와쿠라 · 오쿠보 등은 국내의 정비가 먼저라고 하여 정한론을 중지시켰다. 그로 인해 사이고 · 이타가키 등은 정부를 떠났다.

	하여 신정부는 조선에 불평등한 조약인 일조수호조규를 맺고 항구를 열게 하였다.	
	帝國書院, 157쪽.	『社會科 中學生の歷史』, 帝國書院, 156~157쪽.
8	**조선과의 관계**‖정부는 조선에도 국교를 여는 것을 추구하였지만, 조선은 응하지 않아서, 국내에서는 정한론이 있었다. 구미를 보았던 이와쿠라와 오쿠보가 국내의 개혁이 먼저 있어야 한다고 하여 그것을 중지시켰고, 사이고 다카모리와 이타가키 다이스케 등은 정부를 떠났다. 그러나 1875년 일본의 군함이 한성(지금의 서울)에 가까운 연안에 연습과 측량을 하여 포격을 받았고(강화도사건), 정부는 이것을 구실로 강한 태도로 교섭하여, 다음 해 일조수호조규를 맺고 국교를 재개시켰다. 이 조약은 조선에게는 불평등한 것이었다.	**조선과의 관계**‖정부는 조선에도 국교를 여는 것을 추구하였지만, 조선은 응하지 않아서, 국내에서는 정한론이 있었다. 구미를 보았던 이와쿠라와 오쿠보가 국내의 개혁이 먼저 있어야 한다고 하여 그것을 중지시켰고, 사이고 다카모리와 이타가키 다이스케 등은 정부를 떠났다. 그러나 1875년 일본의 군함이 한성(지금의 서울)에 가까운 연안에 연습과 측량을 하여 포격을 받았고(강화도사건), 정부는 이것을 구실로 강한 태도로 교섭하여, 다음 해 일조수호조규를 맺고 국교를 재개시켰다. 이 조약은 조선에게는 불평등한 것이었다.
	日本文敎出版, 120쪽.	『中學生の社會科 歷史』, 日本文敎出版, 140쪽.

비고 : 밑줄은 인용자가 친 것이다

2) 교과서 내용의 검토

개항 통상조약과 정한론에 대한 서술 분량은 각 출판사별로 큰 차이를 보이고 있다. 니혼쇼세키신샤(日本書籍新社)와 교이쿠슛판(敎育出版), 니혼분교슛판(日本文敎出版)은 비교적 간략하게 서술하고 있다. 반면에 후소샤 출판사에서는 정한론의 경과와 영향에 대해서 국내의 정치세력의 갈등문제를 위주로 서술하면서 가장 많은 내용을 다루고 있다.

개항과 조약체결에 대한 서술 기조는 일본이 중국과 조선에 강요한 조약은 구미형의 근대 외교관계를 이식시키려는 것임을 강조하고 있다. 이에 반하여 중국과 조선은 이에 대항하였다는 관점으로 서술하였다.

(1) 강화도조약의 체결 과정에서 보인 무력동원과 불법성

이전 교과서와 마찬가지로 본문이 아니라 각주로 처리하고 있다. 강화도사건에 대한 설명은 "군함을 조선에 파견하여 연안을 무단으로 측량하여 압력을 가했던 것에 의해 일어난 무력충돌"(東京書籍 검정신청본, 149쪽), "조선의 강화도 부근을 측량하는 등 일본의 군함이 조선 측의 공격을 유도하는 행동을 했기 때문에 조선군의 포격을 받아 일본이 이에 응전한 사건"(日本書籍新社 검정신청본, 147쪽)[1)]이라고 설명하였다. 강화도사건에 대한 기술은 도쿄쇼세키(東京書籍) 검정신청본에 비해 니혼쇼세키신샤 검정신청본이 보다 구체적이다. 대개 일본정부의 도발로서 설명하려고 하는 점에서는 종전보다 개선된 부분이다. 그렇지만 이 부분도 대개 각주로 처리하고 있다는 점은 여전히 문제로 남아있다.

(2) 강화도조약의 체결 결과 평가

그런데 강화도조약의 내용에 불평등조항이 있다고 서술하고 있으나 불평등한 조항에 대한 구체적인 설명이 생략되어 있다(東京書籍, 扶桑社, 清水書院, 帝國書院, 日本文教出版). 비교적 구체적인 설명을 하고 있는 것도 "이(강화도사건)를 이유로 이듬해 치외법권 등을 포함한 일조수호조규를 조선에 인정하게 하고 부산 등의 세 항구를 개항하고 무역을 시작하였다"고 설명할 뿐이었다. 이 조약을 통하여 일본상인들의 불법적인 상행위를 근절하지 못하고 외래상권의 침탈이 이루어졌다는 점이 분명하게 지적

1) 大阪書籍 검정신청본, 144쪽.

되지 못하고 있다. 반면에 이들 교과서에서는 당시 서구열강이 강요한 중국과 일본의 개항통상조약의 불평등한 내용에 대한 설명부분에서는 개항장의 확대나 치외법권 등을 구체적으로 서술하여 서구의 침략을 비판하고 있다. 이는 조선에 대한 설명과 서로 맞지 않고 있다. 그런데 교이쿠슛판의 경우에는 이런 불평등한 조약을 일본의 입장에서 두둔하면서, "이 조약은 일본에게는 유리한 조약이 되었다"[2]라고 하였다. 조일수호조약이 일방적으로 조선에 불평등한 관계를 강요하고 있었다는 사실을 설명하지 않은 채, 반대로 일본에 유리한 것이었다는 단편적인 지적으로 사실을 왜곡하고 있다. 이는 시정되어야 할 대목이다.

(3) 개항 통상문제를 둘러싼 국제관계 설명

조선에 대한 통상조약을 무력으로 강요한 정한론은 대부분 교과서 검정신청본에서 단지 근대적인 외교관계의 수립을 강요하는 것으로 해석되었다. 구체적인 설명이 추가된 것은 "일본이 조선, 중국과 맺은 조약은 근대국제법에 기초하여 구미형의 외교관계를 아시아에 가져오려는 것인데, 중국을 중심으로 하는 아시아의 전통적 국제 질서와 대립하였고, 일본과 중국은 조선에 대한 주도권을 둘러싸고 대립이 심각하게 일어났다"[3]고 하였다. 여기에서는 서양의 근대국제법에 입각한 동아시아 질서의 형성을 기본으로 하고, 이에 반대하는 중국과 조선은 시세에 따라 어쩔 수 없이 개방되어야 한다는 논리를 펴고 있다. 이런 논리가 제국주의적 국제 질서관을 그대로 답습하고 있음에도 불구하고 일본 중학교 역사교과서에서는 이를 비판하지 않고 여전히 지속되고 있음을 알 수 있다.

특히 이번 검정 과정에서 주목되는 것은 바로 강화도사건에 대한 설명

---

2) 教育出版 검정신청본, 121쪽.

3) 東京書籍 검정신청본, 149쪽.

이다. “그러나 1875년 정부는 정체된 조선과의 교섭을 타개하기 위하여(검정에서 생략 요구) 군함을 파견하고 강화도 포대와의 사이에 포격전이 일어났다(강화도사건)”[4]고 한 부분이다. 다른 교과서와 달리 오사카쇼세키(大阪書籍)는 위의 표현과 같이 “메이지정부가 조선과의 정체된 교섭을 타개하기 위하여 군대를 보낸” 것으로 표현하였다. 이에 대해 문부과학성은 강화도사건에 대한 오해를 가져올 수 있는 표현이므로 이 부분을 생략할 것을 지시하였다([수리번호 16－46], 19번 사항). 거의 모든 교과서들은 조선측의 ‘쇄국정책’이나 일본과의 국교 거부 때문에 일본과 조선의 국교 협상이 일어나지 않은 것으로 설명하고 있다. 또한 강화도사건이 단순히 군함을 보내 무단 측량을 하다가 빌미가 되어 포격전이 벌어지고, 이러한 ‘우연한 충돌’로 인하여 결국 조일수호조규로까지 발전한 것이라고 설명하였다.

그렇지만 이는 일본이 주도적으로 조선의 개항을 이끌어내려고 하고 있으며, 일본과의 서계문제나 강화도사건은 하나의 빌미에 불과하다는 것을 부정하는 것이다. 더욱이 이는 이제까지 정한론이 처음부터 일본의 대외침략을 주장한 것이고 조만간 조선을 식민지로 만들 것이며, 그것의 연장선상에서 강화도사건을 일으켜 강제적으로 통상조약을 맺었다는 통설을 부정하는 것이다.

따라서 현재 일본 중학교 교과서 검정신청본 및 문부과학성의 검정통과본에서도 개항 통상조약에 대한 설명에서는 일본제국주의의 침략선상에서 그 강제성을 확인받은 사건임에도 불구하고 이를 부인하려고 하고 있다. 이 점은 앞으로도 반드시 시정을 요구해야 할 부분이다.

(4) 정한론의 사실관계 설명

정한론에 대한 사실은 후소샤 교과서에서 주로 다루어졌는데, 다음과

4) 大阪書籍 검정신청본, 144쪽.

같이 강조되어 있다.

"**중국 · 조선과의 관계** ‖ 한편, 조선에 대해서는 1873년 군대를 보내 공격하자는 주장(정한론)이 나타났다."[5)]

"**이와쿠라사절단과 정한론** ‖ 그러나 국내에는 1873(메이지 6)년 일본의 개국 권고를 거절하였던 조선의 태도를 무례하다고 하여 사족들 사이에는 무력을 배경으로 하여 조선의 개국을 촉구하는 정한론이 터져 나왔다. 폐번(廢藩)에 의해 실직하였던 사족들은 정부가 구번(旧藩)에 주었던 가록(家祿)으로 생활하고 있었다. 그리고 징병령이 시행되어 전사로서 긍지를 가진 다수의 사족들의 불만이 높아졌다. 그래서 그들은 정한(征韓)의 전쟁이 자기들의 존재의의를 보여주는 일면이 있다는 것이다. 그들이 기대하고 있었던 것은 사절단의 유수(留守)를 관여하였던 정부의 참의 사이고 다카모리(西郷隆盛)였다. 사이고는 정부에서 개혁을 추진하면서도 사족들의 정신도 중요하다고 생각하고 저들의 사회적인 역할과 명예가 지켜져야 한다고 생각하였다. 사이고는 스스로 사절로서 조선으로 감을 강력하게 주장하고, 이타가키 다이스케(板垣退助), 에토 신페이(江藤新平) 등 다른 참의(參議)도 동의하였다. 사이고는 일본의 진출 방향성에 대하여 스스로가 희생을 한다면 문제가 해결되리라고 생각하였다. 스스로 조선에 가서 살해된다면, 그것을 명목으로 일본이 출병하여 조선에 문호를 개방할 수 있을 것이라고 보았다. 그러나 이후 귀국한 이와쿠라와 오쿠보는 '부국'이 우선이라고 생각하고 정한이 외국에 말려들어 전쟁으로 되는 것을 두려워했기 때문에 조정과 정부부내(政府部內)를 공작하여 사이고의 사절 파견을 연기하였다. 이에 화난 사이고, 에토, 이타가키 등은 참의를 사직하였다."[6)]

"**정부의 분열과 서남전쟁** ‖ 그러나 구미제국의 강대한 군사력을 목도하고 귀국한 오쿠보 도시미치와 이와쿠라 등은 일본이 조선에 군사를 보내

5) 『わたしたちの中學社會』, 日本書籍新社, 129쪽 ; 日本書籍新社 검정신청본, 147쪽.

6) 『中學社會－新しい歷史教科書』, 扶桑社, 2001, 202~203쪽.

면 반드시 구미열강이 개입하고, 일본은 멸망한다고 우려했다.[7] 그래서 그들은 조정과 정부 부내를 공작하여, 각의에서 정식으로 결정된 사이고의 사절 파견을 연기했다. 이에 분노한 사이고와 에토, 이타가키 등은 정부의 역직을 사임했다."[8]

(5) 정한론의 사실관계의 평가 오류

정한론에 대해 대부분의 일본 교과서는 언급하지 않거나 간단히 설명하는 데 그쳤는데, 후소샤 교과서에서는 자세히 설명하고 있다. 정한론의 제기 원인 중에서 사족의 불만을 들고 있다는 점을 주목한다. 그렇지만 정한론에 대한 반대 측의 논리가 조선에 출병하면 구미열강이 개입하고 일본이 멸망한다는 우려로 인한다고 했으나 이는 너무 과도한 해석이다. 물론 밑줄 친 부분은 문부과학성 수정 지시(일반적 학설에 있는 내치우선으로 설명하고 있으므로 일면적 견해를 충분한 배려 없이 취급하고 있다고 지적함)에 의해 수정될 것이다. 그렇지만 정한론이 조선 침략의 논리가 아니었음을 적극적으로 표현하려는 의도로써 정한론의 원인과 목적을 왜곡하고 있다.

정한론은 이미 1869~1870년 사이에 기도 다카요시(木戶孝允)에 의해서 고안되었다. 그는 이와쿠라(岩倉具視)에게 조선원정의 의견을 개진하고 번병을 외정에 이용하여 국내 정세를 안정시키고자 하였다. 이 정한론은 일본 국내에서 봉건적 특권을 박탈당한 무사들과 사족들의 불만이 고조하자 사이고 다카모리와 이타가키 다이스케(板垣退助) 등이 "내란을 간절히 바라는 마음을 밖으로 돌리고 나라를 흥하게 하는 원략"으로서 대만이나

---

7) 국력의 충실을 먼저 도모해야 한다고 생각하고, 출병은 구미의 간섭을 초래할 수 있다고 우려했다(「일본 문부과학성 수정 지시(2005. 4. 5)」).

8) 扶桑社 검정신청본, 153쪽.

조선을 원정하고자 했던 것이다. 물론 이러한 계획은 1873년에 외유에서 돌아와 내치 우선을 주장하던 이와쿠라와 오쿠보 등에 의해 좌절되었다. 그렇지만 이들도 그 자체를 반대한 것은 아니었고 우선순위를 내치에 두었을 뿐이었다. 그리하여 그들에 의해 1874년 7월 대만원정이 일어났고, 1875년 5월 강화도사건이 일어났던 것이다. 따라서 정한론이 국내의 혼란을 외국 원정으로 해소하려고 했던 침략론이라는 것은 분명하고, 또한 일련의 사건을 놓고 보았을 때 그것은 일제의 대외 침략론의 차원에서 해석되어야 한다. 현재 일본 중학교 교과서에서는 이런 역사적 사실을 부인하고 정한론이 내치 우선파에 의해 좌절되어 없어진 것으로 간주하고 있는 오류를 범하고 있다.

3. 청일전쟁과 조선문제

1) 교과서별 내용 소개

日本書籍新社	전쟁의 배경 및 경과	조선을 둘러싼 대립 ‖ 일본은 조선에 불평등조약을 체결하고 유리한 조건을 생기게 하여 점차 조선에 세력을 넓혔다. 이에 대하여 조선에는 반발이 강했다. 일본은 조선의 궁정 중의 대립을 이용하여 일본에 의지하려고 하던 세력과 손을 잡고 청의 세력을 제거하려고 했지만 실패하여 청과의 대립을 심화시켰다. 1894년 조선에는 일본과 구미제국의 진출과 조선정부에 대한 불만이 폭발하여, 동학을 신앙으로 하는 농민이 중심이 되어 반란을 일으켰다(갑오농민전쟁). 농민군은 외국세력의 추방과 정치개혁을 구하며 각지에서 정부군을 격파했다. 그것을 제압하기 위하여 조선정부는 청국에 도움을 구하고 전부터 청과의 전쟁 준비를 하던 일본은 바로 조선에 출병하였다(158~159쪽). 일청전쟁 ‖ 일청 양국이 출병했을 때, 이미 농민군과 조선정부는 휴전하고 있었다. 그러나 일본은 군대를 계속 주둔시키기 위하여 개혁안을 조선정부에 밀어붙이고, 그것에 대한 회답을 불만으로 하여 조선의 왕궁을 점령하였다. 그리고 청의 해군을 공격한 후에 선전을 포고하여 일청전쟁을 시작하였다.

	전쟁의 결과	전쟁은 8개월 만에 일본의 승리로 종결되어, 1895년 시모노세키(下關)에서 강화조약을 맺었다. 이 시모노세키조약은 청은 조선의 독립을 인정하고, 일본에 요동반도와 대만을 넘겨주고, 다액의 배상금을 지불한다는 것 등이었다. 그러나 만주(중국동북부)에 진출하고 있던 러시아는 프랑스, 독일과 함께 요동반도를 청에게 반환할 것을 일본에 요구하여 일본은 그것을 수용하였다(3국간섭). 일청전쟁 후 일본의 영토로 된 대만에는 독립운동이 일어났지만, 일본은 군대를 파견하여 그것을 탄압하고 대만을 식민지로 지배하였다. 조선에는 일본공사 등이 조선의 왕비를 암살하였지만, 일본으로부터 정권을 만드는 것에는 실패하였다(158~159쪽).
	2001년	조선을 둘러싼 대립, 일청전쟁 141쪽 동일함.
東京書籍	전쟁의 배경 및 경과	구미열강의 침략과 조약개정 조선반도의 정세 ‖ 그러는 동안, 조선에는 일조수호조규를 맺은 일본과 조선의 지배권을 주장하는 청과의 세력투쟁이 넓게 펴지고 있었다. 조선국내에는 메이지유신에 따라 근대화를 꾀하려는 친일파와 청과의 관계를 유지하여 구미에 대항하려고 하는 친중파들이 격하게 대립하였다. 1884년에 일어난 정변 이후 청의 영향력이 강해졌고 일본은 구미열강의 아시아 침략이 강해지는 가운데 조선에 진출하지 않는다면 일본의 전도도 위태롭다고 하여 청에 대항하기 위한 군비의 증강을 꾀하고 있었다(154~155쪽). 일청전쟁 ‖ 조선에는 일청 양국의 대립 중에 정치와 경제가 혼란되었기 때문에 1894년 민간신앙을 토대로 하던 종교(동학)를 신앙하는 단체를 중심으로 하였던 농민이 부패한 관리의 추방과 외국인의 배척을 목표로 하여 조선 남부일대에서 봉기하였다(갑오농민전쟁). 그것을 계기로 하여 청과 일본은 조선에 출병하여 8월에 일청전쟁이 일어났다(155쪽).
	전쟁의 결과	전쟁에서는 우세한 군사력을 가진 일본의 승리로 되고, 1895(메이지 28)년 4월 시모노세키에서 강화조약이 체결되었다. 이 조약에서는 청은 (1) 조선의 독립을 인정하고, (2) 요동반도, 대만, 평후(澎湖)제도를 일본에 양여하고, (3) 배상금 2억 냥(당시 일본 엔으로 약 3억 1,000만 엔)을 지불하는 것을 결정하였다. 대만을 영유한 일본은 대만총독부를 설치하여 주민의 저항을 무력으로 진압하고 식민지지배를 진행시켰다(156쪽).
	2001년	일청전쟁 ‖ 조선에서는 일청 두 나라의 대립 속에서 정치와 경제가 혼란했기 때문에 부패한 관리의 추방과 외국인 배척을 목표로 삼아 1894년에 민간신앙을 근거로 한 종교(동학)를 신앙하는 단체를 중심으로 한 농민이 조선 남부일대에서 봉기하였다(갑오농민전쟁). 이를 계기로 청과 일본은 조선에 출병하여 8월에 일청전쟁이 시작되었다(140쪽).

扶桑社	전쟁의 배경 및 경과	**조선을 둘러싼 일청의 항쟁** ‖ 일본은 조선의 개국 후, 조선의 근대화를 돕기 위해 군대제도의 개혁을 원조했다. 그러나 1882(메이지 15)년에 개혁에 뒤처져 냉대를 받는 것에 불만을 가진 일부 조선 군인의 폭동이 발생했다(임오사변). 청은 이것을 틈타 수천 명의 군대를 파견하여 바로 폭동을 진압하고, 일본의 영향력을 약화시켰다. 1884년에는 일본의 메이지유신을 모방하여 근대화를 추진하려고 한 김옥균 등의 쿠데타가 일어났지만, 이때도 청의 군대는 이것을 탄압했다(갑신사변). 조선에서 청조와의 세력 다툼에 2번 패배한 일본은 청과의 전쟁을 예상하고 급속히 군비를 확장하여, 이윽고 거의 대등한 군사력을 갖추기에 이르렀다(164쪽). **일청전쟁과 일본의 승인** ‖ 1894(메이지 27)년, 조선 남부에 갑오농민전쟁이라고 불리는 폭동이 일어났다. 농민군은 외국인과 부패한 관리를 추방하려고 하였고, 한때는 수도 한성(현재의 서울)을 위협할 정도였다(⇒ 검정합격본, 조선반도의 일부를 제압할 정도였다). 적은 군사력밖에 갖지 않은 조선왕조는 청에 진압을 위한 출병을 요구했지만, 일본도 청과의 합의를 구실로 군대를 파견, 일청 양군이 충돌하여 일청전쟁이 시작되었다. 전장은 조선과 그 외에 만주(중국 동북부) 남부 등으로 확대되었는데, 일본은 육상전뿐만 아니라 해전에서도 청을 압도하여 승리했다. 일본의 승인(勝因)으로는 신무기의 장비도 그렇거니와 군대의 훈련 규율이 우위에 있었다는 것을 들 수 있지만, 그 배경에는 일본인 전체의 의식이 국민으로서 하나로 뭉쳐 있었던 데에 있다(164~165쪽).
	전쟁의 결과	**시모노세키조약과 3국간섭** ‖ 1895(메이지 28)년, 일청 양국은 시모노세키 조약을 맺고, 청은 조선의 독립을 인정함과 동시에, 일본정부의 재정수입의 약 3배에 해당하는 배상금 3억 엔(2억 냥)여를 지불하고, 요동반도와 대만 등을 일본에 양도했다. '잠자는 사자'로 불리며 그 저력이 두려움의 대상이 되던 청은 세계의 예상에 반하여 신흥 일본에 맥없이 패하고, 고대부터 계속된 동아시아 질서는 붕괴되었다. 중국은 바로 열강 제국의 분할의 대상이 되었다. 그러나 일본이 간단히 서구 열강과 대등하게 되는 것은 허용되지 않았다. 동아시아에 야심을 가진 러시아는 독일, 프랑스를 꾀어 강력한 군사력을 배경으로 요동반도를 청에게 반환하도록 일본에 압력을 가했다. 이것을 3국간섭이라고 한다. 청을 깨뜨렸다고는 하지만, 혼자 힘으로 3국에 대항할 힘을 지니지 못한 일본은 어쩔 수 없이 일정액의 환부금을 받고 요동반도를 포기할 수밖에 없었다. 일본은 중국의 고사에 있는 '와신상담'을 기치로 관민이 하나가 되어 러시아에 대응하기 위한 국력의 충실에 진력하게 되었다(164~165쪽).
	2001년	**청일전쟁과 일본의 승인** ‖ 1894년 조선 남부에 동학난(갑오농민전쟁)이라고 불리우는 농민폭동이 일어났다. 동학당은 서양 크리스트교(서학)에 반대하는 종교(동학)를 신앙하는 집단이다. 이들은 외국인과 부패한

		관료의 추방을 목표로, 한때는 수도인 한성(현재의 서울)에 육박하는 기세를 보였다. 약간의 병력밖에 갖지 못한 조선은 청에게 진압을 위한 출병을 요구했으며 일본도 갑신사변 후 청나라와의 합의에 따라 군대를 파견하여 일청 양군이 충돌하여 일청전쟁이 시작되었다(218쪽).

大阪書籍	전쟁의 배경 및 경과	일청·일로의 전쟁과 동아시아의 움직임 조선을 둘러싼 일본과 청의 대립 일청전쟁 ‖ 일본과 일조수호조규를 체결한 조선정부는 그 후 개화정책으로 전환하였다. 그러나 개화정책에 반대한 세력도 강하였고, 더욱이 일본과 청이 정치에 간섭하는 것이 있어서 조선 국내는 불안정하였다. 그 위에 조선정부가 재정적자를 보충하기 위하여 세금을 중하게 매겼기 때문에 민중의 반발이 강하게 되었다. 1894(메이지 27)년, 동학을 믿는 사람들이 농민과 결합되어 외국세력의 추방과 정치개혁을 목표로 하여 병을 일으켰다(갑오농민전쟁). 조선정부가 청에 출병을 요구하고 전쟁의 준비를 진행시키고 있던 일본도 청과의 조약을 이유로 조선에 출병하여 일청전쟁이 시작되었다. 전쟁은 근대적인 군대를 정비한 일본의 승리로 끝났고, 다음 해 시모노세키(야마구치현)에서 강화회의가 시작되었다.
	전쟁의 결과	시모노세키조약과 3국간섭 ‖ 강화회의의 결과 시모노세키조약에는 청은 조선의 독립을 인정할 것, 요동반도·대만 등을 일본에 넘겨줄 것, 거액의 배상금을 지불할 것, 구미와 맺고 있던 불평등조약을 일본과도 체결할 것 등이 결정되었다. 그래서 대만을 획득한 일본은 대만주민의 저항을 무력으로 제압하고, 군인을 총독으로 하는 대만총독부를 세워 식민지로서 지배하였다. 일본의 대륙에의 영향력의 확대에 대하여 아시아 진출을 꾀하고 있던 러시아는 독일과 프랑스와 결탁하고 요동반도의 청으로의 반환을 일본에 강하게 요구하였다. 그것을 3국간섭이라고 말한다. 일본은 요동반도를 청에게 돌려주고, 그 환부금을 얻는 것으로 그 요구를 수용하였다. 그 후 일본은 청으로부터 받은 배상금 등으로 러시아의 남하에 대비하여 군비를 강화하고 있었다(156~157쪽).
	2001년	일청전쟁 ‖ 농민군은 외국의 간섭을 피하기 위하여, 정치개혁을 조건으로 정부와 휴전하고, 조선정부도 일청 양군에게 철수를 요구하였지만, 양군은 들어주지 않았다. 일본은 영국의 지지를 기대하고(130쪽), 조선으로부터 청의 세력을 제거하기 위해 전쟁을 시작하였다. 이것을 일청전쟁이라고 한다. * 일본과 청의 선전포고문의 차이(131쪽 ⇒ 일본의 입장만 강조, 침략성 부인).

		조선을 둘러싼 전투 일청의 대립과 조선 ‖ 조선에 세력을 넓히려고 했던 일본은 조선에의 지

教育出版	전쟁의 배경 및 경과	배를 강제하려고 하는 청과 심각하게 대립하였다. 조선은 일본을 견제하려던 청의 나아감에 구미제국과도 외교관계를 맺었다. 조선도 근대화를 향한 노력을 시작하였지만, 일본과 청의 간섭에 의해 충분한 효과를 거둘 수 없었다. 그러는 중에 조선에는 정치의 부패가 진행되어, 사람들의 생활은 곤란해졌다. 1894년 조선의 남부에는 동학이라는 종교를 신앙하는 농민들이 정치의 개혁을 추구하는 것과 함께 일본인과 구미인을 몰아내기 위해 일어섰다(갑오농민전쟁). (각주 설명) 동학 : 민간의 신앙을 기초로 하여 유교와 불교 등을 수용한 종교, 서학(기독교)에 반대하였다.
	전쟁의 결과	**일청전쟁과 시모노세키조약** ‖ 조선정부가 청에 원군의 파견을 구하자 일본은 그것에 대항하여 출병하고, 1894년 일청전쟁이 시작되었다. 전쟁은 일본의 승리로 끝났다. 1895년 시모노세키에서 강화조약(시모노세키조약)이 체결되었고, 청은 일본에 조선의 독립, 요동반도, 대만, 평후제도의 양도, 배상금 약 2억 냥(당시 일본 엔으로는 약 3억 엔)의 지불 등을 인정하였다. 일청전쟁에서 승리한 결과 동아시아에의 일본의 세력은 커졌고, 일본인 중에는 중국과 조선에 대한 우월감과 차별의식을 가진 사람들도 있었다(126~127쪽).
	2001년	**일청전쟁** ‖ 조선 국내에서는 전제적 지배나 외국세력에 반대하는 움직임이 높아졌으며, 1894년 남부지역에서 동학을 신앙하는 농민을 중심으로 하는 반란이 일어났다(갑오농민전쟁)(157쪽).

淸水書院	전쟁의 배경 및 경과	**일청전쟁** ‖ 19세기에서 20세기로 바뀌는 때에 일본은 정치, 경제, 교육 등 여러 면에서 국력이 눈부시게 발전하였다. 이왕에 러시아도 시베리아 철도를 착공하여 동아시아에의 관심을 높였다. 그 결과 일본으로서는 조선문제가 중요하게 되었다. 조선에는 1894년 동학을 믿는 농민이 대반란을 일으켰다(각주, 서학 구미문화에 퍼짐에 반발하여 급속하게 떠오른 조선의 민족적 종교를 동학이라 한다). 조선정부는 청에 원군을 구하였지만, 일본도 그것을 알고 군대를 파견했다. 농민들은 정부와 화약을 맺었지만, 일본은 물러나지 않고 조선정부에 개혁을 요구하고 청국군과의 전쟁을 일으켰다.
	전쟁의 결과	이 일청전쟁은 세계의 예상에 어긋나 일본이 승리를 하였다. 청은 다음해 일본에 대하여 (1) 조선의 독립을 인정하고, (2) 요동반도, 대만 등을 양도하고 (3) 거액의 배상금을 지불하는 것을 약속하였다(시모노세키조약). 그것에 대하여 동북아시아로의 진출을 노리고 있던 러시아는 프랑스와 독일과 함께 요동반도를 청에 반환하도록 일본에 강제하여 일본은 어쩔 수 없이 이것을 받아들였다(3국간섭)(166쪽).

	2001년	**일청전쟁** ‖ 1894년, 조선 남부에서 동학을 믿는 농민의 대반란이 일어나자, 조선은 청에 원군을 요청하였다. 청의 출병을 안 일본은 스스로 군대를 보내, 청국군과 개전하였다(150쪽).
帝國書院	전쟁의 배경 및 경과	**조선을 둘러싼 동아시아의 정세** ‖ 일본도 구미제국이 취한 방법을 흉내를 내어 조선반도에 세력을 넓히려고 생각하여 강화도사건 이후 조선출병의 기회를 엿보고 있었다. 그렇기 때문에 조선을 세력 범위로 생각하고 있던 청과 대립하게 되었다. 이때 조선에는 무거운 세금에 더하여, 흉작과 조선개항 후에 진출한 일본의 상인에 의해 미(米)가 매입되고 미의 가격 상승이 계속되었다. 그러한 가운데, 1894(메이지 27)년 서양문화(서학)에 반대하는 종교(동학)를 신앙으로 하는 농민들을 중심으로 일본과 구미제국을 추방하고, 조선의 정치개혁을 지향하는 반란이 일어났다. 농민군은 정부군을 깨뜨리고 조선남부에 세력을 넓혔다(갑오농민전쟁)(170쪽). **일청전쟁** ‖ 조선정부는 농민군을 진압할 수 없었고, 청에 원군을 구하였다. 일본은 청에 대항하여 즉시 조선으로 군대를 보내었다. 농민군과 조선정부는 휴전하였지만, 일본은 조선왕궁을 점거하는 등 내정간섭을 행하였고, 청과 대립을 심하게 하였다. 그리고 1894년 7월 풍도 앞바다의 충돌을 계기로 일청전쟁이 시작되었다.
	전쟁의 결과	일본의 의회와 내각이 파병의 거점으로 된 히로시마로 옮겼다. 청은 대국이었지만, 전쟁은 근대장비에 우세한 일본이 승리하였다. 그리고 1895년 4월 시모노세키(야마구치현)에서 강화조약(시모노세키조약)이 맺어졌다. 그 결과 청은 조선의 독립을 인정하고, 일본은 요동반도, 대만 등과 함께 2억 냥(당시 일본의 국가예산의 3.6배)의 배상금을 얻었다. 이 배상금은 일본의 공업화의 기금으로 되고 군사력의 강화에도 사용되었다. **3국간섭** ‖ 일청전쟁의 패배로 청의 국력이 쇠퇴하였다고 본 구미제국은 경쟁하여 청에 진출하였다. 시모노세키조약에 의해 일본이 요동반도를 획득하고, 러시아를 중심으로 독일, 프랑스를 포함한 3국은 일본에 요동반도를 청에 반환하라고 하였다(3국간섭). 일본은 그것에 응하였고, 반환하였던 요동반도의 여순과 대련을 러시아가 조차하였다. 독일, 프랑스, 영국도 청의 각지에 조차지를 얻었다(171쪽).
	2001년	**조선을 둘러싼 동아시아의 정세** **일청전쟁** ‖ 농민의 반란을 진압할 수 없었던 조선정부는 청에 원군을 요구하였다. 일본도 청에 대항하여 군대를 보냈으므로, 청과의 대립이 깊어져 1894년 7월, 풍도 바다의 충돌을 계기로 일청전쟁이 시작되었다(167쪽).

		일청 · 일로전쟁과 동아시아 ‖ 조선에는 근대화를 둘러싸고 왕실 내에 청국파와 일본파가 대립하였고, 정치가 혼란되고, 농민은 중세(重稅)로 고

<table>
<tr><td rowspan="3">日本文教出版</td><td>전쟁의 배경 및 경과</td><td>통받고 있었다(138쪽).
일청전쟁‖정쟁의 개시, 1894년 조선에는 개국이 가져온 생활 불안 때문에 외국세력을 추방하고, 정치개혁을 요구하는 농민이 봉기하였다. 조선정부는 그것을 진압하기 위해 청에 원군을 구했다. 일본은 조선에의 지도권을 차지하기 위해 출병하였고, 8월 일청전쟁이 시작되었다.</td></tr>
<tr><td>전쟁의 결과</td><td>조선이 주전장이 되고, 일본은 랴오뚱(요동) 반도를 점령하고, 청의 함대를 파괴하여, 1895년 시모노세키에서 강화조약(시모노세키조약)이 체결되었다. 내용은 청이 조선의 독립을 인정하고 2억 냥(3억 1000만 엔)의 배상금을 일본에 지불하고, 랴오뚱 반도, 대만, 펑후(행호)제도를 일본에 넘겨주는 것이었다. 다음 해 통상조약을 체결하여 대륙진출에 발을 들여놓게 했다.
3국간섭‖그리하여 일본은 조선을 족장(足場)으로 하여 중국의 동북지방(만주)에 세력을 연장시킬 기회를 엿볼 수 있었다. 아시아의 대국으로 된 일본에는 중국과 조선 등에서 유학생이 왔지만, 국민들 사이에는 조선인과 중국인을 낮추어 보려는 것이 넓게 퍼져 있었다(139쪽)(⇒ 검정수정 : 한편 러시아는 중국의 동북지방(만주)에 중대한 관심을 품고 있었다. 이유 : 일청전쟁 후 일본의 대외정책에 대하여 오해를 살 수 있는 표현이기 때문에).</td></tr>
<tr><td>2001년</td><td>**일청전쟁**‖1894년 조선에서는 개국이 가져온 생활 불안으로 인해 외국세력을 추방하고 정치개혁을 요구하는 농민의 봉기가 일어났다. 조선정부는 이를 진압하기 위해 청에 원군을 요청하였다. 일본은 조선에서의 지도권을 얻기 위해 출병하여, 8월에 일청전쟁이 시작되었다(168쪽).</td></tr>
</table>

비고 : 밑줄은 인용자가 친 것이다.

2) 교과서 내용의 검토

(1) 청일전쟁 이전의 국제관계

19세기 중후반 동아시아 국제관계는 서양 열강의 침략과 아울러 청일의 조선문제 개입을 중요한 초점으로 해서 다루어질 수 있다. 1880년대 조선을 둘러싼 국제관계는 흔히 청일의 각축전으로 이야기되고 있다. 특히 1882년 임오군란과 1884년 갑신정변을 거치면서 일본과 청 양국의 갈등은 더욱 심화된 것으로 연구되고 있다. 청국은 종래 종주권을 강화시켜 조선을 '종속국화'하려고 하였으며, 일본도 대륙으로의 침략을 위한 교두보로 조선을 필요로 하고 있었다. 당시 일본은 특히 조선의 경제적 침탈을 기반으로 하여 정치 군사적 침략을 도모하고 있었다. 그런데 이러한 사실을 일본 중학교 역사교과서에서는 다른 각도에서 다루었다.

1876년 개항 이후 일본은 조선의 근대화 혹은 군제개혁을 지원했다는 논리로 조선의 독립에 기여했던 측면만을 일방적으로 부각시켜 강조하고 있다. 이런 논리하에서 일본 교과서에서는 조선 국내에 메이지유신에 따라 근대화를 추구하던 친일파를 후원하였지만, 청과의 관계를 유지하며 구미 열강에 대응하려던 친중파들과 청에 의해서 실패로 돌아갔다고 파악했다. 조선의 근대화 세력을 후원하는 일본의 역할을 부각시키고 조선의 낡은 제도를 고수하려는 구지배세력과 청나라를 대비시킴으로써 마치 일본의 개입이 정당했던 것처럼 기술하고 있다. 심지어 "일본은 구미열강의 아시아 침략이 강해지는 가운데 조선에 진출하지 않는다면 일본의 전도도 위태롭다고 생각하고, 청에 대항하기 위한 군비를 확충하였다"[9]고 서술하였다. 이는 서구의 침략에 대한 예방전쟁으로 청과 조선에 대한 전쟁을 기도하고 있다는 것으로 일본의 침략성을 부인하고 일본 진출의 정당성을 긍정적으로 서술하는 것이다.

1882년 임오군란과 1884년 갑신정변이라는 용어는 한국 학계뿐만 아니라 일본 학계에서도 보편적으로 쓰이고 있는 용어인데도 불구하고 후소샤 출판사에서는 '임오사변'과 '갑신사변' 등으로 1945년 이전에 사용했던 낡은 표현을 고수하고 있다. 이는 보다 적절한 용어로 바뀔 필요가 있다.

(2) 농민전쟁의 원인 서술

대부분의 교과서에서는 "조선에는 1894년 동학을 믿는 농민이 대반란을

9) 東京書籍 검정신청본, 155쪽.

일으켰다"(清水書院)고 하거나 "민간신앙을 가진 동학을 신앙하는 단체를 중심으로 하는 농민"이라고 하여 동학종교교단, 혹은 동학교도들이 1894년 농민전쟁을 일으킨 것으로 서술하고 있다(日本書籍新社, 東京書籍, 帝國書院). 물론 2001년도에는 동학당이라든가 동학난이라는 표현을 그대로 써 왔던 것에서 일부 표현이 수정되고 나아진 것은 사실이다.

그런데 1894년 농민전쟁을 일으킨 주체에 대해서 종래 동학 농민인가 아니면 일반 농민인가 하는 논쟁이 있었다. 지금까지 연구상황으로 보아, 농민전쟁의 주체는 대부분 일반 농민으로 설정하고, 동학은 단지 봉기의 조직으로 활용된 것으로 파악하고 있다. 따라서 농민전쟁을 동학교도들이 일으켰다든가 아니면 동학을 믿는 농민들을 중심으로 일으켰다는 서술은 사실을 완전히 왜곡하는 것이다.

농민전쟁은 19세기 후반 조선왕조의 부정부패와 수탈에 반대하던 농민들의 조직적인 반란이고, 농민봉기의 조직으로서 동학을 활용했던 것이다. 따라서 "1894년 조선에는 개국이 가져온 생활 불안 때문에 외국세력을 추방하고, 정치개혁을 요구하는 농민이 봉기하였다"(日本文教出版), 아니면, "1894년, 동학을 믿는 사람들이 농민과 결합되어 외국세력의 추방과 정치개혁을 목표로 하여 병을 일으켰다"(大阪書籍)고 서술하는 것이 사실에 조금 더 가까이 가서 표현하는 것이다.

한편 봉기의 목표를 '부패한 관리 추방과 외국인의 배척'이라고 한 것은 농민전쟁의 목표를 축소하는 것이다. 농민전쟁의 목표는 농민들을 위한 개혁요구와 집강소를 통한 개혁실천에 있었으므로 구체적으로 농민적 개혁을 지향했다고 서술해야 한다. 더욱이 모든 일본 교과서에서 외국인 배척에 대해서 언급하고 있는데, 단순히 일본인과 구미인을 몰아내려고 했다는 것도 1894년 당시와 다르다. 농민군은 구체적으로 일본이나 서양의 제국주의적 침략에 반대하고 있었으며, 2차 농민전쟁에서 내세운 것처럼, 일본의 침략에 대한 반대를 명백하게 슬로건으로 내세우고 있었다. 이런 사실을 언급하지 않고 있다.

(3) 청일전쟁의 발발 과정

대부분의 교과서에서는 청일전쟁의 발발 과정에 대해 "이것(농민전쟁의 발발)을 기회로 청과 일본은 조선에 출병하여 8월에 일청전쟁이 시작되었다"[10]라는 식으로 간단히 표현하고 있다. 이러한 기술은 일본이 처음부터 전쟁도발을 목적으로 출병했다는 사실을 의도적으로 배제하고 있다. 이는 일본이 원래 전쟁할 의사가 있었고 그동안 10년간이나 전쟁을 준비한 점을 지적하지 않으려는 표현이다. 또한 청일전쟁이 7월 25일 일본군의 선제공격으로 시작되었다는 것을 서술하지 않고,[11] 단지 8월에 시작되었다고 함으로써 일본의 전쟁 도발 책임을 호도하고 있다.

청일의 군대 파견에 대한 서술에서도 청군의 파견은 조선정부의 공식적인 요청에 의해 이루어진 것이었으나, 일본의 군대 파견은 아무런 요청이거나 법적인 근거를 갖지 못한 것이었다. 그렇지만 "전쟁의 준비를 진행시키고 있던 일본도 청과의 조약을 이유로 조선에 출병하여"[12]는 사실관계를 잘못 전달하고 있는 것이다. 여기서 청과의 조약은 천진조약(天津條約)을 말하는 것이다. 그런데 천진조약 제3조에서의 규정은 '단순히 병사를 조선에 파견하는 절차'를 규정한 것에 지나지 않았다.[13] 따라서 하나의 통고절차를 지켰다는 것을 근거로 군대파견의 이유를 설명하는 것은 사건의 본말을 전도시키는 것이다.

또한 일본정부가 조선에 출병한 이후 1894년 6월 2일부터 경복궁을 불

---

10) 東京書籍 검정신청본, 156쪽.

11) 東京書籍, 『高校 日本史B』에서도 서술되어 있음.

12) 大阪書籍 검정신청본, 156쪽.

13) 『日本外交文書』 27-2, 313~314쪽.

법 점령한 7월 23일까지의 진행 과정을 설명하면서 일본의 경복궁 점령의 정당성을 강조하는 서술이 문제이다. "일본은 물러나지 않고 조선정부에 개혁을 요구하고 청국군과의 전쟁을 일으켰다"(淸水書院), "일본은 군대를 계속 주둔시키기 위하여 개혁안을 조선정부에 밀어붙이고, 그것에 대한 회답을 불만으로 하여 조선의 왕궁을 점령하였다"(日本書籍新社)는 표현은 잘못이다. 이렇게 조선 왕궁점령 이유를 일본정부가 조선정부에 제출한 개혁안을 받아들이지 않았다는 데 두는 것은 일본의 개혁요구를 거부한 조선정부에 대한 응징으로 당연한 결과라고 잘못 해석될 여지가 많다.

1894년 5월 초 주한일본공사관 임시대리공사인 스기무라 후카시(杉村濬)는 청일 양국의 조선문제 개입에 관한 정세탐지에서 외무성에 선후책을 보고했다. 그는 일본군의 조선주둔으로 조선에 영향력을 증대시켜 나간다는 목표를 세웠다. 당면목표는 조선 내부에 변혁을 일으켜 정권교체를 이루어야 한다고 되어 있었으나 일본은 내정개혁을 처음부터 기대하지 않았다. 일본으로서는 청일전쟁을 일으키는 데 전쟁의 명분을 확보해주는 동시에 전쟁수행에 협조적인 친일정부의 존재가 필요했던 것이다. 그래서 이후 전쟁 개시를 위해 명분상 유리한 고지를 차지하려고 했다. 1894년 5월 중순 청과 협의를 하는 과정에서 일본은 청일 간 농민군의 공동토벌과 내정개혁 주장을 하기는 했으나 이는 대청전쟁의 개전명분을 획득하기 위한 수단에 불과했다. 일본은 청국과의 교섭이 예상했던 대로 결렬되자, 다시 조선정부에 압박을 가하는 방법을 쓰기 시작했다. 조선정부에 독립속방 해명과 내정개혁을 강요했다. 그래서 오토리(大鳥圭介) 공사는 내정개혁 5개 조항과 별도의 세목 27개조 절목을 제출하며 강요했다. 그렇지만 조선에서는 신설된 개혁기구인 교정청에서 내정개혁을 수행할 수 있다고 완벽하게 반박하였다. 그러자 일본은 전쟁을 일으키기 위한 여러 계책이 모두 실패로 돌아갔으므로 이제 전격적으로 경복궁을 침범하는 만행을 저지른 것이었다.[14)]

1894년 6월 말 현재 일본은 속방론이나 내정개혁 강요를 통해서는 일청간에 전쟁을 일으키거나 현실적으로 조선정부의 정권을 교체하는 것이 무망한 상황이었다. 그런 상황에서 일본은 군사개입을 통해 조기에 소기의 목적을 달성하려고 하였다.[15] 일본은 청과의 전쟁의 명분을 얻는 데 있어 친일정권이 자신들에게 청군을 국경 밖으로 몰아낼 것을 공문으로 보내준다면 소기의 목적을 달성할 수 있었다. 그렇지만 그것도 여의치 않아서 실현되지 못했음으로 일본은 경복궁 점령에 이어 바로 청과의 전쟁을 개시하였다. 이와 같이 일본이 처음부터 청일전쟁을 일으키기 위한 수순으로 조선의 내정개혁을 주장했고, 그것이 부당하다는 조선정부의 올바른 대응을 무시하고 경복궁 점령과 청일전쟁을 도발한 것이었다.[16]

(4) 일본과 조선과의 관계

일본의 모든 교과서에서는 시모노세키조약 1조에 조선의 독립을 인정한다고 되어 있다는 것을 부각시켜 서술하고 있다. 일본이 청일전쟁에서 승리한 업적으로 부각시키고 있지만, 1894년 농민군의 2차 봉기를 무력으로 철저히 진압했다는 사실, 1895년 8월 명성왕후 시해사건을 저질렀다는 사실 등은 배제하여 서술하고 있다.

니혼쇼세키신샤에서는 일본이 조선의 왕비를 암살했다는 부분에 대해 민비를 각주로 처리하면서 "명성황후(민비, 1851~1895) 조선 고종황제의 황후. 자주 정치의 실권을 장악했다(159쪽)"고 서술하여 마치 부당한 정치간섭과 실권 장악이라는 문제가 있었기 때문에 그런 일이 일어난 것처럼

---

14) 왕현종, 『한국근대국가의 형성과 갑오개혁』, 역사비평사, 2003, 130~147 · 171~178쪽.

15) 中塚明, 『歴史の僞造をただす－戦史から消さらた日本軍の朝鮮王宮占領』, 高文研, 1997 참조.

16) 박종근, 『청일전쟁과 조선』, 일조각, 1989, 48~90쪽.

서술하고 있다. 이는 일본의 부당한 범죄사실을 일부 호도하려고 하는 기술임을 지적해야 한다. 앞으로 이 문제는 일본 교과서에서 보다 중점적으로 서술하여 일본의 전쟁 도발과 조선에의 침략 사실을 있는 그대로 서술하고 행위의 책임을 명시하는 서술로 이루어져야 한다.

한편 청일전쟁에서 승리한 원인이 "일본인 전체의 의식이 국민으로서 하나로 뭉쳐있었다"고 분석한 것은 국민을 전쟁동원의 도구로 사용했던 일본 메이지정부의 침략성을 호도하고 전쟁의 책임론을 배제하려는 의도로 보인다. 청일전쟁의 예찬에 가까운 것으로 그런 의미에서 청일전쟁 시 일본군 사상자를 약 13만 명이라고 강조하고 있다.[17] 그렇지만 그것과 더불어 조선과 중국의 군인 및 수십만에 이르는 민중 피해사실도 기록해야 할 것이다.

4. 러일전쟁과 조선관계 서술

1) 교과서별 내용 소개

日本書籍新社	본문 내용	**일로전쟁** ‖ 전쟁의 위기가 있는 동안, 일본에는 군비가 증강되고, 신문과 잡지의 다수가 러시아와의 개전을 주장하였다. …… 그러던 중에 1904(메이지 37)년, 드디어 일본은 러시아에 선전을 포고하고 일로전쟁을 시작했다. 다음 해까지 격렬한 전투가 만주 각지에 널리 펴졌다. 일본군은 여순을 점령하고 봉천교외 전투에서 승리하였다. 해군은 러시아의 함대를 전멸시켰다. **전쟁과 국민** ‖ 이 전쟁은 일청전쟁의 9배의 전비를 사용하고, 약 46만 명의 사상자를 내었다(160~161쪽).
	2001년	**일로전쟁** ‖ 그러던 중에 1904(메이지 37)년, 드디어 일본은 러시아에 선전을 포고하고 일로전쟁을 시작했다. 다음 해까지 격렬한 전투가 만주 각지에 널리 펴졌다. 일본군은 여순을 점령하고 봉천교외 전투

17) 日本書籍新社 검정신청본, 161쪽.

		에서 승리하였다. 해군은 러시아의 함대를 전멸시켰다. **전쟁과 국민** ‖ 이 전쟁은 일청전쟁의 9배의 전비를 사용하고, 약 46만 명의 사상자를 내었다(日本書籍新社, 142~143쪽).
	비고	* 서술 내용 변동 없음.

東京書籍	본문 내용	**일로전쟁** ‖ 1904년 2월 일로전쟁이 시작되었다. …… 1905년 9월에 포츠머스조약이 체결되었는데, 러시아는 (1) 한국에 있어서 일본의 우월권을 인정하고, (2) 여순, 대련의 조차권, 장춘 이남의 철도이권을 일본에 양여하고, (3) 북위 50도 이남의 가라후토(樺太)의 할양과 (4) 연해주, 캄차카 연안의 일본의 어업권을 인정하였다. 일로전쟁에서 일본의 승리는 인도와 중국 등 아시아의 제국에 자극을 주었고, 일본에 따라 근대화와 민족독립의 움직임이 높아졌다. 한편 국민에게는 일본이 열강의 일원이 되었다는 대국의식이 생겼고, 아시아 제국에 대한 우월감이 강해지고 있었다(159쪽).
	2001년	**일로전쟁 후의 일본** ‖ 일로전쟁에서의 일본의 승리는 인도와 중국 등 아시아의 제국에 자극을 주었고, 일본에 따라 근대화와 민족독립의 움직임이 높아졌다. 한편 국민에게는 일본이 열강의 일원이 되었다는 대국의식이 생겼고, 아시아 제국에 대한 우월감이 강해지고 있었다(159쪽).
	비고	

扶桑社	본문 내용	일로전쟁 **일로 전쟁과 전쟁의 향방** ‖ 1904(메이지 37)년 2월 일본은 러시아 군함에 공격을 가하여, 일로전쟁이 시작되었다. 전장이 된 곳은 조선과 만주였다. 1905년 일본육군은 고전 끝에 여순을 점령하고 봉천회전에 승리했다. 러시아는 열세를 뒤엎기 위해 발트해에서 발틱 함대를 파견했다. 함대 중 38척이 아프리카 남단을 우회하여 인도양을 횡단해서, 약 7개월 걸려서 일본해로 왔다. 이것을 맞아 싸운 일본의 연합함대는 도고 헤이하치로(東郷平八郎) 사령장관의 지휘 아래, 병사들의 높은 사기와 교묘한 전술로 발틱 함대를 전멸시켜, 세계 해전사에 남는 경이적인 승리를 거두었다(일본해 해전). **세계를 바꾼 일본의 승리** ‖ 일본해 해전에 승리했을 때, 이미 일본은 외국으로부터 빌린 빚과 국채로 꾸려나가던, 국가 예산의 8년분에 해당하는 군사비를 모두 사용해 버렸다. 장기전이 되면 러시아와의 국력 차가 나타나서 형세가 역전될 것임은 명백했다. 미국 대통령 테오도어 루스벨트는 일본에 가장 유리한 시기를 골라서 일로 간의 강화를 중개했다. 미국의 포츠머스에서 열린 강화회의 결과, 1905(메이지

扶桑社		38)년 9월에 포츠머스조약이 맺어졌다. 이 조약으로 일본은 한국(조선, 1897년 조선은 국호를 대한제국으로 바꾸었다)에 대한 일본의 지배권을 러시아에게 인정하도록 하고, 중국의 요동반도 남부(후에 일본은 관동주라고 호칭)의 조차권을 획득하고, 남만주에 러시아가 건설한 철도의 권익을 양도받고, 남 가라후토의 영유를 인정하게 만들었다. 한편 배상금을 얻을 수는 없었기 때문에, 전쟁을 계속하고 싶어도 국력이 한계에 도달했다는 사실을 모르는 일부 국민들은 이것에 불만을 품고 폭동을 일으켰다(히비야 방화사건). 일로전쟁은 일본의 사활을 건 전쟁이었다. 일본은 이것에 승리하여 자국의 안전 보장을 확립했다. 근대국가로서 탄생한 지 얼마 안되는 유색인종의 나라 일본이 당시 세계 최대의 육군 대국이었던 백인제국 러시아에 승리한 것은 식민지가 되어 있던 민족에게 독립에의 희망을 주었다. 그러나 다른 한편에서는 황색인종이 장래에 백색인종을 위협하는 것을 경계하는 황화론(黃禍論)이 구미에 퍼지는 계기가 되기도 했다(166~168쪽).
	2001년	**일로 개전과 전투의 행방** ‖ 러시아는 일본의 10배의 국가예산과 군사력을 가지고 있었다. 러시아는 만주의 병력을 증강하고, 조선 북부에 군사 기지를 건설하였다. 이대로 두면 러시아의 극동 군사력은 일본이 도저히 감당할 수 없을 정도로 증강될 것은 명확했다. 정부는 더 늦기 전에 러시아와의 전쟁을 시작할 결의를 굳혔다. 1904년 2월 일본은 영국과 미국의 지원을 얻어 러시아와의 싸움을 개시했다(일로전쟁). **세계를 바꾼 일본의 승리** ‖ 일로전쟁은 일본이 생사를 건 장대한 국민전쟁이었다. 일본은 이에 승리하여 자국의 안전보장을 확립하였다. 근대국가로서 태어난 지 얼마 되지 않은 유색인종의 나라 일본이 당시 세계 최대의 육군대국이었던 백인제국 러시아에 이겼다는 것은 세계의 억압받는 민족들에게 독립에 대한 한없는 희망을 안겨주었다. 그러나 다른 한편에서 황색인종이 장래 백색인족을 위협할 것을 경계하는 황화론을 구미에 널리 퍼지게 하는 계기도 되었다(222~223쪽).
	비고	* 무쓰 무네미쯔(陸奧宗光)와 고무라 주타로(小村壽太郎) 등 일본 외교관을 소개하는 것(2001, 224~225쪽)에서 2005년도에는 일본해 해전에서의 승리(169쪽)를 부각시켜 설명함. * 일로전쟁에서 활약한 노기 마레스케(乃木希典)는 전후에 패배한 러시아 장군의 구명을 위해 여러 가지 노력을 아끼지 않아서 메이지의 일본에도 패자에게 동정을 베푼다는 무사도가 살아있었다는 식으로 일본의 전쟁과 무사도를 찬양함(169쪽).

		아시아에서의 일본과 러시아의 대립 **일로전쟁** ‖ 의화단사건 후, 러시아는 만주(중국동북부)에 군대를 주둔시켰고, 청과 조선에의 영향력을 강하게 하려고 하였다. 그렇기 때문

<table>
<tr><td rowspan="3">大阪書籍</td><td>본문 내용</td><td>에 조선에 세력을 미치고 있었던 일본은 러시아와의 대립을 심하게 하였다. (중략)
일본은 만주를 러시아에, 조선을 일본의 지배하에 두려는 교섭을 러시아와 하였지만, 양자의 대립이 커져 1904년 일로전쟁이 시작되었다. 전쟁은 만주를 중심으로 격렬하게 전투가 행해졌고, 다수의 사상자가 나왔다. 또한 일본해에도 양국의 함대가 전투를 벌여 일본군이 승리하였다. 전쟁이 오래 지속되자 일본은 자금이 없어, 병력 · 무기 · 탄약이 부족하게 되었다. 러시아도 황제의 전제정치에 반대하는 혁명운동이 일어나 양국 모두 전쟁을 계속하는 것이 곤란하게 되었다.
포츠머스조약과 만주경영 ‖ 1905년 미국의 포츠머스에서 미국 대통령이 중재하여 강화회담이 진행되어 포츠머스조약이 체결되었다. 조약에는 조선에 있어서 일본의 우월권을 인정할 것, 가라후토의 남반부와 러시아가 청으로부터 빌리고 있던 여순 · 대련, 러시아가 만주에 건설하고 있던 철도의 일부와 탄갱 등을 일본에 넘겨줄 것을 결정하였다. …… 한편, 정부는 만주에 세력을 확대하기 위하여 남만주철도주식회사를 만들어 철도와 탄광, 제철소를 경영하였다. 또한 철도의 수비병으로서 일본의 군대를 두게 했다(158~159쪽).
(각주) 일로전쟁에서 아시아의 나라인 일본이 러시아를 깨뜨렸다는 것은 투르크, 아프가니스탄, 베트남, 필리핀 등의 아시아 제국에 자극을 주었고, 근대화와 민족독립운동을 활발하게 일으켰다.</td></tr>
<tr><td>2001년</td><td>일본은 전쟁에서 나라의 재정의 3배 이상이었던 약 17억 엔의 전비를 사용하고 40만 인 이상의 사상자를 낳았다(133쪽).
(각주) 일로전쟁에서 아시아의 나라인 일본이 러시아를 깨뜨렸다는 것은 투르크, 아프가니스탄, 베트남, 필리핀 등의 아시아 제국에 자극을 주었고, 근대화와 민족독립운동을 활발하게 일으켰다(133쪽).</td></tr>
<tr><td>비고</td><td>* 일본의 피해와 부담을 서술에서 제외함.</td></tr>
<tr><td>教育出版</td><td>본문 내용</td><td>동아시아의 대전쟁
일로전쟁의 발발 ‖ 러시아는 만주에서 병을 철수시킨다는 약속을 지키지 않았고, 도리어 한국에도 세력을 미치게 되었다. 한국을 지배하에 두려고 하였던 일본은 러시아와 외교교섭을 진행시켰는데, 일본의 요구를 인정하게 하려고 하였다. …… 러시아와의 대화가 이루어지고 계속되었지만, 결국 해결되지 못하였다. 1904(메이지 37)년 2월 일본군은 여순을 공격하고, 중립을 선언하고 있던 한국의 인천에 상륙하여 일로전쟁이 시작되었다.
일로강화와 국제적 영향 ‖ 그 결과 러시아는 일본이 한국을 지배하는 것, 요동반도의 조차권과 남만주철도의 권익을 일본에게 양여하는 것, 남가라후토를 일본의 영토로 하는 것 등을 인정하였다. …… 소국의 일본이 대국 러시아에 승리한 것은 아시아 민족에게 독립에의 희망을</td></tr>
</table>

		가져다주었다. 그리고 일본의 동아시아에의 영향력은 커졌고, 구미제국은 일본을 새로운 라이벌로서 경계하는 것처럼 되었다. 또한 한국과 중국에는 일본의 동아시아에의 세력 확대에 반대하는 민족운동이 활발하게 전개되었다(130~131쪽).
	2001년	일로전쟁의 승리로 일본의 동아시아에 대한 영향력은 커졌지만 구미열강의 일본에 대한 경계심도 강해져, 일본의 국제적 입장은 점차 곤란해졌다(160쪽).
	비고	**일청 · 일로전쟁의 비교** ‖ 도표 중 동원병력을 청일전쟁 16만여 명, 러일전쟁 95만여 명, 사망자 8만, 전사자 중 전사와 병사를 비교한 반면에 부상자의 수는 표기하지 않음. 전비의 비교도 크게 차이가 난다 (⇐ 정확한 수치를 표시할 필요가 있음).
淸水書院	본문 내용	**일로전쟁** ‖ 일본은 조선(한국)도 러시아에 빼앗기는 것은 아닌가 하고 걱정하기 시작했다. …… 러시아는 일본에 (1) 한국에 있어서 지도권을 인정하고 …… 일로전쟁은 일본의 한국지배를 확보하고, 중국 러시아로부터도 영토를 빼앗았다. 그 반면 이웃 나라 이외의 아시아, 북아프리카 사람들에게는 비백인국가가 처음으로 백인국가를 깨뜨리는 사건으로서 크게 주목하고 용기를 얻게 했다(167쪽).
	2001년	일로전쟁은 일본의 한국지배를 확보하고, 중국 · 러시아로부터도 영토를 빼앗았다. 그 반면 이웃 나라 이외의 아시아, 북아프리카 사람들에게는 비백인국가가 처음으로 백인국가를 깨뜨리는 사건으로서 크게 주목하고 용기를 얻게 했다(151쪽).
	비고	
帝國書院	본문 내용	**일로전쟁** ‖ 전쟁은 주로 조선반도와 만주를 전장으로 하여 행하여 졌다. …… 일로전쟁의 결과, 일본은 조선에 대한 우월권을 승인받았고 일본은 장춘 · 여순 간의 철도와 여순 · 대련의 조차권, 그리고 남가라후토를 러시아로부터 얻었다(173쪽).
	2001년	일로전쟁의 결과, 일본은 조선에 대한 우월권을 승인받았고 일본은 장춘 · 여순 간의 철도와 여순 · 대련의 조차권, 그리고 남가라후토를 러시아로부터 얻었다(169쪽).
	비고	⇒ 러일전쟁의 원인에 대해서는 간단히 설명, 다만 러시아와의 교섭이 결렬되어 개전을 한 것으로만 기술하였음.
		일로전쟁 ‖ 만주와 조선을 둘러싸고 일본과 러시아와의 교섭이 진행되고, 전쟁의 위기가 높아졌다. 국내에는 개전, 비전의 소리가 있었고 …… 그렇지만 국민들 가운데는 3국간섭에 의하여 러시아에의 반감이 있었고, 개전의 소리가 높았다. 1904년 2월 일본은 러시아에 선전포고

<table>
<tr><td rowspan="3">日本文教</td><td>본문 내용</td><td>하고 일로전쟁이 시작되었다. 또한 한국에 있어서 일본의 지배권을 러시아에 승인받게 하였다. 아시아의 많은 민족은 일본이 유럽의 강국을 깨뜨렸다는 것에 힘을 얻어 식민지지배로부터 해방을 추구하였다. 그러나 일본은 남만주철도주식회사를 경영하고, 연선의 탄갱과 광산을 개발하는 등, 남만주에 권익을 가지고, 열강과 같은 모양으로 식민지를 지배하는 국가로 되었다(141쪽).</td></tr>
<tr><td>2001년</td><td>포츠머스조약 ‖ 아시아의 많은 민족은 일본이 유럽 강국을 깨뜨렸다는 것을 기뻐하고, 스스로도 식민지지배로부터 해방하는 것을 기대했다. 그러나 일본은 남만주철도주식회사를 경영하고 연선의 탄갱과 광산을 개발하는 등, 남만주에 권익을 가져 열강과 나란히 서려고 하였다(171쪽).</td></tr>
<tr><td>비고</td><td>⇒ 검정 수정 : 밑줄 친 부분 생략.
이유 : 남만주가 조선 대만과 같이 일본의 식민지였는가와 같이 오해를 사는 표현이기 때문에.</td></tr>
</table>

비고 : 밑줄은 인용자가 친 것이다.

2) 교과서 내용의 검토

(1) 러일전쟁의 발발 배경

일본 교과서에서는 러일전쟁이 러시아와 일본의 이해대립으로 일어났다고 보면서 이 전쟁을 제국주의시대의 전쟁으로 묘사하고 있으며, 또한 러일전쟁에서 승리한 일본이 대한제국을 본격적으로 침략한 것으로 보고 있다. 일본 교과서에서는 러일전쟁의 발발원인으로 만주·조선에 진출한 러시아의 침략성을 지나치게 강조하고 있다. 러시아는 1900년 중국에서 일어난 의화단사건을 구실로 만주에 2만 명의 군대를 주둔시켰다는 사실, 그리고 러시아가 만주에서 한반도로 나오지 않도록 러시아와 협상했다는 사실을 강조했다. 그렇지만 이는 당시의 최대 쟁점은 아니었다. 이미 러시아는 만주와 한반도로의 진출 방향 중 만주 쪽으로 집중하고 있었다. 따라서 러시아와 일본 양국 간의 세력 경쟁은 1895년 이래 지속되고 있었고,

일본의 입장에서는 조선과 만주에의 침략을 준비하면서 양자 간의 지배권의 범위를 놓고 타협이 결렬되자 일본이 먼저 전쟁을 시작했다고 보는 설명이 도리어 역사적 과정과 일치할 것이다. 따라서 일본 교과서의 서술처럼 러시아의 무력이 한반도를 장악하여 일본의 안전을 위협할 것이라는 상황 설명은 사실과 맞지 않다.

이렇게 러시아의 침략 강조는 이미 당시 러일전쟁 개전론에서 주장된 바 있다. 이러한 러일전쟁사의 이해는 일본군부의 사실인식에 기초하고 있었다.[18] 1945년 패전 이전까지 일본 역사교과서에서는 대개 전쟁승리와 전승국으로서의 지위를 강조한다든지, 영웅적인 인물상을 상찬하는 내용으로 채워지고 있었다.

이후 러일전쟁 50주년 기념으로 1959년에 출간된 『日露戦争史の研究』가 처음으로 러일전쟁을 학술연구의 대상으로 끌어올렸다.[19] 이 책에서는 네 가지 논점을 제공하였다. "첫째, 국제관계 중에 러일전쟁을 고찰하는 것, 즉 영일동맹과 러 · 불동맹이라는 세계적 제국주의체제를 배경으로 하여 고찰하는 것이다. 둘째, 러일전쟁과 동아시아 중에 만주 · 조선 문제를 원인으로 하여 전쟁을 파악하는 것이다. 특히 조선반도를 중시한다. 국제관계를 배경으로 외교사적인 관점을 도입하고 있다. 셋째, 국내의 정치가 러일전쟁을 둘러싸고 어떻게 움직였고, 어떻게 러일전쟁 후 변동하였는가에 대하여 주목하고 강화를 거부한 민중운동에도 주목하고 있다. 강화조건에 불만을 품은 민중들의 대규모 항의집회였던 '히비야 소각사건'이 그 예이다. 넷째, 러일전쟁을 어떠한 성격의 전쟁으로 위치 짓는가라는 논점"이다. 이 책에서는 러일전쟁을 천황제에 의한 절대주의의 전쟁으로 규정하였다. 당시 일본은 자본주의 혹은 부르조아지가 아직 미약한 상태였으며,

18) 일본 육군참모본부의 『明治 37 · 8年 日露戰史』(18책, 1912~1914)와 해군 군령부의 『明治 37 · 8年 海戰史』(3책, 1909~1910).

19) 信夫清三郎, 中山治一 편, 『日露戦争史の研究』, 河出書房新社, 1959.

러일전쟁은 메이지유신 후 절대주의 천황제가 도입했던 전쟁이라고 규정하였다. 이렇게 러일전쟁은 메이지유신 후 절대주의 천황제가 도입했던 전쟁이라는 시각에서 러일전쟁을 객관적으로 조망하고 또한 일본 천황제의 전쟁책임론에 대해 명백하게 규정하고 있다.

이러한 견해에도 불구하고 대부분의 일본 중학교 역사교과서에서는 개전의 주요 원인으로 천황제의 전쟁론, 혹은 일본제국주의의 침략성을 거론하지 않고 이를 거의 무시하고 있다. 반면에 일본 역사교과서에서는 전전의 이해와 마찬가지로 여전히 일본의 정당한 이해관계를 강조하고 있다. 따라서 만주를 둘러싼 러일 간의 대립을 확장하여 조선에의 러시아 지배로 인하여 일본의 방위에 곤란해질 수 있기 때문에 러일전쟁이 일어났다는 '조국방위전쟁론'과 유사한 논리를 주장하고 있다. 이는 일본의 대륙침략 의도를 호도하려는 논조이다. 이러한 시각은 제국주의 열강 간의 갈등에서 어쩔 수 없는 전쟁이었다는 러일전쟁의 불가피론을 주장하는 것이며, 일본의 침략전쟁책임론을 모면하려는 것이다.

(2) 러일전쟁의 과정과 결과 서술

러일전쟁(일본에서는 일로전쟁)은 1904년 2월 8일 일본이 인천에 정박하고 있던 러시아 함대에의 야습에서 시작되었다. 세 차례 여순항구의 봉쇄작전을 전개하여 황해의 제해권을 장악하였던 일본군은 조선 및 요동반도의 연안에 상륙하여 5월 1일 압록강 도하전에서 승리하고, 8월 말 요양에서 대규모 전투를 벌였고, 1905년 1월 여순을 함락시켰다. 연 155일 동안 여순요새의 공방전에서 일본군 사상자는 무려 5만 9,000여 명이었다. 이후 30만 명의 일본군은 3월 봉천 부근의 전투에서 승리를 거두고 봉천을 점령하기는 했지만, 더 이상 포위작전을 실행하지 못할 정도로 전투능력의 한계에 달하였다. 주요 전투 지역은 만주였지만, 한반도도 전쟁의 배후에서 전투요원 이동과 전쟁 물자의 보급기지로서 중요한 위치를 차지하고 있었다.

한편 러시아의 로제스트벤스키(Z. P. Rozhestvensky) 제독이 이끄는 발틱함대는 블라디보스토크 항구를 향하여 1904년 10월부터 무려 7개월에 걸친 항해 끝에 5월 27일 쓰시마해협을 통과하고 있었다. 일본의 도고 헤이하치로(東鄕平八郎) 제독이 이끄는 일본연합함대는 러시아 발틱함대를 맞아 대규모의 해전을 치렀다. 이 전투에서 러시아의 함대는 38척 중 27척이 격침되었고, 전사자가 약 5,000명, 포로가 약 6,100여 명에 이르렀다. 반면에 일본군의 피해는 별로 없었다고 한다. 러일전쟁의 승패를 최종적으로 결정한 쓰시마 해전에서 일본이 러시아에 완벽하게 승리함으로써 전쟁을 일본의 우세로 전환할 수 있었다.

그런데 일본 교과서에서는 전쟁 당사국인 러시아와 일본 군인들의 피해를 제대로 기술하지 않았다. 일본 자체의 피해에 대해서는 일본군 사망자와 전비를 단지 청일전쟁과 비교하여 서술하고 있으나, 러일전쟁 시 일본이 부담한 피해는 동원된 일본병 약 130만 명, 전몰자 8만 8,000명, 전상병자 44만 명, 군사비 약 17억 엔에 달했다. 더욱이 러일전쟁의 전장이 되었던 조선과 중국 동북부에 대한 피해사실이 전혀 기록되지 않았다.

한편, 러일전쟁의 성과 서술과 관련하여 지적할 점은, 실제적으로 한반도를 보호국으로 만들어 이미 준식민지로 획득했다는 것을 연관지어 서술하지 않았다는 문제이다. 도리어 일본 교과서에서는 러일전쟁의 결과, 전쟁승리의 전리품이 없고 전쟁경비 부담으로 인한 증세로 민중운동이 일어났다고 기술하고 있다. 다만 일부 교과서에서는 전쟁의 희생자 8만 명을 강조하고 전쟁 중 무거운 세금을 부담하여 고통을 받았다고 지적하였다. 그런데 이런 전쟁의 피해와 부담을 강조하면서도 한국문제의 처리를 통한 일본의 이득은 구체적으로 서술하지 않았다. 더구나 일본 제국주의의 한국 침략이 전개되었다는 사실이 거의 사라져 버렸다.

1904년 1월 21일 한국정부가 러일 양국 간의 교전에서 중립을 선언했음에도 불구하고 일본은 한국에 간섭하여 「한일의정서」를 강제로 조인하였다. 이 의정서의 제1조에는 "대한제국정부는 대일본제국정부를 확신하여 제도 개선에 관한 충고를 받아들일 것", 제4조에서는 "일본정부는 군략상 필요한 지점을 마음대로 수용할 수 있을 것"으로 규정함으로써 일본은 사실상 한국을 보호국화, 혹은 식민지화하기에 이르렀다. 또한 1905년 9월 미국이 중재한 포츠머스 강화회담의 결과, 일본은 전쟁에서 승리한 전리품으로 한국에 대한 지배권을 차지했다.

그런데 여기서 러일전쟁의 전리품으로 차지한 한국에 대한 지배권의 의미를 해석하는 것이 문제이다. 일본 역사교과서에서는 포츠머스 강화회담을 설명하면서, 한국문제를 "한국에서 일본의 우월권을 인정하고",[20] "한국에서 일본에 의한 지배권을 러시아에게 인정하도록 하고"[21], "한국에서의 지도권을 인정하고"[22] 등으로 표기하고 있다. 여기서 한국에 대한 지배권이나 우월권 등의 표현은 당시 일본이 대한제국을 식민지로 만드는 과정에서 보호국으로 설정하고 있었다는 것과는 크게 차이가 있는 개념이다. 따라서 이러한 표현을 보다 당시 상황에 맞도록 고친다면, "러일전쟁의 결과 한국에서의 지배권을 인정받았다. 이는 일본이 러일전쟁의 전리품으로 획득한 것으로 대한제국의 국민의 의사와 상관없이 대한제국을 침략하고 강제로 식민지로 만들려는 것을 의미했다"고 기술해야 한다.

한편 러일전쟁의 결과 한국의 보호국화 내지 합방과 관련된 문제에 대해서는 구체적으로 서술되어야 한다. 일본 교과서에서는 특히 1905년 을사조약을 기술하면서, 조선을 일본의 지배하에 놓이게 한 결정적인 조약으로 간단하게 서술하고 있다. 조약의 불법성에 대한 사실여부조차 거론

---

20) 東京書籍 검정신청본, 159쪽.

21) 扶桑社 검정신청본, 167쪽.

22) 清水書院 검정신청본, 167쪽.

하지 않았다. 당시 한일 간 분쟁에서 고종을 비롯한 한국 측 대신과 유생들은 을사조약 서명 거부와 비준서가 없음을 들어 일본의 불법적인 조약 체결을 비판하였으며, 조약의 무효를 주장하는 유생들의 상소와 의병운동이 전개되었다. 그렇지만 후소샤 교과서를 비롯한 대부분 일본 교과서에서는 이러한 상소운동과 의병전쟁을 구체적으로 기술하지 않고, 단지 사진을 제시하는 형태로 간접적으로 소개하고 있을 뿐이다. 또한 을사조약의 불법성 여부에 대해서는 아예 생략하고 있다.

(3) 러일전쟁의 승리 평가

일본 교과서에서는 한결같이 백인종과 황인종의 대립을 강조하는 인종주의를 통해 아시아의 해방자로서 일본제국주의의 상징성을 강조하고 있다. 이러한 입장은 다음의 글에서 특히 강조되었다. "근대국가로서 탄생한 지 얼마 안 되는 유색인종의 나라 일본이 당시 세계 최대의 육군 대국이었던 백인제국 러시아에 승리한 것은 식민지가 되어 있던 민족에게 독립에의 희망을 주었다. 그러나 다른 한편에서는 황색인종이 장래에 백색인종을 위협하는 것을 경계하는 황화론(黃禍論)이 구미에 퍼지는 계기가 되기도 했다."[23] 이 부분은 아시아 제민족의 독립이나 근대화에 긍정적인 영향을 끼쳤다고 하는 인식으로 유도하려는 것이다. 그리고 러일전쟁이 아시아 제민족의 독립투쟁에 미친 영향은 일부 교과서에서 각주로써 크게 강조되고 있다. 그러한 기술 내용이 특정 교과서에만 나타난 편향된 서술이라는 지적은 적절하지 못하다. 도리어 이는 일본 중학교 역사교과서의 기본 서술지침을 반영한 것이라고 할 수 있다.

1999년 일본 문부성에서 내놓은 『高等學校 學習指導要領解說－地理歷史編』에서는 다음과 같이 기술되어 있다. "아시아 및 구미제국과의 관계

23) 扶桑社 검정신청본, 166~168쪽.

추이에 착목하여 일청·일로 전쟁 전후에 우리나라가 자본주의국가로서의 기초를 확립하고 국제적으로도 구미열강들 속에 편입하게 된 경위나 그 배경을 고찰시킨다. 특히 일로전쟁에서의 승리가 아시아 제국의 민족독립이나 근대화운동에 자극을 준 것을 이해시킨다. 그리고 제외국의 동향과 관련지어 우리나라가 한국병합이나 만주에의 세력 확장 등을 통해 식민지지배를 발전시켰던 것을 고찰시킨다. 이러한 움직임을 다루는 데 있어 국민의 대외의식 변화를 함께 다루는 동시에, 아시아 근린제국민이 우리나라의 대외정책을 어떻게 받아들였는가에 대해서 고찰시키는 것도 필요하다"고 지적하고 있다.[24)]

여기서 표현하고 있듯이 일본 중학교 학생으로 하여금 일본이 제국주의 열강의 대열에 편입된 사실과 식민지지배를 발전시켰던 사실을 살펴보게 하는 한편, 러일전쟁에서의 승리가 아시아 제국의 민족독립이나 근대화운동에 영향을 주었다는 긍정적인 평가를 주입시키려는 것이다. 이는 서로 상반된 사실, 즉 제국주의 팽창과 식민지지배, 그리고 그에 대항하는 민족독립운동을 교묘하게 교차시켜 마치 결과적으로 제3세계의 독립운동을 고취한 것으로 판단하게 만들고 있다. 이는 일본제국주의 팽창을 일방적으로 선전하는 전전의 논리를 현학적인 수사로 포장한 데 불과하다고 하겠다. 이러한 서술태도는 19세기 후반에서 20세기 전반까지 일본제국주의의 침략 만행과 아시아인에 대한 피해에 대해서 전혀 고려하지 않고 몰역사적인 인식을 청소년들에게 강조하는 방향으로 역사를 서술하고 있는 것이다.

24) 日本 文部省, 『高等學校 學習指導要領解說－地理歷史編』, 1999, 140쪽.

5. 기타 : 조선과 일본의 관계

1) 교과서 내용 소개

	扶桑社
2005년도	조선반도와 일본 일본의 독립과 조선반도 ‖ 동아시아의 지도를 보자. 일본은 유라시아 대륙에서 조금 떨어져 바다에 떠있는 섬나라다. 이 일본을 향해서 대륙에서부터 하나의 팔과 같이 조선반도가 돌출해 있다. 양국의 이와 같은 지리적 관계는 오랜 역사 위에서 중요한 의미를 가져 왔다. 고래로, 조선반도는 중국의 선진 문명을 일본에 전하는 통로였다. 그러나 조선반도 전체가 일본에 적대적인 대국의 지배하에 들어가면 일본의 독립은 위태롭게 된다(⇒ 그러나 동시에 조선반도에 일본의 안정을 위협하는 세력이 미쳤던 일도 있었다. 「일본 문부과학성 수정 지시(2005. 4. 5)」). 일본은 중국과 조선반도의 동향에 주의를 기울이지 않으면 안 되었다. 일본이 고대 율령국가를 형성한 것도 동아시아 속에서 자립하는 것을 지향했던 것이다. 가마쿠라시대에 원구(元寇)의 거점이 되었던 것도 조선반도였다. 그때의 공포의 기억은 일본인 사이에 오래 전해져 왔다(삭제, 「일본 문부과학성 수정 지시(2005. 4. 5)」). 반대로 도요토미 히데요시가 조선반도에 군대를 보냈던 일도 있다. 에도시대에는 쓰시마번을 통하여 도쿠가와막부와 조선과의 좋은 관계가 계속되었다. 조선의 근대화를 도운 일본 ‖ 메이지유신정부는 정권 수립 후 바로 조선과 국교를 맺으려 했다. 그러나 중국의 청조에 복속(⇒ 조공, 「일본 문부과학성 수정 지시(2005. 4. 5)」)해 있던 조선은 외교관계를 맺는 것을 거절했다. 조선을 개국시킨 1876(메이지 9)년의 일조수호조규는 그 제1조에서 "조선은 자주국"이라고 선언했다. 이것은 청조의 지배(⇒ 영향, 「일본 문부과학성 수정 지시(2005. 4. 5)」)에서 조선을 분리시키려는 목적이 있었다. 청조 이상으로 무서운 대국은 부동항을 찾아 동아시아로 눈을 돌리기 시작한 러시아였다. 러시아는 1891년에 시베리아철도의 건설에 착수하여, 그 위협은 바짝 다가왔다. 조선반도가 동방으로 영토를 계속 확대하고 있는 러시아의 지배하에 들어가면 일본을 공격하는 아주 절호의 기지가 되어, 섬나라 일본은 자국의 방위가 곤란하게 된다고 생각되었다. 그래서 일본은 조선의 개국 후, 조선의 근대화를 원조했다(⇒ 근대화를 시작하는 조선에 대해 군제개혁을 원조했다, 「일본 문부과학성 수정 지시(2005. 4. 5)」). 조선에서도 시찰단이 와서 메이지유신의 성과를 배우려고 했다. 조선

	이 타국에 침범을 당하지 않는 국가가 되는 것은 일본의 안전보장에 있어서도 매우 중요했다. 조선을 둘러싼 일청의 대립 ‖ 한편 청은 동아시아의 정세를 다른 시각으로 파악하고 있었다. 1879년, 오랫동안 청에도 조공을 해 온 류큐(琉球)가 오키나와현이 되어 일본의 영토로 편입된 것은 청조에게 커다란 충격이었다. 그 후 청불전쟁에 패하여 또 하나의 조공국인 베트남이 프랑스의 지배하에 들어갔다. 조공국이 차차 소멸해 가는 것은 황제의 덕의 쇠퇴를 의미하고, 중국을 중심으로 하는 동아시아 질서가 붕괴되는 위기를 나타내는 것이었다. 그래서 청은 최후의 유력한 조공국인 조선만은 잃지 않으려고 해서, 일본을 적으로 간주하게 되었다. 일본이 일청 · 일로의 두 개의 전쟁을 하게 되는 배경에는 이와 같은 동아시아의 국제관계가 있었다(扶桑社 검정신청본, 164~165쪽).
2001년도	일청전쟁과 중화 질서의 붕괴 조선반도와 일본의 안전보장 ‖ 동아시아의 지도를 보자. 일본은 유라시아 대륙에서 조금 떨어져서 바다에 떠있는 섬나라이다. 이 일본을 향하여 대륙에서 하나의 팔처럼 조선반도가 돌출되어 있다. 당시 조선반도가 일본에 적대적인 대국의 지배하에 들어간다면 일본을 공격하는 절호의 기지가 되고, 배후지를 갖지 못하는 섬나라 일본은 자국 방위가 곤란해진다고 생각하였다. …… 일본정부 안에는 러시아의 힘이 조선에 미치기 전에 조선을 중립국으로 하는 조약을 각국에 맺게 하고, 중립보장을 위해 일본의 군비를 증강하지 않으면 안된다는 생각도 있었다. 조선을 둘러싼 일청의 대립 ‖ 한편 청나라는 동아시아 정세를 다른 입장에서 보았다. …… 그리하여 청은 최후의 유력한 조공국인 조선을 잃지 않으려고 일본을 가상적국(국방계획을 세울 때에 가상하여 적으로 삼는 나라)으로 삼게 되었다. 일본은 조선의 개국 후 그 근대화를 도와주려고 군제의 개혁을 원조하였다. 조선이 외국 지배에 굴복하지 않는 자위력을 갖춘 근대국가가 되는 것이 일본의 안전에도 중요하였다. 그러나 1882년 군제개혁에서 소외된 일부 조선 군인의 폭동이 발생하였다(임오사변). 청나라는 이를 기회로 수천의 군대를 파견하여 바로 폭동을 진압하고 일본의 영향력을 약화시켰다. 1884년에는 일본 메이지유신을 본받아 근대화를 이루고자 하였던 김옥균 등의 쿠데타가 일어났으나 이때에도 청나라 군대는 친일파를 철저히 탄압하였다(갑신사변). 1886년에 청나라는 새로 구입한 군함 정원(定遠)을 위시한 북양함대를 친선을 명목으로 나가사키에 파견하여 그 군사력을 과시함으로써 일본에 압력을 가했다(216~217쪽).

비고 : 밑줄은 인용자가 친 것이다.

2) 교과서 내용의 검토

(1) 지정학적 위치문제

한반도의 지정학적 위치와 일본의 안보 관련을 종합적으로 정리하였다. 종전 교과서에는 "동아시아의 지도를 보자. 일본은 유라시아 대륙에서 조금 떨어져서 바다에 떠있는 섬나라이다. 이 일본을 향하여 대륙에서 하나의 팔처럼 조선반도가 돌출되어 있다. 당시 조선반도가 일본에 적대적인 대국의 지배하에 들어간다면 일본을 공격하는 절호의 기지가 되고, 배후지를 갖지 못하는 섬나라 일본은 자국 방위가 곤란해진다고 생각하였다"[25]라고 표현되었던 것을 이번에 다시 집약적으로 요약하면서도 역사적 배경을 보충하였다. 특히 "그러나 조선반도 전체가 일본에 적대적인 대국의 지배하에 들어가면 일본의 독립은 위태롭게 된다"는 표현은 종래 근대 이후의 부분이었는데 이를 확대하여 전근대를 포함하여 적용 시기를 확장하였다. 이는 19세기 후반 일본의 제국주의 침략을 호도하려는 표현인 것으로 '초역사적인 지정학적인 역사결정론'을 주장한 것이다.

(2) 일본 근대화 역할론

'조선의 근대화에 도움을 준 일본'이라는 항목에서 개항통상조약(강화도조약)은 중국의 청조에 복속된 조선을 청국의 지배에서 분리 독립시키는 것이었고, 갑신정변 등을 비롯하여 조선의 근대화에 도움을 준 것으로 상정하였다. 이 부분이 2001년보다 보다 강화되어 서술된 부분이다. 이는 일본 문부과학성의 수정 지시를 받아서 '복속국'이라는 표현에서 '조공국'으

---

25) 『中學社會－新しい歷史教科書』, 扶桑社, 2001, 216쪽.

로 다시 완화되었기는 했다. 그러나 당시 청에 대한 조선국의 위상이 이전의 조공국과는 전혀 달랐던 1880년대의 상황을 무시하고 있으며, 당시 조선이 추구하고 있었던 국가적 자주와 독립문제를 고려하지 않았다. 이에 대해 일본이 마치 대외관계에서의 해방자였다는 그러한 이미지를 각인시키려한 것이다.

(3) 서술 기조 비판

지난 2001년 한국 측은 "조선반도 위협설을 강조하고, 일본의 방위 명목으로 한국 침략 · 지배를 합리화하려는 논리—청일전쟁 및 러일전쟁을 자위전쟁으로 합리화"한 것이라고 지적하면서 수정을 요구하였다. 당시에 일본정부는 "학계에서는 당시 일본 정치지도자 및 사상가들 사이에는 구미열강이 조선반도에 강력한 발판을 확립할 경우 일본은 독립을 위협받을 수 있다는 인식이 있었다는 것이 널리 인정되고 있음. 이러한 학설상황에 비추어 명백한 오류라고는 할 수 없으며 제도상 정정을 요구할 수 없음"을 들어 수정 요구를 거부하였다. 이번에도 이를 전혀 귀 기울여 듣지 않았다. 더구나 본래 2001년 원고보다 더욱 개악을 했음에도 단지 문구 한두 군데를 수정하는 것에 그쳤다.

후소샤의 "조선반도와 일본" 칼럼은 새역모의 역사 서술의 구도를 전면적으로 파악할 수 있는 부분이다. 이는 전혀 역사적 사실과 부합하지 않으며, 일본제국주의의 침략을 미화하고 찬미하는 부분이므로 전면 수정을 요구해야 한다. 조선반도와 열강의 지배를 19세기 상황만이 아니라 초역사적인 것으로 규정하고, 일본의 침략이 조선을 위한 개혁정책의 연장선상에서 이루어졌다고 강변하였다. 그렇지만 일본은 처음부터 조선의 패권을 차지하기 위해 청일전쟁과 러일전쟁이라는 두 차례의 전쟁을 일으켰다. 이는 제국주의 열강 간의 아시아 패권 다툼에서 대리전의 양상을 보여주는 것이기는 하지만, 사실상 일본 내부의 모순을 밖으로 돌려 해결하려는 일본 제국주의자들의 침략전쟁이었다. 이에 대해 앞으로 모든 교과서에서는 철저한 역사 비판시각으로 서술되어야 한다.

6. 근대 시기 총괄 평가

2005년판 후소샤 교과서의 논조는 2001년의 것보다 훨씬 일제의 침략을 미화하고 정교하게 왜곡된 역사로 서술되고 있다. 19세기 후반 아시아의 패권을 둘러싸고 영국, 프랑스, 러시아, 독일 등의 제국주의 열강 침략이 가중됨으로써 일본의 안위도 위태로웠다는 점을 강조했다. 이러한 상황에서 일본은 개항 이후 서구의 근대화를 전면 수용하여 메이지유신을 성공하고 아시아 최초의 입헌제 국가로 발전했다는 상을 크게 부각시켰다. 그래서 일본이 19세기 후반 근대 문명개화로의 발전에 힘입어 아시아제국에게 커다란 영향을 미치기 시작했다고 주장했다. 이러한 관점에 따라 다른 아시아제국이 봉건전제국가로 남아 있어 낙후된 사회였다는 상황과 아울러, 제국주의 열강에 침탈을 받고 있었다는 아시아제국의 대외관계 위기를 극복하는 데 일본이 절대적인 역할을 했다고 강조했다. 그래서 일본은 낡은 제국인 청과의 전쟁에서 승리했으며, 제국주의 러시아와의 전쟁에서 승리하였다고 하였다. 이렇게 청일전쟁과 러일전쟁 서술부분이 크게 늘어난 것은 이 시기 일본의 대외팽창과 침략전쟁을 미화시키는 잘못된 인식을 초래할 수 있다.

이러한 시각은 도쿄쇼세키나 니혼쇼세키신샤의 검정신청본에서도 확인할 수 있다. 여기서도 일본은 조선과의 관계에서 조선의 문호개방과 근대화 개혁을 지원해주는 '선한 이웃국가'로서의 이미지를 강조하였다. 그러나 이는 정한론을 일본의 침략 과정의 시작으로 보지 않고 도리어 문호개방에 기여했다는 억설을 주장했을 뿐만 아니라 일본의 대륙 침략의 사실조차 서술하지 않으려는 의도를 드러낸 것이다.

더욱이 일본이 행한 1894년 농민전쟁에 대한 대탄압, 청일전쟁에서의 여순 학살, 러일전쟁에서의 일본군에 참여한 일본 민중들의 전쟁 희생, 일제에 반대하는 의병전쟁에 대한 토벌과 학살 등을 도외시하는 것이다. 이러한 일본 역사교과서 기술은 19세기 후반 일본의 아시아 침략을 제국주의국가와 마찬가지로 해당 이웃국가의 주권을 침해했을 뿐만 아니라 민중들을 통치하고 압살하였다는 역사상을 호도하고 있는 것이다.

이러한 점을 종합적으로 고려하여 판단하면, 현행 검정신청본 일본 중학교 역사교과서에서는 이 시기 일제의 침략에 대한 자체 반성에 입각한 역사 서술은 전혀 이루어지지 않았다. 또한 2001년 당시 한국 및 중국 측에서 요구한 시정요구는 거의 수용되지 않았으며, 도리어 일본 군국주의 침략을 옹호하려는 서술의 기조를 그대로 유지하고 있다. 더구나 일본 문부성이 기존의 서술 내용을 거의 그대로 인정하면서 부분적인 수정을 요구한 것은 잘못된 것이다. 일본 문부성 당국과 교과서 편찬자들은 근대 역사 서술이 일본의 대외팽창과 침략전쟁을 미화시키는 것으로 되지 않도록 관련서술을 과감히 고치려는 자세를 가져야 했다. 그래서 현재 일본의 청소년들에게 전쟁의 피해와 책임이 얼마나 중요하며, 19세기 후반에서 20세기에 이르는 일본제국주의의 비판이 필요하다는 점을 인식시켜야 한다. 앞으로 세계의 평화와 시민연대를 형성하기 위해서도 청일전쟁과 러일전쟁과 같은 침략전쟁의 역사적 교훈을 되새겨야 한다는 점을 명심해야 할 것이다.

근대사Ⅱ · 현대사

신주백*

1. 2005년도 검정본의 특징[1)]

1) 분량 및 구성

〈표 1〉을 통해 일본의 중학교 역사교과서는 메이지(明治)유신을 전후한 시기부터 현재까지의 역사에 관해 편집체계를 바꾸지 않았음을 알 수 있

* 국민대학교 연구교수.

** 이 글은 심포지엄 때 근대 한일관계사에 관해 왕현종 선생과 함께 발표한 원고의 일부로, 필자가 1910년 이후 부분만을 떼어내 『한국근현대사연구』 33(2005. 6)에 「일본 중학교 역사교과서 2005년도 검정본 분석－일제강점기 및 현대 한일관계를 중심으로」라는 논문으로 발표한 원고를 수정 · 보강한 것이다.

1) 원래 일본은 검정신청본을 백표지본, 검정에 통과되어 전시에 나오는 책을 견본본이라고 한다. 하지만 우리의 입장에서 이러한 구분은 현실적으로 의미가 그다지 크지 않다고 본다. 본고에서는 논의 전개의 필요상 검정신청본과 검정합격본(견본본)을 구분할 때도 있겠지만, 그럴 필요가 없을 때는 '검정본'이란 용어를 사용하겠다. 본 논문의 제목에 검정본이라고 쓴 이유도 이 때문이다.

〈표 1〉 日本書籍新社, 東京書籍, 扶桑社의 일본 근현대사 구성

번호	현행 교과서(2002~2005년)	2005년 검정신청본	비고
1-1	『わたしたちの中學社會－歷史的分野』, 日本書籍新社, 2002(平成 14). 제4장 근대국가의 성립과 아시아(113~156쪽)	左同, 日本書籍新社 제4장 근대국가의 성립과 아시아(127~174쪽)	
1-2	『新しい社會－歷史』, 東京書籍, 2002. 제5장 개국과 근대일본의 나아감(111~150쪽)	左同 제5장 개국과 근대일본의 나아감(123~168쪽)	
1-3	『中學社會－新しい歷史教科書』, 扶桑社, 2002. 제4장 근대일본의 건설(167~236쪽)	左同 제4장 근대일본의 건설(131~178쪽)	판형 변화, 지면 수 축소(70 ⇒ 48쪽)
2-1	『わたしたちの中學社會－歷史的分野』, 日本書籍新社, 2002(平成 14). 제5장 두 차례의 세계대전과 일본(157~188쪽), 제6장 현대 일본의 세계(189~210쪽)	左同 제5장 두 차례의 세계대전과 일본(175~210쪽), 제6장 현대 일본의 세계(211~237쪽)	
2-2	『新しい社會－歷史』, 東京書籍, 2002. 제6장 두 차례의 세계대전과 일본(152~182쪽), 제7장 현대 일본과 세계(183~200쪽)	左同 제6장 두 차례의 세계대전과 일본(169~202쪽), 제7장 현대 일본과 세계(203~219쪽)	
2-3	『中學社會－新しい歷史教科書』, 扶桑社, 2002. 제5장 세계대전의 시대와 일본(237~320쪽)	左同 제5장 세계대전의 시대와 일본(179~226쪽)	판형 변화, 지면 수 축소(84 ⇒ 48쪽)

* 비고 : 8종의 모든 교과서를 비교해야 하지만, 필자는 점유율이 최고인 도쿄쇼세키, 시대상을 가장 사실적으로 묘사한 니혼쇼세키신샤, 우파의 후소샤 교과서만을 선정하여 살펴보아도 2005년도 교과서의 편집 분량과 형식에 대한 경향을 분석하는 데 지장이 없다고 본다.

다. 전체 서술 분량에서 이 시기가 차지하는 비중도 도쿄쇼세키(東京書籍)와 니혼쇼세키신샤(日本書籍新社)는 각각 45% → 44%, 47% → 47%를 차지하여 별다른 차이가 없었다.[2] 특히, 니혼쇼세키신샤의 검정신청본이 근현대사에 관해 상대적으로 높은 비중을 두고 있음을 확인할 수 있다. 하지만 후소샤(扶桑社)의 교과서는 49% → 43%로 줄어들었다. 그런 가운데서도 '제4장'은 22% → 21%로밖에 줄어들지 않았는 데 비해, '제5장'은 26% → 21%로 많이 줄어들었다. 전체 분량이 6%가량 줄었는데 '제4장'의 비중이 이렇게 조금 감소한 것은, 2002년도판과 달리 2005년도 검정신청본에서는 '한국병합'에 관한 서술을 '제5장' 대신에 '제4장'에서 다루었기 때문이다. 또한 이전에 비해 청일전쟁과 러일전쟁에 관한 서술 부분에서 "조선반도와 일본", "일본해 해전"이란 한 쪽짜리 '칼럼'을 새로 추가했기 때문이다.

전체 구성에 관한 부분에서 특이한 점은, 7종의 교과서가 모두 제1, 2차 세계대전과 1945년 이후의 일본사를 '장'으로 구분하고 있는 데 반해, 후소샤의 교과서는 이것을 한 개의 '장'에서 모두 다루고 있는 것이다. 물론 1945년 이전을 '제1, 2절'에서, 그 이후를 '제3, 4절'에서 다루고 있어 다른 출판사의 교과서와 차이가 없다고 볼 수도 있지만, 그들만의 독특한 역사인식이 드러나는 대목이라고 볼 수 있는 여지는 있다. 필자의 눈에는 세계대전과 일본군국주의의 연속선상에서 1945년 이후의 일본사가 가지는 특징을 강조하려는 '새로운 역사교과서를 만드는 모임'(이하 새역모)의 특별한 의도가 읽혀지기 때문이다.

---

2) 소수점 이하의 경우는 반올림하였다.

2) 서술상의 특징 개관

(1) 1998, 2002년판과 비교되는 2005년도 검정본 8종의 특징적 서술 개관

후소샤의 2005년도 검정합격본은 검정신청본보다 개선된 측면이 있지만 2002년도판에 비해 더 개악되었다. 나머지 7종의 교과서는 한국 및 중국과 직접 관련된 부분에 관한 한 2002년도판과 그다지 차이가 없다. 그럼에도 불구하고 다음과 같은 점에서 분명히 후퇴한 서술이라고 말할 수 있다.

첫째, 식민시시배의 수탈성·강제성에 관한 서술이 1998년판 중학교 역사교과서는 차치하고 2002년판에 비해 위축되었다.[3] '제3장 4항'에서 확인할 수 있겠지만, 일본군'위안부'에 관한 간접적인 서술은 니혼쇼세키신샤와 테코쿠쇼인(帝國書院)의 검정본에서만 찾을 수 있다. 그나마 있던 시미즈쇼인(淸水書院)의 검정본에는 이에 관한 서술이 생략되어 있다.[4] 더구나 징용 등 인적 강제동원에 관한 서술이 더욱 약화되었고 물적동원에 관한 서술도 충분하지 않다. 가령 교이쿠슛판(敎育出版)의 2002년도판에는 물적·인적 강제동원에 관해 "현대의 과제로부터 역사를 생각하자－아시아 속의 일본"이란 코너에서 설명하고 있는데,[5] 이번 검정본에는 이 코너 자체가 빠져 있다. 결국 이러한 경향은 당시의 역사상을 일본 학생들에게 잘못 전달할 우려가 있을 뿐만 아니라 지금도 한일 사이에 아무런 역사문제가 없는 것처럼 이해될 소지가 많다.

---

3) 일본의 '중학교 역사교과서의 역사'를 놓고 볼 때, 침략 사실과 식민지지배에 관해 가장 진실되게 서술했던 것은 1997년도 검정본이었다. 때문에 본고에서도 때때로 이와 연관된 비교를 언급하겠다.

4) 2002년도판의 경우 "전쟁과 민중"이란 제목의 칼럼에서 언급하고 있다(『新中學校 歷史－日本の歷史と世界』, 淸水書院, 2002, 189쪽).

5) 『中學社會 歷史－未來をみつめて』, 敎育出版, 2002, 221쪽.

둘째, 반면에 식민지지배의 실상에 관한 풍부한 서술의 후퇴는 조선인의 항일운동에 대한 언급을 회피하는 것으로도 나타났다. 사실 1998년에 발행된 중학교의 7종 교과서 가운데 오사카쇼세키(大阪書籍), 테코쿠쇼인, 니혼분교숏판(日本文教出版), 교이쿠숏판의 교과서는 3 · 1운동을 언급할 때 도쿄쇼세키가 "독립운동은 그 후에도 계속"되었다고 언급한 것과 같은 맥락의 내용을 서술하였다.[6] 2002년에도 오사카쇼세키는 1929년의 광주학생운동과 만주항일무장투쟁 등을 언급하였다.[7] 그런데 2005년도에는 오사카쇼세키의 검정본만이 유일하게 3 · 1운동 관련 부분에서 이후에도 저항운동이 계속되었다고 언급하고, 이외에 별도의 항목에서 '광주학생사건'이란 사건이 일어났다는 정도만 짧게 언급하고 있다.[8] 이 밖에 도쿄쇼세키의 검정본처럼 3 · 1운동에 관해 서술한 부분에서라도 이후 운동에 대해 간략히 언급한 경우는 니혼분교숏판의 검정본 정도다.[9] 결국 일본의 식민지지배를 반대하고 독립을 위해 벌인 조선인의 몸부림이 3 · 1운동 이후 없었던 것처럼 일본 학생들에게 이미지가 형성될 우려가 있다.

셋째, 그런데 이러한 서술 경향의 문제는 여기에 그치지 않는다. 이것이 조선인은 1945년 8 · 15를 어떻게 맞이했는가에 대한 역사인식으로 이어지기 때문이다. 도쿄쇼세키는 "2. 두 개의 세계와 아시아"에 있는 '식민지의 해방과 아시아'란 소항목에서 "조선은 일본의 패전으로 식민지로부터 해방되지만" 곧바로 분단되었다고 서술하고 있다.[10] 이러한 서술은 우리의 역사교육과 크게 차이 나는 부분이다. 한국인 나름대로의 '건국 준비'에 대

---

6) 『新しい歴史』, 東京書籍, 1998, 157쪽. 최고의 채택률을 기록하였기 때문에 예를 들었다.

7) 『中學社會 歷史的分野』, 大阪書籍, 2002, 161 · 165쪽. 오사카쇼세키의 2002년도판에는 옆날개에 대한민국임시정부에 관해서도 언급하고 있었는데, 일본 중학교 역사교과서 가운데 유일하였다.

8) 大阪書籍 검정신청본, 179 · 191쪽. 앞으로도 2005년도 교과서는 출판년도를 생략하겠다.

9) 日本文教出版 검정신청본, 161쪽.

10) 東京書籍 검정신청본, 207쪽.

한 사실을 무시하고 있거나, 한국인의 저항이 1940년대에도 꾸준히 지속되었다는 사실 자체를 일본 학생들에게 전달하지 않음으로써 일제강점기에 주권을 되찾기 위한 한국인의 노력, 내지는 전시동원체제에 저항한 주체적인 움직임을 간과할 수 있기 때문이다. 그것을 좀 더 과장되게 언급하자면 한국인 멸시관으로까지 연결될 우려가 있는 부분이다. 즉, 한국인의 해방이 한국인 스스로의 주체적인 노력에 의해 획득된 측면이 있음에도 불구하고, 일본이 패전했기 때문에 주어진 것으로 이해될 수 있다. 더 나아가 한국역사의 주체성과 자율성을 부정하고 종속성과 타율성을 강조하려는 일본 우파와 일부 보수세력의 역사인식과 궤를 같이하는 역사인식으로 이어질 염려가 있다.[11)]

(2) 2005년도 후소샤의 검정신청본과 검정합격본의 새로운 특징

후소샤 검정본이 2002년도판과 비교하여 가지는 두드러진 특징은 이전에 비해 개악되었다는 데 있는 것이 아니라 역사교과서와 역사교육이 새역모의 정치운동을 위한 수단임을 적나라하게 드러냈다는 데 있다.

일제강점기에 해당되는 부분에서 후소샤의 검정신청본은 2002년도판과 확연히 구분될 정도로 반중국 태도를 드러냈다. 이는 공민교과서의 검정본에서 반북한 태도를 드러낸 것과 같은 맥락인데, 우리가 더욱 주목해야 하는 것은 그 반대편에 대한 서술 태도이다. 즉, 친미 태도이다.

후소샤의 검정신청본은 1982년 '근린제국조항'이란 조항을 검정기준에 추가하겠다고 일본 스스로가 국제사회에 약속했음에도 불구하고 이를 사문화시키려는 정치적 의도를 적나라하게 드러내는 한편, 미국에 대해 이전에 없던 새로운 역사관을 보여주었다. 하나는, 1908년 미국함대가 일본

---

11) 이 글에서 일본의 우파는 천황주의, 반공주의, 국가주의를 지향하는 사람이나 단체를 말한다.

을 방문했는데 일본인들이 만세를 연호하며 이를 환영했다는 내용의 "역사의 명장면"이란 코너를 새로 설정했다는 점이다.[12] 다른 하나는, 검정 과정에서 삭제되기는 했지만 앞의 명장면과 같은 페이지에 나오는 1923년의 관동대지진 때 미국이 구호물자로 군용 모포 등을 보내주었는데 일본인들이 고마워했다는 서술이다.[13] 그리고 마지막으로 "일본을 괴멸로부터 구제한 아메리카의 외교관"이란 제목으로 1945년 포츠담선언의 주역인 조셉 그루(Joseph Grew) 미국 국무장관을 특별히 다루고 있다는 점이다.[14] 요컨대 후소샤의 검정본은 전술적으로 반미를 포기한 친미 태도를 노골적으로 부각시키는 반면에 이것과 극단의 위치에 반중국과 반북한 태도를 드러내는 데 거리낌이 없는 것이다.

왜 이런 현상이 일어난 것일까? 그 전환점은 2001년 9 · 11테러였다. 이 사건을 계기로 일본의 대다수 지배층이 미국의 보복작전을 지지하고 여기에 편승해 자위대의 해외 파병을 더욱 노골적으로 주장했으나, 새역모의 핵심이었던 고바야시 요시노리(小林よしのり)와 니시베 스스무(西部邁) 등은 미국의 대응을 그들의 글로벌리즘의 소산으로 간주하고 빈 라덴의 테러를 일방적으로 비판만 할 수는 없다는 입장을 견지했었다.

새역모 지도부가 내분에 휩싸인 상황에서 전자의 입장 곧, 미국의 보복작전 지지, 자위대 해외 파병을 지지하고 새역모를 정비한 사람이 니시오 간지(西尾幹二)였다. 대신에 반미주의를 내세운 사람들은 새역모에서 이탈했다. 새역모는 이때부터 전술적 차원에서 반미주의를 접고 친미주의로 돌아섰다. 이는 일본 보수우파의 주류가 전통적 보수 본류의 입장인 반미주의자에서 소수파였던 친미주의자로 바뀐 것을 의미하였다.[15] 일본 지배

12) 扶桑社 검정신청본, 189쪽.

13) 扶桑社 검정신청본, 189쪽.

14) 扶桑社 검정신청본, 211쪽.

15) 1990년대 들어 본격적으로 부상하기 시작한 일본의 네오콘, 가령 아베 신조(安倍晋三)

층 내부에서 헤게모니 변동이 일어난 것이다. 이러한 경향에 기름을 부은 것이 2002년 일본인 납치를 북한에서 시인한 사건이었다.

사실 1990년대 들어 일본 보수우파의 주류는 냉전이 해체된 상황에서 세계 경제대국에 걸맞는 국제적 지위와 영향력을 확보하기 위해 다양한 시도를 계속 해오고 있다. 이때 글로벌화를 위한 구조개혁과 군사대국화는 그들이 내세우는 중요한 수단이다.

하지만 일본 보수우파의 주류, 가령 고이즈미 준이치로(小泉純一郎) 내각은 두 문제를 단독으로 해결할 힘이 없다. 그래서 이들은 미국을 맹주로 한 군사 질서에 참여하여 미군의 후방을 지원하는 한편, 미국이 주도하는 WTO체제의 질서를 유지하는 데도 적극 참여하고 있다. 특히 9·11테러와 북한의 일본인 납치문제를 빌미로 대내적 네오내셔널리즘을 선도하고, 해체 중인 일본사회의 통합을 다시 강화하면서 교육기본법과 평화헌법을 개정하고 군사대국화를 공식화할 수 있는 대중적 지지기반을 넓혀가고 있다.[16] 보수우파 주류의 입장에서 보면 후소샤의 역사교과서는 바로 이에 관한 세력 기반을 확장시키는 매개물이다.

동아시아 전략이란 측면에서 보면, 보수우파의 주류는 미국의 세계전략 아래 우선 미일동맹을 강화하고, 이를 중심으로 노무현 정권 등을 '친북 좌파'로 규정하면서 여기에 비판적인 극우세력과 연대하며, 더 나아가 대만까지 독립시켜 이들과도 동맹한다는 계획을 갖고 있다. 그리고 중국과 북한을 봉쇄시킨다는 전략이다. 이렇게 되면 아시아는 평화로워질 것이며 시간이 지날수록 '반일' 카드 또한 사라질 것이고 결국엔 중국공산당 정권

자민당 간사장 대리 등이 현재 우파의 주류라고 보아야 할 것이다.

16) 2004년 6월 14일 동경에서 열린 "올바른 역사교육을 아이들에게!"라는 주제의 심포지엄은 자민당 소속 국회의원 20명, 전국의 지방의원 180명, 새역모 회원 500여 명이 합동으로 참가한 심포지엄이었다. 아베 신조 자민당 간사장 대리는 "역사교육의 문제는 헌법 개정, 교육기본법 개정의 문제와 표리일체를 이루는 중요 과제"라고 지방의원들에게 공식적으로 통지하며 참여를 독려하였다.

이 와해될 것이라고 전망한다. 새역모는 이러한 전망을 이해하고 지지해 줄 세대를 30년간 양성하겠다는 입장을 2001년에 이미 밝힌 바 있다. 그들이 역사교육을 중요시하는 이유가 바로 여기에 있다.

결국 일본 보수우파의 주류와 새역모는 교과서운동을 통해 역사교육을 바로잡는다고 하면서 자신들의 정치적 지향을 실현할 수 있는 분위기를 확산시키고 인적 기반을 확보하려 하고 있는 것이다. 한마디로 말해 새역모와 일부 우익 정치인 등에게 교과서 출판은 정치운동의 일환인 것이다.

우리의 입장에서 후소샤의 교과서를 반대해야 할 특별한 이유가 바로 여기에 있다. 오늘날 동아시아의 평화를 정착시키기 위해 국경을 넘어 연대하고 교류해야 하는 이유 가운데 하나도 이것이다. 왜냐하면 동북아시아의 긴장은 상호 교류를 방해할 것이며 한반도의 평화통일을 가로막을 것이 분명하기 때문이다. 결국 우리는 일본의 역사교과서 문제, 역사왜곡 문제를 단순히 '일본의 문제' 또는 '교과서 문제'로 치부해서는 안 되는 것이다.

(3) 모순된 역사 서술과 검정의 허점, 그리고 정치성

후소샤 교과서의 과도한 수정은 오히려 새역모의 모순된 역사관을 배태하고 있다. 즉, 후소샤의 교과서는 대동아공영권을 긍정하고 태평양전쟁을 대동아전쟁이라고 하여 식민지 해방전쟁으로 묘사하고 있다. 비록 수정표에서 동남아시아 사람들에게 고통을 주었다고 기술을 정정하고 있지만, 검정신청본에 새로 보강된 사진과 서술 내용, 특히 사진과 인용문에 대해서는 삭제 내지 수정 지시를 전혀 내리지 않았고 출판사 스스로 하지도 않았다. 예를 들어 대동아전쟁이 동남아시아인들로부터 지지를 받았다는 점을 특별히 강조한 사진과 글을 상단과 옆 날개에 배치하고 있다.[17)]

17) 扶桑社 검정신청본, 207쪽.

문부성이 검정 과정에서 아무런 지적을 하지 않았기 때문일 것이다. 그런데 대동아공영권의 일원인 중국과 한국에 관해 언급한 곳에서는 두 나라 사람에게 고통을 주었고 저항을 받았다는 점도 서술하고 있다. 심지어 '근대화'라는 단어조차 스스럼없이 사용하려 했는데 검정 과정에서 생략할 수밖에 없었다. 새역모의 주장대로 대동아전쟁을 해방전쟁으로 기술하려면 중국과 조선에서도 '황국신민'의 지지를 받았으며, 조선과 중국의 발전에 기여했다는 내용이 추가되어야 하는데 그렇게 언급하지 못한 것이다. 결국 검정 결과는 전쟁의 주체가 같으며 거의 비슷한 시기에 동시다발로 벌어진 일인데 한쪽에서는 해방전쟁이라 서술하고, 다른 한쪽에서는 한국과 중국이 반발하자 식민지지배와 침략사실을 대폭 보강하여 서술함으로써 교과서를 통해 모순된 역사인식을 조장하고 있다.

이는 새역모와 문부과학성 스스로가 모순된 역사관을 학생들에게 전달할 우려가 있다는 점에만 한정된 문제가 아니다. 검정신청본과 검정합격본 사이의 현격한 내용의 차이는 새역모 관계자들의 교과서 집필역량에 의문을 제기함과 동시에 그렇게 무리하면서 해야 하는 이유에 대해 궁금증을 자아내게 한다. 또한 일본 문부과학성의 검정에 대한 일관성과 신뢰도를 의심하게 한다. 지금까지의 몇 차례 검정 과정에서도 확인되었듯이, 이러한 의문은 동일한 역사적 사실인데도 불구하고 일본군'위안부'에 관해 검정지도의 방향이 검정 시기에 따라 다른 데서도 확인할 수 있다. 하지만 일본정부는 자신들의 검정 과정이 명백한 사실관계의 오류를 걸러내는 것이며, 특정한 역사인식을 판단하는 것이 아니라고 하면서 오히려 주변국으로부터 이해를 구하겠다고 한다. 그러나 검정지도의 시기적 경향을 보건데 일본정부가 '학문적 견해의 다양성'과 검정의 자율성을 들어 주변국의 비판을 귀담아 듣지 않고 무시하고 있으며, 교과서 검정 때 학문적이고 교육적인 측면 이외의 사항도 고려하고 있다는 것을 알 수 있다.

오히려 우리는 이러한 사실을 통해 검정의 정치성, 문부과학성의 정치적 의도를 읽을 수 있다. 그럼에도 불구하고 니혼쇼세키신샤를 비롯한 몇몇 검정신청본은 침략사실의 인정과 반성, 식민지지배의 어두운 측면과 피지배민족의 주체적인 노력에 주목했다는 점도 놓칠 수 없는 현실이다.

2. 1910~1945년에 관한 역사인식

1) 한국병합

(1) 扶桑社

* 일본정부는 일본의 안전과 만주의 권익을 방위하기 위해 한국의 병합이 필요하다고 생각하였다. 1910(메이지 43)년 일본은 무력을 배경으로 한국 내의 반대를 억누르고 병합을 단행하였다(한국병합).
  한국 국내에서는 민족의 독립을 상실한 것에 격렬한 저항이 일어나 그 후에도 독립 회복의 운동이 강력히 진행되었다.
* 구미열강은, 영국의 인도, 프랑스의 인도차이나, 미국의 프랑스, 러시아의 외몽고 등 자국의 식민지지배를 일본이 승인하는 대신 일본이 한국을 영향하에 두는 것에 이의를 달지 않았다(170쪽).

위의 내용은 '59. 세계열강에 들어간 일본'이란 항목에 있는 것인데, 「제5장 세계대전의 시대와 일본」에서 언급했던 2002년도판과 달리, 2005년도 검정신청본은 「제4장 근대 일본의 건설」로 옮겼다. 2002년도판의 8개 출판사 가운데 유일하게 후소샤의 교과서만이 '제5장'에 두었는데, 일본사 입장에서 보면 적절한 재배치이다.

검정합격본을 보면, 새역모가 자신의 안전과 이익을 위해 이웃나라를 침략하고 고통을 준 행위에 대해 학생들에게 비판적 지성을 갖도록 교육하여 상대를 이해하는 안목을 키워주기보다 자신만을 절대화시키는 역사교육을 지향하고 있음을 알 수 있다. 이러한 역사인식은 검정신청본에서 더욱 자세히 확인할 수 있다. 즉, 검정신청본에는 '한국병합'을 국제적으로 인정받았다는 사실을 서술하여 한국병합의 강제성과 불법성을 세련되게 부인하였다. 이는 새역모의 핵심적인 역사인식인데, 원래 러시아는 전쟁에 패배한 나라(포츠머스조약)이므로 아무런 발언권이 없었고, 영국·미국 등은 일본과 서로 상대방의 지배권역을 인정한 국제적인 거래를 하였기 때문에 이의를 제기하지 않았다. 후소샤의 교과서는 제국주의적인 거래행위를 옹호하고 있는 것이다. 달리 말하면 당시의 국제법적 질서를 통해 '한국병합의 합법성'을 은근히 내세우며, 오늘날의 관점에서 비판적으로 역사를 재해석하고 있지 않은 접근법을 취하고 있다.

(2) 7종의 교과서

출판사	2005년도 검정합격본
東京書籍	1910년 한국은 일본에 병합되었다. 일본은 조선총독부를 설치하여 무력을 배경으로 식민지지배를 밀고 나갔다(160쪽).
大阪書籍	일본은 1910년 군대의 힘을 배경으로 조선을 식민지로 삼았다. 이것을 한국병합이라고 한다(160쪽).
教育出版	일본은 한국의 저항을 억누르면서 1910년 한국을 식민지로 하였고(한국병합), 한국을 조선으로 변경하고 조선총독부를 두어 지배하였다(132쪽). 사진 : 한국의 황태자와 이토 히로부미(132쪽)
帝國書院	이토 히로부미가 암살되자, 1910년 일본은 한국을 병합하여 식민지화하였다(한국병합).
日本書籍新社	1910년(162쪽) 일본의 군대가 경계하는 가운데 한국 황제로 하여금 국가를 다스리는 권한을 일본에 양도하는 조약에 조인하게 하여 한국을 일본의 영토로 병합하였다(한국병합)(163쪽).

日本文教出版	일본은 반일항쟁을 군대와 경찰력으로 억누르고 1910년 한국을 일본의 영토에 병합하여(한국병합) 조선이라고 칭하고 식민지로 지배하였다(142쪽).
清水書院	독립운동가 안중근이 초대 통감 이토 히로부미를 암살하였다. 그 다음 1910년, 일본은 한국병합을 강행하였다(168쪽).

1998년판과 2002년판에 비해 한국병합의 강제성을 언급하며 불법성을 드러내고 있다. 그렇지만 한국인들이 이에 대해 어떻게 저항했는가에 대해서는 그다지 주목하고 있지 않다. 특히, 테코쿠쇼인과 시미즈쇼인의 검정본은 안중근이 이토 히로부미(伊藤博文)를 암살한 것이 '한국병합'의 주된 원인인 것처럼 서술하고 있다. 한국병합의 책임을 안중근에게 떠넘기면서 침략의도를 희석화시키려는 서술로 불철저한 시대인식을 표현한 기술이다.

2) 식민지정책

(1) 扶桑社

한국병합 후 설치된 조선총독부는 식민지정책의 일환으로, 철도 · 관개 시설을 정비하는 등의 개발을 하고, 토지조사를 개시하였다.
그러나 이 토지조사사업에 의해 그때까지의 경작지로부터 쫓겨난 농민도 적지 않았고, 또한 일본어 교육 등 동화정책이 진행되었기 때문에 조선 사람들은 일본에 대한 반감이 강해졌다(171쪽).

2005년도 검정신청본에는 조선 관련 부분에서 "근대화에 노력하였다"라는 표현이 모두 네 번 나오는데, 그 가운데 하나가 식민정책과 관련된 부분이다. 검정 과정에서 삭제되고 "토지조사를 개시하였다"로 표현이 바뀌었지만, '새역모'를 비롯한 일본 보수우파의 역사관이 바뀐 결과는 아니었다. 그럼에도 불구하고 문부과학성조차 한국정부에 검정 결과를 통보하면서 "역사교과서가 많이 개선되었으며, 특히 식민지 근대화론 기술에 변화가 있었다"는 점을 강조했다.[18] 미봉책을 시도하는 일본의 모습을 확인할 수 있는 대목이다.

더구나 같은 곳에서 인물 칼럼 "대만의 개발에 힘을 기울인 야츠다 요이치(八田與一)"란 특별 코너를 1/3쪽 분량이나 할애하여 새로 언급하고 있다.[19] 조선에서의 근대화를 강조한 '한국병합' 부분에서 일본인이 대만의 개발·발진을 위해 노력했나는 섬을 함께 강조하는 편집방식이다. 비록 검정 수정표에서는 "대만의 개발과 야츠다 요이치"로 제목이 바뀌었고, 문장이 약간 수정되었지만 여전히 '식민지 개발'을 부정하고 있지 않다.[20]

그러나 한국인의 입장에서 '식민지 개발'은 누구를 위한 개발이었느냐를 묻지 않을 수 없는데, 이 부분에 대한 반성적인 언급도 없이 단지 단어만 생략하고 교체한다는 것은 그다지 의미가 없다. 왜냐하면 후소샤의 2002년도판에서도 '근대화'란 단어는 없는데 그 책을 설명한 『教師用指導書』에서는 '근대화'란 단어를 사용하고 있는 데서도 알 수 있듯이,[21] 새역모와 문부과학성의 식민지지배관이 근본적으로 바뀌었을 가능성이 없기 때문이다. 오히려 2001년과 달리 앞으로 이중플레이를 하지 않는다면 그것만으로도 이전에 비해 다행이라 하겠다.

본문의 내용을 조선에서의 '근대화' 노력을 강조하려는 서술 태도와 함

18) 『연합뉴스』, 2005. 4. 4.

19) 扶桑社 검정신청본, 171쪽.

20) 「中學 社會 歷史 修正表 受理番號 16-35」, 23쪽.

21) 『新しい歷史教科書－教師用指導書』, 扶桑社, 2002, 281쪽. 자세한 설명은 신주백, 「일본 우익 역사교과서의 교사용지도서에 나타난 역사인식」, 『동방학지』 127, 2004. 9 참조.

께 보면, 식민지지배에 저항하는 조선인, 지배로 인해 고통받았던 조선인을 부각시키지 않음으로써 학생들에게 조선과 대만을 지배한 행위에 대해 긍정적인 이미지(근대화, 개발, 발전)를 조작하여 각인시키려는 의도가 숨겨진 내용이다. 이 서술대로 하면 일본 학생들이 일본자본주의의 필요성과 수탈을 위해 식민지를 개발했다는 이미지를 전혀 가질 수 없다. 달리 말하면 조선을 지배했기 때문에 일본이 발전할 수 있었다는 측면을 완전히 무시하고 긍정적 이미지만 강조하고 있다.

(2) 7종의 교과서

출판사	2005년도 검정합격본
東京書籍	1910(메이지 43)년, 한국은 일본에 병합되었다. 일본은 조선총독부를 설치하고 무력을 배경으로 한 식민지지배를 밀고 나갔다(①). 학교에서는 조선사를 가르치는 것을 금지하고, 일본사와 일본어를 가르치며 일본인으로 동화시키는 교육을 행하였다. * ① 토지제도의 근대화를 명목으로 삼아 행해진 토지조사사업에서는 소유권이 명확하지 않다고 하여 많은 조선 농민이 토지를 잃었다. 이러한 사람들은 소작인이 되거나 일본이나 만주로 이주하지 않을 수 없게 되었다. * 사진 - 조선총독부(좌의 흰 건물)와 조선왕조 시대의 왕궁 조선총독부는 1910년에 세워져 일본의 조선 지배의 중심으로 되었다. 이 사진은 1935년에 촬영된 것. - 총독부를 부순 후 복원된 문의 현재 모습. - 일본어 수업을 받는 조선의 어린이들. 메이지가 끝날 무렵 교실의 모습(160~161쪽).
大阪書籍	한국병합 후의 조선에서는 일본이 토지조사를 실시하여 소유권이 명확하지 않아 많은 농민이 토지를 잃었고 기업활동도 규제되었다(178~179쪽). * 표 : 조선(전라북도)의 경지소유자와 소유면적의 추이(조선미곡경제론) - 토지나 직업을 잃은 사람들은 소작인이 되거나 일본이나 만주에 건너가, 일본인보다 적은 임금으로 일하지 않으면 안되었다(179쪽).

教育 出版	조선인의 권리나 자유는 엄하게 제한되었다(각주 2). …… 또한 토지조사사업을 실시하여(각주 5) 토지소유가 명확하지 않은 것으로 해서 많은 조선의 농민이 토지를 잃고 소작인이 되거나 만주나 일본에 이주하게 되었다. 일본에 이주한 조선인은 임금이나 사회생활상에서 여러 가지 차별을 받았다. * (각주 2) 이러한 가운데 조선에는 철도나 농업용수 등의 시설이 정비되어 갔다. (각주 5) 조선총독부는 세금(地稅)의 금액을 결정하기 때문에 농민으로 하여금 토지의 소유자에게 신고하도록 명령하였다. 그러한 토지의 소유권이 불명확하다는 이유로 토지를 몰수당하는 사람들도 생겼다(132~133쪽).
帝國 書院	식민지가 된 조선에서는 …… 많은 농민이 토지를 빼앗겼기 때문에, 소작인이 되는 자나, 일본이나 '만주'로 이주하지 않을 수 없는 자도 있었다(175쪽).
日本 書籍 新社	일본은 한국을 병합한 후 조선총독부를 두었다. 천황에 직속하는 총독에는 일본의 군인이 임명되고, 조선의 각지에 군대를 두어 지배하였다. 총독부는 토지 소유자 조사를 추진하였는데 그 결과 토지는 진출한 일본인이나 조선의 유력자들 아래로 집중되었다. 그 때문에 많은 농민이 토지를 잃고, 생활이 곤란한 사람들은 일본이나 만주 등으로 이주하게 되었다. 일본 국내에서는 임금이나 사회생활에서 조선인에 대한 차별이 생겨나고 조선인을 경멸하는 의식도 강해졌다. 한편, 병합에 반대하는 조선인들의 저항은 그 이후에도 뿌리 깊게 계속되었다(162~163쪽). * 사진 - 이토 히로부미의 지폐(1963~1984). - 안중근(1879~1910)의 우표 1982년 한국에서 발행.
日本 文敎 出版	조선 사람들은 조국을 잃고 동화를 강제당하며, 만주나 일본으로의 이주를 하지 않을 수 없었다(142쪽).
淸水 書院	대만을 식민지화한 일본은 총독을 두고 전권을 주어 통치하였다. …… 토지조사를 실시하여 근대적 소유권에 기초한 토지제도를 만들었고, 일본어에 의한 초등교육도 실시하였다. …… 일본은 조선총독부를 두고 대만과 유사한 통치를 행하였지만……(168쪽).

한국병합과 조선총독부에 관한 언급은 2002년판과 거의 차이가 없다. 옆 날개에 딸린 사진과 설명도 그다지 변화가 없다. 다만, 시미즈쇼인의

서술은 자칫 '식민지 근대화론'으로 읽혀질 수 있다. 지배의 대상인 한국인의 고통과 어려움에 대해 아무런 언급이 없기 때문이다.

식민정책과 관련하여 특이한 서술은 니혼쇼세키신샤의 검정본에서 확인할 수 있다. 즉, 한국병합의 불법성을 시사하는 대목과 일본 내에 상존하고 있던 재일조선인에 관한 민족차별을 언급한 대목이다. 특히, 후자에 관한 언급, 즉 1923년의 관동대지진(關東大地震)을 설명할 때 재일조선인 학살의 배경과 연관시키고 있는 점은 니혼쇼세키신샤만의 탁월한 해석이라고 볼 수 있다.

3) 관동대지진과 조선인

(1) 扶桑社

1923(다이쇼 12)년 9월 1일에는 관동지방에 대지진이 일어나 동경, 요코하마 등에서 커다란 화재가 발생하였는데, 사망자 · 행방불명자가 10만이 넘었다(관동대지진). 이 혼란 중에 사회주의자나 조선인을 살해하는 사건이 일어났다. 이런 혼란 속에서 조선인 및 사회주의자 사이에 불온한 책동이 있다는 소문이 퍼져 주민의 자경단(自警團) 등이 조선인 · 중국인, 사회주의자를 살해하는 사건이 일어났다(189쪽).

후소샤의 검정신청본은 심사 과정에서 "사회주의자가 살해된 이유에 관하여 설명은 부족하고 이해하기 어려운 표현이다"고 지적을 받아 본문처럼 수정되었다.[22] 그런데 여기서 특이한 점은 2002년도판에도 있는 '중국인'이란 단어가 검정신청본에서 빠졌다는 점이다. 더욱 특이한 점은 문부과학성에서 '중국인'이란 단어를 추가하라는 등 특별한 지시가 수정표에

22) 「中學 社會 歷史 修正表 受理番號 16-35」, 26쪽.

없었는데도 검정합격본에서는 슬며시 다시 들어가 있다는 사실이다. 그렇다고 자체 수정했다는 보고도 없다. 검정 신청 당시에는 명확히 반중국(反中國)의 입장에서 교과서를 서술했지만, 검정 과정에서 중국에 관한 서술 부분의 전반적인 내용 전환과 맞물려 함께 수정되었다고 보아야 할 것이다. 구두수정일 가능성이 높은 대목이다. 물론 그렇다고 새역모의 정치적 태도가 바뀌었다는 뜻은 아니다. 다만, 새역모가 교과서를 자신들의 정치적 의도에 따라 얼마나 자유자재로 바꾸고 있는지 확인할 수 있는 대목이다. 학문적 근거에 기초한 교과서 서술이 아니라는 점에서 기본적 신뢰감을 가질 수 없는 행위를 하고 있는 것이다.

(2) 7종의 교과서

출판사	2005년 검정합격본
東京書籍	1923년 9월 1일, 관동대진재가 일어나 …… 혼란 중에 조선인과 사회주의자가 폭동을 일으키려 한다는 유언비어가 퍼져 많은 조선인, 중국인과 사회주의자 등이 살해되었다(181쪽).
大阪書籍	1923년 9월 1일 …… 이러한 혼란 속에서 조선인이 우물에 독을 집어넣고 있다든지, 사회주의자가 폭동을 일으키려고 한다는 헛소문이 주민이나 경찰 등에 의해 퍼지고, 사람들을 불안에 빠뜨렸다. 주민이 조직한 자경단이나, 군대·경찰에 의해 수천 명의 조선인 이외에, 사회주의자나 중국인이 체포되기도 하고 죽임을 당하기도 하였다(184쪽).
教育出版	1923년 9월 1일 …… 대혼란 속에서 "조선인이 폭동을 일으켰다" 등 여러 가지 유언비어가 퍼지고, 주민이 조직한 자경단이나 경찰·군대 등에 의해서 많은 조선인이 살해되는 사건이 발생하였다. 또한 사회주의자나 노동운동가 중에도 살해된 사람이 있었다(157쪽).
帝國書院	혼란의 와중에, "조선인들이 폭동을 일으킨다"라는 근거 없는 소문이 돌아 자경단을 만든 주민들이 조선인이나 중국인을 살해하는 사건도 일어났다(195쪽).

日本書籍新社	1923년 9월 1일 …… 대지진의 혼란 중에 "조선인이 우물에 독을 던져 넣었다"는 등의 소문이 퍼졌다. 그 때문에 수천의 조선인이나 수백의 중국인이 군대 · 경찰이나 주민이 만든 자경단에 의해서 학살당하였다. 또한 사회주의자나 노동조합의 지도자 가운데는 군대나 경찰로 인해 살해당한 자도 있었다(187쪽).
日本文教	1923년 9월 1일 관동대진재가 일어났다. …… 이 혼란 중에 유언비어가 나돌아 많은 조선인이나 중국인들이 살해되는 사건도 발생하였다(169쪽).
清水書院	1923년 9월 1일 …… 이 재해의 혼란 속에서 "조선인이 폭동을 일으켰다"고 하는 소문이 퍼지고 경찰이나 군대는 이것을 사실로 해서 조선인을 붙잡고 민중도 자경단을 조직해서 조선인이나 중국인을 살해하였다. 대략 7,000명의 조선인, 200명의 중국인, 연좌 일본인 60명이 죽임을 당하였다고 운위되고 있다. 또한 사회주의자나 노동운동의 지도자도 경찰이나 군대에 의해 살해당하였다(187쪽).

니혼쇼세키신샤와 도쿄쇼세키의 검정신청본은 2002년도판과 달라진 것이 없다. 그래서 검정 심사 과정에서 이에 관한 지적도 없었다. 시미즈쇼인은 2002년도판에 비해 관동대지진에 대한 서술 분량이 늘었는 데 반해, 오사카쇼세키, 테코쿠쇼인은 검정합격본에서 관동대지진에 대한 서술 분량이 줄었다. 오사카쇼세키, 테코쿠쇼인, 분교슛판(文教出版)의 교과서는 2002년도판에 없던 중국인의 피해를 새로이 언급하였다. 사실에 부합한 서술로서 진전된 부분이라고 말할 수 있겠다.

4) 일본군'위안부'

(1) 扶桑社

2002년도판과 마찬가지로 일본군'위안부'에 관해 아무런 언급이 없다. 중학생을 대상으로 한 역사교육의 소재로 부적절하다는 이유를 내세워 조선 지배의 실상, 곧 약탈성과 불법성을 은폐하고 있다. 하지만 우익 정치인의 되풀이되는 망언에서 알 수 있듯이, 일본군'위안부'라는 사실 자체를 부정하고 싶은 것이다.

(2) 7종의 교과서

출판사	2005년 검정합격본
東京書籍	내용 없음.
大阪書籍	내용 없음.
教育出版	내용 없음.
帝國書院	전후보상과 근린제국 (각주 1) 전시 중, 위안시설로 보내진 여성과 일본군으로 징병된 한국·대만 남성 등의 보상문제가 재판정에 서게 되었다(231쪽).
日本書籍新社	역사를 생각한다 — 환상의 대동아공영권 군의 요청에 의해, 일본군 병사를 위해 조선 등 아시아의 각지에서 젊은 여성이 모집되어, 전장으로 보내졌다(202쪽). 발전학습 — 일본의 전후처리 …… 이것에 기초하여 강제연행된 사람들이나 남경사건의 희생자들 등이 일본정부에 사죄와 보상을 요구하고 계속해서 재판을 제기하고 있다(231쪽). * 사진 : 한국 '태평양전쟁희생자유족회'의 일본정부에 대한 소송을 보도한 신문(『朝日新聞』, 1991. 12. 6).
日本文教出版	내용 없음.
清水書院	내용 없음.

일본군'위안부'에 관한 간접적인 서술은 두 개 출판사의 교과서에서만 찾을 수 있다. 니혼쇼세키신샤의 경우, 2002년도판에는 "조선 등 아시아의 각지에서 젊은 여성을 강제적으로 모으게 하여 일본 병사의 위안부로서 전장에 보내졌다"라고 되어 있어 '강제적으로'라는 표현과 '위안부'를 직접

언급하고 있었다.[23] 또 2002년도판에는 "강제연행된 사람들, 원(元)위안부의 여성과 남경사건의 희생자들이"라고 하여 '원위안부'라는 말을 사용하는 한편, 1991년 일본 재판정에서 울고 있는 김학순 할머니의 사진도 게재했는데, '원위안부'라는 말과 김학순 할머니의 사진이 빠졌다.[24] 그렇지만 전자의 문장은 "군의 요청으로 일본군 병사를 위해"라는 문장으로 교체되었다. 후자의 문장에는 '등'이란 말이 추가되어 무언가 더 있다는 뉘앙스를 전달하려 하였고, '위안부' 소송 관련 기사를 사진으로 대신하여 내용적으로 일본군'위안부' 문제를 부각시키려 하였다. 현행 8종의 교과서 가운데 가장 적극적으로 나름대로 노력한 흔적이라고 보아야 할 것이다. 테코쿠쇼인의 경우, 2002년도판과 동일한 내용이 옆 날개의 '각주 2번'으로 설명되어 있다.[25] '전후보상'이라는 측면에서 한일 간의 미해결과제이며, 근린제국과의 관계 개선의 한 축으로 서술한 것은 적절한 편집이라고 말할 수 있다.

그럼에도 불구하고 2002년도판의 경우 세 개 출판사였는데, 이번에는 두 개 출판사로 줄어들었고, 그나마 두 교과서에서도 2002년도판에 비해 2005년도 검정합격본의 서술 분량이 더 줄었다. 2002년에 비해 더 위축된 서술 경향이라고 볼 수 있겠다.

2005년도 서술 경향은 1998년판 교과서와 아주 판이한 것으로, 새역모의 교과서공격과 무관하지 않다. 그런데 새역모는 '종군위안부'의 사실 자체를 부정하고 있을 뿐만 아니라 의무교육을 받는 학생들의 교과서에서 이 문제를 언급하는 것이 부적절하다고 주장한다. 그러나 이 문제는 '종군위안부' 여성들의 상당수가 일본의 중고등학생들과 같은 연배로서 전쟁이 일어나면 자신도 가해와 피해의 대상이 될 수 있으며, 학생 자신과 상대의

23) 『わたしたちの中學社會－歷史的分野』, 日本書籍新社, 2002, 180쪽.

24) 『わたしたちの中學社會－歷史的分野』, 205쪽.

25) 『社會科 中學生の歷史－日本の步みと世界の動き』, 帝國書院, 2002, 221쪽.

'성'이 얼마나 소중한가, 전쟁이 개인의 인권을 얼마나 짓밟을 수 있는가 등 평화와 인권교육의 기회를 제공해 준다. 더구나 새역모는 '국민의 동원'을 언급하면서 오늘날의 국민과 비국민의 관점에서 당시의 '국민'을 재단(裁斷)하여 이를 배제시키는 모순을 범하고 있다.

이상과 같은 서술은 '학습지도요령'과도 맞지 않다. 학습지도요령은 "'전시하의 국민생활'에 관하여, 전시체제하에서 국민의 생활이 어떻게 바뀌었는가에 착목시킴과 동시에 평화로운 생활을 구축하는 것의 중요함을 느끼도록 한다"고 되어 있기 때문이다.[26] 일본 문부과학성의 검정에 분명히 문제가 있는 것이다.

5) 황민화 및 강제동원정책

(1) 扶桑社

> 국민의 동원. …… 조선반도에서는 일중전쟁 개시 후 일본식 성명을 사용하는 창씨개명이 행해지고 조선인을 일본인화하는 정책이 강화되었다. 전쟁 말기에는 징용·징병이 조선이나 대만에도 적용되어, 현지 사람들에게 다양한 희생과 고통을 강요하게 되었다. 또한 다수의 조선인과 중국인이 일본의 광산 등에 연행되어 와서 가혹한 조건하에서 일하게 되었다(208쪽).

2005년도 검정신청본과 검정합격본 사이에 현격한 내용 차이가 난다. 검정신청본에서는 '대만인' 또는 '중국인'에 대한 언급이 충분하지 않다. 2002년도판 문장에 있던 '중국인'만을 빼버린 경우도 있다. 뿐만 아니라 2002년도판에는 "여러 가지 희생이나 고통을 강요하였다", '황민화정책이 강제되어' 창씨개명이 '강제'되었다 등 정책 실시의 수탈성과 강제성을 명

---

26) 文部科学省, 『中學校學習指導要領(平成10年12月)解說－社會編』, 2001, 110쪽.

확히 밝히는 서술이 있었는데, 이번에는 상당히 후퇴한 서술을 하였다.[27) 전시동원정책의 수탈성과 강제성을 분명하게 한 서술방식은 인적동원만을 언급하고 물자의 강제동원을 언급하지 않은 점에서도 확인된다.

'국민의 동원' 정책에 대해 반발한 사람들이 있었다는 내용도 없다. 이는 내용의 문제일 뿐만 아니라 교과서의 편집체제와도 연관이 있다. 왜냐하면 '76. 전시하의 생활'이란 항목에는 '국민의 동원'과 '공습의 피해'만 있어 이에 대해 비판적이었던 일본인, 끝까지 저항했던 조선인과 중국인의 모습 역시 '전시하의 생활'의 일부분으로서 묘사하지 않고 배제시켰기 때문이다.

따라서 새역모가 일본 민중의 피해 사실만을 부각시켜 피해자의식을 확산시키고 전쟁책임, 식민지지배책임을 회피하는 역사교육을 지향하고 있다고 보아야 한다. 후소샤 검정본의 208~209쪽에 배치된 사진과 본문의 내용을 연관시켜 보면 가미가제 특공대의 출격을 환송하는 장면 등 모든 사진이 전쟁에 협력한 일본인의 모습만을 수록하여 지금의 학생들과 동년배였던 당시의 청소년들이 전쟁을 지지했다고 느끼게 하여 전쟁에 대해 찬미의식을 심어줄 수 있기 때문이다. 그리고 동경대공습, 원폭 등은 전투행위와 무관한 민간인에 대해 무차별적으로 공격했다는 점에서 미국의 전쟁범죄인 것만은 분명하지만, 그렇다고 가해국이자 침략국인 일본이 자신만의 피해를 강조하는 사진을 게재하고, 조선인 등 침략당하고 지배당한 국가와 민족의 구성원이 입은 피해와 고통에 대해 제대로 주목하지 않는 것은 문제가 있다.

더구나 검정본은 일본의 침략과 지배에 저항한 한국인의 주체적인 노력에 대해 주목하지 않음으로써 모두가 전시에 자발적으로 협력한 것처럼 일본 학생들이 오해할 여지를 제공하고 있다. 그리하여 8 · 15해방이 한국

---

27) 『新しい歴史教科書』, 扶桑社, 2002, 283~284쪽.

인의 주체적인 노력으로 이끌어 낸 측면도 있음을 주목하지 못하게 하고 있다. 수동적이고 피동적인 한국인상을 일본인 학생들에게 심어줄 우려가 있는 것이다.

(2) 7종의 교과서

출판사	2005년도 검정합격본
東京書籍	* 조선에서는 '황민화'라는 이름하에 일본어의 사용과 성명의 표기를 일본식으로 고치도록 하는 창씨개명을 추진하였다. 더하여 지원병제도를 실시하여, 조선사람들도 전쟁에 동원하였다(189쪽). * 사진 : 동원된 조선의 젊은이들. 조선에서는 1938년에 육군의 지원병제도가 만들어졌다(189쪽 아래). * 일본에 연행되어, 의사에 반하여 일하게 된 조선인, 중국인 등도 있었고, 그 노동조건은 가혹하고 임금도 낮아 지극히 힘든 생활을 강요당한 것이었다(193쪽).
大阪書籍	* 조선에서는 신사를 만들어 참배하게도 하고, 일본식 성명을 붙이는 [창씨개명]을 강제하기도 하여, 일본에 동화시키려는 황민화정책이 추진되었다(195쪽). * 병력을 보충하기 위해 대학생 등을 징병하고, 조선과 대만에서도 징병제를 실시하여 일본의 군인으로서 전쟁터에 보내졌다. 또한 부족한 노동력을 보충하기 위해 병역에 나가지 않은 50세까지의 남성을 군사공장 등에 징용하고, 젊은 여성과 중학생 등도 공장과 농촌에 근로동원하였다. 더욱이 조선이나 중국의 점령지로부터 수십만 명이라고 하는 사람들을 강제적으로 동원하여 광산과 방공호 제작 등의 일을 시켰다(200쪽).
教育出版	* 조선인의 학교에는 일본어나 일본의 역사, 수신(修身)을(각주 3) 가르치게끔 되어 있었다(132쪽). (각주 3) 교육칙어(教育勅語)를 근거로 한 소·중학교의 교과의 하나로 국민으로서의 도덕을 학습하는 것으로 하였다(133쪽). * 황민화정책. 조선인에 대해서는 일본인으로 동화시키려고 하는 황민화 정책이 한층 강화되었다. 일본어의 사용, 일본식의 씨명으로 고치도록 추진했고(이것을 창씨개명이라고 한다), 신사참배를 강제하기도 하였다(이러한 정책은 대만에서도 추진되었다)(167쪽). * 전쟁과 국민생활. 노동력의 부족을 보충하기 위해 식민지에서 다수의

	사람들이 일본으로 끌려와서 공장이나 광산에서 일하게 되었다. 많은 조선인이나 중국인이 엄격한 노동조건하에서 괴로운 생활을 강요당했다(173쪽). 조선과 대만. 조선과 대만에서는, 전쟁 말기에 지원병제도가 개정되어, 징병제가 실시되었다. 그래서 많은 사람들이 '일본군병사'로서 전쟁터에 보내졌고, 많은 조선인 여성 등도 공장 등에 보내졌다(173쪽).
帝國書院	* 전쟁이 격화되자 일본은 총력을 내걸고 전쟁을 진행하기 위해 식민지인 조선이나 대만의 사람들을 '황국신민'으로 하는 황민화정책을 행하였다. 학교에는 '국어'로서 일본어가 가르쳐졌고 조선어나 중국어의 사용은 금지당하였다. 또한 황거(皇居)를 향하여 경례하는 등 천황에게 숭배하는 것도 강제하였다. 게다가 조선에서는 일본식 성명으로 이름을 대게 하는 창씨개명(각주 1)이 행해졌다. (각주 1) 이름을 바꾸는 것만이 아니라 부부가 별도의 성인 조선인들에게는 같은 성을 이름으로 등재하는 것으로도 되었고 일본의 가족제도를 조선에 가지고 오게 되었다(209쪽). * 일본 국내에서 노동력이 부족해지자 기업 등에서 반강제로 할당을 결정해서 조선인이나 중국인을 모아서 일본 각지의 탄광 · 광산 등으로 데려가 낮은 임금으로 심한 노동을 시켰다(209쪽). * 또한 대만과 조선에서도 징병이 실시되었다(210쪽).
日本書籍新社	* 또한 조선과 대만에서는 일본에의 동화를 강제하는 황민화정책이 진행되고, 특히 조선에서는 일본식 성명을 따르도록 하는 창씨개명과 신사참배가 강제되었다(199쪽). * 일본 국내의 노동력 부족을 보충하기 위하여 조선이나 중국의 점령지로부터 많은 사람들을 내지(內地)로 강제적으로 데려왔다. 강제연행된 조선인의 수는 약 70만 명, 중국인의 수는 4만 명에 달하였다(202쪽). * 1943년 조선에서, 1944년 대만에서 징병제가 실시되었다(205쪽). * 이 전쟁으로 일본인 사망자는 군인, 민간인을 합하여 310만 명(조선인, 대만인 5만 명을 포함), 아시아 여러 나라의 사망자는 중국만 해도 2,180만 명에 달한다(중화인민공화국정부의 발표)(207쪽).
日本文教出版	* 식민지인 대만이나 조선에서는 병사의 모집이 시작되고, 궁성이나 신사를 향하여 배례하고, 고유의 성명을 일본식으로 바꾸도록 하였다(창씨개명). 식민지 사람들은 전쟁하에서 '천황의 민(民)'에 어울리는 황국의 신민이 되도록 동화를 강요받았다(181쪽). * 식민지의 독립을 인정하지 않고 점령하의 주민을 노무자로서 징발하였다. 조선으로부터 약 70만, 중국으로부터 약 4만의 사람들을 노동력 부족을 보강하기 위해 일본에 데려왔고, 그들은 탄광 등에서 가혹한 노동에 종사당하였다(187쪽).

清水書院	* 조선이나 대만에도 징병제를 강제해서 일본 병력으로서 전쟁에 동원하였다. 국내의 노동력 부족을 보충하기 위해 조선인이나 중국인을 강제적으로 연행해서 석탄갱도나 광산 등에서 일하게 하였다(203쪽). * 전시하의 조선. 식민지로 된 조선에서는 한글의 개량이나 역사의 연구 등으로 인해 문화 면에서 일본의 지배에 저항하였다. 일중전쟁이 일어날 무렵 총독부는 일본어의 사용을 강제하였고 전통적인 성명을 바꾸어 일본식 씨명을 짓게 하였고 공적인 자리에서는 이것을 사용하게끔 하였고, 신사에 참배하는 것도 의무화하였다. 일본의 황민화정책은 긴 역사를 가진 조선의 문화나 사회를 근본에서 파괴하는 것이었고 조선 사람들로 하여금 깊은 분노를 갖게 하였다(203쪽). * 전쟁과 민중. …… 점령지에는 일본군에 의한 현지의 가격보다 싼 물자의 징발과 때로는 약탈이나 폭행, 강제동원도 시행되었다. 조선이나 대만에는 징병제가 강제되어 각각 20만 명, 2만 명이 태평양전쟁에 동원되었다. 또한 일본 본국이나 사할린(樺太) 등으로 노동력으로서 강제적으로 연행된 사람들은 식민지였던 조선에서 약 72만 명(1939~1945), 점령하에 있던 중국에서는 약 4만 명(1943~1945)에 이른다고 이야기되고 있다(204쪽).

후소샤의 역사교과서와 비교되는 점은 서술 분량에서 차이가 난다는 점이다. 특히 니혼쇼세키신샤는 2002년도판과 마찬가지로 여러 곳에서 강제동원과 관련된 내용을 뚜렷하고 풍부하게 언급하려 하고 있다. 반면에 “지역으로부터 역사를 생각하자—조선 · 중국에서 강제연행된 사람들”, “현대의 과제로부터 역사를 생각하자—아시아 속의 일본”이란 각각 한 쪽 분량의 특별 코너가 사라져 버린 교이쿠슛판의 검정본,[28] 2002년도판에서조차 강제동원에 관해 본문에 최소한의 필요 부분만 기술하고 ‘전후보상’에 대해서는 아무런 언급도 없는 니혼분교슛판과 대조적인 서술이다. 또 최고의 점유율을 기록하고 있는 도쿄쇼세키의 교과서는 창씨개명 등이 단순히 ‘추진’되었다고 언급하여 정책의 강제성을 드러내지 않으려 하고 있다. 더구나 후소샤의 교과서처럼 다른 7종의 교과서에서도 인적동원만 서술하고 물자동원에 관해서는 언급하지 않고 있어 식민지지배의 수탈성을 희석

28) 『中學社會 歷史－未來をみつめて』, 教育出版, 2002, 197 · 221쪽.

화시키고 있다.

강제동원의 실상에 관한 서술의 내용상 후퇴는 옆 날개와 상단에 관련 사진을 게재하는 등 시각적 효과를 거두려는 노력에서 조선과 대만 관련 부분을 거의 없앤 편집방식과도 연관이 있다. 이 점은 1998년도판 및 2002년도판 교과서와 가장 큰 차이이기도 한데, 가령 니혼쇼세키신샤의 검정본에도 조선인의 강제동원과 관련된 사진이 없다.[29] 대부분 일본인의 전쟁복무에 관한 것이다. 첨언하자면, 전쟁의 피해 사실이 어떻게 기억되고 있는가도 당시의 역사적 사실과 관련하여 아주 중요한 문제인데, 이러한 작업이 등한시되고 있다는 것은 많은 교과서에서 '전후보상' 문제에 대해 분량을 할애하지 않는 점으로도 연결된다.

3. 1945년 이후에 관한 역사인식

1) 扶桑社

* 1965(쇼와 40)년 일본은 한국과 일한기본조약을 맺고 국교를 정상화하고 유상 2억 달러, 무상 3억 달러의 경제협력을 약속하였다(221쪽).
* 국제사회에서 일본의 역할. …… 공산주의 진영의 붕괴에 의해 세계 규모의 전쟁 위험은 사라졌지만, 동아시아에는 일부 공산주의 국가가 남아 있고, 또 민족이나 종교의 대립을 바탕으로 한 지역 분쟁도 없어질 것 같지 않다(223쪽).
- 사진 : 북조선에 납치되어 귀국한 일본인들(2002. 10. 15).

다른 교과서와 달리 유달리 공산주의의 위협을 강조하며 일본의 안전을 확보하면서 세계 평화에 공헌해야 한다고 주장하고 있다. 세계적인 차원

29) 『わたしたちの中學社會－歷史的分野』, 日本書籍新社, 2002, 205쪽.

의 냉전이 와해되었고, 동아시아에서 이념을 떠나 경제적 협력관계 등 공존관계가 이전과 비교할 수 없을 정도로 긴밀해지고 있는 현실에서 반공적인 태도가 일본의 안전에 중요하다고 주장하는 것 자체가 모순된 태도이다. 후소샤의 교과서는 이와 같은 내용 옆에 북한의 일본인 납치문제를 사진으로 제시하고 있어 인권적 측면에서의 보편성을 강조하는 비판적 접근보다 이념적 접근을 우선하며 북한에 대한 적대감을 학생들이 갖도록 조장하고 있다.

2) 7종의 교과서

출판사	2005년도 검정합격본
東京書籍	1998년에 한국의 대통령이 일본을 방문하고, 그 후 우호관계가 강화되었다. 한편 북조선과는 국교가 없는 채이지만, 2002년에 총리대신인 고이즈미 준이치로가 평양을 방문하고, 국교정상화 등의 교섭을 촉진시키는 등으로 합의하였다. 그러나 납치문제 등도 있어서 그 후의 교섭은 난항이다(213쪽). * 사진 : 납치문제(213쪽).
大阪書籍	* 1965년 6월, 정부는 대한민국과의 사이에 일한기본조약을 체결하였다. …… 조약 속에서 정부는 대한민국정부가 조선에 있는 유일의 합법적 정부라고 인정하고 경제협력 등을 약속하였다(222쪽). * 조선민주주의인민공화국과는 1991년에 겨우 국교정상화교섭이 시작되었다. …… 그 후 일조의 국교정상화를 위한 교섭은 진전되지 않고 있다(222쪽). * 사진 : 북조선으로부터 귀국한 납치피해자(2002년). 소식이 불분명했던 납치피해자도 많고, 이 문제는 현재도 미해결인 채이다(227쪽). * 전쟁에 의한 세계에서 유일의 피폭국으로서 일본 국민은……(227쪽).
教育出版	아시아의 다극화 움직임. …… 또한 한국과 북조선은 1991년 유엔에 동시가맹하였다. 2000년에는 한국의 대통령이 북조선을 방문하여 남북수뇌회담을 실현해 동아시아의 안정에 관련된 것으로 주목받았다. 또한 2002년에는 일조수뇌회담이 열려서 국교의 정상화를 꾀하여 일조평양선언에 서명하였다(각주 1). 회담 중에 북조선은 일본인 납치 사실을 일부 인정 사과하고, 일부 납치사건 피해자의 소식을 밝혔다(199쪽).

帝國書院	* 1965(쇼와 40)년 일본은 대한민국과 일한기본조약을 맺고 국교를 정상화하였다. 그러나 조선민주주의인민공화국과는 아직 국교가 없다(228쪽). * 일본이 태평양전쟁 중 식민지지배를 행했던 나라들에의 보상·배상에 대해 정부는 강화조약 등으로 매듭지으려고 하고, 개인보상의 청구에 관해서는 거부해왔다. 그러나 전시하에서의 조선이나 중국인들의 상태가 분명해짐과 더불어 그들에 대한 책임문제가 제시되고 있다. 또한 전쟁에 대한 인식을 둘러싸고도 인접제국에서 예리한 눈으로 주시하고 있다. '전후'와 '냉전'이 끝난 지금 인접한 여러 나라와의 참다운 우호관계를 쌓아가기 위해 우리들은 몸소 일본의 입장을 자각하고 어떻게 해야 하는가를 생각할 필요가 있다(231쪽).
日本書籍新社	국교 정상화가 늦어졌던 한국과의 사이에는 미국의 강한 후원도 있어, 1965년에 일한기본조약이 겨우 성립하였다. 이 조약으로 인해 일본은 한국을 조선에 있는 하나의 합법적인 정부로 승인하여 경제협력을 약속했고, 북조선과의 사이에는 아직 국교가 열리지 않고 있다(각주 2). * (각주 2) 2002년 평양선언으로 일조 양국 정부는 국교정상화를 서두르기로 합의하였다. 그러나 북조선에 의한 일본인 납치문제 등으로 교섭은 진전되지 않았다(227쪽). 발전학습 – 역사를 탐구한다 : 일본의 전후처리. …… 그러나 일본의 국내에는 과거의 전쟁을 침략전쟁으로 생각하고 있지 않는 사람도 존재하고 있다. 역사인식의 문제는 오늘날에도 큰 논의의 표적이 되는 중요한 문제 중 하나이다(231쪽).
日本文教出版	중국·한국과의 관계. …… 일본은 1965년에 일한기본조약을 맺었다(214쪽). * 사진 일조수뇌회담 : 2002년 9월 평양에서 일조수뇌회담이 열려서 교섭재개에 합의하였다. 이때 조선민주주의인민공화국은 일본인을 납치한 일을 인정하였다(219쪽). 일본의 과제 조선민주주의인민공화국과의 국교 정상화는 과거의 식민지지배를 묻는 한편으로 일본인의 납치문제도 있어 아직 충분한 대화가 이루어지지 않았다(219쪽).
清水書院	전후보상의 과제. …… 징병제나 강제연행 등으로 인해서 전쟁터에 보내진다든지 가혹한 노동을 강요당한다든지 한 것은 남성만이 아니라 여성도 포함되어 있었다. 게다가 히로시마(廣島)·나가사키(長崎)에서 피폭한 조선인, 일본인으로서 점령지에서 종전을 맞이했고 전쟁범죄인으로 처리된 조선이나 대만의 사람들도 있었다. 이 사람들 중에는 개인의 입장에서 일본정부나 기업 등에 사죄와 보상을 청구하고 있는 사람도 있다(205쪽).

일본사회의 우경화 경향과 연동되어 북한의 일본인 납치문제를 언급한 교과서(東京書籍, 大阪書籍, 日本文教出版, 教育出版)가 많았지만, 그에 반비례해 '전후처리'와 관련된 역사적 미해결 과제에 관한 서술이 줄어든 특징이 있다. 전후처리와 관련된 내용을 도쿄쇼세키, 니혼분쿄슛판, 교이쿠슛판은 언급하지 않았으며, 오사카쇼세키 역시 간략히 언급했을 뿐이다. 일본의 과거사와 관련된 책임의식이 엷어지고 있는 경향과 맞물려 있는 서술태도라고 말할 수 있겠다. 또한 일본사회에서 북한의 일본인 납치문제와 일본의 침략과 식민지지배로 인해 야기된 문제를 모두 보편적 인권의 측면에서 접근하지 않으려는 경향이 강화되고 있음을 알 수 있다. 하지만 일본의 중학생들에게 이 측면에서 두 문제를 보게 한다면 보다 편향되지 않고 미래지향적인 인간형을 형성하는 데 도움이 될 것이다.

중국사

- 근현대 -

윤휘탁*

1. 전체적인 분석 결론

일본의 중학교 역사교과서 8종의 '중국' 관련 부분을 비교 분석해 본 결과는 다음과 같다. 첫째 식민통치의 공과(功過) 혹은 평가와 관련하여, 후소샤(扶桑社) 검정신청본에서는 식민통치 기간 대만을 '개발'하였다는 점을 부각시킴으로써 식민통치 자체를 미화하고 있다. 이에 비해 시미즈쇼인(清水書院) 검정신청본에서는 대만의 일본 할양에 반대하는 대만 현지인을 일본군이 무력으로 진압하고 식민통치를 했지만, 근대적인 토지제도를 수립하였다고 하여, 식민통치의 강압성 이외에 대만을 근대화시킨 측면도 같이 내세우고 있다. 도쿄쇼세키(東京書籍), 니혼쇼세키신샤(日本書籍新社) 검정신청본에서는 일본군이 대만의 일본 할양에 반대하는 대만

* 한경대학교 교수.

주민의 저항을 무력으로 진압하였다는 점을 부각시켜 대만 식민통치의 강압성과 부당성을 간접적으로 언급하고 있다.

둘째 중일 간의 전쟁 발발의 원인 내지 도발의 주체와 관련하여, 후소샤 교과서 검정신청본에서는 만주사변이 일어나게 된 중요한 원인을 중국의 통일추세와 그에 따른 배일운동의 격화 및 소련의 위협에서 찾고 있다. 만주사변이 일본군의 침략 야욕에서 비롯되었다는 점은 철저하게 부정하고 있다. 이에 비해 도쿄쇼세키 검정신청본에서는 만주의 일본권익을 확보하기 위해 관동군이 만주사변을 일으켰다고 서술하고 있다. 니혼쇼세키신샤, 시미즈쇼인, 테코쿠쇼인(帝國書院) 교과서 검정신청본에서는 국민당의 통일추세가 항일운동을 자극했고 국민당의 이권회수 움직임에 위기감을 느낀 관동군이 도발했다고 서술하고 있다. 교이쿠슛판(教育出版) 교과서 검정신청본에서는 배경이나 원인 설명 없이 관동군이 도발했다는 점만을 간략하게 밝히고 있다.

중일 전면전쟁의 발발 원인이나 도발 주체와 관련해서, 후소샤 교과서 신청본에서는 1936년 12월 서안사변 때부터 위기에 몰린 공산당이 위기를 모면하기 위해 일본군을 전쟁에 끌어들이는 공작활동을 벌였다고 주장한다. 게다가 그 후에 일어난 노구교사변 역시 일본군에게 먼저 공격을 가한 중국군 때문에 일어났음을 은연중에 부각시키고 있다. 그리고 중일전쟁이 전면적으로 일어나게 된 것도 상하이에서 촉발된 중국인의 일본인 병사 살해사건 때문이라는 것이다. 후소샤 교과서 검정신청본에 따르면 중일전쟁은 사실상 중국이 도발한 셈이 된다. 그렇지만 검정통과본에서는 공산당이 국민당 내부에 들어가 일본을 전쟁에 끌어들이려고 파괴 · 도발활동을 했다는 부분을 삭제하도록 지시함으로써 중일전쟁 발발의 근원이 공산당에 있다는 극단적인 논리를 철회하고 있다.

셋째 일본의 이권 침탈행위나 일본군의 각종 만행에 관해서, 후소샤 교과서 신청본에서는 '21개조 요구'가 중국의 주권을 침해하고 이권을 강탈

하려는 것이었음을 부정하고 오히려 비밀사항이었던 '21개조 요구'를 중국 정부가 부도덕하게 공개했다는 점을 부각시키고 있다. 그렇지만 이 부분은 검정통과본에서는 삭제되었다. 도쿄쇼세키, 오사카쇼세키(大阪書籍) 검정신청본에서는 '21개조 요구'가 중국의 주권을 침해한 것이고 이것이 결국 반일운동 및 5·4운동 발발의 계기로 되었다고 하여 당시의 상황을 객관적으로 기술하고 있다.

남경대학살과 관련하여, 후소샤 교과서 신청본에서는 일본군에 의해 중국 민중 가운데 다수의 사상자가 나왔다는 동경재판의 내용을 기술함으로써 간접적으로 학살사건을 인정하는 듯한 뉘앙스를 풍기지만, 그 사건에 대해 의문점이 제기되고 여전히 논쟁이 지속되고 있다는 점을 부각시킴으로써 사실상 남경대학살을 부정하고 만다. 이러한 논조는 검정통과본에서 기본적으로 유지되고 있다. 이에 반해 도쿄쇼세키, 시미즈쇼인, 테코쿠쇼인 신청본에서는 남경대학살을 공식적으로 인정하고 있다.

마지막으로 일본의 동남아시아 침략과 관련해서, 후소샤 교과서 검정신청본에서는 일본의 침략이 동남아시아와 인도 사람들에게 독립에 대한 꿈과 용기를 주었으며, 이들 국가의 독립을 앞당기는 계기가 되었다고 주장한다. 검정통과본에서는 이 관점을 그대로 유지하면서도 아시아 사람들에게 커다란 피해와 고통을 안겨주었다는 점을 삽입시켜서 관련국의 반발을 무마시키려는 의도를 드러내고 있다.

결론적으로 일본의 중학교 역사교과서 8종 가운데 중국과 관련된 역사 인식상에서 큰 오류를 드러내고 있는 것은 후소샤 교과서이다. 나머지 7종의 교과서 서술 내용에서는 커다란 오류가 발견되지 않는다. 후소샤 교과서의 특징을 요약하면, 침략 사실과 만행을 인정하지 않는 것은 물론이고 침략 행위와 식민통치를 미화하고 있다는 점이다. 따라서 그 과정에서 저질렀던 주변 국가에 대한 각종 주권 침해나 이권 강탈 사실에 대해서도 그 자체를 정당화시키고 있다는 점이다. 이에 비해 다른 교과서는 비교적 객관적으로 당시의 중국 관련 역사 사실을 기술하고 있다는 느낌이 든다.

2. 주제별 분석

1) 대만 식민통치의 평가

(1) 주요 내용

가. 扶桑社
대만을 개발시켰다('식민지 개발론'의 시각).

나. 東京書籍, 日本書籍新社
주민의 저항을 무력 진압(식민통치의 강압성 지적).

다. 淸水書院
주민의 저항을 무력으로 진압했지만 근대적인 토지제도 수립(식민통치의 강압성과 '식민지 개발론'적 시각을 공유).

(2) 세부 내용

가. 扶桑社
청일전쟁의 승리로 대만을 할양받은 일본은, 대만 할양에 반대하는 대만 현지인들을 무자비하게 학살하고 대만총독부를 설치한 뒤 식민통치를 시작했다. 그런데 후소샤 교과서 검정신청본에서는 이러한 사실을 밝히지 않고 "대만총독부를 설치하고 현지(대만) 개발에 힘을 쏟았다"(171쪽)는 내용만을 기술하고 있다. 게다가 인물 칼럼란을 따로 만들어 "대만총독부 관료인 하타 요이치(八田與一)가 관개시설 공사를 벌여 황무지였던 가남(嘉南)평야를 옥토로 만들었다"(171쪽)고 하여, 일본이 대만을 개발한 대표적인 사례로 들고 있다. 결국 후소샤 교과서 검정신청본에서는 대만 식민통치에 따른 대만인들의 항일운동을 무자비하게 제압한 사실이나 대만인과 일본인의 민족적 차별, 대만 물자의 수탈 측면은 완전히 무시한 채 '대만을 개발했다'는 점만을 부각시키고 있는 것이다. 이러한 대만 식민지 근대화론은 아무런 수정 없이 검정을 통과했다.

나. 東京書籍

검정신청본에서는 "대만을 영유한 일본은 대만총독부를 설치하고 주민의 저항을 무력으로 진압하고 식민지지배를 추진했다"(156쪽)고 하여, 대만 할양을 반대하는 대만 주민의 저항이 있었다는 점, 그리고 그것을 무력으로 진압했다는 점을 사실 그대로 기술하고 있다.

다. 日本書籍新社

검정신청본에서는 "청일전쟁 후 일본 영토로 된 대만에서는 독립운동이 일어났지만 일본은 군대를 파견해서 탄압하고 대만을 식민지로 만들어 지배했다"(159쪽)라고 하여 도쿄쇼세키 간행 역사교과서 신청본과 유사한 논조로 대만 식민지 문제를 서술하고 있다.

2) 이권 침탈

(1) 주요 내용

가. 扶桑社

비밀조항인 '21개조 요구'를 중국 측이 공개, 반일 여론을 고취('21개조 요구'의 침략성과 부당성을 부인, 중국 측의 부도덕성 부각).

나. 東京書籍, 大阪書籍

'21개조 요구'는 중국의 주권 침해, 반일운동 및 5·4운동 발발의 계기.

(2) 세부 내용

가. 扶桑社

검정신청본에서는 "중국은 독일에 선전포고를 하고 칭다오(靑島)에서 일본군의 철퇴를 요구해 왔다. 이에 대해 일본은 1915년 독일이 지니고 있던 산동성의 권익의 인계, 관동주의 조차 기한 연장 등을 중국에 요구했다. 중국 측은 열강의 개입을 기대해서 극비사항인 교섭 내용을 내외에 알렸고, 5개 안건에 정식 요구사항이 아닌 것까지 포함시켜 '21개조 요구'라고 이름 붙인 뒤 중국 국내의 반일 여론을 고취시켰다"(181쪽)고 기술하고 있다. 후소샤 검정본에서는 일본의 제국주의 침략요구의 대표적 사례인 '21개조 요구'의 침략적 속성에 대한 기술은 하지 않은 채, 중국 측이 극비사항을 공개하고 공식적으로 일본이 요구한 5개항에다 공식적으로 요구하지도 않은 사항들까지 포함시켜 '21개조 요구'라고 제멋대로 이름 붙였다는 사실을 들어 오히려 중국 측을 비난하고 있다.

검정통과본에서는 비밀로 된 요구사항(희망사항)의 내용을 내외에 알렸다는 점은 그대로 기술하면서도 "공식적으로 요구하지도 않은 사항들까지 포함시켜"라는 내용은 삭제한 뒤 '21개조 요구'라고 이름 붙였다는 논조를 유지하고 있다. 다만 "영국과 미국은 일본에 항의했지만 일본은 최후 통고를 발해서 희망조항을 없애고 수용하도록 강요했기 때문에 중국 국내의 반일 여론을 고조시켰다"라는 문구를 추가하고 있다. 적어도 검정통과본에서는 '21개조 요구'의 강제성으로 인해 중국 국내의 반일여론이 일어났다는 점만은 언급하고 있는 것이다. 그렇지만 그 요구가 제국주의적 침략을 위한 부당한 것이었다는 점은 어디에서도 찾아볼 수가 없다.

나. 東京書籍

검정신청본에서는 "'21개조 요구'가 중국의 주권을 침해한 것이었다"(174쪽)는 점을 분명히 하고 있다. 그리고 제1차 세계대전 후 "중국은 독일 권익의 반환을 주장했지만 파리강화회의에서 산동성의 권익을 일본이 인계하는 것을 승인하자, 중국의 반일감정이 폭발해서 반일운동이 일어났고, 이러한 반일운동은 제국주의에 반대하는 국민운동으로 발전했는데 이것을 5·4운동이라고 부른다"(174쪽)고 하여, 일본의 제국주의적 침략과 중국의 반일운동 혹은 반제운동의 상관성을 객관적으로 서술하고 있다.

3) 만주사변의 발발 원인

(1) 주요 내용

가. 扶桑社

국민당의 중국통일 추세가 배일운동 격화, 소련의 위협과 국민당 세력의 확장.

나. 東京書籍

만주의 권익을 확보하기 위해 관동군이 도발.

다. 日本文教出版, 清水書院, 帝國書院

국민당의 통일추세가 항일운동 자극, 이권회수 움직임, 위기감 느낀 관동군이 도발.

라. 教育出版

관동군이 도발.

(2) 세부 내용

가. 扶桑社

만주사변의 발발 배경으로, 후소샤 교과서 검정신청본에서는 "국민당에 의한 중국의 통일이 가까워지고 중국인에 의한 배일운동이 격렬해지고 열차방해나 일본인 학생들에 대한 박해 등이 자주 일어났다. 게다가 일본으로서는 북으로는 소련의 위협이 있고, 남으로는 국민당의 힘이 미치고 있었다"(196쪽)는 점을 들고 있다. 만주사변이 일본의 중국 대륙 침략야욕에서 비롯되었다는 점은 어디에도 찾아볼 수 없다. 만일 일본 중학생들이 이 내용만을 보면, 만주사변이 발발한 원인, 즉 일본이 만주를 침략한 원인이 중국의 배일운동과 국민당의 북벌, 소련의 위협에서 비롯되었던 것처럼 인식할 수 있다. 후소샤 교과서 검정신청본에서는 왜 중국인의 배일운동이 일어났는지에 대해서는 전혀 언급이 없이, 만주사변의 원인 제공자가 중국에 있다는 식으로 서술하고 있는 셈이다.

검정통과본에서는 앞부분에 "관동군이 만주의 군벌 장작림을 폭살하는 등 만주의 지배를 강화시키려고 하자"라는 문구를 추가하여 중국의 배일운동 배경을 간략하게 언급하고 있다.

검정신청본에서는 만주국에 관해 "일본의 중공업 진출 등으로 급속한 경제성장을 이룩했다. 중국인 등의 현저한 인구 유입도 있고 해서 만주국 건국은 점차 기정사실로 되어 갔다"(197쪽)고 하여, 일본이 만주의 급속한 경제성장을 실현시켰다는 점을 부각시키고 있다. 마치 일본의 만주 침략과 식민통치가 만주의 발전을 가져왔다는 논리이다. 역시 식민지 근대화론을 부각시키고 있는 것이다.

검정통과본에서는 '급속한'이라는 수식어를 삭제하고 "만주국의 실권은 관동군이 가지고 있었고 항일운동도 일어났다"는 점을 추가로 집어넣었다. 이는 주변국의 반발을 의식하여 만주국이 일본의 괴뢰국이었음을 간접적으로 인정하는 동시에 일본의 만주 식민통치에 반대하는 항일운동이 있었다는 사실도 집어넣은 것으로 추측할 수 있다. 그렇지만 서술의 기본적인 논조는 일본의 만주 식민통치가 만주를 개발시켰다는 것이다. 또 하나 주목되는 점은 일본의 만주개발이 궁극적으로 수많은 중국인의 만주 유입을 불러와 그들에게 일자리를 제공했다는 뉘앙스를 풍기고 있다는 것이다.

나. 東京書籍

검정신청본에서는 만주사변의 발생 배경으로 국민정부의 중국통일 추세로부터 "만주의 일본권익을 확보하기 위해 만주를 중국으로부터 분리하자고 주장하던 현지의 군부(관동군)는 1931년 9월 봉천 교외의 유조호에서 만철 선로를 폭파하고 그것을 계기로 군사행동을 개시했다"(186쪽)고 하여, 만주사변은 일본의 권익확보와 만주분리를 통한 지배를 위해 관동군이 일으켰다는 점을 분명히 하고 있다. 이와 아울러 국제연맹의 조사단이 만주국의 건국을 인정하지 않고 일본의 철병을 요구했다는 점을 밝힘으로써 만주국의 건국이 국제적으로 정당성을 획득하지 못했다는 것을 간접적으로 제시해주고 있다.

다. 日本書籍新社

검정신청본에서는 만주사변의 발발 배경과 관련하여, "장제쓰(蔣介石)가 이끄는 국민당이 무력으로 국내통일을 해나가면서 일본의 권익이 집중된 만주가 그 세력하에 들어가자, 현지의 일본군은 중국에서의 항일운동의 고조로 위기감을 느끼게 되었고 만주를 중국으로부터 분리시키려고 했다. 그 때문에 1931년 9월 만철 선로를 스스로 폭파하고 그것을 중국군 소행으로 돌려 사전계획에 따라 군사행동으로 옮겨 만주 전역을 점령했다”(196쪽)라고 하여, 도쿄쇼세키 간행 교과서와 비슷한 논조를 유지하고 있다. 또한 “1933년 국제연맹이 일본군의 철퇴를 요구하는 권고안을 가결시키자, 일본정부는 곧 국제연맹을 탈퇴하였다”(197쪽)라고 하여, 만주국 건국의 부당성을 간접적으로 시사하는 동시에, 일본의 국제연맹 탈퇴로 일본은 국제적인 고립화의 길을 가기 시작했다는 점도 아울러 지적하고 있다.

4) 중일전쟁 도발의 주체

(1) 주요 내용

가. 扶桑社
노구교(盧溝橋)사변은 중국이 일으켰다.

나. 清水書院
일본 군부가 침략.

다. 教育出版, 大阪書籍, 帝國書院
중일전쟁이 발발했다는 사실만 언급, 전쟁 도발의 주체를 명시하지 않음.

(2) 세부 내용

가. 扶桑社
서안사변은 일본의 중국 침략을 외면하고 공산당 토벌에만 몰두하고 있던 장제쓰의 행동에 불만을 품은 장쉐량(張學良)이 공산당 토벌을 독려하기 위해 1936년 서안에 온 장제쓰를 감금하고 공산당과 손을 잡고 항일투쟁을 하도록 인정케 한 사건이다. 후소샤 교과서 검정신청본에서는 서안사변과 관련하여, "압도적인 병력을 지닌 국민당군에 쫓겨 소멸 직전 상태에 있었던 공산당군을 구출한 것은 만주지방의 군벌인 장쉐량이었다"(198쪽)는 점을 전제로, 장쉐량이 "1936년 서안에서 장제쓰를 감금하고 공산당과 타협해서 일본과 싸우도록 요청했다. 공산당원은 국민당 내부에 들어가 일본을 전쟁에 끌어들이기 위해 파괴 · 도발 활동을 활발히 전개해나갔다"(199쪽)고 기술하고 있다. 후소샤 검정신청본에서는 공산당이 서안사변 이후 일본을 전쟁에 끌어들이기 위해 갖가지 공작활동을 벌였다고 하여, 중일전쟁의 원인 제공자가 일본이 아니라 공산당이라는 점을 강변하고 있는 것이다.

검정통과본에서는 "국민당군에 쫓겨 소멸 직전 상태에 있었던 공산당군을 구출한 것은 만주지방의 군벌인 장쉐량이었다"는 부분과, "공산당이 국민당 내부에 들어가 일본을 전쟁에 끌어들이려고 파괴 · 도발활동을 했다"는 부분을 삭제했다. 공산당을 지나치게 비하한 내용과 일본을 중일전쟁으로 끌어들인 장본인이었다는 서술에 대해 커다란 부담감을 느꼈던 모양이다.

중일전쟁의 발단이 된 노구교사건의 발생원인과 관련하여, 후소샤 검정신청본에서는 "1937년 7월 7일 밤 베이징 교외의 노구교에서 연습하고 있던 일본군에게 누군가가 발포하는 사건이 발생했다. 다음 날 아침에도 중국 측에서 발포가 계속되어 전투상태에 들어갔다. 이 사건 자체는 사소한 마찰에 불과해 현지에서 해결을 추구했지만 일본 측과의 충돌사건이 계속 일어나 해결이 곤란했다"(199쪽)고 하여, 노구교사건의 발발 원인 제공자는 일본이 아니라 중국임을 분명히 하고 있다. 게다가 일본은 사건을 확대시키지 않고 현지에서 해결하려고 했지만 중국 측이 일본 측과의 충돌을 계속 일으켜 일본군은 어쩔 수 없이 확전(擴戰)에 들어갔다는 것이다. 이 논리에 의하면 중일전쟁의 직접적 계기가 된 노구교사건은 일본이 아니라 중국이 일으켰고 일본은 어쩔 수 없이 거기에 대한 대응 차원에서 전쟁에 휘말려 들어갔다는 식이다.

더 나아가 후소샤 검정신청본에서는 "1937년 8월 상하이에서는 두 명의 일본인 장병이 사살되는 사건이 일어나 이를 계기로 일본과 중국 사이에 충돌이 확대되었다. 일본군은 국민당정부의 수도인 난징(南京)을 함락시키면 장제스는 항복할 것이라고 여겨 동년 12월 난징을 점령했다"(199쪽)고 하여, 중일 전면전쟁의 원인 제공자는 역시 일본인 장병을 살해한 중국 측에 있다는 점을 밝히고 있다.

5) 남경대학살

(1) 주요 내용

가. 扶桑社

사실상 남경(南京)대학살 불인정.

나. 東京書籍, 清水書院, 帝國書院

남경대학살 인정.

(2) 세부 내용

가. 扶桑社

검정신청본에서는 따로 각주를 달아 "동경재판에서는 이때 일본군이 다수의 중국인 민중을 살해하였다는 것을 인정하였다. 그런데 이 사건의 실태에 대해서는 자료상의 의문점도 나오고 다양한 견해가 있어서 지금까지도 논쟁이 계속되고 있다"(199쪽)고 하여, 동경재판 내용을 통해 간접적으로 남경대학살을 인정하는 듯하면서도 자료상의 의문점이나 이견을 들어 그것이 실제로 일어났는지에 대해서는 모호하게 처리하고 있다.

검정통과본에서는 "다음날 아침 중국군이 계속 발포했다"는 부분을 삭제하였다. 그리고 "노구교사건에 대해 현지해결이 모색되었지만 일본 측도 대규모의 파병을 결정하였고 국민당정부도 즉각 동원령을 발포하였다"고 수정함으로써, 중일 간의 전면전쟁의 원인을 일본 측이 아니라 중일 양측의 대응방식에서 비롯된 것으로 서술하고 있다. 즉 중일전쟁의 원인 제공자가 어느 쪽에 있는지를 모호하게 처리하고 있는 셈이다. 여기에서는 어디에서도 '침략'이라는 사실을 읽어낼 수가 없다. 일본의 중국 침략사실을 교묘하게 은폐하고 있는 셈이다. 남경대학살사건에 관해서는 "이때 일본군에 의해 중국 군민(軍民) 가운데 다수의 사상자가 발생했다(남경사건). 이 사건의 희생자 수 등에 대해서는 자료상의 의문점도 제기되고 다양한 의견도 있고 해서 지금까지도 논쟁이 계속되고 있다"라고 수정되었다. 검정통과본에서는 일본군이 다수의 중국 군민을 살상했다고 하여 남경대학살을 축소해서 인정하는 것 같으면서도 그 자체에 대해 의문을 제기하고 있는 셈이다. 남경대학살 자체를 모호하게 처리하고 있는 것이다. 게다가 후소샤 교과서에서는 강제동원 사실이나 위안부 문제 등을 전혀 거론하지 않고 있다.

나. 東京書籍

검정신청본에서는 중일전쟁의 도발 주체와 관련하여, "만주를 실질적으로 지배하에 둔 일본은 화북으로 '침입'했다. 일본군은 수도 난징을 점령하는 과정에서 여성이나 어린이를 포함한 중국인을 대량으로 살해했다(남경사건)"(188쪽)고 하여, 일본의 중국 '침략'을 분명히 하고 있을 뿐만 아니라,

후소샤 교과서에서 애매하게 처리한 '남경대학살'을 서술하고 있다. 이와 아울러 도쿄쇼세키 신청본에서는 각주에서 "남경사건을 국제적으로 '남경대학살'이라고 비난했지만 국민에게는 알려지지 못하게 했다"(188쪽)는 점을 부연 서술하고 있다. 더 나아가 도쿄쇼세키 신청본에서는 "일본이 침략한 동아시아나 동남아시아에서는 많은 사람들이 전장에서 죽거나 노동에 강제동원되었고 여성이나 어린이를 포함해서 일반인들 중에서도 많은 희생자가 발생했다"(193쪽)고 하여, 일본의 '침략' 사실과 '강제동원' 사실을 명시한 동시에, 일본이 일으킨 전쟁으로 조선인들이나 중국인들을 포함한 아시아인들이 많은 희생과 고통을 겪었음을 분명히 밝히고 있다.

다. 日本書籍新社

검정신청본에서는 "일본의 '중국 침략', 15년에 걸친 침략전쟁이 시작되다"라는 장 제목에서도 알 수 있듯이 일본의 중국 침략을 명기하는 동시에, 수도 난징을 점령하는 과정에서 20만 명으로 일컬어지는 포로나 민간인을 학살한 남경대학살과 학살당한 사람의 숫자까지 명기하고 있다. 그러면서도 각주를 통해 그 숫자에 대해 다양한 견해가 제기되고 있다는 것도 기술하고 있다(198쪽). 또한 니혼쇼세키신샤 간행 교과서 신청본에서는 일본군이 1940년부터 화북에서 자행한 삼광작전(三光作戰)도 각주에서 언급하고 있다. 게다가 "환상적인 대동아공영권"이라는 칼럼란을 따로 만들어, 영국과 미국으로부터 아시아를 해방시킨다는 대동아공영권의 슬로건이 설득력이 없었다는 점, 일본군이 각지에서 저지른 악정(惡政)의 구체적인 사례들, 즉 싱가포르에서 항일적으로 의심되는 중국계 주민을 대량으로 처형한 일, 미얀마와 태국을 잇는 철도건설 과정에서 포로나 각지에서 끌고 온 노동자들을 열악한 노동조건 속에서 혹사시켜 수만 명을 죽게 만든 일, 강제 연행 사실, 특히 조선에서 일본본토로 끌려온 사람 수가 약 70만 명에 달했다는 사실, 일본군 병사를 위해 조선 등과 아시아 각지에서 여성들을 모집해서 전장으로 보냈다는 군대 위안부 등의 사실들을 적시하고 있다(202쪽).

6) 동남아시아 침략

(1) 주요 내용

가. 扶桑社

동남아시아와 인도 사람들에게 독립에 대한 꿈과 용기를 고취, 일본의 남방진출은 아시아 제국의 독립을 앞당기는 계기.

(2) 세부 내용

가. 扶桑社

검정신청본에서는 "일본의 서전의 승리는 동남아시아와 인도 사람들에게 독립에 대한 꿈과 용기를 북돋았다. …… 현지의 독립운동 지도자들은 구미 제국으로부터 독립을 달성하기 위하여 일본의 군정에 협력했다. 그러나 점령지역에서는 일본에 대한 반발도 있었다. 연합군과 결탁한 항일 게릴라 활동도 일어나 이것에 엄하게 대처했다. …… 일본의 남방진출은 원래 일본의 자존자위를 위한 것이었지만 아시아 제국이 독립에 이르는 시계 바늘을 빨리 돌리는 효과를 가져왔다"(206~207쪽)고 하여, 일본의 동남아시아 침략이 동남아시아와 인도 사람들에게 꿈과 용기를 고취시켰고 아시아 제국의 독립을 앞당겼다고 주장한다.

검정통과본에서는 아시아태평양전쟁이 "아시아 제지역의 사람들에게 피해와 고통을 주었다는 점을 삽입하면서도 일본의 침략이 동남아시아 제국의 독립을 앞당기는 계기로 작용했다"는 관점은 그대로 유지하고 있다.

〈표 2〉 2005년도 일본 중학교 교과서 검정신청본과 검정통과본의 비교분석표

교과서	2005년 신청본	수정 지시사항	2001년도
대만 식민통치			
扶桑社	대만총독부를 설치하고 현지(대만) 개발에 힘을 쏟았다.(171쪽) …… 대만총독부 관료인 하타 요이치(八田與一)가 관개시설 공사를 벌여 황무지였던 가남(嘉南)평야를 옥토로 만들었다(171쪽).		
東京書籍	대만을 영유한 일본은 대만총독부를 설치하고 주민의 저항을 무력으로 진압하고 식민지지배를 추진했다(156쪽).		
日本書籍新社	청일전쟁 후 일본 영토로 된 대만에서는 독립운동이 일어났지만 일본은 군대를 파견해서 탄압하고 대만을 식민지로 만들어 지배했다(159쪽).		
清水書院	일청전쟁의 결과 대만을 식민지로 삼은 일본은 총독을 두고 전권을 쥐고 통치했다. 주민의 저항을 무력으로 진압한 뒤 토지 조사를 하고 근대적인 소유권에 기초한 토지제도를 만들고 일본어에 의한 초등교육도 실시했다(168쪽).		
21개조 요구			
扶桑社	중국 측은 열강의 개입을 기대해서 극비사항인 교섭 내용을 내외에 알렸고, 5개 안건에 정식 요구사항이 아닌 것까지 포함시켜 '21개조 요구'라고 이름 붙인 뒤 중국 국내의 반일여론을 고취시켰다(181쪽).	중국 측은 일본인 고문을 받아들이는 등, 비밀로 되었던 요구사항의 내용을 열강의 개입을 기대하여 내외에 알리고, '21개조 요구'라고 명명했다.	'21개조 요구'는 5개항으로 나누어졌고 제5항은 희망 조항으로 비밀로 되었다. 이것은 중국을 반식민지 취급한 것으로 중국의 내셔널리즘을 경시한 행동이었다(245쪽).

東京書籍	1915년 일본은 중국에 산동성의 독일 권익의 계승, 여순·대련의 조차(租借) 기간의 연장 등 21개조의 요구를 제시하고 그 대부분을 인정케 했다. 그러나 이것은 중국의 주권을 침해한 것이었다(174쪽).		
大阪書籍	일본은 1915년에 중국정부에 21개조의 요구를 했다. 중국정부는 이 요구에 강하게 반발했다. 그러나 일본은 군사력을 배경으로 중국정부에 일본인 고문의 채용을 제외하고 요구의 대부분을 중국에게 인정시켰다. 중국에서는 일본에 대한 반감이 강해졌고 배일운동이 일어났다(175쪽).		
만주사변 발발 원인			
扶桑社	국민당에 의한 중국의 통일이 가까워지고 중국인에 의한 배일운동이 격렬해지고 열차방해나 일본인 학생들에 대한 박해 등이 자주 일어났다. 게다가 일본으로서는 북으로는 소련이 위협하고 있었고, 남으로는 국민당의 힘이 뻗치고 있었다(196쪽). …… 1932년 3월 관동군과 현지인 정치가에 의하여 만주국이 건국되고 …….	관동군이 만주의 군벌 장작림을 폭살하는 등 만주에 대한 지배를 강화하려고 하자, 중국인에 의한 배일운동도 …… 국민당의 힘도 미쳐왔다. 이런 와중에 관동군의 일부 장교는 만주를 군사점령해서 문제를 해결하려는 계획을 짜기 시작했다. …… 관동군은 만주국 건국을 실현시키고…….	만주사변은 중일간의 대립을 심화시켰으나, 정전협정이 맺어지고 양국의 관계는 조금 개선되었다. 만주국은 오족협화, 왕도낙토건설을 슬로건으로 일본의 중공업 진출 등에 의해 경제성장을 이룩하여 중국인 등의 현저한 인구 유입도 있었다(268쪽).
東京書籍	만주의 일본권익을 확보하기 위해 만주를 중국으로부터 분리하자고 주장하던 현지의 군부(관동군)는 1931년 9월 봉천 교외의 유조호에서 만철 선로를 폭파하고 그것을 계기로 군사행동을 개시했다(186쪽).		

日本書籍新社	장제쓰가 이끄는 국민당이 무력으로 국내 통일을 해나가면서 일본의 권익이 집중된 만주가 그 세력하에 들어가자, 현지의 일본군은 중국에서의 항일운동의 고조로 위기감을 느끼게 되었고 만주를 중국으로부터 분리시키려고 했다. 그 때문에 1931년 9월 만철 선로를 스스로 폭파하고 그것을 중국군 소행으로 돌려 사전계획에 따라 군사행동으로 옮겨 만주 전역을 점령했다(196쪽).		
清水書院	국민정부는 중국의 통일을 목표로 하여 그때까지 협력관계에 있던 중국공산당을 억누르면서 북방으로의 세력확대와 외국의 이권회수를 꾀했다. 이러한 정세 속에서 일본은 대륙에서의 일본의 세력을 상실할까 두려워 중국 산동성에 출병했다. …… 중국군을 공격한 뒤 전 만주를 점령했다(194쪽).		
教育出版	만주에 주둔하고 있던 관동군은 남만주철도 선로를 폭파해버렸다. 그리고 관동군은 이것을 중국 측이 해버렸다고 하여 공격을 시작했다(163쪽).		
大阪書籍	중국의 통일을 추진한 국민정부의 영향은 일본의 권리가 집중된 만주에도 미쳐왔다. 일본 군부나 국가주의자들 중에는 만주를 일본의 생명선이라고 여겨 만주를 중국으로부터 분리시켜 영유하려는 자가 나타났다. 1931년 9월 만주에 배치된 일본군은 봉천 부근에서 철도 선로를 폭파하고 이것을 중국 측의 행동이라고 하여 출병하고 만주 전역을 점령해버렸다(192쪽).		
帝國書院	중국에서는 빼앗긴 주권을 회복하려는 움직임이 일어났다. 중국은 중국에서의 일본 권익의 중심인 남만주철도에 병행하는 철도를 건설하려고 했다. 이 움직임에 대해 만주에 있던 일본군은 1931년 9월 봉천 부근의 철도를 폭파하는 …… (202~203쪽).		

서안사변			
扶桑社	압도적인 병력을 지닌 국민당군에 쫓겨 소멸 직전 상태에 있었던 공산당군을 구출한 것은 만주지방의 군벌인 장쉐량이었다(198쪽). …… (장쉐량이) 1936년 서안에서 장제쓰를 감금하고 공산당과 타협해서 일본과 싸우도록 요청했다. 공산당원은 국민당 내부에 들어가 일본을 전쟁에 끌어들이기 위해 파괴 · 도발 활동을 활발히 전개해나갔다(199쪽).	"국민당군에 쫓겨 소멸 직전 상태에 있었던 공산당군을 구출한 것은 만주지방의 군벌인 장쉐량이었다"는 부분과, "공산당이 국민당 내부에 들어가 일본을 전쟁에 끌어들이려고 파괴 · 도발활동을 했다"는 부분 삭제.	
일중전쟁 도발 주체			
扶桑社	1937년 7월 7일 밤 베이징 교외의 노구교에서 연습하고 있던 일본군에게 누군가가 발포하는 사건이 발생했다. 다음 날 아침에도 중국 측에서 발포가 계속되어 전투 상태에 들어갔다. 이 사건 자체는 사소한 마찰에 불과해 현지에서 해결을 추구했지만 일본 측과의 충돌사건이 계속 일어나 해결이 곤란했다.(199쪽) …… 1937년 8월 상하이에서는 두 명의 일본인 장병이 사살되는 사건이 일어나 이를 계기로 일본과 중국 사이에 충돌이 확대되었다. 일본군은 국민당정부의 수도인 난징을 함락시키면 장제쓰는 항복할 것이라고 여겨 동년 12월 난징을 점령했다.(199쪽)	"다음날 아침 중국군이 계속 발포했다"는 부분 삭제, "노구교사건에 대해 현지 해결이 꾀해졌지만 일본 측도 대규모의 파병을 결정하였고 국민당 정부도 즉각 동원령을 발포하였다"고 수정.	1937년 8월 2명의 일본인 장병이 살해된 사건이 일어났고 이것을 계기로 일중 간의 전면전쟁이 시작되었다. 12월에 난징을 점령했다.
清水書院	만주국의 실권을 장악한 일본 군부는 더 나아가 화북을 침략했다(196쪽).		
教育出版	중국 베이징의 교외에서 일중 양군의 충돌이 일어난 것을 계기로 일중전쟁이 시작되었다. 8월에는 상하이에서도 충돌이 일어났고 선전포고를 하지 않은 채 일본		

	군은 점점 전선을 확대해나갔다(165쪽).		
大阪書籍	1937년 7월 베이징 교외의 노구교에서 일본군과 중국군이 충돌하는 사건이 일어났다. 현지에서는 정전협정이 맺어졌지만 일본정부의 방침이 정해지지 않았고 해서 전쟁은 상하이까지 확대되었고 선전포고 없이 전면적인 일중전쟁이 시작되었다(194쪽).		
帝國書院	1937년 7월 베이징 교외에서 일중 양군이 충돌한 노구교사건을 계기로 일중전쟁이 시작되었다(204쪽).		
남경대학살			
扶桑社	동경재판에서는 이때 일본군이 다수의 중국인 민중을 살해하였다는 것을 인정하였다. 그런데 이 사건의 실태에 대해서는 자료상의 의문점도 나오고 다양한 견해가 있어서 지금까지도 논쟁이 계속되고 있다(199쪽).	"이때 일본군에 의해 중국 군민(軍民) 가운데 다수의 사상자가 발생했다(남경사건). 이 사건의 희생자 수 등에 대해서는 자료상의 의문점도 제기되고 다양한 의견도 있고 해서 지금까지도 논쟁이 계속되고 있다"라고 수정.	이때에 일본군에 의해서 민중들에게도 다수의 사상자가 나왔다(270쪽).
東京書籍	일본군은 수도 난징을 점령하는 과정에서 여성이나 어린이를 포함한 중국인을 대량으로 살해했다(남경사건)(188쪽).		
淸水書院	일본군의 물자보급체계는 매우 불충분했다. 일본군은 점령한 지역에서 물자나 노동력을 징발하고 식료 등을 현지에서 확보했다. 특히 난징을 점령했을 때는 병사·노인·여성·아이들을 포함한 민중을 무차별적으로 살해했다. …… 여러 외국		

	에서는 이 남경대학살사건을 강하게 비난했지만, 당시의 일본인은 거의 이 사실조차 몰랐다(196쪽).		
帝國書院	일본군은 …… 당시 수도였던 난징을 점령했다. 난징에서는 병사뿐만 아니라 여성이나 아이들을 포함한 많은 중국인을 살해했다(204쪽).		
아시아 침략			
扶桑社	일본의 서전의 승리는 동남아시아와 인도 사람들에게 독립에 대한 꿈과 용기를 북돋았다. …… 현지의 독립운동 지도자들은 구미 제국으로부터 독립을 달성하기 위하여 일본의 군정에 협력했다. 그러나 점령지역에서는 일본에 대한 반발도 있었다. 연합군과 결탁한 항일 게릴라 활동도 일어나 이것에 엄하게 대처했다. …… 일본의 남방진출은 원래 일본의 자존자위를 위한 것이었지만 아시아 제국이 독립에 이르는 시계 바늘을 빨리 돌리는 효과를 가져왔다(206~207쪽).	이 전쟁은 전장이 된 아시아 제지역의 사람들에게 커다란 피해와 고통을 주었다. 특히 중국의 병사와 민중에게는 일본군의 침공에 의해 다수의 희생자가 나왔다. …… 일본의 남방진출은 원래 자원 획득을 목적으로 한 것이었지만, 아시아 제국에서 시작되고 있었던 독립의 움직임을 빠르게 하는 하나의 계기가 되기도 했다.	이것은 수백 년에 걸친 백인의 식민지지배에 고통받던 현지 사람들의 협력이 있었기에 가능한 승리였다. 일본의 서전승리는 동남아시아 사람들, 나아가서는 아프리카인에게도 독립에의 꿈과 용기를 북돋웠다. …… 일본의 전쟁목적은 자존자위와 아시아를 구미의 지배로부터 해방시키고 대동아 공영권을 건설하는 일이라고 선언했다(277쪽).
東京書籍	일본이 침략한 동아시아나 동남아시아에서는 많은 사람들이 전장에서 죽거나 노동에 강제동원되었고 여성이나 어린이를 포함해서 일반인들 중에서도 많은 희생자가 발생했다(193쪽).		

清水書院	구미의 식민지배로 고통을 받고 있던 동남아시아에서는 인도네시아처럼 처음에는 일본군을 독립을 위한 해방군으로 환영한 지역도 있었지만, 일본은 전국이 불리해지자 구미 이상으로 가혹한 지배를 해서 민중을 고통스럽게 했기 때문에 각지에서 일본에 대한 저항운동이 일어났다(202쪽).		

여성사

김수영*

1. 머리말

'새로운 교과서 만들기 운동'은 일본군'위안부'에 대한 기술을 교과서에서 삭제하는 것을 목표로 하여 시작되었다. 이들은 교과서에 일본군'위안부'에 대한 서술을 하는 것이 자학사관을 드러내는 것이라고 비난하면서 인종차별주의와 성차별주의에 기반한 역사 날조로 나아가고 있다.

이미 2001년 교과서 검정에서 1개사의 교과서를 제외한 나머지 교과서 모두에서 일본군'위안부'에 대한 기술이 사라져버렸다는 점에서 '새로운 역사교과서를 만드는 모임'(이하 새역모)의 일차적인 목표는 충분히 달성되었었다. 그러나 2005년의 검정에서는 나머지 1개사의 교과서에서조차 일본군'위안부' 관련 서술이 상당히 약화된 표현으로 후퇴하였을 뿐 아니

* 고려대학교 · 중앙대학교 강사.

라, 전체적으로 역사교과서와 공민교과서의 역사인식과 젠더관계 인식 면에서 더욱 위험한 방향으로 나아갔다.

이 글에서는 2005년 일본 중학교 역사교과서와 공민교과서 검정신청본에 대해 '여성' 관련 부분을 중심으로 하여 비교 분석을 하고자 한다. 실제로 분석의 대상이 되는 교과서 검정신청본은 새역모가 주도하고 있는 후소샤(扶桑社) 간행 교과서와 가장 높은 채택률을 보이고 있는 도쿄쇼세키(東京書籍) 간행 교과서, 그리고 가장 객관적인 시각을 견지하고 있는 니혼쇼세키신샤(日本書籍新社) 간행 교과서이다. 또한 역사교과서의 경우 나머지 출판사 간행 교과서에 대해서도 주제별 서술 상황을 부록에서 정리하고자 한다.

2. 교과서 분석

1) 역사교과서

(1) 扶桑社

후소샤 간행 역사교과서를 총괄적으로 평가하자면, 첫째, 민중의 역사가 전혀 서술되어 있지 않다는 점이 특징이다. 이 교과서는 노동운동, 시민운동, 반전운동 등 민중이 주체가 되어 전개한 사회운동을 무시하고 있으며, 민중의 생활이나 그들의 문화에 대해서도 거의 언급하지 않고 있다. 즉 철저히 민중경시적 태도를 보이는 민중배제적 사관에 입각하여 국가 중심, 천황 중심으로 일본의 역사를 서술하고 있다.

두 번째 특징은 남성의 역사만이 있을 뿐 여성의 역사는 서술되어 있지 않다는 점이다. 분량 면에서 볼 때, 교과서 안에서 여성이 등장하는 곳이 대단히 적다. 이는 기본적으로 일본의 역사를 남성의 역사, 남성 영웅 중심의 역사로 보는 그들의 남성중심적인 시각에서 기인한 것이다. 엘리트 남성만을 역사의 주체로 보고, 여성을 주변화하고 있기 때문에 역사 속에서 여성의 경험과 의식 및 기억은 철저히 무시되고 있다. 그러나 더욱 중요한 점은 근현대사 부분에서 의도적으로 여성의 역사를 서술하지 않고 있다는 점이다. 2005년도판 후소샤 간행 역사교과서는 일본군'위안부' 문제, 남경대학살 및 무차별 강간 등 여성에 대한 일본군의 전쟁범죄와 관련한 언급이 전혀 없다. 이는 전쟁 가해의 사실을 쓰지 않음으로써 새역모가 봉인하고 싶어하는 역사가 무엇인지를 역설적으로 보여주는 것이기도 하다.

셋째, 자국중심주의가 극단적으로 나타나고 있다는 점이다. 식민지에서 일본이 행했던 가해의 역사를 은폐하고 식민지에서의 저항의 역사를 무시함으로써, 식민지지배의 역사를 철저히 왜곡하고 있다. 더 나아가 아시아 침략의 역사를 아시아 해방의 역사로 미화하고 있다.

여기서는 근현대사에 한정하여 주로 '여성'에 대해 언급된 부분을 중심으로 하여 후소샤 간행 역사교과서의 내용분석을 해보도록 하겠다.

174쪽에는 요사노 아키코(与謝野晶子)의 사진이 실려 있고, '새로운 일본의 문학'이라는 제목하에 그녀를 청일전쟁 전후에 활약했던 낭만주의자로 소개하고 있다. 그러나 이러한 서술은 근대 일본에서 여성의 자립을 지향했던 페미니스트로서의 그녀, 군국의 어머니를 강조하던 시대에 반전시를 썼던[1] 반전시인으로서의 그녀를 완전히 왜곡하는 서술이다.

176쪽의 인물 칼럼에서는 8살 때 정부의 시찰단에 동행해서 미국에 유학했던 최초의 여성유학생 중의 한 명으로서 귀국 후 여성교육에 대단히 큰 역할을 했던 츠다 우메코(津田梅子)를 소개하고 있다. 그러나 이 칼럼

1) 요사노 아키코는 1904년 러일전쟁에 출정하는 남동생에게 바치는 반전시를 발표하여 커다란 반향을 일으켰다.

은 여성의 자립을 위해 여성교육을 강조했던 츠다 우메코를 마치 일본의 전통을 무엇보다도 소중히 여기는 일본주의자, 국가주의자로 왜곡하고 있다. 칼럼 중 다음의 서술은 새역모가 이상으로 하는 여성상이 어떤 것인지를 잘 보여준다.

> 미국대통령 루스벨트를 만났을 때 대통령 부인은 우메코에게 "일본의 전통 중에서 중요한 것이 무엇인지" 질문하였다. 그녀는 '희생의 정신과 충성'이라고 답해 일본의 무사도를 존경하고 있던 대통령을 감동시켰다고 한다.

185쪽에서는 3 · 1독립운동에 대해 언급하고, 이 운동에 참여하여 시위하고 있는 여학생들의 사진을 싣고 있다. 하지만 이 서술 이후에는 조선에서 식민지지배에 반대하여 치열하게 전개되었던 독립투쟁에 대한 언급이 없다.

187쪽에서의 '다이쇼(大正)민주주의와 사회운동'에서는 "여성의 지위를 높이는 부인운동도 개시되어 히라츠카 라이쵸(平塚雷鳥)의 활약에 의해 부인참정권이 주장되었다"라고 당시의 여성운동에 대해 짧게 서술하고 있다.

그러나 후소샤 간행 역사교과서에서는 '남경대학살'과 일본군'위안부' 문제, '전후 전쟁책임 및 보상 문제' 등 전쟁 가해 책임과 관련한 언급은 전혀 찾아볼 수가 없다. 또한 '오키나와 전투', '원폭 투하' 등 일본 민중의 피해에 대해서도 아주 적게 서술되어 있을 뿐이다. 이것은 전쟁을 미화하는 새역모의 사관을 잘 보여준다.

(2) 東京書籍

도쿄쇼세키 간행 역사교과서는 후소샤 간행 역사교과서에 비하면 여성 관련 서술이 많고 여성운동 등에 대한 언급이 좀 더 충실하게 이루어지기는 했지만, 전체적으로 국가의 역사를 남성중심적인 시각으로 서술하고 있다는 점은 공통적이다. 특히 일본이 전쟁 중에 가했던 범죄들에 대한 언급이 부족하고 가해 책임을 은폐하고 있다는 점, 자국중심주의에 입각한 서술이라는 점에서 후소샤 간행 역사교과서와 동일한 문제점을 가지고 있다.

여기서도 근현대사에 한정하여 여성 관련 서술을 중심으로 내용분석을 해보겠다.

125쪽에서는 프랑스혁명 이후 발표된 인권선언의 핵심 내용이 언급되어 있기는 하지만, 그것의 의의와 한계에 대해서는 전혀 서술되어 있지 않다.

138~143쪽의 '메이지(明治)유신' 부분에서는 근대천황제 국가의 확립과 여성의 지위 하락을 규정지은 민법과 호적법, 이에(家)제도에 대한 언급이 전혀 되어 있지 않다.

148쪽에는 일본 최초의 여자유학생들의 사진이 실려 있고, 151쪽에는 여성 민권운동가 키시다 요시코(岸田俊子)의 사진이 실려 있다. 158쪽에는 요사노 아키코의 사진이 실려 있고 "시인의 입장에서 주전론(主戰論)에 의문을 던져, 러일전쟁에 출병한 남동생을 생각하며 '그대 죽지말지어다'라는 시를 발표했다"라고 설명하고 있다.

162쪽에는 오사카 방직공장에서 일하고 있는 여성노동자들의 사진이 실려 있다.

163쪽에서 "자본주의 발달과 함께 공장노동자가 증가했다. 그 대다수는 섬유산업에서 일하는 여성으로, 임금은 싸고 방적에서 1일 12시간, 제사에서 14~18시간의 장시간노동에 종사하였다"고 서술하고 있다. 그리고 163쪽에는 제사공장에서 일하는 여공들의 사진과 그 일과표가 실려 있는데, 이에 따르면 그녀들의 노동은 오전 5시 반에 시작하여 오후 9시에 끝난다. 그러나 당시 노동자들의 증가에 따라 노동조합의 결성도 진전되었고 열악한 노동조건에 항의하며 투쟁한 여성노동자들의 노동운동도 활발히 전개되었음에도 불구하고 이에 대한 언급은 전혀 찾아볼 수가 없다.

165쪽에는 히구치 이치요우(樋口一葉)의 사진이 실려 있다.

173쪽에는 여성의 참정권을 요구하는 포스터가 실려 있고, '대중의 시대'라는 소제목하에서 "(세계)대전과 러시아혁명의 영향으로 유럽에서는 노동자와 대중의 권리가 인정되어 여성도 직장에 왕성하게 진출했다. 여성의 참정권도 1918년의 영국을 시작으로 하여 각국에서 실현되었고 독일에서는 다음해 바이마르헌법에 의해서 주권재민, 20세 이상의 보통선거권, 노동자의 단결권이 규정되었다"라고 서술하고 있다.

179쪽에는 '여성운동의 대두'라는 소제목하에서 "여성차별로부터의 해방을 목표로 하는 여성운동도 활발해졌다. '신여성'을 지향하여 세이토우사(青鞜社)를 결성하고 여성해방을 주장해 온 히라츠카 라이쵸는 신부인협회를 설립하고, 정치활동의 자유, 여자고등교육의 확충, 남녀공학, 모성보호 등을 요구하는 운동을 전개했다. 또한 사회주의 입장으로부터의 운동도 시작되고, 여성참정권을 요구하는 운동이 본격화했다"라고 서술되어 있다. 또한 잡지 『青鞜』의 표지 그림과 세이토우사의 선언이 박스 안에 부분 요약되어 있다.

181쪽에는 '관동대지진'에 대해 "혼란 속에서 조선인과 사회주의자가 폭동을 일으켰다고 하는 유언비어가 확산되어 다수의 조선인, 중국인, 사회주의자 등이 살해되었다"고 서술되어 있다. 이러한 서술은 관동대지진 당시 조선인에게 조직적으로 자행되었던 학살, 특히 여성들에게 자행되었던 잔인한 학살행위의 배경에 일본 국가가 있었음을 은폐하는 효과가 있다. 그러나 관동대지진의 조선인학살은 단지 극도의 공포심에 사로잡힌 사람들에 의해 혼란상태에서 우발적으로 일어난 불행한 사건이 아니다. 당시 일본 국가가 일본인들의 조선인에 대한 뿌리깊은 편견과 차별감을 이용하여 조선인들을 희생양으로 함으로써 국가적 혼란에서 벗어나고자 선동했던 결과였다.

188쪽에서는 '일중전쟁의 발발'이라는 소제목하에서 "전쟁의 포화가 화북에서 화중으로 확대하여, 일본군은 같은 해(1937년－인용자) 말에 수도 난징을 점령했다. 그 과정에서 여성과 아이를 포함한 중국인을 대량으로 살해했다(남경사건)"고 서술한 후 남경사건에 각주를 달고 "이 사건은 남경대학살로서 국제적으로 비난받았지만 국민에게는 알려지지 않았었다"고 부연 설명하고 있다. 이것은 2001년에 검정된 현행 교과서의 내용과 동일하다. 그러나 남경대학살에서 일본군이 자행했던 수많은 중국 여성들에 대한 잔혹한 집단강간사건은 전혀 언급되어 있지 않다.

189쪽에서는 "조선에서는 황민화라는 이름 아래 일본어의 사용과 성명의 표현방식을 일본식으로 바꾸는 창씨개명을 추진했다. 게다가 지원병제도를 실시하여 조선인들도 전쟁터에 동원했다"라고 서술하고 있다. 이런 서술방식은 조선 남성의 일본군으로의 동원이 마치 자발적인 것처럼 보이게 한다. 이 부분에서 가장 심각한 문제는 수많은 조선 여성들이 강제로 동원되어 일본군'위안부'가 되고 성노예로서 비참한 삶을 살아야 했던 역사적 사실에 대한 언급이 전혀 이루어지고 있지 않다는 점이다.

또한 미국군의 일본 본토 상륙을 가능한 한 늦추려고 했던 일본군의 작전에 따라 오키나와 주민이 총동원되어 전 주민의 1/3이 희생되었던 오키나와전투에 관한 언급도 전혀 없다.

205쪽에는 '최초의 여성국회의원들'의 사진이 실려 있고, '일본국헌법'이라는 소제목하에서 "남녀평등을 기본으로 하는 민법 등이 생겼다"고 서술하고 있다.

(3) 日本書籍新社

니혼쇼세키신샤 간행 역사교과서 검정신청본은 여성을 멸시하거나 전쟁의 책임을 은폐하려는 서술은 거의 보이지 않는다. 민중의 역사에 대해서도 상세히 서술하고 있고, 남성의 역사만을 서술하는 것이 아니라 여성의 역사도 같은 비중으로 다루고 있다. 또한 앞의 두 교과서와 비교하면, 일본의 침략전쟁에 의한 식민지 민중들의 고통과 이들의 저항 및 투쟁에 대해서도 객관적으로 서술하려는 노력을 보이고 있다. 그렇지만 니혼쇼세키신샤에서 간행되었던 이전의 교과서와 비교하면 대단히 후퇴한 측면이 보인다.

여기서도 근현대사에 한정하여 여성 관련 서술을 중심으로 교과서의 내용분석을 해보겠다.

128~129쪽에서 베르사이유의 여성들의 행진(1789년) 그림을 싣고, "여성들은 무엇을 요구하고 어디를 향해 행진하고 있는가"라고 묻고 있다. 그리고 135쪽에서는 '프랑스혁명' 후 국민의회가 발표한 인권선언이 주권은 국민에게 있다고 했지만, 여성에게는 선거권 등이 인정되지 않았다는 것을 측면의 주에서 지적하고 있다.

138쪽에는 세포이 봉기에서 선두에 서서 싸웠던 북인도 왕국의 왕비 사진이 실려 있다.

151쪽에는 여성 민권사상가 키시다 토시코의 사진이 실려 있고, '민주주의를 배우다'라는 소제목하에서 "자유민권운동 속에서 남녀평등의 사고도 탄생하여, 카케야마 히데코(景山英子)와 같이 운동에 가담하는 여성도 나타났다"라고 서술하고 있다.

155쪽에는 최초의 중의원의원 선거에 대한 서술에서 측면의 주를 통해 "여성은 선거권·피선거권을 인정받지 못했고, 정치집회에 참가하는 것도 금지당했다"는 것을 지적하고 있다.

159쪽에서 명성왕후 시해사건에 대해서는 전혀 언급하지 않은 채 명성왕후라고 추정되고 있는 여성의 사진을 싣고 "민비(1851~1895) : 조선국왕의 왕비. 여러 차례 정치의 실권을 잡았다"라고 간략히 설명하고 있다.

166쪽에는 업종별 남녀공장노동자의 비율(1909년) 그래프와 방적공장과 제사공장 노동자의 일일시간표가 실려 있고, 박스 안에 "공장에서 일하고 있는 사람들은 어떤 생활을 보냈던 것일까"라는 생각할 거리를 던져주고 있다. '농촌의 변화'라는 소제목하에는 여성의 농업노동 수행에 대해 언급하고 있고, 생활이 곤궁했던 소작인들이 임금을 가불하고 딸을 제사공장과 방적공장에서 일하게 했다는 사실을 서술하고 있다. 166~167쪽에서는 '노동문제와 사회주의'라는 소제목하에 제사업과 방적업의 여성노동자들의 열악한 노동실태에 대하여 서술하고 있다.

168쪽에는 미국 유학을 떠나는 츠다 우메코의 사진이 실려 있다. 또한 성별 취학률 추이 그래프가 실려 있으며, 박스 속에 '왜 여자보다 남자 쪽이 취학률이 높았던 것일까?'라는 생각할 거리를 던져주고 있다.

168~169쪽에는 '교육과 과학'이라는 소제목하에 "여성교육을 위한 여학교도 설립되었다. …… 학교에서는 교육칙어에 기반하여 충군애국의 정신을 가르치는 것이 가장 중요해지고, 여성에게는 '양처현모'로 되는 것이 요구되었다"고 서술하고 있다.

169쪽에는 '근대문학'이라는 소제목하에서 요사노 아키코를 소개하고 시집 사진을 실고 있다. 요사노 아키코에 대해서는 172쪽 발전학습에서 그녀의 사진과 반전시 '그대 죽지말지어다'의 전문 및 그 시를 실었던 잡지의 표지 사진을 실고, 시의 배경이 되는 러일전쟁에 대해 설명하고 있다. 또한 '생각해보고 조사해보자'에서 "요사노 아키코는 왜 이와 같은 시를 발표했었던 것인가? 또한 당시 어떤 반향을 불러왔는가 조사해보자"고 하여 전쟁에 대해 비판적인 사고를 할 수 있도록 이끌고 있다,

173쪽의 발전 학습 '역사 속의 아이들—공장에서 일하는 아이들'에서는 1쪽에 걸쳐 근대일본의 아동노동과 여공애사에 대해 자세히 서술하고 있다. 도쿄의 담배공장의 어린 노동자들의 사진도 실고, "근대 일본의 발전의 그림자에는 이와 같은 아이들의 고뇌가 있었다는 것을 잊어서는 안 될 것"이라고 하며 마무리하고 있다.

178~179쪽에는 야스쿠니신사 유슈관(靖国神社 遊就館)에 소장되어 있는

'황국여성의 노동'과 관련한 그림이 실려 있고, '여성들은 어떤 일과 노동을 했던 것일까'라는 질문을 하고 있다.

184쪽에서는 '3 · 1독립운동'과 관련하여 유관순의 사진을 싣고, "서울의 이화여자학당에 다니던 15세 때, 독립운동에 참가하고 투옥되어 고문을 당해 사망했다"고 간략히 소개하고 있다. 또한 서울 중심가에서 행진하고 있는 여학생들의 사진도 싣고 있다.

187쪽에서는 '사회운동의 고조'라는 소제목하에서 "1920년에는 히라츠카 라이쵸와 이치가와 후사에가 신부인협회를 만들고, 여성의 정치참가 등 남여평등을 지향하는 운동을 진행했다"고 서술하고, 측면의 주를 통해 히라츠카 라이쵸가 세이토우사라는 여성문예단체를 만들고 여성해방을 지향해갔다는 것을 언급하고 있다.

189쪽에서는 1925년에 25세 이상 남성이 선거권을 갖는 보통선거제도가 실현되었다고 서술하고, 측면의 주를 통해 "여성의 선거권 · 피선거권은 인정되지 않았기 때문에, 여성들은 정치참가의 권리를 요구하여 부인참정권운동을 전개했다"고 서술하고 있다.

190쪽에서는 '생활방식의 변화'라는 소제목하에 "버스 차장과 전화교환수, 타이피스트 등의 직업에 여성이 진출했다"고 서술하고, 버스 차장 여성들의 사진을 싣고 있다.

193쪽에서는 '안네의 일기'를 쓴 안네 프랑크의 사진을 싣고, 그녀의 삶에 대해 간단한 설명을 하고 있다.

198쪽에서는 '남경대학살'에 대해 "연말에 일본군은 수도 난징을 점령했지만 그 사이 20만 명이라고 말해지는 포로와 민간인을 살해하고, 폭행과 약탈도 끊이지 않았기 때문에 엄중한 국제적 비난이 쏟아졌다(남경사건)"고 서술하고 있다. 앞의 두 교과서에 비하면 사실을 객관적으로 서술하고 있지만, 2001년의 서술에 비해서 대폭적으로 약화된 서술이다.

199쪽에서는 '모두를 전쟁으로'라는 소제목하에서 "조선과 대만에서는 일본에의 동화를 강제하는 황민화정책이 진행되었고, 특히 조선에서는 일본식 성명을 따르도록 하는 창씨개명과 신사참배가 강제되었다"라고 서술하고 있다. 그러나 당시 조선에서 진행되었던 강제연행의 사실이나 일본군'위안부' 관련 서술은 없다.

202쪽의 발전학습에서는 '환상(幻像)의 대동아공영권'이라는 제목하에 "군의 요청에 의해서 일본군 병사를 위해 조선 등 아시아의 각지에서 젊은 여성이 모집되어 전쟁터로 보내졌다"라고 서술하여 일본군'위안부'에 대해 살짝 언급하고 있다. 이는 2001년 검정신청본 교과서의 서술("조선 등 아시아의 각지에서 젊은 여성이 강제적으로 모집되어 일본병사의 위안부로서 전쟁터에 보내졌다")과 비교할 때, 일본군에 의한 조직적인 행위였다는 점이 약하게나마 나타나고 있기는 하다. 그러나 동원의 강제성을 분명하게 드러내지 않고 '위안부'라는 말도 사용하지 않음으로써 일본군'위안부' 문제의 본질이 일본군 성노예제였다는 점, 즉 일본군에 의한 조직적인 '성폭력'이었다는 점을 이해할 수 없게 되어버렸다.

204~205쪽에서는 "정부는 국민징용령에 의해 국민을 강제적으로 공장 등에서 일하게 했을 뿐만 아니라 미혼의 여성과 여학생, 중학생까지 공장에 강제로 동원했다(근로동원). 농촌에서는 일손과 비료의 부족으로 고생하면서, 점차로 여성이 농촌을 지탱하는 것으로 되어갔다"고 서술하고 있다.

206쪽에서는 '오키나와의 비극'이라는 소제목하에 오키나와 전투의 참상에 대해 서술하고 있다.

219쪽에서는 '일본점령과 민주화지령'이라는 소제목하에 1945년 10월에 있었던 5대개혁 지령을 언급하고 있는데, 여기에 '여성해방'이 포함되어 있고, 20세 이상 남녀에게 선거권을 부여하는 개혁이 실시되었다는 것이 서술되어 있다.

220쪽에는 가두에서 연설하고 있는 중의원 선거의 여성 입후보자 사진이 실려 있다.

221쪽에는 '민주화의 진전'이라는 소제목하에 남녀 공학이 보통인 것이 되었고, 여성 지위의 향상도 진전되었다고 서술하고 있다. 또한 "여성이 처음으로 선거권을 행사한 1946년의 전후 최초의 총선거에서 39명의 여성 의원이 탄생했다. 또한 1947년의 민법개정에서 봉건적인 가족제도가 폐지되고, 남녀평등을 원칙으로 한 새로운 가족제도가 정해졌다"고 서술하고 있다. 측면에는 일본, 영국, 독일, 미국, 프랑스에서 여성 선거권이 실현된 연도를 비교하고 있고, 그 아래 박스에는 "법률상에서는 남녀평등이 실현되었지만 여성에 대한 차별은 정말로 없어졌던 것일까"라는 생각할 거리를 던져주고 있다.

231쪽의 '발전학습－일본의 전후처리'에서는 일본의 아시아 국가들에 대한 배상 등의 전후처리 문제에 대해 역사적 경과와 역사인식 문제를 서술하고 있다. 일본 국내에 과거의 전쟁을 침략전쟁으로 생각하지 않는 사람들이 존재한다는 것을 지적하고 역사인식의 문제는 지금도 중요한 문제의 하나라는 점을 강조하고 있다. 한국의 '태평양전쟁희생자유족회'가 일본정부를 소송한 것을 보도한 1991년 아사히신문 기사 사진도 실려 있다.

2) 공민교과서

(1) 가족 관련 서술

가. 扶桑社

10쪽에는 한 가족이 식탁 앞에서 단란한 모습으로 식사를 하고 있는 사진이 있고, 가족의식 관련 그래프와 함께 가족의 역할에 대해서 이야기해 보도록 하고 있다. 10쪽의 '가족의 역할'이라는 소제목하에서는 다음과 같이 서술하고 있다.

> 오늘날 가족의 위기와 붕괴 현상이 일어나고 있다. 이것은 가족에서 함께 생활하고 있어도 개인의 생활이 우선되고, 개별 방에서 지낸다든지 식사시간도 제각기여서 가족 단란의 장이 없어지고, 단순한 공동생활자로 되고 있는 것 같은 상태가 증가하고 있다는 것을 가리킨다.

11쪽에는 '가족과 개인'이라는 소제목하에서 다음과 같이 서술하고 있다.

> 개인의 인격의 형성에는 가족이라는 커뮤니티가 큰 영향을 끼치고 있다. 가족이 개인의 집합, 개인이 가족보다 우선되는 것처럼 되면, 가족의 일체감을 상실할 우려가 있다. 가족 유대의 약화는 사회의 기반을 뒤흔들 뿐이므로 가족이라는 커뮤니티를 지키려고 하는 노력이 필요하다.

11쪽의 "가사는 무상의 노동인가"라는 칼럼에서는 다음과 같이 서술되어 있다.

> 가사는 가족생활의 기쁨과 가족의 유대를 만들어내는 원천이기도 하다. 가사는 돈이 되지 않는 일이라기보다 돈으로는 지불할 수 없을 정도로 큰 가치를 가진 일이라고 할 수 있는 것은 아닐까?

이상에서 살펴본 후소샤 간행 공민교과서의 가족 관련 서술들은 현실에서 급격히 진행되고 있는 가족변동을 전혀 인정하려 하지 않고, 개인주의를 적대시하면서 성역할 규범과 가족주의를 강조하고 있다. 특히 맞벌이 가족이 보편화 되어가는 가족구조의 변화에도 불구하고 여전히 가사노동이 주로 여성에 의해 수행되고 있는 현실에 대해 비판하기는커녕 가족주의 이데올로기를 동원하여 여성에게 인고를 강요하고 있는 것은 심각한 문제라고 할 수 있다.

나. 東京書籍

30~31쪽의 "가족과 사회생활"에서는 '다양화하는 가족', '가족에 대한 원칙과 법률'이라는 소제목하에 다음과 같이 서술되어 있다.

> 사람들이 가족에게 바라는 것은 시대에 따라서 변화하고 있고, 오늘날 가족의 다양화가 진전되어 오고 있다. …… 가족에 대한 기본적인 원칙은 개인의 존경과 양성의 본질적인 평등이다. 가족은 서로 돕지 않으면 안되지만, 그 경우에도 가족 한 사람 한 사람의 인격과 자주성은 존중하는 것이 중요하다. 민법에서는 부부는 서로 협력해서 자녀에게 친권을 행사한다는 것이 명문화되어 있다.

30쪽에는 24시간 보육소 사진과 보육소에 아이를 마중하러 온 아버지의 사진이 실려 있다.

검정신청본의 31쪽에는 '부부별성(夫婦別姓)'에 대한 생각을 묻는 질문과 함께, 부부별성에 대한 찬성 거부 여부에 대한 여론조사 결과표가 실려 있었다. 그러나 부부별성이 '채용'되어 민법에 명기되어 있는 것 같은 오해의 우려가 있다고 해서 수정본에서는 부부별성 관련 여론조사 결과표가 삭제되었다. 또한 용어해설에도 검정신청본에서는 부부별성 부분이 있었으나 수정본에서는 부부별성에 대한 해설이 삭제되었다.

이상에서 살펴본 도쿄쇼세키 간행 공민교과서의 가족 관련 서술은 현재 진행 중인 가족의 다양화 추세를 인정하고 있지만 가족 내부의 젠더관계에 대한 문제의식은 찾아볼 수 없고, 가족 변화에 따라 요구되는 공적 영역에서의 가족정책에 대한 언급이 없이 사적 영역인 가족에 모든 것을 맡겨놓고 있다.

다. 日本書籍新社

24쪽의 "가족과 그 동향"의 '개인의 존중과 가족'이라는 소제목하에서 다음과 같이 서술되어 있다.

> 개인의 존중은 성과 세대가 다른 인간에 의해 구성되어 있는 가족의 공동생활(가정)에서도 존중되지 않으면 안된다. 현실에서는 취직할 때와 가정 내의 노동 분담에서 남성과 여성 사이에 큰 차별이 존재해 왔다. 그런데 이 20년 정도 사이에 '남자는 직장일, 여자는 가사 · 육아'라는 성별역할분업을 극복하고, 양성의 평등을 더욱 진전시켜 가려는 대처가 여성단체 등을 중심으로 활발하게 이루어져 왔다. 그 속에서 남녀의 혼인적령차별 문제와 부부별 성문제 등 민법 그 자체의 개정도 주목되어져 왔다.

25쪽의 '가족의 동향과 그 변화'라는 소제목하에서 다음과 같이 서술되어 있다.

> 근래에 모자가구, 부자가구, 노인 단독가구의 증가 등 가족형태는 다양화하고 있다. 이러한 변화에 따라 여태까지 가족이 담당해온 역할의 다수가 택배도시락, 패밀리 레스토랑, 레저산업 등에서 맡아 대체되어 가고 있다. 그러나 육아와 개호를 가족 특히 여성만으로 해결하는 것은 곤란하게 되고 있다. 그 때문에 직장의 노동조건의 개선과 보육소 · 노인시설의 충실, 육아와 개호를 위한 유급휴가제도의 확립 등이 필요로 되어 왔다. 그것과 동시에 남성의 육아 · 개호에의 본격적인 참여가 한층 더 요청되고 있다.

이상에서 살펴본 니혼쇼세키신샤 간행 공민교과서의 가족 관련 서술은 현재 진행 중인 가족변동과 가족 내부의 젠더관계의 문제점을 정확히 언급하고 변화된 가족 현실에 따라 요구되고 있는 대책까지 제시하고 있다.

(2) 여성노동 관련 서술

가. 扶桑社

49쪽의 '노동환경의 변화'라는 소제목하에서 다음과 같이 서술되어 있다.

> 노동환경의 변화는 파트타이머와 파견노동자를 증가시키는 등 고용형태에서도 나타나고 있다. …… 그중에서, 남녀고용기회균등법과 남녀공동참획사회기본법, 육아 · 개호휴직법의 제정 등 여성의 사회진출을 후원하려고 하는 움직임도 진전되고 있다.

후소샤 간행 공민교과서에서는 고정된 성별역할분업관에 따라 여성의 사회진출을 부정적으로 바라보고 있다.

나. 東京書籍

31쪽에서는 일본 여성의 연령별 노동력참가율 그래프를 제시하고, 왜 M자형 곡선으로 되고 있는지에 대해 생각해보도록 되어 있다.

48쪽에는 여성노동 관련 그래프들이 있고, 여성차별과 장애자차별의 실태와 그 해결 방법에 대해서 생각해보도록 되어 있다. 48쪽의 '남녀평등을 지향하며'라는 소제목하에서는 다음과 같이 서술되어 있다.

> 현재의 일본에서는 여성이 사회에 나가 일하려고 할 경우에 취직이 어려웠다든지, 급여와 승진이 남성과 같은 기준이 아니었다든지 해서 남성보다도 불리하게 대우받는 경향이 있다. 또한 여성이 직장 등에서 남성으로부터 받는 성희롱도 문제가 되고 있다. 이것은 전후의 일본국헌법, 노동기준법이 남녀평등을 선언했음에도 불구하고, 실제로는 장기간에 걸친 남성우위의 사회가 쉽게 바꾸지 않는 것을 보여주고 있다. 여성이 사회에서 활약할 수 있도록 하기 위해서는 남성중심사회의 존재방식을 재고하고, 남녀고용기회균등법 등에 입각하여 여성이 일을 구하기 쉽고, 일하기 쉬운 환경을 정비해가는 것이 필요하다.

99쪽에서는 지방의회에서 여성의원 비율의 추이를 보여주는 그래프를 제시하고 여성의원의 활약에 대해 소개하고 있다.

도쿄쇼세키 간행 공민교과서는 노동영역에서의 여성차별에 대한 문제의식을 어느 정도 보여주고 있다.

다. 日本書籍新社

32쪽에는 노선버스의 운전을 맡고 있는 여성운전사들의 사진과 관리직에서 차지하는 여성 비율의 국제비교표가 실려 있다.

63쪽의 '평등한 고용기회의 실현'이라는 소제목하에서 다음과 같이 서술되어 있다.

> 남녀고용기회균등법의 성립 후 여성의 채용, 지위와 대우가 조금씩 개선되고 있지만, 현실에서는 남녀 간의 채용과 노동조건의 차별이 남아 있다. 성별역할분업관이 강한 일본에서는 여성이 계속 일하고 싶어도 결혼하면 가사와 육아를 위해서 직장일을 그만두는 여성이 많다. 과거에는 여성의 오후 10시 이후의 노동을 금지하고 있었지만, 1999년 4월에 노동기준법이 개정되고, 여성의 심야근로가 인정되는 것으로 되었다. 이것에 의하여 여성에게 새로운 직종이 확장되고, 근로시간도 다양하게 되었다. 이리하여 부부의 노동시간에 의해서는 가족생활이 불안정하게 되는 일도 있다. 여성이 더욱 일하기 쉽게 되기 위해서는 보육원의 충실과 안심하고 일할 수 있는 환경 만들기 등이 요청되고 있다. 또한 신청에 의한 남성의 육아휴직을 사업주의 의무로 정하고, 남녀가 육아를 하기 쉬운 근로시간의 개선과 남성의 가사참가 등도 요청되고 있다.

또한 67쪽에는 취직난에 항의하여 데모행진을 하는 여대생들의 사진이 실려 있다.

104쪽의 '여성차별'이라는 소제목하에서는 다음과 같이 서술되어 있다.

> 일하는 남녀의 차별을 없애는 것도 중요한 과제이다. 1985년에 제정되었던 남녀고용기회균등법이 1997년에 개정되어, 규제는 전보다 엄격하게 되었다. 그러나 불황 중에 여성정사원의 채용이 줄고 임금과 승진 등에서도 변함없이 큰 격차가 있다.

니혼쇼세키신샤 간행 공민교과서에서는 노동영역에서의 젠더불평등에 대해 구체적으로 지적하면서 이를 시정하기 위해 필요한 조치들을 언급하고 있다.

(3) 남녀평등 관련 서술

가. 扶桑社

84쪽의 '법 아래의 평등'이라는 소제목하에 다음과 같이 서술되어 있다.

> 그러나 평등권은 사회에 실서를 부여하고 있는 역할분담과 개인의 입장까지 없애려고 하고 있는 것은 아니다. 또한 지나치게 나아간 평등의식은 오히려 사회를 혼란시키고, 개성을 빼앗아버리는 결과로 되는 일도 있다. 헌법이 보장하고 있는 것은 '결과의 평등'이 아니라 누구에게도 똑같이 기회를 부여한다고 하는 '기회의 평등'이다.

90쪽의 "사회에 남아 있는 차별" 중 '남녀평등'이라는 소제목하에 다음과 같이 서술되어 있다.

> 남녀고용기회균등법과 육아 · 개호휴직법, 남녀공동참획사회기본법에서 보여지는 것처럼, 남녀의 역할분담을 초월하여, 개인의 능력에 기반하여 자기를 살리려고 하는 경향이 보인다. 그러나 동시에 남녀의 성차를 둘도 없는 귀중한 개성으로서 파악하여, 각각의 역할을 존중하려고 하는 태도도 중요하다.

94쪽의 '남녀공동참획(参画)사회의 과제'라는 소제목하에서 다음과 같이 서술되어 있다.

> 남녀공동참획의 필요성은 강하게 의식되어 오고 있고, 많은 자치체에서

> 는 이것을 진전시키기 위한 조례와 제도를 정비해가고 있다. 그러나 한편에서는 이러한 조례에 대해서 "성차와 남녀차별을 혼동하여, 남자다움 · 여자다움이라는 일본의 전통적인 가치관까지 부정하고 있다", "여성의 사회진출을 강조한 나머지 여하튼 일해야 한다는 사고방식을 강요하는 듯하고, 자녀양육 등으로 사회에서 공헌하고 있는 전업주부의 역할을 경시하고 있다"는 반대의 목소리도 높아지고 있다. …… 여성이라는 점만으로 불합리한 차별을 받는다든지 편견의 대상이 되는 일은 물론 있어서는 안된다. 그러나 그러한 생각만으로 사회의 풍습과 예로부터 전해져온 전통을 비판한다든지, 성별을 존중하려고 하는 개인의 삶의 방식을 부정해서는 안될 것이다.

학습자료에서도 남녀고용기회균등법과 남녀공동참획사회기본법은 실리지 않았다.

후소샤 간행 공민교과서는 철저히 고정된 성별역할분업론과 성역할규범에 기반한 남녀관계를 강조하면서 남녀평등과 남녀공동참획사회에 대한 근본적인 적대감을 보이고 있다.

나. 東京書籍

31쪽의 '남녀공동참획사회를 향하여'라는 소제목하에서 다음과 같이 서술되어 있다.

> 전후, 일본국헌법에서는 가족생활에 있어서 '개인의 존중과 양성의 본질적 평등'이 규정되어 법률상에서는 남녀평등이 실현되었다. 그러나 오늘날도 많은 사람들에게 '남자는 직장일, 여자는 집에서 가사, 육아'라는 전통적인 성별역할분업 의식이 남아 있는 것도 사실이다. 그와 같은 가운데에서, 남녀고용기회균등법이 개정(1997년)되고, 더 나아가 남녀공동참획사회기본법이 시행(1999년)되어, 남녀구별 없이 개인으로서 능력을 발휘하는 것이 가능한 사회가 진전되어 오고 있다. 남녀공동참여사회의 실현을 위해서는 보육서비스의 다양화, 자녀양육과 개호를 위한 휴가제도의 충실 등 직장일과 자녀양육이 양립할 수 있는 환경 만들기가 필요로 되고 있다. 우리들 한

사람 한 사람에게도 성별에 구애받지 않는 삶의 방식이 요구되고 있다.

48~49쪽의 "함께 살아간다 ②"에서 '공생사회를 지향하며'라는 소제목하에 다음과 같이 서술되어 있다.

> 공생사회에서는 사람들의 생활과 사고방식이 다르다는 것을 인정한 다음에 서로를 존중해가는 것이 필요하다. 특정한 사람들에 대한 차별이 있어서는 안된다. 예를 들어 '집의 일은 여성의 일'이라고 했던 의식은 남녀평등과는 맞지 않는다.

침고자료집에도 남너공동참획사회기본법의 핵심 내용과 남녀고용기회균등법의 핵심 내용, 여성차별철폐조약의 내용이 실려 있다. 그리고 용어해설에서도 남녀고용기회균등법에 대해 설명되어 있다.

도쿄쇼세키 간행 공민교과서는 남녀평등과 남녀공동참획사회의 필요성을 강조하고 있다.

다. 日本書籍新社

32쪽의 '남녀평등을 바라며'라는 소제목하에 다음과 같이 서술되어 있다.

> 오늘날에는 가족과 지역, 직장 등 모든 경우에 남녀가 서로 대등하게 관계를 갖는다고 하는 '남녀공생사회'라든가 '남녀공동참획사회'라는 말이 사용되게 되었다.

100~101쪽의 '평등한 대우를 받을 권리'에서는 "평등이란 어떤 것인가" "평등한 대우를 받을 권리는 어떻게 해서 많은 사람들에게까지 확대되었던 것일까" 모두 이야기해 보자는 질문이 있고, '진정한 평등을 바라며'라는 소제목하에서 다음과 같이 서술되어 있다.

> 근대의 시민혁명에서 평등은 성인남성을 중심으로 하는 평등이었다. 그것은 가족 간에, 특히 남녀 간의 완전한 평등을 의미하는 것은 아니었다. …… 오늘날 일본에서는 부락차별과 민족차별, 장애인차별과 여성차별 등을 어떻게 해결해가는가가 계속해서 사회전체의 커다란 과제로 되어 왔다. 게다가 아이와 노인의 권리와 다양한 성적 지향을 가진 사람들의 권리보장 등도 커다란 과제로 되고 있다. 미국과 북유럽 국가 등 많은 나라들에서는 소수민족과 장애자, 여성 등에 대한 고용의 할당제도의 채용 등, 실제로 사람들의 평등이 보장되도록 하기 위한 노력이 진전되고 있다.

100쪽에는 프랑스혁명 당시 구즈(Olympe de Gouge)에 의한 '여성과 여성시민의 권리 선언'에 대한 간단한 설명이 박스 속에 실려 있다.

또한 101쪽에는 핀란드의 남녀평등법(1995년)의 내용도 별도의 박스 속에 실려 있고, 노르웨이의 '남녀평등의 책'의 표지 그림(가족생활에서 남녀평등을 그리고 있다)이 실려 있다.

학습자료에는 여성차별철폐조약, 남녀고용기회균등법의 핵심 내용이 실려 있다.

니혼쇼세키신샤 간행 공민교과서는 진정한 의미에서 남녀평등과 남녀공동참획사회의 실현이 무엇인가에 대한 진지한 이해를 강조하고 있다.

(4) 소자화(少子化) 관련 서술

가. 扶桑社

21쪽의 '소자화대책'이라는 소제목하에서 다음과 같이 서술되어 있다.

> 우리나라에서 소자화의 배경에는 여성의 사회진출에 따른 미혼화 · 만혼화, 자녀양육에 드는 경제적 부담과 체력적 · 정신적 부담, 자녀양육에 의한 직장일 지장 등의 문제가 있다. 이러한 자녀양육 부담을 경감하고, 직장일과 자녀양육의 양립을 가능하게 하여, 소자화를 그치게 하기 위해, 정부는

소자화대책추진기본방침을 정리하고 실시계획 '신엔젤플랜'을 책정했다. 동 플랜에는, 저연령아(0~2세)를 보육소가 받아들이고 연장보육, 휴일보육의 추진, 역전보육소의 설치, 보호자의 육아휴직취득 등이 계획되고 있다. 그러나 한편에서는 저연령아를 장시간 보호자에게서 분리하는 것은 아이에게 나쁜 영향을 끼치는 것은 아닐까 하고 걱정하는 사람도 많다. …… 후생노동성은 시니어세대에 의한 육아서비스를 개시하여, 현재 그 수는 전국에서 120개소를 헤아리고 있다. 시간과 체력에 여유가 있는 시니어세대가 지식과 경험을 활용하면서 자녀양육세대를 지원하는 것은 양친의 자녀양육 부담을 줄임과 동시에 시니어세대 자신에게 사는 보람을 가져오는 것으로서도 기대되고 있다.

그리고 21쪽에는 시니어 세대에 의한 육아서비스 사진이 게재되어 있다. 후소샤 간행 공민교과서는 소자화의 원인을 여성의 사회진출에서 보고 있고, 소자화 대책도 가족적 차원에서 해결하고자 한다.

나. 東京書籍

31쪽에서는 2003년에 성립한 소자화대책기본법에서 정해진 소자화에 대처하기 위한 시책들을 박스 안에서 설명하고 있다.

129~130쪽의 "사회보장과 국민의 복지"에서는 '소자고령사회'라는 소제목하에서 다음과 같이 서술되어 있다.

일본에서는 현재 출생율의 저하와 기대수명의 연장에 의해서 소자고령사회에 돌입하고 있다. …… 소자고령화는 사회보장의 본연의 모습에도 영향을 끼치고 있다. 소자고령화가 진전되면 사회보험 등의 급부액은 증대함에도 일하는 사람이 줄어들기 때문에 수입의 총액은 오히려 줄어들어 버릴 것이다. 특히 심각한 것은 공적연금이다. …… 또한 개호보험제도가 잘 작동하기 위해서는 지역사회의 협력이 불가피하다. 이제부터의 사회보장의 바람직한 방식을 생각하는 것은 사회의 구조를 어떻게 변화시켜 가는가라는 것이기도 하다.

도쿄쇼세키 간행 공민교과서는 소자화와 관련하여 후소샤 간행 공민교과서처럼 여성이나 가족에 책임을 돌리고 있지는 않지만, 소자화 추세가 사회에 장기적으로 미칠 영향에 대해 강조하고 있다.

다. 日本書籍新社

68쪽의 '소자·고령의 시대'라는 소제목하에서 다음과 같이 서술되어 있다.

> 아이의 수가 줄어들고 있다. …… "이대로는 일본은 점점 고령화되어 사회전체에 활기가 없어져버린다"라고 장래를 비관하는 목소리도 들려온다. 그러나 낳고 싶을 때에 낳을 수 있는 환경을 정비하고 자녀양육이 즐거워지는 사회로 변하지 않으면 이제부터도 소자화의 경향은 계속될 것이다.

니혼쇼세키신샤 간행 공민교과서는 소자화 문제에 대해서도 근본적인 원인 분석과 이에 따른 철저한 사회의 지원이 필요하다는 점을 강조하고 있다.

3. 맺음말
-『새로운 역사교과서』를 만드는 모임의 여성관, 가족관

이상과 같이 살펴본 3종의 공민교과서와 3종의 역사교과서는 사회와 역사를 바라보는 시각에서 각각 차이가 있음을 보여준다. 대체로 니혼쇼세키신샤 발행 교과서가 역사의식이나 젠더관계 의식에서 가장 나은 교과서이다. 역사의식에서는 다소 자국중심주의라는 한계가 보이지만, 젠더관계 의식에서는 대단히 훌륭한 관점을 보여주고 있다. 여기서는 문제가 가장 심각한 후소샤 간행 교과서의 역사의식과 젠더관계 의식의 문제점을 지적하면서 마치겠다. 후소샤 간행 교과서에서 드러나는 가장 두드러지는 특징은 '국가주의'이다. 이 교과서는 새로운 국민 만들기 프로젝트로서 국가에 봉사하는 국민을 만드는 것을 목표로 하고 있다. 이들은 전쟁을 할 수 있는 국가를 지향하고 있기 때문에 전쟁에 대한 부정적인 인상을 주는 역사적 사실은 전부 삭제하여 학생들이 전쟁에 대한 진실을 이해할 수 없게 만들고 있다.

또한 이들은 가족을 대단히 중시하고 있다. 이때 이들이 지향하는 가족은 고정적인 성별역할분업에 철저히 기반한 '가족'이요, 여성의 희생에 기반하며 윗세대와 긴밀한 관계를 유지하는 가족이다. 이들이 가족을 중시하는 것에서 선전(戰前)의 가족국가관의 그림자를 볼 수 있다. 이들은 가족에 대한 강조와 함께 개인주의에 대해 대단히 적대적인 입장을 보인다. 현재 진행되고 있는 가족변동 및 개인의 의식변화를 인정하려고 하지 않고, 전쟁 전의 군국주의형 개인, 즉 국가에 매몰된 개인을 만들고자 하는 것이다.

이들의 가족에 대한 강조, 개인에 대한 부정과 함께 두드러진 중요한 특징은 '반여성주의'이다. 이것은 1990년대에 들어서 페미니즘과 여성운동이 달성한 성과들에 대한 직접적인 공격이며, 근본적으로 남성중심주의, 반여성주의가 심층에 내재하는 일본의 내셔널리즘은 일본의 장기불황에 따른 대중들의 불안감을 파고들며 확산되어가고 있다.

1) 메이지유신

(1) 출판사별 관련 부분

가. 大阪書籍 검정신청본

▮ 지방제도와 민법(151쪽)

이 민법의 기초에는 일가의 주인인 호주의 권리가 강화되었다. 또한 가족제도와 상속 등에서 여성에게는 남성과 동등한 권리가 주어지지 않았다.

〈Box〉

민법 제14조 : 아내가 다음과 같은 행위를 하는 것에는 남편의 허가를 받는 것을 필요로 한다. – 빚·보증·소송·부동산의 매매·증여 등.

제749조 : 가족은 호주의 뜻에 반하여 그 거처를 정하는 것은 할 수 없다.

제750조 : 가족이 혼인 혹은 양자결연을 하는 것에는 호주의 동의를 얻지 않으면 안된다.

나. 教育出版 검정신청본

▮ '이에'제도(139쪽)

민법의 제정에 의해 일부일처제가 제도화되었다는 것에 의해 여성의 지위는 에도(江戸)시대에 비해 안정되었다. 그러나 '이에'가 개인보다 중시되고, 결혼은 '이에'와 '이에'의 결합으로 간주되었다. 가장의 권한이 강하고, 재산의 상속 등에서는 남자, 특히 장남이 우대되었다. 남녀평등이라는 사고방식은 충분하지 않았다.

다. 清水書院 검정신청본

▮ 이에제도(174쪽)

메이지시대에는 에도시대의 사무라이(武士)가족에서 볼 수 있었던 사고방식이 서민의 세계에 퍼졌다. 1898년에 시행된 민법에서는 '이에'제도가 중요시되어, 가족을 통솔하는 호주에게 강한 권리가 부여되었다. 장남이 상속 면에서 우대되었고, 차남·삼남과 여성 등의 권리는 약했다.

2) 명성왕후 시해사건

(1) 출판사별 관련 부분

가. 扶桑社 검정신청본

없음.

나. 東京書籍 검정신청본

없음.

다. 日本書籍新社 검정신청본

명성왕후 시해사건에 대해서는 전혀 언급하지 않은 채 명성왕후라고 추정되고 있는 여성의 사진을 159쪽에 기재하고, "민비(1851~1895) : 조선 국왕의 왕비. 여러 차례 정치의 실권을 잡았다"라고 간략히 설명하고 있다.

라. 大阪書籍 검정신청본

없음.

마. 日本文敎出版 검정신청본

없음.

바. 帝國書院 검정신청본

없음.

사. 教育出版 검정신청본

없음.

아. 清水書院 검정신청본

없음.

3) 3 · 1독립운동

(1) 출판사별 관련 부분

가. 扶桑社 검정신청본

▮ 아시아의 독립운동(185쪽)

일본의 지배하의 조선에서는 1919년 3월 1일 구(舊)국왕의 장례에 운집한 사람들이 서울에서 독립을 선언하고, '독립만세'를 외치며 데모행진을 행하였다. 이 움직임은 순식간에 조선 전 국토로 퍼졌다(3 · 1독립운동). 조선총독부는 그 참가자 다수를 구속했지만, 그 후 이제까지의 무력으로 억눌러온 통치방식을 변경하였다.

〈사진〉 3 · 1독립운동.

나. 東京書籍 검정신청본

▮ 조선의 독립운동(174~175쪽)

일본의 식민지지배 아래 놓여 있던 조선에서는 1919년 3월 1일 서울에서 독립을 목표로 하는 지식인과 학생들이 일본으로부터 독립을 선언하는 문장을 발표하고, 사람들은 '독립만세'를 외치며 데모행진을 하였다. 이에 자극되어 독립운동은 단기간에 조선 전 국토로 퍼졌다(3 · 1독립운동). 조선총독부는 무력으로 이것을 진압하는 한편, 이제까지의 무단적인 지배를 완화하는 자세를 보였기 때문에 조선의 근대화를 요구하는 움직임이 활발해졌다. 또 독립운동은 그 후에도 계속되었다.

[측면의 주] "3 · 1독립운동 후 일본은 언론, 출판, 집회의 자유 등을 부분적으로 인정하고 교육제도를 확충하는 등의 정책도 도입했다."(175쪽)

'역사에 접근'에서 "국제주의자 야나이 하라(柳宗悅)의 3 · 1운동관을 소개"

다. 日本書籍新社 검정신청본

3 · 1운동(184쪽)

한국병합 후 일본의 식민지지배로 고통받던 조선사람들도 독립을 요구하며 일어섰다. …… 1919년 3월 1일, 서울의 공원에 모인 사람들은 조선의 독립은 민족의 당연한 권리이고 동양의 평화를 위해 독립이 필요하다고 독립을 선언했다. …… 종 200만 명이 참가하여 자유와 독립을 요구하는 조선민족의 힘을 내외에 보여주었다. 이에 대해 일본은 군대를 파견하여 심한 탄압을 가하였다.

〈사진 1〉 독립을 요구하며 서울의 중심가를 행진하고 있는 여학생들의 사진.

〈사진 2〉 유관순의 사진.

설명 : "유관순(1904~1920) – 서울의 이화여자학당에서 배우던 15세 때, 독립운동에 참가하고 투옥되어 고문을 당해 사망했다."

〈지도〉 3 · 1독립운동이 일어났던 지역.

라. 大阪書籍 검정신청본

조선과 중국의 독립운동(178~179쪽)

1919년 3월 1일, 조선의 독립을 요구하는 사람들이 서울에서 독립선언문을 발표하고 '대한독립만세'를 외치며 시위행진을 했다. 이 움직임은 조선 전 국토에 확대하여 200만 명이나 되는 사람들이 참가하는 운동으로 되었고, 일본정부는 경찰과 군대를 동원하여 진압했다. 이 운동은 3 · 1독립운동이라 불리며, 그 후 조선독립운동의 출발점으로 되었다.

〈도표〉 경지소유자와 경지면적의 추이.

설명 : "토지와 직장을 잃어버린 사람들은 소작인으로 되든지 일본과 만주로 건너가서 일본인보다 낮은 임금으로 일하지 않으면 안되었다."(179쪽)

〈칼럼〉 "야나이 하라와 요시노 사쿠조(吉野作造)로부터 본 조선지배"(179쪽)

마. 日本文敎出版 검정신청본

▌민족자결의 움직임(161쪽)

일본은 군대와 경찰의 힘으로 운동을 강압하여, 약 8,000명의 사망자와 1만 6,000명의 부상자를 냈다.

〈사진〉 유관순 동상 사진.

바. 帝國書院 검정신청본

▌저지된 아시아의 민족자결(191쪽)

일본의 식민지로 되어 있던 조선에서도 1919년 3월 1일 경성(京城, 현재의 서울)의 파고다공원에서 독립선언이 행해지고, 독립만세를 부르짖는 민중운동이 조선 각지에서 퍼졌다(3·1독립운동).

〈사진〉 유관순이 앞장서서 시위하는 3·1운동 조각.

설명 : "유관순(1904~1920) – 유관순은 서울의 이화학당 재학 중에 3·1독립운동을 맞이하였다. 유관순은 운동에 가담하여 '독립만세'를 주장하였기 때문에 체포되었다. 그러나 옥중에서도 그 뜻을 굽히지 않았기 때문에, 고문을 받아 옥사했다. 16살이었다."

사. 教育出版 검정신청본

▌3·1독립운동(152쪽)

일본의 식민지로 되어 있던 조선에서는 1919년 3월 1일, 경성(지금의 서울) 등에서 조선의 독립이 선언되고, 가두에서 '독립만세'를 외치는 행동이 일어나, 조선 전 국토로 퍼졌다(3·1독립운동). 이 운동은 평화적으로 비폭력으로 추진되었지만, 일본은 군대와 경찰의 힘으로 이것을 탄압했다. 이에 대해 조선 사람들은 각지에서 일어나서, 독립운동은 조선 전 국토, 더 나아가 만주 등에도 퍼졌다. 운동은 5월까지 왕성하게 행해졌다.

〈사진〉 탑골공원의 부조.

설명 : "여기에서 1919년 3월 1일, 일본으로부터의 독립을 선언하는 글이 낭독되었다."

〈지도〉 조선에서의 독립운동.

설명 : "약 200만 명이 참가하여 자유와 독립을 바라는 조선민족의 의사를 국내외에 나타냈다."

아. 淸水書院 검정신청본

▮ 아시아 속의 근대 일본(168쪽)

일본은 조선총독부를 세우고, 대만과 유사한 통치를 행했지만, 오랜 역사를 자랑하는 조선 사람들은 저항을 계속하였고, 1919년에는 전 황제의 서거를 기해 독립운동을 전개하여 일본의 심한 탄압을 받았다(3 · 1독립운동).

〈지도〉 3 · 1운동이 일어났던 지역 및 참가인원수 표시.(168쪽)

〈사진〉 3 · 1독립운동의 부조.(169쪽)

설명 : "이 소녀(유관순)는 15살에 운동에 참가하여 1919년 3월 1일 독립선언문을 낭독하고 시위를 조직했지만, 체포되어 1920년 16살로 옥사했다[서울시 파고다(현재는 탑골)공원 내]."

4) 관동대지진

(1) 출판사별 관련 부분

가. 扶桑社 검정신청본

없음.

나. 東京書籍 검정신청본

▮ 역사에 접근 : 관동대지진(181쪽)

혼란 속에서 조선인과 사회주의자가 폭동을 일으켰다고 하는 유언비어가 확산되어 다수의 조선인, 중국인, 사회주의자 등이 살해되었다.

다. 日本書籍新社 검정신청본

▌관동대지진(187쪽)

1923년 9월 1일, 진도 7.9의 대지진이 남(南)관동 일대를 덮쳐서, 요코하마 · 도쿄 등에서는 도시 전체에서 화재가 발생했다. 이재민은 약 350만 명이나 되었고, 사망자 · 행방불명자는 14만 명을 넘었다. 대진재의 혼란 속에서 "조선인이 우물에 독을 던져 넣었다" 등의 유언비어가 퍼졌다. 그 때문에 수천 명의 조선인과 수백 명의 중국인이 군대 · 경찰과 주민이 만들었던 자경단에 의해 학살되었다. 또한 사회주의자와 노동조합의 지도자 중에는 군대와 경찰에 의해 살해된 사람이 있었다. 관동대진재는 부흥에 거액의 비용을 필요로 해서, 경제에 커다란 영향을 끼쳤다. 또한 진재는 사치에 대한 징계라는 주장이 나타나서, 정신을 다잡으려는 움직임이 강해졌다.

[측면의 주] "이 사건은 사람들이 평소 조선인과 중국인을 차별하고 있었기 때문에, 그 보복을 두려워하는 마음으로부터 유언비어를 사실로 믿어버려 일어난 것이라고 말할 수 있다."

라. 大阪書籍 검정신청본

▌관동대지진(184쪽)

1923년 9월 1일 진도 7.9도의 대지진이 남관동 일대를 덮쳤다. 피해를 입은 7부현(府縣)의 이재민은 약 340만 명, 사망자 · 행방불명자는 약 14만 명이나 되었다. 이것이 관동대지진이다. 이때의 화재로, 도쿄는 3일간 계속해서 불탔다. 특히 도쿄와 요코하마의 기업과 은행의 영업이 불가능하게 되는 등 일본경제에 커다란 타격을 주어 대전 후의 불경기를 더욱 심화시켰다. 또한 그 혼란 속에서 조선인이 우물에 독을 던져 넣었다든가, 사회주의자가 폭동을 일으키려고 하고 있다든가 하는 유언비어가 주민과 경찰 등에 의해 퍼져 사람들을 불안에 빠뜨렸다. 주민이 조직한 자경단과 군대 · 경찰에 의해 수천 명의 조선인 외에 사회주의자와 중국인이 체포된다든지 살해된다든지 하였다.

마. 日本文教出版 검정신청본

▌민주주의의 고양(169쪽)

1923년 9월 1일에 관동대지진이 일어났다. 점심식사 시간과 겹쳤던 점도 있어, 도쿄와 요코하마의 각지에서 화재가 발생하고, 약 70만 호의 가옥이 무너지고, 사망자 · 행방불명자는 14만 명이었다. 이 혼란 중에 유언비어가 난무하여, 사회주의자와 노동운동가 외에 많은 조선인과 중국인이 살해되는 사건도 일어났다. 관동대진재에 의해 경제는 커다란 타격을 받아 불경기는 한층 더 심해졌다.

바. 帝國書院 검정신청본

▌칼럼 : "괸동대지진과 빅해"(195쪽)

1923년 9월 1일, 사가미만(相模湾)을 진원으로 하는 대지진이 도쿄와 요코하마를 직격했다. 각 가정에서 점심식사를 준비하고 있는 시간이기도 해서 순식간에 큰 불로 되어, 사망자 · 행방불명자 14만 명 이상, 이재민 340만 명 이상이라는 커다란 피해를 냈다. 주택과 공장이 도시에 밀집해 있었다는 것이 피해를 크게 했다. 혼란 속에서 "조선인들이 폭동을 일으킨다"는 근거 없는 유언비어가 퍼져 자경단을 만들었던 주민이 조선인과 중국인을 살해하는 사건도 일어났다. 또한 사회주의자가 박해를 받아 살해되었다.

사. 教育出版 검정신청본

▌칼럼 : "관동대지진과 그 영향"(157쪽)

1923년 9월 1일, 사가미만을 진원으로 하는 진도 7.9의 대지진이 관동지방을 덮쳤다. 지진과 화재로 도쿄 · 요코하마를 포함하는 관동지방 남부는 큰 피해를 입어, 재해를 입은 가옥 약 70만 호, 사망자 · 행방불명자 14만 명 이상에 달했다. 대혼란 속에서 "조선인이 폭동을 일으켰다" 등의 여러 가지 유언비어가 퍼져, 주민이 조직했던 자경단과 경찰 · 군대 등에 의해 많은 조선인이 살해되는 사건이 일어났다. 또한 사회주의자와 노동운동가 속에도 살해된 사람이 있었다.

아. 清水書院 검정신청본

▌칼럼 : "관동대지진과 한신(阪神) · 아와시(淡路)대진재"(187쪽)

1923년 9월 1일 오전 11시 58분, 관동지방에 대지진이 밀어닥쳤다. 격렬한 흔들림과 해일에 더해, 도쿄 · 요코하마를 중심으로 각지에서 화재가 발생하여 대진재로 되었다. 이 진재에서의 사망자 · 행방불명자는 14만 명을 넘었고, 파손되거나 불에 탄 가옥은 70만 호에 달했으며, 일본경제는 큰 타격을 받았다. 그 진재의 혼란 속에서 "조선인이 폭동을 일으킨다"고 하는 유언비어가 퍼지자 경찰과 군대는 이것을 사실이라고 하여 조선인을 체포했고, 민중도 자경단을 조직해서 조선인과 중국인을 살해했다. 약 7,000명의 조선인, 200명의 중국인, 60명의 일본인이 살해되었다고 한다. 또한 사회주의자와 노동운동의 지도자도 경찰과 군대에 의해 살해되었다.

5) 남경(南京)대학살

(1) 출판사별 관련 부분

가. 扶桑社 검정신청본

없음.

나. 東京書籍 검정신청본

▌일중전쟁의 발발(188쪽)

전쟁의 포화가 화북에서 화중으로 확대하여, 일본군은 동년(同年) 말에 수도 난징을 점령했다. 그 과정에서 여자와 아이를 포함한 중국인을 대량으로 살해했다(남경사건).

[측면의 주] "이 사건은 남경대학살로 국제적으로 비난받았지만 국민에게는 알려지지 않았었다."

다. 日本書籍新社 검정신청본

▮ 선전포고 없이 전쟁(198쪽)

연말에 일본군은 수도 난징을 점령했지만, 그 사이 20만 명이라고 말해지는 포로와 민간인을 살해하고, 폭행과 약탈도 끊이지 않았기 때문에 엄중한 국제적 비난이 쏟아졌다(남경사건).

라. 大阪書籍 검정신청본

▮ 중국과의 전면전쟁(195쪽)

일본군은 각지에서 격렬한 저항을 만나면서도 전선을 확대하여, 12월에 점령했던 수도 난징에서는 포로 외에도 부녀자를 포함한 다수의 주민을 살해했다(남경사건).

[측면의 주] "남경사건은 일본에서는 그 사실을 알지 못했고, 전후의 극동국제군사재판에서 그 규모와 희생자의 실태가 처음으로 명확히 되었다. 단, 피해자 수에 대해서는 여러 가지 조사와 연구가 행해지고 있어 확정되어 있지 않다."

마. 日本文教出版 검정신청본

▮ 중국의 전면전쟁(180쪽)

일본군은 난징을 점령했을 때 많은 중국 민중을 살해하여(남경학살사건) 국제적으로 비난받았지만, 일본의 국민에게는 알려지지 않았다.

바. 帝國書院 검정신청본

▮ 일중전쟁(204쪽)

일본군은 중국의 남부로부터도 침공하여 상하이와 당시 수도였던 난징을 점령했다. 난징에서는 병사만이 아니라 여성과 아이들을 포함한 많은 중국인을 살해해서, 외국들로부터 '일본군의 만행'으로 비난받았다(남경대학살). 그러나 이것은 일본 국민에게는 알려지지 않았다.

사. 教育出版 검정신청본

▌일중전쟁의 시작(165쪽)

동년 12월, 중국의 수도 난징을 점령했다. 이때, 일본군은 혼란 속에서 다수의 포로와 주민을 살해하여, 국제적으로 비난을 받았다(남경사건).

[측면의 주] "이것은 당시 국민에게는 알려지지 않았다. 국민이 이것을 알았던 것은 제2차 세계대전 후였다."

아. 清水書院 검정신청본

▌칼럼 : "일본군과 중국 민중"(196쪽)

일본군의 물자보급체제는 대단히 불충분했다. 일본군은 점령한 지역에서 물자와 노동력을 징발하고 식료 등도 그곳에서 확보했다. 이 때문에 물자의 약탈, 방화, 학살 등의 행위도 종종 발생했다. 특히 난징점령에 즈음하여 포로, 무기를 버린 병사, 노인, 여성, 아이까지 포함한 민중을 무차별적으로 살해했다. 전사한 병사도 합한 이때의 사망자 수는 다수라고 추정되고 있다. 외국에서는 이 남경대학살사건을 강하게 비난했지만, 당시 일본인의 대부분은 이 사실을 몰랐다. 이러한 일본군의 행위는 중국 민중의 일본에 대한 저항과 증오를 더 한층 강화하는 것으로 되었다.

6) 전시총동원과 여성

(1) 출판사별 관련 부분

가. 日本書籍新社 검정신청본

▌모두를 전쟁으로(199쪽)

조선과 대만에서는 일본에의 동화를 강제하는 황민화정책이 진행되었고, 특히 조선에서는 일본식 성명을 따르도록 하는 창씨개명과 신사참배가 강제되었다.

나. 大阪書籍 검정신청본

▮ 국민생활에의 영향(200쪽)

병력을 보충하기 위해서 대학생 등을 징병하고, 조선과 대만에서도 징병제를 실시하여 일본의 군인으로서 전쟁터에 보내졌다. 또한 부족한 노동력을 보충하기 위해서, 병역을 맡지 않은 50세까지의 남성을 군사공장 등에 징용하고, 젊은 여성과 중학생 등도 공장과 농촌으로 근로동원했다. 게다가 조선과 중국의 점령지로부터 수백만 명이라고 일컬어지는 사람들을 강제적으로 동원하여 광산과 방공호 만들기 등의 일을 시켰다.

다. 教育出版 검정신청본

▮ 제1차 세계대전과 총력전(146~147쪽)

각국은 식료를 배급제로 한다든지, 여성과 청소년까지 군수공장에서 일하게 한다든지 해서, 총력전의 체제를 만들었다.

〈그림〉 병기공장에서 일하는 여성.

설명 : "제1차 세계대전 중 남성은 병사로서 전쟁터에 파견되고, 남겨진 여성이 공장 등에서 일할 수 있었다."(146쪽)

▮ 총동원의 전쟁체제(166~167쪽)

〈사진〉 "사치는 적이다"라는 플랜카드를 들고 행진하는 여성들.(167쪽)

▮ 전쟁과 국민생활(172쪽)

많은 남성이 전쟁터에 소집되자 공장과 광산에서는 노동력이 부족하여 학생과 여성의 노동에 의지하지 않을 수 없게 되고, 중학생과 여학생까지 동원했다(근로동원).

라. 清水書院 검정신청본

▮ 전시체제(197쪽)

〈사진〉 폐품회수 임무를 맡은 지역조직의 주부들.

▌전시하의 국민생활(202~203쪽)

노동력을 확보하기 위해서 학도근로동원 · 여자근로정신대와 징용에 의해 중학생 이상의 남녀생도 · 학생과 노인까지도 군수공장에서 일하게 되었다.

〈사진〉 교정에서 밭을 경작하는 여학생(도쿄도).(203쪽)

〈사진〉 여자근로대.

설명 : "1941년 이후, 14~25세의 미혼 여성도 군사공장과 농가에서 근로봉사를 했다."(203쪽)

▌발전 : 전쟁과 민중(204~205쪽)

〈사진〉 만몽(滿蒙)의 신부.

설명 : "혹독한 이국(異境)으로의 만주몽고개척이민은 패전의 도피행 속에서 많은 '중국 잔류 고아'를 생겨나게 했다."(204쪽)

7) 일본군'위안부'

(1) 출판사별 관련 부분

가. 扶桑社 검정신청본

없음.

나. 東京書籍 검정신청본

없음.

다. 日本書籍新社 검정신청본

▌발전학습 : 환영(幻影)의 대동아공영권(202쪽)

군의 요청에 의해서 일본군 병사를 위해 조선 등 아시아의 각지로부터 젊은 여성이 모집되어 전쟁에 보내졌다.

라. 大阪書籍 검정신청본

없음.

마. 日本文教出版 검정신청본

없음.

바. 帝國書院 검정신청본

▮ 전후보상과 근린제국 · 측주(側註)(231쪽)

전시 중 위안시설에 보내졌던 여성과…….

사. 教育出版 검정신청본

없음.

아. 淸水書院 검정신청본

▮ 발전 : 전쟁과 민중(205쪽)

징병제와 강제연행 등에 의해 전쟁터에 보내지기도 하고, 가혹한 노동을 강요당하기도 했던 것은 남성만이 아니라 여성도 포함되어 있었다.

8) 황민화정책과 조선인 강제동원

(1) 출판사별 관련 부분

가. 東京書籍 검정신청본

▮ 강요된 통제경제(189쪽)

조선에서는 '황민화'라는 이름 아래 일본어의 사용과 성명의 표현방식을 일본식으로 바꾸는 창씨개명을 추진했다. 게다가 자원병제도를 실시하여 조선인들도 전쟁터에 동원했다.

나. 日本書籍新社 검정신청본

▮ 모두를 전쟁으로(199쪽)

조선과 대만에서는 일본에의 동화를 강제하는 황민화정책이 진행되고, 특히 조선에서는 일본식의 성명을 따르도록 하는 창씨개명과 신사 참배가 강제되었다.

다. 大阪書籍 검정신청본

▮ 강해지는 전시체제(195쪽)

또한 조선에서는 신사를 만들고 참배하게 하거나, 일본식 이름을 짓는 '창씨개명'을 강제한다든지 하여 일본에 동화시키는 황민화정책을 추진했다.

▮ 국민생활에의 영향(200쪽)

병력을 보충하기 위해서 대학생 등을 징병하고, 조선과 대만에서도 징병제를 실시하여 일본의 군인으로서 전쟁터에 보내졌다. 또한 부족한 노동력을 보충하기 위해서, 병역을 맡지 않은 50세까지의 남성을 군사공장 등에 징용하고, 젊은 여성과 중학생 등도 공장과 농촌으로 근로동원했다. 게다가 조선과 중국의 점령지로부터 수백만 명이라고 일컬어지는 사람들을 강제적으로 동원하여 광산과 방공호 만들기 등의 일을 시켰다.

라. 教育出版 검정신청본

▮ 전쟁과 국민생활(172~173쪽)

또한 노동력의 부족을 보충하기 위해서 식민지로부터 다수의 사람들이 끌려와서 공장과 광산 등에서 일하게 되었다. 많은 조선인과 중국인이 혹독한 노동조건하에서 고된 생활을 강요당했다.

▮ 조선과 대만(173쪽)

조선과 대만에서는 전쟁 말기에 지원병 제도가 개정되어 징병제가 선포되었다. 그리고 많은 사람들이 '일본군 병사'로서 전쟁터에 보내졌고, 또한 많은 조선인 여성 등도 공장 등에 보내졌다.

마. 淸水書院 검정신청본

▮ 전쟁과 근린제국(203쪽)

더욱이 조선과 대만에도 징병제를 실시하여 일본병사로서 전쟁에 동원했다. 국내의 노동력 부족을 보충하기 위해서 조선인과 중국인을 강제적으로 연행하여 탄광과 광산 등에서 일하게 했다.

▮ 칼럼 : "전시하의 조선"(203쪽)

식민지로 되었던 조선에서는 한글의 개량과 역사의 연구 등에 의해 문화 면에서 일본의 지배에 저항했다. 일중전쟁이 시작했을 무렵, 총독부는 일본어의 사용을 강제하고 전통적인 성명(姓名)을 대신하여 일본식 씨명(氏名)을 만들게 하여 공식적인 장에서는 이것을 사용하게 하고 신사에 대한 숭배도 의무로 하였다. 이 일본의 황민화정책은 오랜 역사를 가진 조선의 문화와 사회를 근본으로부터 파괴하는 것이어서, 조선 사람들은 깊은 분노를 품었다.

▮ 발전 : 전쟁과 민중(204~205쪽)

일본이 식민지로 했거나 침략하여 지배했던 지역은 조선과 중국, 동남아시아 등의 넓은 영역에 미쳤다. 이러한 지역의 사람들도 전쟁에 휩쓸렸다. 점령지에서 일본군에 의해 현지의 물가보다 싼 물자의 징발과 함께 약탈과 폭행, 강제노동도 행해졌다. 조선과 대만에서는 징병제가 실시되어 각각 약 20만 명, 2만 명이 태평양전쟁에 동원되었다. 또한 일본 본국과 카라후도 등에 노동력으로서 강제적으로 연행되었던 사람들은 식민지였던 조선에서 약 72만 명(1939~1945년), 점령하에 있던 중국으로부터는 약 4만 명(1943~1945년)이나 된다고 말해지고 있다. 징병제와 강제연행 등에 의해 전쟁터에 보내지기도 하고, 가혹한 노동을 강요당하기도 했던 것은 남성만이 아니라 여성도 포함되어 있었다.

〈사진〉 마츠시로(松代)[나가노(長野)현]의 대본영 유적.

설명 : "태평양전쟁 중에 수도 기능의 이전을 상정하여 마츠시로 부근 3곳에 약 10km에 달하는 지하호가 만들어졌다. 이 공사에는 약 3,000명의 일본인과

7,000명의 조선인이 종사했다고 말해지고 있다. 지원했던 사람도 있지만, 조선인 중에는 강제연행에 의해 일본에 끌려온 노동자도 있었다. 이 지하호 속에는 이러한 조선인 노동자들에 의한 낙서도 볼 수 있다. 또한 지하호 가까이에 살고 있던 주민은 비밀을 지키기 위해 강제이사를 명령받았다."(205쪽)

▌일본의 패전(207쪽)

만주사변으로부터 15년이 지나 드디어 전쟁은 끝났다. 일본은 자기 자신이 일으킨 침략전쟁에 의해 비참한 체험을 했고, 또한 전쟁을 했던 중국과 동남아시아, 구미의 나라들만이 아니라, 전쟁에 동원했던 조선·대만 등의 사람들에게도 커다란 피해와 상처를 남겼다.

〈사진〉 해방을 기뻐하는 조선의 독립운동가.

설명 : "일본의 항복과 동시에 조선사람들은 오랜 일본의 통치에서 해방되었다."

9) 오키나와 전투

(1) 출판사별 관련 부분

가. 扶桑社 검정신청본

없음.

나. 東京書籍 검정신청본

없음.

다. 日本書籍新社 검정신청본

▌오키나와의 비극(206~207쪽)

일본군도 각지에서 패퇴를 계속했지만, 전쟁을 그만두려고 하지 않고 비행기 등으로 적함대에 부딪치는 특공대까지 출격하게 되었다. 1945년 4월에는 미군이 오키나와 본토에 상륙하여 현민도 휩쓸리게 한 격렬한 전투가 일어나서, 현민 희생자는 12만 명이나 되었다. 또한 일본군에게 스파이 용의로 살해되거나 '집단자결'을 강제당한 사람들도 있었다.

[측면의 주] "군은 민간인의 항복도 허락하지 않아서 수류탄을 나누어 주는 등으로 하여 집단적인 자살을 강제했다."(207쪽)

〈사진〉 오키나와전.

설명 : "눈이 멍한 소녀라고 제목이 붙여진 사진. 전후가 되어 남자아이라는 것이 밝혀졌다."(206쪽)

라. 大阪書籍 검정신청본

▮ 전쟁터로 되었던 오키나와(201쪽)

1945년 3월, 연합국군은 오키나와에 상륙을 시작했다. 일본군은 오키나와를 본토의 방벽으로서, 중학생과 여학생까지 병사와 종군간호부로 동원하고, 주민도 끌어들여 싸웠다. 오키나와의 남부는 전부 불타버려서 6월에는 일본군의 조직적인 저항이 끝났지만, 집단자결을 강요당했던 사람도 있어서 오키나와 현민의 4명 중 1명이 희생되는 비참한 결과로 되었다. 국민에게는 이러한 전쟁의 정보가 올바르게 전달되지 않아서, 정부는 '본토결전'과 '일억옥쇄'의 결의를 호소하며 전쟁을 계속했다.

[측면의 주] "희생자 수는 병으로 사망한 사람과 굶어죽은 사람을 포함하면, 군인·군속[히메유리 부대와 건아대(健兒隊)에 동원되었던 중학생·여학생을 포함한다]에 주민을 합쳐서 12만 명 이상으로 추정되고 있다. 이 희생자 수는 본토로부터의 병사의 희생자 수를 크게 상회했다."

〈사진〉 오키나와에서 포로로 되었던 소년병.

마. 日本文敎出版 검정신청본

▮ 대전의 종결(188쪽)

오키나와에서는 미군과의 격렬한 지상전이 3개월에 걸쳐 계속되었다. 이 전투에는 많은 중학생과 여학생도 가담하였고, 패퇴하는 중에 집단자결한 주민도 있었다. 격전 끝에 오키나와는 점령되어 일본의 패전은 결정적으로 되었다.

〈사진〉 미군의 오키나와 상륙.

설명 : "오키나와전에서의 사망자는 20만 명을 꼽으며, 일본군 병사 9만 명 외에, 오키나와의 일반주민 9만 명 남짓이 희생되었다고 말해진다."

바. 帝國書院 검정신청본

▮ 역사의 무대 ⑩ 전쟁터로 되었던 오키나와(211쪽)

태평양전쟁이 시작되자 오키나와현에는 많은 일본군 비행장이 생겨서 주민의 토지를 몰수당하고 건강한 주민의 대다수가 동원되었다. 1944년이 되면 군대가 배치되고 아이와 노인은 큐슈와 대만으로 소개(疏開)되었다. 그 사이에 쓰시마호(對馬丸)를 비롯한 많은 소개선(疏開船)이 미국의 잠수함에 의해 침몰당했다. 1945년 3월 말, 미군이 오키나와섬을 에워싸고 게라마(慶良間)열도에 상륙하여 싸움이 시작되었다. 격렬한 전투 끝에 5월 말에는 일본군은 전투능력을 상실하고 주민이 피난해 있던 오키나와섬 남부로 후퇴했다. 그 결과, 일본군에 의해서 식료를 빼앗긴다거나 안전한 호(壕)에서 쫓겨나와 포탄이 퍼붓는 속을 헤매고 다닌다든지 하여 많은 주민이 죽었다. 일본군사령부는 6월 22일에 자해(自害)하여 일본군의 조직적인 저항은 끝났지만, "최후의 한명의 병사까지 싸워라"라는 명령은 남아 있었기 때문에, 주민과 병사의 희생은 계속해서 증가했다. 사람들은 집단사로 내몰리기도 했고, 금지되고 있던 류큐방언을 사용한 주민이 일본 병사에게 살해되기도 했다. 또한 야에(八重)산열도 등에서는 말라리아 발생지역에도 이주하도록 했기 때문에 많은 병사자가 나왔다. 일가가 전멸, 혹은 가족에 1명 이상의 비율로 희생자를 낸 오키나와현의 전후는 유골수집으로부터 시작되었다. 최근 수년에는 전쟁체험 계승을 위한 기념운동 · 전적지 보존 · 자료관 만들기가 착실하게 행해지고 있다.

〈사진 1〉 화염방사기를 사용하는 미국병사.

〈지　도〉 오키나와에서 행해졌던 지상전을 표시한 지도.

〈사진 3〉 기록에 남은 가족들.

설명 : "하에바라정(南風原町)에서는 오키나와전에서의 피해상황의 조사

가 행해졌다. 그 결과 전체 1,693호 중에서 269호가 일가 전멸, 194호가 부모 모두 사망, 1,344호가 1명 이상의 사망으로 밝혀졌다. 위의 가계도는 그중 어떤 가족의 기록이다."

〈사진 4〉 펴붓는 포탄으로 만들어진 구멍.

〈사진 5〉 평화의 초석.

설명 : "국적을 불문하고 오키나와전에서 죽은 23만 명의 이름이 새겨져 있다. 함께 되는 것을 거부한 희생자의 일부는 공백 상태이다."

사. 教育出版 검정신청본

▌전쟁터가 되었던 오키나와(174쪽)

물음 : 오키나와에서는 어떤 전투가 일어났었던 것일까?

1945년 3월 미군이 오키나와에 상륙했다. 오키나와에서는 중학생과 여학생을 포함한 많은 현민이 수비대에 배치되는 등 격렬한 전투에 휩쓸리게 되었다. 오키나와전에서는 당시 약 60만 명의 현민 중 사망자가 12만 명 이상이었고, 전투는 일본이 항복한 후에도 한 달 가까이 계속되었다.

〈사진〉 히메유리의 탑.

설명 : "간호활동을 행했던 '히메유리 학도대'가 지하호에서 굶주림과 자결 때문에 죽어갔던 것을 추모하여 만들어진 것이다."

〈사진〉 미군에 의한 동굴로의 화염방사.

아. (검정신청본) 淸水書院

▌발전 : 전쟁과 민중(205쪽)

'전쟁의 비참함, 평화의 중요함을 알리는 장소를 조사해보자'

오키나와 : 오키나와는 태평양전쟁 최후의 지상전이 일어났던 장소이다. 더욱이 일본에서는 유일하게 현민을 총동원한 지상전으로 되었던 곳이기도 하다. 이 오키나와전은 군인보다도 일반 주민의 전사자 수가 훨씬 상회하고 있다.

〈사진〉 평화의 주춧돌.

설명 : "오키나와전 유적 국정공원에 있는 이 비석은 오키나와전 종결 50년

을 기념하여 1995년에 세워졌다. 오키나와전에서 희생된 모든 사람들(국적·군인·비군인을 불문하고)의 씨명(氏名)이 새겨져 있다."

▌일본의 패전(206쪽)

(1945년) 4월 1일, 미군은 오키나와 본토에 상륙하여 격렬한 전투 끝에 6월에는 오키나와를 점령했다. 오키나와전에는 주민 12만 명 이상이 희생되었다.

〈사진〉 오키나와전.

설명 : "현민의 희생자 중에는 비전투원인 사람들이 많았다. 그중에는 강제되어 집단자결한 사람도 있었다. 사진은 백기를 내세운 소녀."

10) 전후의 민주화

(1) 출판사별 관련 부분

가. 大阪書籍 검정신청본

▌일본의 점령과 민주화(212~213쪽)

총사령부는 일본정부에게 여성의 해방, 노동조합의 권장, 교육의 자유화, 비밀경찰 등의 폐지, 경제의 민주화라는 5대개혁의 지령을 냈다. …… 선거법을 개정하여 20세 이상의 남녀에게 선거권을 주었다.

[측면의 주] "일본에서 최초로 여성이 선거권을 획득했다. 1946년에 행해진 전후 최초의 중의원 의원 총선거에서의 유권자 수는 여성 약 2,055만 명, 남성 약 1,632만 명이고, 투표율은 여성 약 66.9%, 남성 약 78.5%였다."(213쪽)

▌민주화의 진전(215쪽)

또한 민법이 개정되어 '이에'의 장자상속과 남존여비의 사고에 기반한 규정이 폐지되었다. 그리고 남녀평등과 형제자매의 균등상속과 부부가 대등한 가족제도가 정해졌다.

〈사진〉 새로운 교육제도의 실시.

설명 : "새로운 교육제도에서는 남녀공학이 실시됨과 함께 남자도 가정 과

목을 배우게 되었다."

▮ 국제사회와 일본의 역할(227쪽)

시민과 자치의 연대를 강화하고, 부락차별, 장애자와 여성, 재일외국인, 아이누 사람들에 대한 편견과 차별을 없애고, 모든 이들에게 공정하게 인권을 존중하는 사회를 구축하는 것이 21세기를 살아가는 우리들에게 요구되고 있다.

나. 教育出版 검정신청본

▮ 점령하의 민주화(181쪽)

다음으로 연합국군총사령부는 치안유지법을 폐지하여 정치활동의 자유를 인정하고, 20세 이상의 남녀 모두에게 선거권을 인정했다.

〈사진〉 전후 최초의 총선거에서 투표하는 여성들(1946년).

▮ 교육의 민주화(183쪽)

남녀공학으로 되었다.

▮ 새로운 민법(183쪽)

또한 메이지시대에 만들어진 민법의 개정이 행해져서 '이에'제도가 개혁되고, 남녀동권의 새로운 가족제도가 정해졌다. 가장의 권리는 폐지되고 결혼은 양성의 합의에 의해서만 성립하고, 재산의 상속에서도 남자가 우선되는 것이 아니라 남녀평등하게 상속하는 것이 결정되었다.

다. 淸水書院 검정신청본

▮ 민주화의 진전(211쪽)

노동분야의 개혁도 진전되었다. …… 남녀동일임금 등이 나타났다. …… 일본사회의 모든 면에서 볼 수 있었던 남녀차별도 철폐되었다. 1945년 12월에 선거법이 개정되어 여성에게 처음으로 참정권이 인정되어 20세 이상의 사람들은 모두 선거권을 갖게 되었다.

▮ 일본국헌법

칼럼 : "새로운 헌법과 가족제도"(213쪽)

가족제도의 근거로 되었던 민법도 개정되어, 이에와 호주 중심의 가족제도와 아내를 낮은 위치에 둔 규정이 폐지되고, 부부가 평등의 권리를 갖고 재산의 상속도 모든 자녀에게 평등하게 인정되는 것으로 되었다.

〈사진 1〉 여성후보자.

설명 : "1946년 4월에 행해진 중의원 의원선거에 입후보하고 선거유세를 행하고 있다."(212쪽).

〈사진 2〉 남녀공학의 실현.

설명 : "남녀의 공학이 제도화되고, 남자도 가정과를 배우게 되었다."(213쪽)

11) 전후보상

(1) 출판사별 관련 부분

가. 帝國書院 검정신청본

▌전후보상과 근린제국(近隣諸國)(231쪽)

일본이 태평양전쟁 중 식민지지배를 행했던 나라들에 대한 보상 · 배상에 대해, 정부는 강화조약 등으로 매듭짓고, 개인보상의 청구에 관해서는 이것을 물리쳐 왔다. 그러나 전시하에서 조선인과 중국인들의 시점이 명백해짐에 따라 이들에 대한 책임문제가 제기되어 왔다(각주 1 : 전시 중에 위안시설로 보내졌던 여성과 일본군인으로서 징병되었던 한국 · 대만 남성 등의 보상문제가 재판장에서 논의되었다). 또한 전쟁에 대한 인식을 둘러싸고도 이웃 국가들로부터 엄한 시선이 향해지고 있다. '전후'와 '냉전'이 끝난 지금, 이웃 나라들과의 진정한 우호관계를 구축하기 위해서, 우리들은 스스로 일본의 입장을 자각하고, 어떻게 해야 하는가를 생각할 필요가 있다.

나. 教育出版 검정신청본

▌칼럼 : "전후의 처리 – 보상문제"(183쪽)

샌프란시스코 평화조약 및 각국과의 배상협정에 의해, 일본정부는 '국가 간의 보상문제는 완전히 해결이 끝난' 것으로 하고 있다. 그러나 현재에도 전쟁 시에 일본군의 행위로 피해를 입은 개인에 관해서는 아시아국가들로부터 일본의 가해에 대한 보상을 요구하는 움직임이 계속되고 있다.

다. 清水書院 검정신청본

▮ 발전 : 전쟁과 민중(205쪽)

징병제와 강제연행 등에 의해 전쟁터에 보내지기도 하고, 가혹한 노동을 강요당하기도 했던 것은 남성만이 아니라 여성도 포함되어 있었다. 더욱이 히로시마 · 나가사키에서 피폭된 조선인, 일본군으로서 점령지에서 종전을 맞아 전쟁범죄자로 되었던 조선인과 대만인들도 있었다. 이러한 사람들 중에는 개인의 입장으로부터 일본정부와 기업 등에 사죄와 보상을 요구하고 있는 사람도 있다.

12) 여성의 생활

(1) 출판사별 관련 부분

가. 大阪書籍 검정신청본

▮ 노동자와 농민(163쪽)

방적업 · 제사업을 지탱해온 농촌출신의 젊은 여자노동자는 엄한 감독하에서 값싼 임금으로 주야 2교대로 1일 12시간 이상 일했다. …… 중 먼지 속의 철야노동 등으로 폐결핵 등의 병에 걸리든지 사망하든지 농촌으로 돌아가든지 한 사람도 있었다. 또한 성냥공장에서는 가난한 가정의 어린이를 일하게 하는 일도 있었다.

〈그림〉 제사공장 여자노동자의 1일 생활시간.

▮ 노동운동과 사회주의(164쪽)

1901년 카다야마생(片山潛)들은 사회민주당이라는 일본에서 최초의 사회주의 정당을 만들고, 8시간노동제, 아동 · 여성의 심야노동 금지, 보통선거제의 실시,

귀족원의 폐지 등의 요구를 내세웠다.

▌도시와 문화의 대중화(185쪽)

거리에는 양복 차림의 여성도 나타나고, '타이피스트'와 '버스걸' 등 새로운 직업에의 여성의 진출도 진전되었다. …… 여성잡지와 아동잡지도 증가하고…….

〈사진〉 타이피스트 사진.

설명 : "일문타이피스트는 1916년에 발매되어 직장에서도 확산되었다."

나. 教育出版 검정신청본

▌학교교육의 보급(138쪽)

또한 여성의 역할을 중시한 정부는 여성교원을 양성하기 위해서 여자사범학교를 만들었다. 후에 츠다 우메코가 여자영어학원을 설립하는 등 민간의 여성교육도 번창하게 되었다.

〈사진〉 메이지시대의 초등학교의 수업 모습 – 여학생들이 수업 받는 모습.

▌각지에 공장이(134쪽)

〈사진〉 오사카방적삼건가공장 – 여성노동자들의 모습.

▌칼럼 : "농촌의 변화" 中 사진 : 메이지시대의 농촌 – 여성농민의 모습(135쪽)

〈사진〉 제사공장에서 일하는 여공들(136쪽).

〈1일 생활시간표〉 여공들의 생활.

설명 : "1일 13~15시간이라는 장시간노동을 시키고, 아파도 쉬게 하지 않을 정도로 엄한 생활이었다."(136쪽)

▌도시의 생활(156쪽)

샐러리맨이 늘고, 또한 타이피스트 · 버스 차장 · 전화교환수 등 여러 가지 직업에 여성이 진출했다.

〈사진〉 직업부인.

설명 : "시전(市電) 속에서 차표를 끊는 여성차장. 직업을 가진 여성이 적었던 이 무렵에 직업에 종사하고 있었던 여성을 직업부인이라고 불렀다."

다. 清水書院 검정신청본

▌칼럼 : "가정과 여성"(174쪽)

'가정'이라는 말은 메이지시대에 들어서 구미로부터 들여왔다. 도시의 가정에서 결혼한 남녀가 '주인', '주부'로 불려지게 된 것도 이 무렵이다. 여성에게 중등교육을 부여하기 위해서 설치된 고등여학교에서는 양처현모가 주장되어, 밖에서 일하는 남편을 위해 가정을 지키고 국가에 도움이 되는 자식을 기르는 것을 바람직한 여성의 삶의 방식으로 가르쳤다. 한편으로, 여공만이 아니라 교사와 간호부와 같이 가정 밖에서 일하는 직업부인과 사회문제에 관련된 여성도 나타났다.

〈그림〉 주사위놀이.

설명 : "소녀의 학교와 가정에서의 1일 생활이 주사위놀이로 되어 있다. 지금의 생활과 복장과 비교해보자."

▌도시화(188쪽)

〈사진〉 백화점의 식당에서의 식사 풍경[다이쇼(大正)시대] – 여자들이 식사하고 있는 모습.

〈그림〉 모던 걸.

설명 : "씩씩하게 길을 걷는 모던걸에게 눈살을 찌푸리는 어른들. 모던걸은 당시 가장 새로운 시대의 풍속이었다."

▌문화의 대중화(189쪽)

일반적으로 여성은 가정을 지키는 것이 임무로 되어 있었지만, 이 시대에는 버스걸이나 타이피스트라고 하는 새로운 직업도 나타났고, 양복의 착용도 점차 퍼져갔다.

〈사진〉 여성 아나운서의 등장.

설명 : "라디오방송이 시작되었던 해부터 채용되어 활약했다. 라디오의 수신기는 방송 개시 다음해에는 20만 대에 달했다."

13) 여성운동

(1) 출판사별 관련 부분

가. 東京書籍 검정신청본

▮ 일본국헌법(205쪽)

남녀평등을 기본으로 하는 민법 등이 생겼다.

〈사진〉 최초의 여성국회의원들의 사진.

나. 大阪書籍 검정신청본

▮ 교육의 보급(165쪽)

일본 최초의 여자유학생인 츠다 우메코는 귀국 후 여자교육에 진력했다.

〈사진〉 츠다 우메코 사진.

▮ 문화의 근대화(165쪽)

1911년 히라츠카 라이쵸(平塚雷鳥)들은 세이토우사를 만들고, 이에제도를 비판하며 여성의 해방을 주장했다.

〈Box〉 세이토우사의 선언 — 요약 기재.
〈사진〉 히라츠카 라이쵸(平塚雷鳥)의 사진.

▮ 확산되는 사회운동(182쪽)

여성의 지위향상을 지향하는 운동도 확대했다. 1920년 히라츠카 라이쵸와 이치가와 후사에(市川房枝)들은 신부인협회를 결성하고, 여성의 정치활동에의 참가와 선거권의 획득을 목표로 했다.

〈사진〉 부인참정권을 요구하는 운동 사진.

▮ 민주화의 진전(214쪽)

〈사진〉 최초의 여성국회의원 사진.

설명 : "전후 최초의 중의원 의원 총선거에서 39명의 여성국회의원이 탄생

했다."

다. 帝國書院 검정신청본

▮ 신헌법의 제정(221쪽)

〈사진〉 최초의 여성국회의원 사진.

설명 : "1946년 처음으로 여성의 선거권이 인정되어 39명의 여성국회의원이 탄생했다. 그러나 지방행정에서 여성이 당선되는 것은 어려운 일이었다."

라. 教育出版 검정신청본

▮ 사회운동의 고조(155쪽)

여성을 사회적 차별로부터 해방하고, 그 지위를 높이려는 운동은 메이지시대 말경부터 히라츠카 라이쵸 등에 의해 진행되었고, 대전 후에는 부인참정권 실현을 지향하는 운동도 일어났다.

〈사진〉 메이데이에 참가하는 여성들(1920년) 사진.

마. (검정신청본) 清水書院

▮ 국민의 정치의식의 고조(184쪽)

다이쇼시대에 들어서면, 국민 사이에 민주주의적인 정치의식이 높아져서 노동운동과 여성해방운동이 번성하게 되고, 참정권도 확대되었다.

〈사진〉 세이토우사의 결성.

설명 : "1911년에 히라츠카 라이쵸를 중심으로 결성된 여성문학집단. '여성은 이에를 지키는 것'으로 되었던 당시, 사람들의 비판을 받으면서 여성해방을 주장했다."

▮ 보통선거와 치안유지법(187쪽)

여성에게는 참정권이 인정되지 않았기 때문에, 여성의 지위향상과 권리확대를 지향하는 운동이 추진되었다.

〈사진〉 신부인협회의 발족.

설명 : "창립총회(1920년)의 준비회의로 왼쪽 끝부분이 히라츠카 라이쵸."

▌전후의 평화운동(219쪽)

〈사진〉 원수폭금지세계대회(제1회).

설명 : "제5후쿠류마루(福竜丸)사건을 계기로 동경도 수기나미구(杉並区)의 주부들의 호소로 대략 1년간에 일본에서 3,000만 명을 넘는 원수폭금지 서명이 모여 세계의 여론을 움직였다(1955년 8월 5일, 히로시마시)."

▌일본의 과제(227쪽)

헌법에서 보장된 남녀의 평등은 1985년에 여성차별철폐조약이 일본에서 비준되고, 1999년에 남녀공동참획사회기본법이 제정되어 한층 진전되었다. 그러나 인권을 표면상의 방침이 아니라 실질적으로 보장하기 위해서는 많은 과제가 남아 있다.

14) 여성 인물

(1) 출판사별 관련 부분

가. 大阪書籍 검정신청본

▌일러전쟁(158쪽)

일본에서는 러시아와 싸우려는 의견이 강해졌지만, …… 전쟁에 반대했다. 후에 요사노 아키코(与謝野晶子)도 전쟁에 관한 시를 발표했다.

〈사진〉 요사노 아키코 사진.

〈Box〉 요사노 아키코의 시[그대 죽지말지어다(君死にたまふことなかれ)]의 일부 기재.

나. 教育出版 검정신청본

▌이와쿠라(岩倉)사절단(120쪽)

〈사진〉 최초의 여자유학생 사진.

설명 : "여자유학생들 – 이와쿠라(岩倉)사절단과 함께 약 60명의 유학생이

해외로 건너갔다. 그중에는 7살의 츠다 우메코 등 5명의 소녀가 참가하고 있었다."

〈사진〉 요사노 아키코 사진.

설명 : "요사노 아키코 – 일본군이 여순(旅順)을 공격하고 있을 때 전장의 남동생을 걱정하여 '그대 죽지말지어다'라는 제목의 시를 발표했다."(131쪽)

〈사진〉 츠다 우메코 사진(139쪽).

〈사진〉 히구치 이치요우(樋口一葉) 사진.

설명 : "소설가 · 시인으로 도쿄의 시타마치(下町)에 사는 서민의 기쁨과 슬픔을 섬세하게 묘사했다."

〈사진〉 히라츠카 라이쵸 사진.

설명 : "히라츠카 라이쵸와 『靑鞜』 : 여성에 대한 차별을 없애는 운동을 했다. 『靑鞜』는 라이쵸가 중심이 되어 여성만으로 편집하고 발행했던 잡지이다."

다. 淸水書院 검정신청본

구미 · 동아시아와의 관계(152쪽)

〈그림 2〉 여자유학생들의 사진.

설명 : "이와카미사절단과 함께 미국으로 도미(渡美)했던 5명의 여자유학생들. 오른쪽에서 두 번째의 츠다 우메코는 미국으로 건너가는 배 안에서 7살이 되었다."

공민교과서

- 국가주의의 '복원' -

권혁태 · 이경주*

1. 머리말

공민교과서는 지리, 역사와 함께 중학교 사회과의 세 과목 중 하나로, 주로 1 · 2학년을 대상으로 하는 지리 및 역사 교과서와 달리 3학년을 대상으로 하는 교과목이다. 주로 진행 중인 사회적인 쟁점을 다루는 현대사회, 헌법과 민주정치의 골격을 다루는 정치, 그리고 경제, 국제 등의 4개 분야를 공통적으로 다루고 있다.

구성은 총 4장 52절로 이루어져 있으며, 그 밖에 칼럼(9개), 발전학습이 12개이다. 후소샤(扶桑社) 교과서는 본문의 경우, 2001년 218쪽, 부록을 합해 261쪽(권두 화보 및 권말 화보 제외)이었던 것이, 2005년의 경우(신청본), 본문 160쪽, 부록을 합해 188쪽(권두 화보 제외)으로 대폭 줄어들었다.

* 권혁태 : 성공회대학교 교수, 이경주 : 인하대학교 교수.

이는 도쿄쇼세키(東京書籍) 171쪽, 207쪽, 시미즈쇼인(淸水書院) 179쪽, 208쪽, 오사카쇼세키(大阪書籍) 185쪽, 214쪽, 니혼쇼세키신샤(日本書籍新社) 170쪽, 198쪽에 비해서도 적다.

이 글은 일본의 2004년 검정신청 공민교과서(2005년 검정 통과 및 채택, 2006년 사용)의 특징을 사회적으로 쟁점이 되고 있는 사항을 중심으로 추출하고 그 배경을 분석하되, '새로운 역사교과서를 만드는 모임'이 제작한 후소샤판 공민교과서를 중심으로 하고, 입수 가능한 기타 공민교과서를 비교 참조하는 형식을 취한다. 특히 후소샤 교과서는 2001년 검정통과본, 2004년 검정신청본, 2005년 검정통과본을 비교하며, 기타 공민교과서는 주로 검성신청본을 중심으로 하되, 입수 가능한 범위에서 검정통과본을 살펴본다.

2. 쟁점별 특징

1) 영토 관련 기술

검정통과본의 영토 관련 기술에서 무엇보다도 특징적인 것은 독도를 포함해, 일본이 자신의 영토로 규정하고 있는 지역에 대해 보다 강경한 표현이 등장했을 뿐만 아니라, 이와 같은 강경한 표현이 문부과학성의 개입과 주도하에 이루어졌을 가능성이 크다는 점일 것이다.

후소샤의 경우, "다케시마는 역사적으로 일본 고유의 영토"라고 했던 2001년 교과서의 본문 표현이 2005년도에는 "다케시마는 역사적으로나 국제법상으로 일본 고유의 영토"라는 표현으로 바뀌었을 뿐만 아니라, 2001년도에는 없었던 독도 사진을 권두 화보에 사진으로 게재하고 그 설명도 "한국이 불법점거"하고 있다는 표현으로 바뀌었다. 특히 "한국과 영유권을 둘러싸고 대립하고 있는"이라는 신청본의 표현이 본문 설명과 모순되고 있다는 점을 고려하면 아주 이례적이다. 특히 문부과학성이 명백한 사실 오인이 있지 않는 이상, 교과서 기술에 개입하지 않는다는 입장을 밝혀 왔고, 또한 출판사 쪽도 수정 지시가 없는 이상 구체적인 기술을 바꾸지 않았던 관행을 고려하면, 이는 문부과학성이 의도적으로 개입한 결과로 해석할 수 있다. 나아가 신청본에 대해 문부과학성이 "영유권에 대해 오해할 위험이 있다"는 수정의견을 낸 것으로 보아 문부과학성의 지시는 사실일 가능성이 아주 높다. 이는 이미 알려진 바와 같이 후소샤 이외의 교과서에도 발견된다.

영토 관련 기술의 경우 독도문제에 그치지 않고 일본이 주변국과 분쟁을 일으키고 있는 거의 모든 지역에 대해서도 이 같은 경향이 나타난다.

예를 들면 쿠릴열도 4개 섬(일본에서는 이를 북방영토, 혹은 북방 4도라 한다)은 '학습지도요령'에 기재가 의무화되어 있기 때문에 모든 교과서에 실려 있다고 볼 수도 있으나, 검정신청본과 통과본을 비교하면 기술 내용의 확연한 변화를 확인할 수 있다. 가령 후소샤 교과서의 경우, 신청본에 있던 '영유'가 '점령'으로 바뀌었고, 니혼쇼세키신샤의 경우, "일본 고유의 영토이며, 러시아에게 반환을 요구하고 있는 구역"이라는 신청본의 표현이 "일본 고유의 영토이며, 러시아에게 반환을 요구하고 있는 구역(4도)"[1] 이라는 표현으로 바뀌었다. 또한 조어도[댜오위다오(釣魚島), 일본은 센가쿠쇼토(尖閣諸島)]는 학습지도요령에 기재가 의무화되어 있지 않는데도, 후소샤의 경우, 검정신청본에서는 "중국, 대만, 일본이 영유를 주장하고 있다", 검정통과본에서는 "중국, 일본이 영유를 주장하고 있다"라는 표현을 사용하고 있으며, 본문에서는 역사적으로나 국제법상으로 일본 고유의 영토라는 주장을 펼치고 있다.

1) '4도'라는 표현을 쓴 것은 반환 영토의 범위를 명확하게 함으로써 2도 반환론을 견제하기 위한 것으로 보인다.

〈표 1〉 영토 관련 기술(扶桑社)

2001년	2005년 검정신청본	검정통과본
〈권두 화보〉 독도 관련 없음.	〈사진〉 중국, 대만, 우리나라가 각기 영유를 주장하고 있는 센가쿠쇼토(尖閣諸島). 한국과 우리나라가 영유권을 둘러싸고 대립하고 있는 다케시마.	〈사진〉 우리나라 고유의 영토이지만, 중국이 영유를 주장하고 있는 센가쿠쇼토 및 한국이 불법점거하고 있는 다케시마. (수정 의견 : 영유권에 대해 오해할 위험이 있는 표현이다)
	〈쿠릴열도 4개 섬〉 우리나라 고유의 영토임에도 불구하고 러시아가 영유하고 있는 …… 하보마이를 영유한 구소련.	〈쿠릴열도 4개 섬〉 우리나라 고유의 영도임에도 불구하고 러시아가 점령하고 있다. 하보마이를 점령한 구소련. (수정 의견 : 북방영토 귀속에 대해 오해할 위험이 있는 표현이다)
〈본문〉 우리나라도 근린제국과의 사이에 영토문제를 안고 있다. 구나시리, 에토로후, 시코탄, 하보마이의 북방영토, 일본해 해상의 다케시마, 동지나해상의 센가쿠쇼토에 대해서는 각각 러시아, 한국, 중국이 그 영유를 주장하고 일부를 지배하고 있지만, 역사적으로 보아서 우리나라 고유의 영토이다. 〈지도〉 일본 주권 범위 지도 속에 '북방영토', 센가쿠쇼토와 함께 독도를 일본 주권 범위에 포함. 〈그림〉 영토 / 영해 / 영공 (화살표)	〈본문〉 우리나라도 근린제국과의 사이에 영토문제를 안고 있다. 구나시리, 에토로후, 시코탄, 하보마이의 북방영토, 일본해 해상의 다케시마, 동지나해상의 센가쿠쇼토에 대해서는 각각 러시아, 한국, 중국이 그 영유를 주장하고 있지만, 이들 영토는 역사적으로도, 국제법상으로도 우리나라 고유의 영토이다. 〈지도〉 일본 주권 범위 지도 속에 '북방영토', 센가쿠쇼토와 함께 독도를 일본 주권 범위에 포함. 〈그림〉 영토 / 영해 / 영공 (화살표)	〈그림〉 영토 / 영해 / 영공 (화살표 없음) (수정 의견 : 경제수역은 영해의 밖이라는 점을 이해하기 힘든 그림이다)

〈표 2〉 기타 공민교과서 독도 관련 기술

2001년	2005년 검정신청본	검정통과본
東京書籍 (표기 없음)	독도 언급 없고 일본의 북단(쿠릴열도 4개 섬)과 남단(오키노토리)에 대한 언급만 있음.	다케시마는 …… 일본 고유의 영토이다.
大阪書籍	시마네현 해역의 다케시마는 한국도 그 영유를 주장하고 있다(본문 지도에서 일본의 경제수역으로 표시).	시마네현 해역의 다케시마는 한국도 그 영유를 주장하고 있다(본문 지도에서 일본의 영역으로 표시).
日本書籍新社	독도 언급 없고 쿠릴열도 4개 섬만 언급.	독도 언급 없고 쿠릴열도 4개 섬만 언급(일부 수정).

도쿄쇼세키의 경우, 일본의 영토 범위를 설명하는 그림과 설명에서 일본의 영토 범위를 북단 '북방영토', 남단 '미나미토리섬(南鳥島)'과 함께 '오키노토리섬(沖ノ鳥島)'을 언급하고 있다는 점이 눈에 띈다. 왜냐하면 오키노토리 섬의 경우, 조어도(釣魚島)와 함께 분쟁을 일으키고 있는 지역이기 때문이다.

이상을 종합하면, 독도 관련 기술은 다른 지역의 영토문제와 함께 문부과학성의 개입에 의해 의도적으로 강화되었을 가능성이 크다. 다만 문제는 문부성의 의도적 개입(수정 지시)이 언제, 어떻게 이루어졌는가의 문제이다. 다시 말하면 2월 '다케시마의 날'을 둘러싸고 한국 측의 여론이 악화된 이후인지, 아니면 그 이전인지 여부이다. 2월 이후 한국 내의 들끓는 여론을 보고, 혹은 들끓는 여론에도 불구하고 오히려 수정 지시를 내린 것이라면, 이왕 다케시마의 날로 영유권 문제가 사회로 여론화된 이상, 이 기회에 확실히 일본 영토라는 것을 내외에 선전할 호기로 삼은 측면이 있다고 볼 수 있으며, 따라서 단기적으로는 한국과의 마찰까지를 염두에 둔 포석이라고도 볼 수 있다. 역사교과서 문제를 둘러싼 대결을 국가 간 대결로 가져가 일본 국민을 집결시킨다는 효과를 노렸을 가능성이 있다. 그러나 만일 그 이전이라면, 좀 더 중장기적인 우경화 프로젝트의 하나라고 보아야 할 것이다.

2) 북한 관련 기술

북한 관련 기술 내용은 주로 납치문제, 북핵문제, 식량문제, 공작선 문제 등으로 나누어 볼 수 있는데, 특히 납치문제는 모든 교과서에 등장했다. 이는 일본이 전후사에서 처음 경험하는 '주권 침해'의 경험이고 또한 피해자의 '인권'을 고려한다면, 인도적인 차원에서 납치문세를 교과서에 기재하는 것을 일면 이해 못할 바도 아니다. 다만 후소샤의 경우, '사실'로 확인되지 않은 내용을 감정에 호소하는 정서적인 문장으로 엮어 소개하고 있다는 지적을 피해갈 수는 없다.

먼저 납치문제를 살펴보자. 권두 화보를 보면 2001년 1장이었던 사진이 검정신청본에서는 2장으로 늘어났다. 또 2001년에는 본문에서 언급하지 않았으나, 검정신청본에서는 인권 침해의 사례로서, 또 일본 방위문제의 한 사례로서, 본문에서 자세하게 기술하고 있다. 이 밖에도 2001년에는 칼럼에서 다루었으나, 검정신청본에서는 '과제학습'이라는 란에서 자세하게 다루면서, '사실'로 확인되지 않은 내용을 포함시키고 있다. 예를 들면 "납치 피해자는 일본정부가 인정한 10건 15명 외에 수백 명에 달할 것"이라고 해 확인되지 않은 납치 피해자 수치를 사실처럼 기술하고 있다.[2] 또한 납치 피해자 요코다 메구미 씨의 납치 정황에 대해서도 "깜깜한 선실에 갇혀 '엄마'를 울부짖으면서 벽을 긁어 손톱이 빠져 피투성이가 되었다고 한다"며 감정에 호소하는 정서적인 기술로 일관하고 있다. 납치사건을 비인도

2) 일본정부가 인정한 납치피해자가 15명이고, 납치문제의 강경한 해결책을 주장하는 '북조선에 납치된 일본인을 구출하는 전국협의회'도 23명이라고 하고 있다.

적 피해의 대표 사례로서 기술할 수는 있으나, 확인되지 않은 내용을 사실처럼 단정적으로 기술하고 더구나 이를 수정 지시 없이 그대로 문무과학성이 검정 통과시킨 것은 북한사회에 대한 적대감을 불러일으키려는 의도로 보인다.

납치문제 이외에도 북핵문제, 미사일 발사, 기아문제(뼈만 남은 어린이 사진), 2001년에 발생한 공작선사건 등을 권두 화보, 본문, 과제학습 등에서 자세하게 다루고 있다.

이와 같이 북한문제에 대해 많은 지면을 할애한 것은 일본이 북한의 위협을 인권 침해와 주권 침해의 사례를 통해 소개함으로써 일본 국민들에게 위기감을 불러일으켜 헌법 개정이나 자위대 외연 확대의 빌미로 삼으려는 것으로 보인다.[3)]

〈칼럼〉 북조선에 의한 일본인 납치문제
1970년대에서 1980년대에 걸쳐 일본의 해안이나 도시, 또는 해외 도시에서 일본인이 갑자기 없어지는 사건이 다발했다. 예를 들면, 1977년 당시 니이가타 현의 중학 1학년이었던 요코다 메구미씨(13세)는 학교 클럽 활동을 끝내고 돌아가던 중, 해안 부근을 마지막으로 소식이 끊겼다. 경찰은 사고 혹은 유괴사건으로 보고 수사했지만, 실마리는 없었다. 그런데 그 후 한국에 망명 신청한 북조선 전 공작원(스파이) 입에서 요코다 메구미로 보이는 소녀가 북조선 공작원에 의해 납치되어 북조선에 생존해 있다는 증언이 있었다는 보도가 있었다. 해안 부근에서 메구미씨로 보이는 소녀가 북조선 공작원이 우리나라에 침입하는 것을 목격한 것이 납치 이유였다고 전해진다. 그 증언을 계기로 일본

〈과제학습〉
북조선에 의한 일본인 납치문제, 불심선 문제에 대해 생각해보자.
일본인 납치문제
2002년 9월 17일, 국교정상화 교섭 재개를 위해 북조선을 방문한 고이즈미 수상에 대해 북조선의 김정일 총 서기는 요코다 메구미(납치 당시 중학 1학년) 등, 일본인 13명의 납치를 인정해, 그중 8명이 사망, 5명은 생존해 있다고 말했다. 그러나 그 후에 제시된 증거서류도 증거로서는 설득력이 빈약하고 8명은 생존해 있는 것이 아닌가 라는 의견도 강하다. 북조선에 의한 일본인 납치는 주로 1970년대부터 1980년대에 걸쳐 일본의 해안이나 도시, 또는 해외 도시에서 북조선 공작원(스파이)이나 공작선에 의해 끌려간 것으로, 납치된 일본인은 북조선 공작원의 일본어, 일본문화 등의

경찰은 과거의 행방불명자 조사에 들어갔다. 현재까지 7건 10명의 일본인 납치 가능성이 있는 사건으로 보인다(경찰백서). 그러나 민간 조사에 따르면 이를 몇 배 웃도는 일본인이 납치된 것으로 생각된다. 이것이 사실이라면, 우리나라에 대한 명백한 주권 침해 행위임과 동시에 야만적인 인권유린이기도 하다. 민간에서는 납치된 것으로 생각되는 가족을 중심으로 구출을 요구하는 소리가 높아지고 있고, 일본정부도 북조선정부나 국제적십자에 납치된 것으로 생각되는 사람들의 안부를 문의함과 동시에 조기 송환을 요구하고 있다. 그러나 북조선 당국이 납치 그 자체를 계속 부정하고 있기 때문에 해결의 실마리는 잡히지 않고 있다.
〈사진〉 요코다 메구미를 찾는 포스터 사진.

교육담당을 맡는다고 한다. 납치된 일본인으로 위장해서 북조선의 공작원이 일본에 잠입한 케이스도 있다. 요코다 메구미 씨는 북조선 공작원이 우리나라에 침입하는 것을 목격했기 때문에 납치된 것이라 한다. 메구미 씨는 깜깜한 선실에 갇혀 '엄마'를 울부짖으면서 벽을 긁어 손톱이 빠져 피투성이가 되었다고 한다.
납치 피해자는 일본정부가 인정한 10건 15명 외에 수백 명에 달할 것이라 하는데, 북조선은 완강하게 '납치사건은 이미 해결'이라는 태도를 계속 취하고 있다.

〈표 3〉 북조선 납치문제

2001년	2005년
〈권두 화보〉 북조선 납치문제를 호소하는 가족들(사진).	〈권두 화보〉 - 귀국을 기다렸던 가족의 환영을 받으면서 비행기 트랩을 내려오는 북조선에 의한 납치 피해자들(사진). - 북조선에 의한 납치 피해자 요코다 메구미 씨를 찾는 포스터(사진).
〈본문〉 없음.	〈본문〉 - 우리나라에서도 1970년대를 중심으로 북조선의 공작원이 자주 국내에 침입해 많은 일본인을 납치하는 사건이 발생하고 있고, 2002년의 일조정상회담에서 북조선 측도 이를 인정했다. 이와 같은 심각한 인권 침해에 대하여 정부는 오랫동안 적극적인 조

3) 예를 들면 '일본외교의 과제'라는 항목에서 "일미안전보장조약에 크게 의존하고 있는 우리나라지만 북조선의 납치문제 해결 등 독립주권 국가로서 주체적인 대응을 요구하는 소리도 있다"(127쪽).

	사나 교섭을 행해오지 않았다. 이에 대해 납치 피해자 가족들은 끈질기게 해결을 위해 노력을 계속해 오늘날에는 국민적 과제로 인식되게 되었다. - 북조선에 의한 일본인 납치를 전하는 신문, 일본 국내에 침입해 일본인을 납치한 북조선의 행위는 국가 주권과 인권의 중대한 침해이다. - 〈"납치, 8인 사망, 5인 생존, 김서기장 처음으로 사죄"라는 표제가 달린 신문 사진〉 북조선에 의한 일본인 납치를 전하는 신문, 일본 국내에 침입해 일본인을 납치한 북조선의 행위는 국가 주권과 인권의 중대한 침해이다. - 나아가서 일미안전보장조약에 크게 의존하고 있는 우리나라지만 북조선의 납치문제 해결 등 독립주권 국가로서 주체적인 대응을 요구하는 소리도 있다. - 이런 가운데, 2002년 9월에는 북조선의 평양에서 일조정상회담이 열려 북조선은 일본인 납치를 인정하고 국교정상화 교섭이 재개되었다. 그러나 그 후로 납치사건을 둘러싸고 교섭은 진전되고 않고 있다.

3) 일본 헌법 관련 기술

현행 일본 헌법에 관한 기술 내용은 영토문제와 아울러서 교과서 개악의 '정치적 성격'을 가장 구체적으로 드러내는 부분이다. 특히 일본정부가 미군의 신속 기동군화 전략에 편승하여 미일 군사동맹을 강화하고 나아가 군사대국화의 길을 열기 위하여 헌법 개정을 둘러싼 움직임을 현재화하고 있는 동북아 정세를 감안하면 더욱 그러하다.

일본국 헌법에 대한 기술방식은 역사적 기원, 특징(국민주권, 평화주의, 기본적 인권), 그리고 향후의 전망으로 나누어 볼 수 있다.

(1) 평화헌법의 제정 과정을 둘러싼 기술 내용

1946년 헌법, 이른바 평화헌법에 대한 종래의 교과서 기술은 비록 점령하에 이루어졌다고 할지라도, 국민주권과 기본권 존중이라는 근대헌법의 보편적인 성격을 반영하고 있으며 침략전쟁 위법화라는 국제법상의 세계적 조류를 반영하여 헌법에서 명문으로 이를 부인하고 있다는 기술이 대부분이었다. 나아가 일본의 경우, 전쟁을 일으킨 국가로서 군국주의 제거라는 특수한 성격을 반영하여 비무장평화주의에 이르고 있다는 기술이 일반적이었다. 그리고 점령하에서의 제정이라고 할지라도 4개월여의 심의와 수정을 거친 것임을 기술함으로써 단순히 미군의 강압에 의한 것만은 아님을 명문으로 또는 행간을 통하여 읽을 수 있는 서술이 일반적이었다.

나아가 비무장 평화주의를 규정한 일본의 헌법 제9조를 위반하여 존재하고 있는 자위대에 대하여도 정부의 주장만을 소개하는 것이 아니라 자위대가 이미 필요최소한의 실력을 넘어선 존재라는 비판이 있다는 목소리를 비교적 균형 있게 서술하는 경향이 강하였다.

그러나 후소샤의 경우, 1946년 일본국 헌법 제정이 미국의 강압에 의한 비자주적인 것이었다는 입장만을 일방적으로 설명하고 있다. 예를 들어 1946년 헌법 제정의 목적으로 일반적으로 인식되고 있는 군국주의 배제와 민주주의의 철저화는 하나의 명목에 불과한 것이었으며, 실제로는 전쟁 중 연합국을 괴롭혔던 '일본군 병사의 강한 용감함과 애국심' 때문에 연합국에 두 번 다시 위협을 주지 못하도록 철저한 응징차원에서 실행되었음을 강조하고 있다.

물론 점령 당사자인 미국이 헌정기구와 점령관리체제에 대한 근본적인 중요문제를 다룰 극동위원회가 1946년 본격적으로 활동하기 전에 미국류의 헌정체제를 일본에 이식하려 하였고, 이를 위하여 메이지(明治)헌법의 개정을 서두른 것은 사실이다.

따라서 미국의 헌법 개정 요구는 메이지헌법을 부정하는 반군국주의적 성격을 가질 수밖에 없었다. 그러나 시데하라(幣原喜重郎) 내각 등이 만들어온 일본 측의 개정초안은 여전히 전범인 천황을 옹호하는 등, 메이지헌법의 골격에서 크게 벗어나는 것이 아니었다. 결국 미군정은 이러한 일본 측의 개정초안으로는 미국은 물론 다른 연합국의 동의를 받을 수 없다는 판단 하에 맥아더 3원칙(국민주권과 천황의 상징화, 전쟁포기, 봉건제도의 폐지) 등의 가이드라인을 제시한 것이다. 그런데도 이러한 일련의 과정에 대한 아무런 기술 없이 그저 결과를 중심으로 이를 강압이었다고 기술하는 것은 역사적 사실을 지나치게 일방적으로 해석한 결과이다. 맥아더 3원칙에 기초한 GHQ헌법초안이 일본정부에 건네진 뒤에도 무려 4개월의 심의기간이 있었고, 이 과정에서 일본정부가 많은 손질을 가했다는 역사적 사실을 일방적으로 빠뜨리고 있다. 나아가 비록 상징화되었다고는 하나 천황제의 존속을 내용으로 하는 GHQ초안에 대하여 천황 측이 오히려 반겨하였다는 사실을 생각하면 이러한 일방적 기술이 의도하는 바가 결국은 현행 헌법을 개정하기 위한 인식확산을 노리고 있음을 의심하지 않을 수 없다.

나아가 1946년 일본 헌법이 '일본 군인의 용감함과 강한 애국심'을 제압하기 위한 것이라고 하더라도 그 용감성과 애국심의 실체도 의심스럽지 않을 수 없다. 생각컨데 그 용감성과 애국심이 천황에 대한 충성을 절대화한 군인칙유(軍人勅諭, 1882년 천황이 군인에게 '하사')나 군대를 일대가족으로 규정한 군대내무서(軍隊內務書, 1908년, 1943년 개정), 그리고 항복이 굴욕이며 '향당가문(鄕黨家門)의 면목(面目)'을 중시하여야 한다는 내용을 담은 전진훈(戰陣訓, 1941년, 전장에서 군인의 지켜야 할 구체적 행동지침)에 의한 일종의 '세뇌교육'의 영향이라는 점, 그리고 이와 같은 일본군대의 특이함이 봉건제적 서열문화의 영향이라는 학설은 모두 생략되어 있다. 이와 같은 설명방식은 약 300만 명의 일본군 병사의 죽음과 현재의 헌법이 상호 적대적일 수밖에 없으며, 따라서 죽음을 '의미 있는 것'으로 하기 위해선 헌법체제를 바꿔야 한다는 논리로 연결된다.

또한 헌법 개정의 과정에서도 일본정부의 자주적인 헌법 개정을 부정하고 점령당국이 일방적으로 내린 지침에 따라 충분한 논의를 할 시간적 여유 없이 연합국 측의 일방적인 주도하에 헌법 개정이 이루어졌다는 점을 강조한다. 특히 이는 맥아더 3원칙으로 알려진 미군정의 헌법 개정 지침을 영문 그림으로 삽입하여 맥아더의 '위압적인' 사진과 함께 소개함으로써 헌법 개정의 강제성을 증폭시키고 있다.

물론 헌법 개정이 미군정의 주도하에 이루어진 것은 틀림없는 사실이고 그런 의미에서 현행 헌법의 '외부이식성'을 강조할 수는 있다. 그러나 이 과정에서 다음과 같은 네 가지 논점이 동시에 중시되어야 한다.

첫 번째는 현행 일본국 헌법이 자유민권운동으로부터 시작한 일본의 민권운동의 사상적 · 운동적 줄기를 담아내고 있다는 점, 그리고 전쟁의 참혹함에 대한 일정한 반성(국가 이데올로기에 대한 반성적 성찰)에 기초하고 있다는 점 등이 철저하게 무시되고 있다.

두 번째는 당시 일본 내에서는 정당이나 민간단체 등의 여러 가지 헌법 개정안이 있었지만 시데하라가 이끄는 일본정부가 당시에 내놓은 헌법 개정안(마쯔모토 헌법 개정안)은 소위 '국체'를 실제로 유지하려는 등, 개혁안을 거의 담아내고 있지 못해 맥아더 3원칙을 초래했다는 점이다.

세 번째는 GHQ초안 자체도 일본 측의 민간헌법초안을 토대로 하여 작성되었다는 점이다. 1946년 당시의 GHQ초안 작성에 관여하였던 리챠드 풀(Richard Poole)이라는 해군소위가 2005년 4월 발표된 일본국회의 헌법조사회의 보고서에서 다시 확인한 증언 등을 간과해서는 안 될 것이다.

네 번째는 미군점령 상태에 있기는 했지만, 일본은 간접통치의 형태를 취했기 때문에 '대일본제국헌법'에 기초한 절차에 따라 헌법 개정이 이루어졌다는 점이다. 더구나 일본이 미점령으로부터 독립한 1952년부터 현재에 이르기까지 개정논의가 없었던 것은 아니지만 실질적으로 헌법 재개정이 제도적으로 시도된 적이 없다는 점을 고려하면 1946년의 절차적 문제를 들어 현행 헌법의 문제점을 지적하는 것은 설득력이 약해 보인다.

실제로 다른 교과서들, 예를 들면 오사카쇼세키는 포츠담선언의 내용(군국주의 제거, 민주주의 강화, 기본적 인권의 존중)에 따라 헌법 개정이 이루어졌다고 하고 있으며, 시미즈쇼인 교과서는 전쟁의 참화와 반성 위에서 "국민 대다수가 이를 지지"(92쪽)하였다고 쓰고 있다. 또 니혼쇼세키신샤는 "일본정부가 천황을 주권자로 하는 메이지헌법을 개정하는 데 소극적"이었기 때문에 점령군이 "각 정당이나 시민들의 헌법개정초안을 참고로 해서 헌법초안"을 만들었고 이후 심의와 수정을 거쳐 확정되었다고 쓰고 있다(95쪽). 또 도쿄쇼세키도 "1945년 8월, 일본은 포츠담선언을 받아들여 군국주의를 버리고 평화롭고 민주적인 정부를 만들게 되었다. 정부는 GHQ가 작성한 원안을 기초로 헌법개정초안을 만들었다. 개정안 전후 처음으로 의회에서 심의되어 일부 수정을 거쳐 가결되었다. 일본국 헌법은 전후 일본 민주정치의 기초가 되었다"(38쪽)고 쓰면서 일본의 주체적 '선택'을 강조한다.

(2) 대일본제국헌법에 대한 기술

헌법 제정 과정에 대한 왜곡된 기술이 특히 눈에 띄는 후소샤의 헌법인식은 대일본제국헌법(메이지헌법, 1889년)에서 더욱 극명하게 드러난다. 근대적인 헌법의 외형을 갖추었음에도 불구하고 의회의 법률과 천황의 칙령으로 기본권의 본질적인 내용을 침해할 수 있었으며, 권력분립을 규정하고 있음에도 불구하고 실제로는 천황이 절대권력을 행사하는 것을 뒷받침하는 문서에 불과한 헌법, 즉 외견 입헌주의적 헌법에 불과한 대일본제국 헌법을 아시아 최초의 입헌국가를 만들어 낸 것이라고 칭송하고 있으며, 정부 권한이 강한 것은 당시의 긴박한 국제정세를 반영한 것이었다고 변명하고 있다.

나아가 "국민의 권리와 자유를 담아내고 있을 뿐만 아니라 일본의 전통문화를 반영시키려는 노력이 경주된 헌법"이라 한다. 그럼에도 불구하고 "쇼와(昭和)시대(1926년)"부터 "헌법의 불비"를 틈탄 군부가 정치에의 개입을 강화한 결과, 즉 나쁜 군부 때문에 "천황 밑에서 국민이 살기 좋은 사회를 만들고자 한 헌법의 이상은 크게 훼손되었다"고 쓰고 있다. 외견적인 근대헌법에 불과한 대일본제국헌법 제정을 근대적인 것으로 이해할 수 있을 것인지는 차치하더라도 다음과 같은 문제점은 피할 수 없다.

하나는 "정부권한이 강한 것"이 당시의 긴박한 국제정세, 다시 말하면 서구동점의 시대에서 일본 식민지화의 위험에서 벗어나기 위해 강한 국가를 만들기 위한 어쩔 수 없는 선택이었다는 주장이다. 이는 당시의 자유민권파를 중심으로 한 여러 가지 헌법안을 고려할 때, 반드시 공정한 서술방식이라고 할 수 없다. 나아가, 무엇보다도 중요한 것은 '천황 권한'이라고 표기해야 할 것을 '정부 권한'이라고 표기한 것이다. 이는 천황이 가지고 있는 초법적 권한을 의도적으로 은폐하려는 의도임과 동시에, 전전에 벌어졌던 침략 행위 등에 대한 천황의 책임을 희석시키려는 의도로 보인다. 이는 1930년대 이후의 대륙 침략을 메이지유신 이래의 일관된 대외 침략의 연장선상에서가 아니라 일부 군부의 '탈선'에 그 원인을 찾음으로써 천황/천황제 책임을 회피함과 동시에 식민지 침략과 대륙 침략을 분리하는 구도로 연결된다. 이는 사실상, '새역모'가 비판했던 동경재판(극동군사재판)의 역사관과도 오히려 일치하는 측면이 있어, 새역모 역사관의 비논리성을 증명해주는 대목이기도 하다.

또 하나는 대일본제국헌법이 담고 있는 인권 억압적인 측면이나 천황주권에 관한 기술이 전혀 보이지 않는다는 점이다. 이는 다른 공민교과서와 비교하면 더욱 현저하게 나타난다.

이에 대해 도쿄쇼세키는 대일본제국헌법을 인권의 측면에서 기술하면서 대일본제국하에서 허용된 인권이란 "천황의 시혜에 의해서 주어진 신민의 권리"이며, 법률에 의해 제한되었을 뿐만 아니라, 정치활동이나 언론이 억압되었고, 인권은 일본국 헌법 제정에 의해 비로소 실현되었다고 쓰고 있다(37쪽). 또 니혼쇼세키신샤는 대일본제국헌법은 자유민권운동 등의 국민의 요구를 무시하고 정부가 비밀리에 만든 헌법이며, 그 때문에 의회 설치가 인정되었지만, 민주주의나 인권, 정치활동이 제한받았다고 쓰고 있다(94쪽). 시미즈쇼인도 대일본제국헌법은 천황 주권, 천황 신성불가침, 천황 군대통수권을 담은 헌법이라고 쓰고 있다(38쪽).[4)]

(3) 현행 헌법의 평화주의와 헌법 개정문제

현행 헌법은 전후 민주주의와 평화주의라는 보편적 성격과 전범국가에 대한 징벌로서의 특수한 성격을 담고 있다. 그런데 패전 후 60여 년 동안 국민에 의해 지켜져 온 현행 일본 헌법을 개정해야 한다는 논의가 최근 자민당을 비롯한 보수적 정치세력 사이에서 가속화되고 있다. 급기야 2000년 1월 일본 국회에 여야 합의로 설치된 헌법조사회가 현행 헌법에 대한 조사보고서를 2005년 4월에 제출함으로써 개헌 움직임은 향후 가속화될 것으로 보인다. 이와 관련하여 관심의 초점이 되고 있는 것은 비무장 평화주의를 규정한 헌법 제9조의 운명이다.

우경화세력들은 헌법 제9조가 시대적 조류에 맞지 않으며 '보통국가'가 되기 위해서는 평화주의를 중핵으로 하는 현행 헌법을 개정하여야 한다는 목소리를 높이고 있다. 특히 후소샤는 그 어느 교과서보다도 더 강하게 현행 헌법에 대한 비판과 헌법 개정에 대한 필요성을 주장하고 있다. 심지어

4) 오사카쇼세키에는 대일본제국헌법에 대한 별도의 설명은 없고, 권말에 자료로 전문이 소개되어 있다.

는 국민주권에 대한 설명방식에서도 헌법 개정의 필요성을 간접적으로 담아내고 있다. 즉 헌법전문의 국민주권을 소개하고, 이를 설명하는 과정에서 "주권이란 외국으로부터 간섭을 받지 않고, 나라의 형태를 최종적으로 결정하는 힘이며, 그중에는 헌법 자체를 개변하는 권한이 포함되어 있으며, 국민에게는 주권자로서의 자각과 책임이 요구된다는 것을 잊어선 안된다"(74쪽)고 해, 헌법을 개정하는 것이 주권자인 국민의 도리인 것처럼 기술하고 있다.

또 '헌법논의와 제9조'라는 별도의 칼럼에서 "자위권은 국제법상 주권국가에게 인정된 권리이고 일본국 헌법에 있어서 자위대의 자리매김이 불명료하나년 헌법규성 자체를 바꿔야 한다는 의견도 있다"는 식으로 다소 소극적인 설명을 하고 있지만, 본문에선 "각국은 국력에 따른 일정 전력을 보유함으로써 평화를 유지하려고 하며, 국제법상의 자위력은 그 나라 주권의 일부"라고 소개한 다음, '헌법 개정'이라는 별도의 항목을 두고 2쪽에 걸쳐 그 필요성과 절차상의 문제점을 설명하고 있다. 또한 국민의 의무를 설명하는 부분에서 독일, 중국, 스위스가 "국민의 숭고한 의무로서 국방의 의무"를 규정하고 있다고 설명하면서 간접적으로 징병제가 없는 일본을 "보통의 국가에서 벗어난" 반쪽 국가인 것처럼 문제시하고 있다.[5] 이 점이 후소샤 교과서의 가장 큰 특징이자, 이 교과서의 정치적 성격을 잘 드러내는 부분이다.

심지어 이 항목에서는 별도의 표를 통해 노르웨이 139회부터 미국 18회 등, 외국의 헌법 개정 횟수를 소개하면서, 일본은 개정 절차상의 어려움(국회 2/3찬성, 국민투표) 때문에 공포 시행 후 한 번도 개정된 적이 없는 "세계에서 가장 오래된 헌법" 즉 가장 낡은 헌법이라는 설명을 별도의 칼럼에서 다루고 있다. 그리고 개정 논점을 소개하는 별도 소개란에서 헌법

[5] 2001년 교과서에서는 위의 나라 이외에도 한국, 인도, 필리핀 등의 나라에서 국방의 의무를 규정한 내용을 담은 헌법을 소개하고 있다.

개정의 절차상의 어려움을 완화시켜 헌법 개정을 쉽게 해야 한다는 의견을 소개하는 방식으로 이어진다.

이상과 같은 내용을 정리하면, 현행 헌법은 그 제정 절차상에 중대한 문제가 있을 뿐만 아니라, 그 내용상에서도 국가의 주권인 전력을 포기하는 '평화주의' 내용을 담고 있어 개정하여야 하나 절차상의 어려움이 있으니, 헌법 개정 절차를 보다 간소화시켜 헌법 개정을 하기 쉬운 환경을 만들어 내야 한다는 것이다. '헌법 개정'에 대한 별도의 항목이 없었고 오직 헌법 개정 빈도와 헌법 개정 절차상의 어려움만 설명했던 2001년 교과서와 비교하면, 헌법 개정문제를 정치쟁점화시키고자 하는 의도가 노골적으로 반영되어 있다.

이에 반해 다른 교과서, 예를 들면 오사카쇼세키는 '헌법 개정'이라는 별도의 항목을 두고 있지만, 헌법은 국가의 기본문제를 담고 있기 때문에 일반 법률 개정과는 달리 개정 절차상의 엄격함을 지켜야 한다고 쓰고 있다(34쪽). 또 시미즈쇼인 교과서에서도 헌법은 국가의 최고법규이기 때문에 특별하고 신중한 절차를 규정하고 있다고 기술하고 있으며(39쪽), 도쿄쇼세키 교과서에는 '헌법 개정과 헌법 조사회'라는 별도의 소개란을 두어 간단하게 사실관계를 설명하고 있다. 니혼쇼세키신샤에는 별도의 설명이 없다.

4) 천황 및 천황제에 대한 기술

전후 일본의 우경화에는 복고적 우경화 등 여러 가지 경향이 있는데, 후소샤의 경우 천황 및 천황제에 관한 기술에서 그 복고적 성격이 절정에 이른다. 대일본제국헌법하의 천황제에 대해선 위에서 소개한 바 있지만, 현행 헌법하의 천황제에 대해서는 '국민통합의 상징으로서의 천황'이라는 항목에서 1쪽 분량으로 다루고 있다. 천황은 "예로부터 국민의 경애"를 받아 왔고, “각 시대의 권력자에 대한 정치상의 방파제(견제)가 되었고, 또한 국가가 위기를 맞이하였을 때 국민의 마음을 모으는 커다란 기반”이 되었으며 “중립/공정/무사(無私)의 입장에서 예로부터 계속된 일본의 전통적인 모습을 체현하고 국민 통합을 강화하는 존재”라고 소개한다.

게다가 두 장의 사진과 함께 “상징천황제(象徵天皇制) 제도는 많은 나라들이 현대 군주제의 모델”로 삼고 있다는 설명을 덧붙인다(73쪽). 문제는 실질적으로 천황이 일본사회뿐만 아니라, 아시아 혹은 세계를 전쟁의 수수렁으로 몰고 갔다는 점, 그리고 이는 메이지유신 이래의 흐름이었다는 점에 대해선 전혀 기술하고 있지 않다는 것이다.

이에 비해 시미즈쇼인은 ‘천황의 지위’라는 항목에서 약 4줄에 걸쳐 의례적인 설명(39쪽)을 하고 있을 뿐이며, 니혼쇼세키신샤와 도쿄쇼세키에는 별도의 항목을 둔 설명이 없다. 오사카쇼세키도 8줄(35쪽)에 걸쳐 천황의 업무와 국사(國事)행위에 대한 설명만 하고 있을 뿐이다.

그러나 전전(戰前)의 천황이 군 통수권자였음을 상기한다면 천황 및 천황제에 대한 역사적 기술이 필요하다. 또한 현행 일본 헌법의 비무장평화주의가 천황의 전쟁책임에 대한 피뢰침적 성격을 가지고 있는 점을 고려한다면, 현행 헌법의 개정논의와 관련해서 천황의 전쟁책임에 대한 최소한의 객관적인 기술이 필요할 것이다.

5) 인권 및 국기/국가 문제

2쪽에 걸쳐 차별문제를 소개하고 있는 ‘우리들의 사회에 숨어 있는 차별’이라는 항목에서 후소샤의 특징이 잘 드러난다. ‘부락차별’은 7줄, ‘남녀평등’은 10줄, ‘외국인’은 8줄, ‘장애인’은 10줄에 걸쳐 설명하고 있는데, 특히 ‘남녀평등’과 ‘외국인’ 항목이 특징적이다. 먼저 ‘남녀차별’을 보면, 남녀평등 문제를 헌법상의 권리라고 하면서도, 동시에 ‘남녀의 성차를 개성’으로 받아들여 각각의 역할을 존중하려는 태도가 중요하다고 말한다. 특히 '남녀공동참여사회기본법'의 내용과 이념에 대해서는 별도의 칼럼(94쪽)을 두어 자세하게 다루고 있다. 이 칼럼 마지막 부분에서 "사회의 풍습이나 예로부터 전해지는 전통을 비판하거나 성별을 존중하려 하는 개인의 삶의 방식을 부정해서는 안 된다"는 입장에 서서 양성 평등을 위한 제도화에 대해 비판적인 주장을 펴고 있다.

'외국인'에 대해선, 후소샤의 경우 "조선반도나 대만을 영토로 하고 있었던 역사적 경위에서 오늘날 우리나라에는 많은 외국인이 살고 있다"고 기술하여 재일한국/조선인 등, 식민지지배와 침략으로 인해 일본에서 살게 된 정주외국인의 역사적 기원에 대해서는 정확하게 설명하고 있지 않다. 뿐만 아니라, 자발적으로 일본에서 살게 된 일반 외국인과의 구별을 어렵게 만들고 있다. 더구나 "선거권이나 공무원이 될 권리는 현재 인권존중의 입장에서 제약 철폐가 주장되어, 일부에선 제약이 풀리기는 했지만, 국가의 의사를 형성하는 주권에 관련된 권리이기 때문에 외국적을 가진 사람에게는 보장되어선 안 된다는 의견"도 있다는 기술을 통해 외국인 지방 참정권 부여 주장에 대해 부정적인 입장을 드러내고 있다(122쪽).

그러나 무엇보다도 문제인 것은 후소샤가 입헌주의 정치의 최대목적을 '개인의 인권보장'이 아니라 '국민의 생명과 재산보장'이라고 기술하고 있다는 점이다. 자유롭고 평등한 개인의 인권이 아닌 국민의 생명과 재산보장을 최대 목적으로 하는 정치가 오히려 개인의 자유와 권리뿐만 아니라 국민의 생명과 재산마저도 침탈한 역사를 절대주의 시대와 나치 독일, 군국주의 일본을 통해서 실감하고 있는 비교헌정사의 입장에서 보면 시대를 거슬러 올라가는 반동적 헌법사상의 맹아조차 엿볼 수 있는 것이다.

이에 비해, 도쿄쇼세키는 "인권과 공생사회"라는 절에서 무려 20쪽에 걸쳐 인권문제를 다루고 있다. 부락차별, 아이누, 재일한국/조선인, 장애인, 남녀평등 등을 다루면서, 사실 기술과 아울러서 장애인 야구선수, 재일코

리안 3세 중학생의 수기, 그리고 차별받는 부락민의 시 등을 별도의 칼럼에서 소개하고 있다. 니혼쇼세키신샤의 경우도 재일조선인에 대한 차별의 존재를 비교적 객관적으로 기술하고 있다.

논란이 되고 있는 국기/국가 문제에 대해선, 후소샤 교과서에선, 국가주의적 색채가 노골적으로 드러난다. 국기/국가에 관한 기술은 '주권국가'라는 항목에서 2쪽에 걸쳐, 그리고 일본으로 귀화한 브라질 축구선수의 국기/국가 사랑을 담은 수기 등 3개의 칼럼을 별도로 2쪽에 걸쳐 소개하고 있다. 이에 반해 도쿄쇼세키에서는 '주권국가'라는 항목에서 5줄, 오사카쇼세키에서는 2줄, 니혼쇼세키신샤에서는 각주에서 간단한 법률 제정 사실만을 나루고 있으나, 시미즈쇼인에선 아예 다루고 있지 않다.

3. 맺음말을 대신하여 –공민이란 무엇인가

이상에서 살펴본 바와 같이 후소샤 공민교과서는 패전 이후 일본사회가 쌓아올린 전후 민주주의 가치를 상대화시키거나 이에 대한 '부정'을 목적으로 한 지극히 정치적 성격이 강한 교과서이다. 일본의 제2차 세계대전 패전 후의 사회가 패전 전의 집단주의에 대한 반성과 비판 위에서 '독립된 개인의 자발적인 의사'를 민주주의적 절차에 의해 수렴하는 사회, 혹은 그런 가치를 지향하려고 애쓰는 시스템을 가진 사회라고 한다면, 후소샤 교과서는 그와는 달리 최근 발생하고 있는 사회문제를 전후 민주주의의 한계 혹은 문제로 돌리면서, 집단의 복원, 다시 말하면 국가성의 복원을 제1차적 과제로 삼고 있다.

이런 의미에서 보면, 현재 일본은 '민주주의의 위기'라 볼 수 있다. 왜냐하면 일본의 전후 민주주의의 이른바 '강제 이식된 제도'는 그 이유 때문에 일본사회 내부에 체화되지 못하고 끊임없이 '외부성'과 '봉건성'이라는 약점에 시달려 왔기 때문이다. 이는 민주주의를 일종의 기능주의적 도구로 해석하는, '화혼양재(和魂洋才)' 시각이 여전히 일본사회 내부에 뿌리 깊이 잠재되어 있다는 것을 뜻한다. 이는 민주주의적 제 가치에 대한에 대한 부정, 변용, 공격으로 나타난다. 이들은 새로운 사회현상(청소년 범죄의 급증과 흉포화, 컬트 집단의 등장, 전통적 가족의 해체, 교육체제의 위기, 정치의 불안정)을 '지나친 인권 보호에 따른 개인주의'가 가져다 준 폐해로 규정하고 '인권에 대한 과보호'를 만들어낸 전후 민주주의에 맹공격을 퍼붓는다.

이론적으로는 인권의 과보호가 공공성 없는 사적 개인의 지나친 자유로 나타났으며, 따라서 공공성의 복원이 가장 중요하다는 문제의식이다. 그러나 문제는 이들이 공공성의 복원을 곧 국가성의 회복이라는 논리로 환치시키고 있다는 점이다. 이 같은 논리의 대표적인 사례가 후소샤 공민교과서라 볼 수 있다. 따라서 최근에 나타나고 있는 국기/국가법 제정, 헌법개정 움직임 및 교육기본법 개악, 이라크 일본인 납치사건을 계기로 불기 시작한 '개인책임론', 교과서 파동, 영토분쟁 등은 모두 사회적 공공성을 국가성의 회복으로 환치시키려는 대표적인 사례들이다. 교과서 문제가 교과서 문제로 끝나지 않는다는 점에 문제의 심각성이 있는 것이다.

지리교과서

심광택*

2006년 4월 신학기부터 사용 중인 지리교과서(6종)의 학습 내용—활동을 살펴보면, 학습자가 지리학습을 통해 다음과 같이 과목 목표에 도달할 수 있도록 다양한 소재를 제공하고 있다. 첫째, 학습자 활동 중심, 제시된 자료에 근거한 본문 기술, 하늘에서 내려다 본 지역 모습, 심화학습 안내를 통해 지리에 대한 관심을 제고한다. 둘째, 다양한 관점, 세계 규모의 지역 조사, 지역 연계 학습을 통해 지역을 세계적, 다면적 · 다각적으로 이해한다. 셋째, 주제별 지역학습, 지구 탐험, 주변 지역학습 활동을 통해 지리적 관점과 지리적 사고방식을 습득한다. 넷째, 영역 인식을 강조하여 국토에 대한 인식력을 함양한다.

---

* 진주교육대학교 교수.
이 글은 『한국지리환경교육학회지』 13(2)에 실린 글을 재구성한 것이다.

1. 머리말

1) 연구의 필요성

일본의 중학교 사회과교육과정은 학습 내용을 정선(精選)하고, 학습 방법을 학습하고, 사회 변화에 대처하기 위해 1998년에 개정되었고, 이를 바탕으로 재차 수정된 교과서를 2006년 신학기부터 일선 학교에서 사용하고 있다. 중학교 교육 과정 해설서에 제시된 지리 영역의 목표는 다음과 같다.

첫째, 일본과 세계의 지리적 사상에 대한 관심을 높이고 세계적, 다면적·다각적 관점에서 일본의 지역적 특색을 이해한다. 지리적 관점과 사고방식을 바탕으로 국토 인식을 함양한다. 둘째, 일본과 세계의 지리적 사상을 위치, 공간적 전개와 관련하여 파악한다. 지리적 사상을 지역 규모에 따라 환경 조건, 인간 행위와 관련지어 고찰한다. 지역적 특색을 파악하기 위한 관점과 방법을 배운다. 셋째, 일본과 세계의 여러 지역을 비교하고 관련지어 고찰한다. 지역은 서로 연계되고, 지역적 특색은 지방적 특수성과 일반적 공통성이 있음을 이해한다. 지역 연계와 지역성은 자연 및 인문 조건에 따라 달라짐을 이해한다. 넷째, 구체적인 지역 조사 활동을 통해 지리적 사상에 대한 관심을 높인다. 다양한 자료를 수집하여 다면적·다각적으로 고찰하고 지역을 바르게 판단하고 표현하는 능력과 태도를 기른다.[1)]

이러한 과목 목표를 달성하기 위한 학습의 내용-활동으로 '세계와 일본의 지역 구성', '지역 규모에 따른 지역 조사', '세계와 비교해 본 일본' 단원을 설정하였다. 이것은 '세계의 여러 나라', '일본의 여러 지역', '국제 사회에서의 일본' 단원으로 구성된 이전의 교과서 내용과 뚜렷이 구분된다.

---

1) 文部科学省, 『中學校學習指導要領(平成10年12月)解說-社會編』, 1998, 21~32쪽.

개정된 일본 중학교 지리교과서의 지역학습에서는 학습의 넓이 대신에 깊이를 선택했다. 지역을 학습하기 위해서는 무엇보다도 세계 대륙·주요 국가와 우리나라 각 지역의 위치, 범위 등에 대한 전체적인 그림을 그릴 수 있도록 해야 한다. 그러한 점에서 세계와 일본의 지역구성 단원 내용과 활동 구성은 의미하는 바가 많다.[2)]

한편, 교과서의 내용-활동을 학습한 결과는 다음과 같은 관점에서 평가한다. 첫째, 지리적 정보에 대한 관심을 높여 의욕적으로 탐구하고 넓은 시야에서 국토의 특색을 인식한다. 둘째, 지리적 정보에서 과제를 찾고 일본과 세계의 지역적 특색을 지역 규모에 따른 환경과 인간 행위와 관련지어 다면적·다각적으로 고찰하여 바르게 판단한다. 셋째, 지도·통계·영상 등 지역에 관한 다양한 자료를 수집하여 유용한 정보를 적절하게 선택하여 활용하고, 탐구 과정과 결과를 지도화하고 보고서를 만들어 발표 및 토론한다. 넷째, 세계와 일본의 지역 구성, 지역 규모에 따라 파악한 지역적 특색, 세계와 비교해 본 일본의 지역적 특색을 이해하고 지식을 습득한다.[3)] 실제로 일본 중학교 사회과에서 교사는 정기 고사의 지필 평가 각 문항 문두에 행동 영역을 관심, 사고, 기능, 지식으로 분류하여 명시하고 있다. 바꾸어 말하면, 지리학습의 내용-활동을 지리적 사상에 대한 관심·의욕·태도, 지리적 사고와 판단, 지리적 기능 습득, 지리적 지식·이해의 관점에서 평가하고 있다. 이를 정리하면 〈표 1〉과 같다.

개정된 지리교과서에서는 학습 내용을 정선하여, 지역 조사와 지리학습 방법을 학습하는 가운데 지역적 특색의 가변성과 역동성을 드러내고, 삶터에서의 학습자 미래를 스스로 결정할 수 있는 지리적 사고력과 문제해

---

2) 박선미·정치영, 「일본 중학교에서의 지역학습」, 『한국지리환경교육학회지』 11(1), 2003, 53~66쪽.

3) 北尾倫彦·祇園全祿, 『平成14年版中學校社會-觀點別學習狀況の新評價基準表』, 圖書文化, 2002, 32쪽.

〈표 1〉 개정된 지리 과목의 목표, 내용, 평가

개정 배경	과목 목표	과목 내용	과목 평가
· 학습 내용의 정선 · 학습 방법의 학습 · 사회 변화에 대응	· 지리에 대한 관심 제고 · 세계적, 다면적 · 다각적 지역 이해 · 지리적 관점과 사고방식 · 국토 인식 함양	· 세계와 일본의 지역 구성 · 지역 규모에 따른 지역 조사 · 세계와 비교해 본 일본	· 지리적 사상의 관심 · 의욕 · 태도 · 지리적 사고와 판단 · 지리적 기능 습득 · 지리적 지식 이해

결력을 기르도록 하고 있다. 일본 사회과교육과정 운영의 실제에서 학생들은 1학년부터 2학년까지 지리와 역사를 병행하여 각각 105시간 학습한 다음, 3학년에서 일반사회를 85시간 학습한다. 2007년 2월 우리나라에서는 제8차 사회과교육과정을 공시하여 역사 과목을 독립시켜 역사 교육을 강화하고, 지리와 일반사회만으로 '사회' 교과의 내용을 구성하도록 명시하고 있다.

하지만 동북 3성과 연변 조선족 자치주 그리고 독도에 대한 영토 인식은 역사적인 문제이면서 동시에 지리적인 문제이다. 지역인식을 간과하고 역사 인식과 시민의식을 강조하는 사람들은 오늘날 후기 산업사회에서 '공간과 환경' 담론이 철학의 핵심 주제로 떠오르는 이유를 깊이 생각해 보아야 할 것이다. 세계화 시대에도 불구하고, 이곳 우리의 삶터(국토)를 떠나 그곳 타인들의 삶터(국토 바깥)에 머무는 순간 우리 모두는 손님이 될 수밖에 없다. 이웃 나라에서 단기적인 역사 인식에 기초하여 역사를 왜곡한다고 맞대응하여 역사 교육을 강화한다면, 중국과 일본의 주장에 로봇처럼 반응하는 결과를 초래할 뿐이다. 우리나라만이라도 중 · 장기적인 국토(세계) 인식과 역사 인식의 토대 위에 건전한 시민의식을 길러가는 사회과를 지향하여 이웃 나라들을 선도해야 한다. 이러한 시점에서 지역 규모에 따른 조사학습으로 지역학습의 획기적인 전환을 모색한 일본 지리교과서의 학습 내용-활동 분석은 국토 인식과 세계 인식에 대한 필요성과 당위성을 검토하는 계기가 될 것이다.

2) 연구의 내용 및 방법

지리학습의 내용-활동을 구체적으로 살펴보면, '세계와 일본의 지역 구성' 단원에서는 지구의와 지도를 활용하여 세계와 일본의 지역 구성의 기본을 파악한다. 지역 구성에 관한 지식과 기능을 습득하고 세계 지도와 일본 지도를 그릴 수 있도록 한다. '지역 규모에 따른 지역 조사' 단원에서는 생활 주변 지역, 도도부현, 세계 등의 규모에서 지역을 조사하여 조사 방법과 학습 방법의 학습을 의도한다. '세계와 비교해 본 일본' 단원에서는 세계적 관점에서 일본의 특색을 탐구하는 활동과 국가적 관점에서 국내의 지역 차를 파악하여 국토 인식을 심화시키도록 한다. 지역 간 비교하고 관련지어 지역적 특색을 조사하고 학습하는 방법을 습득하도록 한다.[4)]

이와 같이 일본의 중학교 사회과교육과정 해설서에는 학습 지역을 선정하는 기준과 해당 규모의 지역학습에서 성취할 목표가 제시되어 있다. 우리나라 제7차 중학교 사회과교육과정 해설서에서 학습 지역과 주제별 학습 내용을 구체적으로 제시한 것(예 : 중부 지방-우리나라의 중앙부, 인구와 산업이 집중된 수도권, 관광 자원이 풍부한 관동 지방, 발전하는 충청 지방)에 비하면, 일본 중학교의 지리교과서는 검인정교과서 간 학습 내용과 활동의 차이가 심한 편이다.

6종(帝國書院, 東京書籍, 日本文教出版, 教育出版, 日本書籍新社, 大阪書籍)의 중학교 지리교과서의 학습 내용-활동을 종합적으로 검토한 결과, 6종 교과서에서 11개의 특징적인 학습 내용-활동을 확인하고 다음과 같

---

4) 文部科学省, 『中學校學習指導要領(平成10年12月)解說-社會編』, 33~73쪽.

〈표 2〉 개정된 지리교과서의 학습 내용-활동 및 특징

과목 목표	학습 내용-활동	특징
지리에 대한 관심 · 의욕 · 태도 제고	학습자 활동 중심	캐릭터, 일상생활을 통한 학습동기 부여, 학습활동 결과 보고서 예시
	제시된 자료에 근거한 본문 기술	본문 내용을 제시된 자료(사진, 그림, 지도, 도표 등)에 근거하여 기술
	하늘에서 내려다 본 지역 모습	지형도 이외에도 입체 지도, 하늘에서 내려다 본 지역 모습 제시
	심화학습 안내	학습자 스스로 지리적 사고력, 의사결정 능력을 발전시킬 수 있는 사례 제시
세계적, 다면적 · 다각적 지역 이해	다양한 관점	다양한 직업의 전문가를 통해 의문점 해설, 각 지방 학생의 관점에서 일상생활 안내
	세계 규모의 지역 조사	경제 발전의 논리에 의한 사례지역 선정, 중국 · 독일 · 미국 · 이탈리아 · 영국 · 네덜란드 등
	지역 연계	지방적 · 국가적 · 세계적 규모에서의 지역 간 상호작용, 자본주의 역동성 파악, 일본인으로서 자각
지리적 관점과 사고방식	주제별 지역학습	자연, 인구, 지역 연계, 생활 문화, 자원 산업의 주제를 비교 · 관련 · 변화의 관점에서 파악
	지구 탐험	물이 있는 행성, 위치, 국경, 세계와 일본의 지역 구분
	생활 주변 지역학습	조사 방법과 학습 방법의 학습을 통한 지리적 사고방식 습득
국토 인식의 함양	영역 인식	러시아와의 북방 영토 분쟁, 독도의 일본 영토 인정, 영해와 경제수역의 중요성 강조

이 과목 목표와 관련지어 분류하였다(〈표 2〉). 본론에서는 〈표 2〉에서 제시한 학습 내용-활동 순으로 교과서의 대표적인 사례를 제시하면서 학습 내용-활동의 특징을 파악하고, 그 의미에 대한 교육성과 효율성을 논의

할 것이다.

2. 지리에 대한 관심 · 의욕 · 태도 제고

관심과 흥미는 영어의 'interest'에 해당한다. 'inter'는 '사이'를, 'est'는 라틴어로 '존재하다'를 뜻한다. 즉 관심은 '사이에 존재한다'를 의미한다. 관심은 인간과 객체 사이에 존재하기 때문에, 인간은 관심 있는 대상과 기호에 대해 마음을 갖게 된다. 우리는 관심을 내용에 의해 분류할 수 있다. 인간은 어떤 대상에는 관심을 두지만, 어떤 대상에는 관심을 두지 않기도 한다. 학습 차원에서는 학습자의 관심을 고려하여 수업을 선택적으로 구성하거나, 개별적으로 학습자가 관심을 갖도록 안내할 수 있다. 50년 전 사회과는 학습자에게 절실한 문제에 관심을 갖도록 하였다. 1970년대 후반부터 아이들의 모습은 달라졌다. TV 앞에서 꼼짝 않거나, 밖에 나가 놀지 않는 아이들이 늘어나고, 부모로부터 간섭받지 않으면 가만히 있는 아이들이 많아졌다. 오늘날 교육은 어떻게 하면 아이들에게 의욕을 갖도록 할 것인가가 초미의 관심사이다. 관심을 갖고 의욕적으로 몰두하는 아이들을 기르는 일이 우리의 과제이다.[5] 관심 → 의욕 → 태도는 재미있다(흥미) → 더 알고 싶다(지식) → 스스로 해 보고 싶다(활동) → 이렇게 하면 좋을 것이다(방법)로 바꾸어 말할 수 있다.[6] 즉, 무엇에 대해 관심을 갖다 → 호기심을 갖다 → 실행하여 응용한다라고 할 수 있다. 관심 → 의욕 → 태도는 '무엇에 대해 질문하다 → 찾아보다 → 의욕적으로 설명하다'라는 관점에서 평가할 수 있다.[7]

---

5) 谷川彰英,『問題解決學習の理論と方法』, 明治圖書, 1993, 22~23쪽.

6) 谷川彰英,「問題解決から問題づくりへ」,『現代教育科學』447, 明治圖書, 1994, 21쪽.

7) 北尾倫彦 · 祇園全祿,『中學校社會－觀點別評價實踐事例集』, 圖書文化, 2003, 24쪽.

교사는 학습자 스스로 과제를 설정하고 탐구할 수 있는 허용적인 학습 분위기를 조성하고, 학습의 과정을 통해 다시 학습자의 지리적 관심을 불러일으킬 수 있어야 한다. 관심 → 의욕 → 태도 함양은 우리나라 제7차 사회과교육과정의 활동 수준과 가치 · 태도 목표의 결합으로 볼 수 있는데, 내용－활동 수준, 인지적－정의적 목표의 이원성을 극복하려는 일본 사회과의 교과 목표와 학습 내용－활동은 우리에게 시사하는 바가 크다. 일본과 한국의 사회과는 공통적으로 지식에 대한 상대적 관점과 구성주의적 학습자관에 근거하여 자기주도적 학습 능력의 계발을 지향한다. 일본 지리교과서에서는 교사와 학생, 학생과 학생이 함께 조사하고 배워갈 수 있노록, 규모별 사례지역 조사와 학습하는 방법을 구체적으로 안내하고 학습자의 활동을 강조하는 학습 결과물이 예시되어 있다. 일본의 지리교과서는 학습자의 학습 의욕, 사고력, 판단력, 표현력을 높여 개성적인 자아를 실현하기 위한 소재로서의 성격이 강하다. 일본 사회과는 개정 전 '빠뜨림 없는 설명형' 교과서에서 개정 후 '흐름이 있는 소재 제공형' 교과서로 거듭나고 있음을, 다음과 같은 교과서 학습 내용－활동 사례에서 확인할 수 있다.

1) 학습자 활동 중심

친구와 같은 또래 캐릭터들을 등장시켜 그들이 처한 학습 상황을 설정하여 흥미를 유발하고 학습자의 자기주도적인 지리학습 활동을 안내한다(〈사례 1〉). 모둠별로 조사학습한 결과에 근거하여 다양한 형태의 보고서를 만들어 보도록 한다. 예를 들면, 신문 · 포스터 만들기, 엽서 만들기, 여행 계획 세우기, 단어 카드 만들기, 관광 안내도 만들기 결과물을 예시하면서, 개인별 · 모둠별 활동을 통해 구체적으로 조사 방법과 학습 방법의 학습에 도전할 수 있는 의욕을 북돋아 준다. 자료 조사 활동에서 인터넷 홈페이지를 활용하거나 도서관의 관련 도서 등을 활용할 수 있도록 안내한다.

〈사례 1〉 현(縣)에 관한 조사 주제 설정 순서

가주야 – 나는 현의 농업에 대해 조사하고 싶다.
현의 주요 농산물은 무엇일까?(자원 산업)
카오리 – 나는 교통체계에 대해 조사하고 싶다.
현의 철도, 고속도로, 공항 등은 다른 현과 어떻게 연결될까?(지역 연계)
히로키 – 가주야의 관점과 카오리의 관점을 종합해 보면 어떻게 될까?
현의 농산물은 어떠한 교통수단에 의해 어디로 운반될까?
(자원 산업+지역 연계)
사야카 – 여러 관점을 종합하면 조사 주제를 쉽게 찾아낼 수 있다.
주요 농산물은 어떠한 자연 조건에서 생산되고 있을까?
(자원 산업+자연환경)

中村和郎 外 12人(著), 『社會科中學生の地理－世界のなかの日本(初訂版)』, 帝國書院, 2006, 58쪽.

2) 제시된 자료에 근거한 본문 기술

특정한 단어나 문장은 그 자체로서 하나의 의미를 완벽하게 드러내지 못한다. 표현된 맥락에 따라 그것은 서로 다른 의미를 구성해내는 역할을 하게 된다. 교과서의 경우, 학습자가 의미를 제대로 이해하기를 원한다면 그로 하여금 적절한 맥락을 구성할 수 있도록 하나의 구조 속에서 제시해야 한다.[8] 따라서 교과서의 본문을 제시된 자료와 관련지어 기술하면, 낯선 지역이라도 자연스럽게 학습자의 지리적 관심을 불러일으키고 이해를 도와 탈맥락화된 암기 위주의 지리학습을 지양할 수 있다. 자료와 본문의

8) 양미경, 『교육과정 및 교수방법』, 교육과학사, 2003, 157쪽.

〈사례 2〉 공업의 지역적 차이에 대해 조사해 보자.

사진 1(중국의 상하이에 진출한 일본 기업의 공장 생산 라인)의 공장이 위치한 도시를 그림 4(중국의 성별 공업 생산액과 중국에 진출한 일본 기업체 수)에서 확인해 보자. 그림 3(중국의 산업별 인구)에서 광공업 종사자의 비중이 증가하고 있는 중국은 오늘날 세계의 공장이라고 일컫는다. 인건비가 유럽과 일본보다 낮아 외국에서 중국으로 기업 진출이 활발하다. 중국에서 공업이 발달한 지역과 일본 기업이 많이 진출하는 곳은 어디일까? 그림 4를 보고 생각해 보자. 중국에서는 공업이 발달한 지역과 미약한 지역 간의 경제적 격차가 크다. 그러므로 사진 2(지방에서 올라온 사람들로 붐비는 광저우 역전)와 같이 공업이 발달한 해안 도시에는 다른 지역에서 많은 사람들이 일자리를 찾아 오고 있다.

中村和郎 外 12人(著), 『社會科中學生の地理　世界のなかの日本(初訂版)』, 帝國書院, 2006, 110쪽.

▲① 中国に進出した日本企業の工場(シャンハイ，2003年撮影) 電気機械メーカーの工場で，電子レンジを組み立てているところです。

▲② 地方から出かせぎに来た人で混雑する駅前(コワンチョウ，2003年撮影)

내용이 구체적으로 맥락화된 학습의 과정에서 학습자는 교과서 본문의 행간을 읽고 자료를 해석하는 가운데 지리적 사고력과 문제해결 능력을 갖게 될 것이다.

예를 들면, 세계의 여러 나라를 조사하는 방법(지역적 차이, 국가 간 연계, 주변국과의 협력 관계) 가운데, 지리적 사상의 지역적 차이에 주목하여 통계 자료와 지도를 활용하여 중국의 공업을 다음과 같이 조사한다. 우선 또래 캐릭터가 입고 있는 옷이 중국산이라고 표기되어 있음을 학습의 실마리로 제공한 다음, 사진과 도표를 제시하고 그것에 근거하여 공업의 지역적 차이를 기술한다. 이때 지리적 관점으로 공업과 인구와의 관계에 대해 부연 설명한다(〈사례 2〉).

3) 하늘에서 내려다 본 지역 모습

학습자의 일상생활에서 경험하기 어려운 지형도와 지방도를 제시하기 전에, 학습자에게 익숙한 사진, 위성사진, 입체 지도, 하늘에서 내려다 본 지역 모습 등을 제시하면, 지도에 대한 심리적인 부담을 줄이면서 지도 학습에 대한 흥미와 친근감을 갖도록 할 수 있다. 지역학습의 도입 단계에서 지역의 위치 · 지형 · 지명 · 교통 · 산업 등에 관해 대략적으로 살펴본다면, 사례 지역에 대한 전체적인 조망이 가능하며 나아가 주제 중심의 사례 지역학습에 대한 관심과 흥미를 한층 높일 것이다.

도도부현 규모에서 사례 지역(이와테현[岩手県] · 후쿠오카현[福岡県] · 도쿄도[東京都])을 다양한 방법(다면적 · 주제 중심 · 비교 관련)으로 조사할 수 있는 지역학습의 내용과 방법을 설정한다. 예를 들면, 후쿠오카현을 주제 중심으로 접근하는 지역학습에서 관심 · 의욕 · 태도를 높이고자 조감도와 지형 단면도를 제시한다. 후쿠오카현의 지형과 철도, 고속도로는 어느 방향으로 연결되는지, 어떠한 농작물이 어느 곳에서 생산되는지, 그리고 앞서 다면적으로 접근한 이와테현과 비슷한 점과 다른 점을 적어보도록 한다(〈사례 3〉).

〈사례 3〉 조감도에 나타난 후쿠오카현을 조망해 보자.

五味文彦 外 47人(著), 『新編新しい社會－地理』, 東京書籍, 2006, 76쪽.

4) 심화학습 안내

지역학습에서 학습자는 주어진 학습 주제와 관련하여 다양한 정보를 수집하고 정리한다. 수집한 정보를 바탕으로 다양한 지리적 관점에서 학습 주제를 설명하고 결론을 도출할 수 있다. 지리적 의욕·태도가 지리적 사상에 대해 호기심을 갖고 실행하여 응용하는 것이라면, 보충학습에서 동일한 주제에 대해 지역을 달리하면서, 심화학습에서 주제를 심화시켜 학습자의 개별적인 관심을 높일 수 있다. 학습자의 지리적 관심을 다시 불러일으킬 수 있도록, 지역학습의 정리 단계에서 폐쇄형 결론에 머물지 않고 개방형 결론을 지향하여 심화된 학습 주제를 설정한다. 예를 들면, 일본에 거주하는 외국인의 입장과 외국인을 대하는 일본인의 이중 의식에 대한 지리적 관심과 의욕을 북돋아 주기 위해, 학습자가 신문 투고란에서 발췌한 기사를 읽고 각자의 느낌을 발표하도록 안내한다(〈사례 4〉).

〈사례 4〉 나는 일본인의 친구가 되어 일본을 알고 싶다.

나는 4월 초에 태국에서 온 교환 유학생으로서 일 년 예정으로 대학에서 공부하고 있다. 대학 내 유학생은 나처럼 아시아 사람도, 서양 사람도 있다. 새로운 환경에서 공부하고 있는 지금 나는 매우 기쁘다. 하지만 슬픈 일도 있다. 나는 일본 학생과 친구가 되기 위해서는 항상 먼저 말을 꺼내야만 한다. 일본 사람들은 자기들만의 집단 속에 있다. 나를 부르지 않아 일본인 집단에 아직 들어가지 못하고 있다. 한편, 나의 서양 친구들의 사정은 전혀 다르다. 무엇을 하든 일본 학생이 먼저 말을 걸어온다고 한다. 일본인 친구가 많다고 한다. 분명 얼굴색도 머리색도 다른 서양 사람들은 눈에 띈다. 일본 사람들이 서양 사람들과 친구가 되고 싶은 마음을 이해한다. 그러나 이렇게 해도 좋은 것일까? 나는 일본 문화와 관습을 알고 싶어도 되지 않는다. 일본 학생과 친구가 되어, 태국의 문화와 관습도 가르쳐주고 싶다. 지금부터라도 일본 사람들은 우리 아시아 사람들을 염두에 두었으면 한다. 서양 사람들처럼 나를 대해 주었으면 한다.

2003년 7월 22일자 『朝日新聞』 투고란 ;
山本正三 外 10人(著), 『中學生の社會科地理－世界と日本の國土』,
日本文敎出版, 2006, 215쪽.

3. 세계적, 다면적 · 다각적 지역 이해

지리 교육에서 지역 규모 인식을 세분하면, 지역 규모의 계층성, 중첩성, 변동성, 상호작용으로 나눌 수 있다. 지역 규모의 계층성과 중첩성 인식은 지역의 다양성과 변동성을 이해하게 해준다. 지역 규모의 변동성 인식은 지역이 고정되어 있는 것이 아니라, 살아 움직이는 역동적인 존재로 인식하게 해준다. 지역 규모 간 상호작용 인식은 세계화와 지방화의 의미와 같이 지역 간, 지역 규모 간 상호 연결성의 다양함을 이해하게 해준다.[9] 한편, 신(新) 지역지리에서는 지역을 역사적으로 끊임없이 변형되는 역동적인 실체로 인식하고, 공간적 특성이 형성되는 사회적인 과정과 유형 즉,

9) 조성욱, 「지리 교육에서 지역 규모 인식」, 『한국지리환경교육학회지』 13(1), 2005, 145쪽.

사회 공간성을 설명하고자 한다. 장소를 변화시키는 인과 관계를 인간의 행위와 구조 간 지속적인 상호작용의 과정으로 이해하고, 인간 행위와 구조 사이에 존재하는 현장(locale)을 대상으로 개인적 · 집단적 · 대중적 규모에서 장소 정체성 연구를 강조한다. 환경 문제를 인간과 환경이 상호작용한 결과로 인식하고, 세계적 규모와 중 · 장기 지속 차원에서 환경을 계획하고 일상적 · 지방적 규모와 단기 지속 차원에서 실천할 수 있는 대안과 가치를 연구한다(〈표 3〉).

〈표 3〉 신 지역지리와 지역학습

	사회 공간성	장소 정체성	지속가능한 환경
지역지리 주제	공간적 현상과 사회적 과정	장소감의 형성 과정	환경 문제와 발전 방향
지역지리 규모	지방, 국가, 세계적 규모	개인, 집단, 대중적 경험	단기, 중기, 장기 지속
지역학습 주제	입지와 공간 설명	사건과 장소 이해	발전과 환경 가치
지역학습 성격	객관성	상호 주관성	논쟁성

일본의 중학교 6종 지리교과서는 공통적으로 지역학습에서 지역 규모 인식과 신 지역지리학의 세계적, 다면적 · 다각적 지역 이해를 다음과 같이 반영하고 있다. 첫째, 세계와 일본의 지역 구성의 기본적인 내용을 지구의와 지도를 활용하여 파악한다. 세계와 일본의 지역 구분 방법과 위치 파악의 기능을 습득하고, 세계와 일본의 지역 구성을 바탕으로 세계 지도와 일본 지도를 그릴 수 있도록 한다. 우주에서 본 지구의 모습, 지구의, 세계 지도를 통해 지리학습의 출발점인 위치를 세계적 규모에서 파악하고, 일본의 위치와 범위, 도도부현을 국가적 · 지방적 규모에서 인식하고, 다양한 지표를 기준삼아 세계와 일본의 지역을 구분하고 약지도를 그릴

수 있도록 한다.

둘째, 지역적 특색을 파악하는 관점과 방법이 지역 규모에 따라 달라진다는 점에 착안하여 지역을 생활 주변 지역, 도도부현, 세계의 여러 나라 등 주변 · 지방 · 국가 · 세계적 규모로 나누어 조사하는 가운데 학습자 스스로 조사 방법과 학습 방법을 터득하도록 한다. 예를 들면, 테이코쿠쇼인(帝國書院) 교과서에서 도쿄도는 지리부도와 토지이용도를 활용하여 지역 구분을, 야마가타현은 통계 자료를 활용하여 지역적 특색을, 후쿠오카현은 여러 가지 자료를 활용하여 다양한 관점(지역 연계, 자연과 농업, 공업의 변화)을 탐구하도록 한다. 쿄우이쿠숏판(教育出版) 교과서에서 미국은 지리부도 · 세계 연감 · 미국 역사책을 활용하여 산업 활동을, 중국은 지리부도 · 기온과 강수량 분포도 · 신문 기사를 활용하여 인구와 농업을, 네덜란드는 지리부도 · 관광 안내 책자 · 사진을 활용하여 환경을 조사하도록 한다.

셋째, 첫째와 둘째 내용을 바탕으로 자연환경, 인구, 자원 산업, 생활 문화, 지역 연계에 대해 세계적 관점에서 살펴보고 국가적 관점에서 고찰한다. 자연환경, 인구, 자원 산업, 생활 문화, 지역 연계의 관점을 관련지어 일본의 지리적 특색에 대해 정리하고 발표하도록 한다. 일본 중학교 지리 교과서는 지역학습을 통해 세계적 관점에서 일본 국토의 지리적 특색을 파악하고, 국가적 관점에서 국내의 지역적 차이를 파악하여 궁극적으로 국토에 대한 지리적 인식을 심화시키고자 한다(〈표 4〉).

1) 다양한 관점

집단적 · 대중적 경험에 근거하여 장소의 정체성을 획일적으로 이해할 수 있는 내용보다는, 자신과 타인의 개인적 경험에 근거하여 장소의 의미와 우연성을 다양하게 해석할 수 있는 학습 내용을 담고 있다. 이러한 학

〈표 4〉 개정된 지리교과서의 학습 내용 비교

帝國書院	東京書籍	大阪書籍	日本文教出版	日本書籍新社	教育出版
세계와 일본의 지역 구성					
세계의 모습 · 지구의 국가 · 경위도 · 지구의, 지도 · 약지도 그리기 일본의 모습 · 위치와 범위 · 도도부현 · 지역구분 · 약지도 그리기	지구의 모습 · 경위도 · 지역 구분 · 지구의, 지도 · 약지도 그리기 일본의 모습 · 위치와 범위 · 지역구분 · 도도부현 · 약지도 그리기	우리의 지구 · 우주에서의 지구 · 지구의, 세계지도 세계의 지역 구분 · 알고 있는 나라 · 약지도 그리기 일본의 지역 구분 · 위치와 영역 · 지역 구분	세계 지역 구성 · 우주에서의 지구 · 지구의, 세계지도 · 알고 있는 나라, 모르는 나라 일본 지역 구성 · 위치와 영역 · 도도부현 · 지역 구분	세계의 모습 · 지구의 국가 · 경위도 · 지구의, 지도 · 지역 구분 · 약지도 그리기 일본의 모습 · 위치와 범위 · 도도부현 · 지역 구분 · 약지도 그리기	세계의 모습 · 지구의 국가 · 경위도 · 지구의, 지도 · 약지도 그리기 일본의 모습 · 위치와 범위 · 도도부현 · 지역 구분 · 약지도 그리기
지역 규모에 따른 조사					
주변 지역 조사 · 과제 선정 · 조사학습 · 심화학습 · 정리학습 · 발표학습 도도부현 조사 · 도쿄도 (지역 구분) · 야마가타현 (특색 조사) · 후쿠오카 (다양한 관점) 다른 나라 조사 · 중국 (지역 차이)	주변 지역 조사 · 지역 관찰 · 주제 선정 · 가설 설정 · 조사하기 · 결과 정리 · 발표하기 도도부현 조사 · 이와테현 (다면적) · 후쿠오카현 (주제 중심) · 도쿄도 (비교 관련) 다른 나라 조사 · 미국 (다면적)	주변 지역 조사 · 문제 파악 · 마인드맵 작성 · 야외 답사 · 주제 설정 · 지역 조사 · 결과 정리 발표 도도부현 조사 · 아이치현 (다양한 관점) · 후쿠오카현 (지역 차이) · 오사카부 (지역 연계) 다른 나라 조사 · 중국 (지역 차이)	주변 지역 조사 · 주변 지역 조사법 · 실제 조사 · 결과 정리 도도부현 조사 · 이바라키현 (거주 지역) · 후쿠오카현 (지방 중심 도시) · 도쿄도 (일본의 수도) 다른 나라 조사 · 네덜란드 (무역) · 타이 (가까운 나라)	주변 지역 조사 · 지형도 학습법 · 지형도 조사 · 통계자료 조사 · 야외 조사 · 보고서 작성 도도부현 조사 · 나가사키현 (학교 소재지) · 오사카부 (다른 도도부현) · 카나가와현 (가보고 싶은 현) 다른 나라 조사 · 중국 (다양한 지역)	주변 지역 조사 · 지역 관찰 · 야외 답사 · 주제 선정 · 실제 조사 · 발표학습 도도부현 조사 · 도쿄도 (거주 지역) · 홋카이도현 (농림 수산) · 가고시마현 (환경 산업) 다른 나라 조사 · 미국(산업) · 중국 (인구와 농업)

· 미국 (국가 간 연계) · 독일 (주변국과 협력)	· 중국 (주제 중심) · 프랑스 (비교 관련)	· 미국 (국가 간 연계) · 독일 (주변국과 협력)	· 미국 (국가 간 연계)	· 영국 (비슷한 규모) · 미국 (세계적 강대국)	· 네덜란드 (환경)
세계와 비교해 본 일본					
다면적 이해 · 자연환경 · 인구 · 지역 연계 · 생활 문화 · 자원 산업 다양한 관련성 · 세계와 일본 · 다양한 관련성	다면적 이해 · 자연환경 · 생활 문화 · 인구 · 자원 산업 · 지역 연계 다양한 관점 · 세계와 일본 · 다양한 관련성	세계 속의 일본 · 자연환경 · 인구 · 자원 산업 · 문화 · 지역 연계 · 다양한 관련성	다양한 특색 · 자연환경 · 인구 · 자원 산업 · 문화 · 지역 연계 · 다양한 관련성	세계 속의 일본 · 자연환경 · 인구 · 자원 산업 · 생활 문화 · 지역 연계 · 다양한 관련성	세계 속의 일본 · 자연환경 · 인구 · 산업 · 생활 문화 · 지역 연계 · 다양한 관련성

습 내용-활동 방식은 장소 학습에서 장소 이해의 상호 주관성을 학습자 스스로 인정하고, 지리적 상상력을 키우는 데 효과적일 수 있다. 나아가 학습자의 지리적 관심과 흥미를 유발하고 다양한 직업 종사자와 각 지방 주민들의 입장에서 그들이 처한 상황을 실제적으로 이해하고 공감할 수 있는 교육적인 기회를 제공한다. 예를 들면, 다양한 직업 전문가의 해설 또는, 각 지역에 거주하는 중학생의 일상생활을 소개하거나 일본이 잘 살고 있는 이유를 다양한 관점에서 탐구하여 학습문제 해결의 실마리를 찾도록 한다(〈사례 5〉와 〈사례 6〉).

〈사례 5〉 야마가타현에 사는 쇼우타(庄太)네 가족의 생활 모습에서 현의 특색을 알아보자.

쇼우타네 가족은 주변이 산으로 둘러싸인 분지, 인구 약 4만 명의 사가에시에 살고 있습니다. 쇼우타네 집은 농가로서 체리와 포도 등을 1.5㏊ 정도 재배하고 있습니다. 그리고 겨울부터 봄에 걸쳐 딸기 관광 농원을 열고 있습니다. 사진과 그림의 설명을 읽고 야마가타현의 특색을 파악해 보세요. (중략) 나(쇼우타)는 아빠와 엄마, 할머니와 함께 살고 있어요. 누나는 미야기현의 대학에 다니고 있어요. 우리집은 농사를 짓고 있는데 연중 여러 종류의 과일을 재배하고 있습니다. 부모님은 농사일로 늘 바쁘시고 수확기에는 새벽 4시에 일어나서 일하는 경우도 있어요. 자연으로 둘러싸인 우리 집에 농사짓는 모습을 보러오세요.

中村和郎 外 12人(著), 『社會科中學生の地理－世界のなかの日本(初訂版)』, 帝國書院, 2006, 72쪽.

〈사례 6〉 인구 1억 2,700만 명(2002년), 면적 38만㎢의 산이 많은 나라 일본이 잘 살고 있는 이유는?

자연 조건, 자원, 산업 활동, 전통적 생활, 에너지 절약과 자원 재활용, 무역, 국민성의 관점에서 탐구하고, 다음과 같은 문제를 생각해 보자. 만일 일본이 건조 기후나 한대 기후에 위치하였다면, 일본이 농업국이었다면, 모든 의식주가 아직도 전통적 방식이라면, 쇄국정책으로 자급자족하는 국가였다면 각각 어떻게 되었을까? 지하자원은 풍부하지 않지만, 물 자원과 수산 자원은 어떠한가? 낭비와 절약 가운데 어느 쪽이 우세한가?

五味文彦 外 47人(著), 『新編新しい社會－地理』, 東京書籍, 2006, 209쪽.

2) 세계 규모의 지역 조사

세계 규모의 지역 조사에서 테이코쿠쇼인과 도쿄쇼세키(東京書籍) 교과서는 미국을 국가 간 연계나 다양한 관점에서, 중국을 지역 차이나 주제(인구) 중심으로, 독일을 주변국과의 협력 관계에서, 프랑스를 비교·관련의 관점에서 각각 조사한다. 〈표 4〉를 보면, 사례 지역은 주로 중국, 미국, 독일, 이탈리아, 영국, 네덜란드 등 세계 3대 핵심 경제지역(유럽, 북미, 동아시아)의 범위를 크게 벗어나지 못하고 있다. 세계지리 학습의 사례 지역으로 3대 핵심 경제지역을 강조한 점을 미루어 볼 때, 지역학습에서 경제 발전의 논리를 기준으로 사례 지역을 선정하고, 세계 속의 경제 대국 일본의 위상과 발전에 대해 고찰하게 하려는 의도가 읽힌다.

지역학습에서 사례 지역의 선정 기준으로 경제적 배경을 고려한다면, 입지적 조건과 경제 활동과의 상호 관련성 즉 사회 공간성을 밝힐 수 있다. 그러나 지역학습에서 사례 지역의 선정 기준으로 문화적·사회적 배경을 고려하지 않는다면, 학습자는 이슬람, 라틴 아메리카, 아프리카 국가들을 도외시할 수밖에 없으며 이슬람문화, 라틴문화, 아프리카문화의 정체성을 이해하는 데 많은 어려움을 겪을 것이다. 또한 사회주의 국가, 제3세계 국가에서의 지속가능한 발전과 환경 정의를 판단하는 데 편향적인 시각을 가질 수밖에 없는 한계에 부딪칠 것이다. 예외적으로 니혼분쿄슛판(日本文教出版) 교과서에서 태국을 다루는데, 그것은 사회문화적 배경을 고려해서라기보다는 경제적으로 태국이 일본과 밀접한 관계를 맺고 있기 때문이다(〈사례 7〉).

〈사례 7〉 타이, 통계에서 일본과 관계 깊은 나라를 선택하여 과제를 찾아보자.

일본과 관계 깊은 여러 나라를 알기 위해서는 어떻게 하면 좋을까? 무역이나 사람들의 왕래를 살펴보면 이해할 수 있다. 생활 모습의 비슷한 점으로도 알 수 있다. 해외에 거주하고 있는 일본인 수, 무역 상대국, 비행기 운항 횟수를 나타낸 자료를 보면, 아시아에서는 중국, 한국에 이어 타이가 일본과 밀접한 관계를 맺고 있음을 알 수 있다. 일본과 관계 깊은 타이에 관해 다음과 같이 조사해 보자. 국토의 특색에 대해 사진과 지도를 관련지어 조사한다. 평야 지역의 생활 모습을 사진과 통계 자료를 통해 조사한다. 산지 지역의 생활과 종교의 다양성을 사진을 통해 조사한다. 일본과의 관계에서 타이의 특징적인 모습을 사진과 통계 자료로 조사한다.

山本正三 外 10人(著), 『中學生の社會科地理－世界と日本の國土』, 日本文教出版, 2006, 142쪽.

3) 지역 연계

일본의 지역적 특색을 세계와 비교하고 관련지어 탐구하면 지역 연계가 드러날 것이라는 가정을 하는데, 하늘과 바다를 통해 연결되는 세계의 교통망과 통신망을 살펴보면, 집중하는 몇 개의 거점 가운데 일본이 그 하나임을 알 수 있다. 사람과 물자의 국제적 이동을 살펴보면, 일본은 세계적으로 여러 나라와 긴밀하게 연결되고 있다. 하지만 그러한 지역 연계를 자세히 들여다보면, 다양한 면에서 연계가 강한 지역, 특정한 면에서 연계가 강한 지역, 상대적으로 아직 연계가 약한 지역 등이 있다.[10)]

지역학습에서 학습자는 지방적 · 국가적 · 세계적 규모에서 지역 간 상호작용을 확인함으로써, 교통 · 통신의 발달로 시간 거리나 관계적 위치 그리고 국내적 · 국제적 지역 연계가 변화하는 것을 이해하고, 자본주의 사회에서 지역적 특색의 가변성과 역동성을 파악할 수 있다. 예를 들면, 후쿠오카는 다양한 면에서 연계가 강한 지역으로 볼 수 있다. 신칸센, 역사, 전통 행사 등을 통해 국가적 규모에서의 지역 연계와 자매 도시와의 국제 교류, 아시아와의 유대 관계 등을 통해 세계적 규모에서의 지역 연계를 확인하여 지역의 변동성을 파악한다(〈사례 8〉과 〈사례 9〉).

4. 지리적 관점과 사고방식

지리적 관점의 기본은 인간사회와 자연환경 간의 관계에 대해 어디에, 무엇이, 어떻게 전개되어 있는가를 살펴보는 것이다. 역사적 관점의 기본은 지나간 사건과 사실을 단기 · 중기 · 장기 지속적 측면에서 어떻게 해석할 수 있는가를 살펴보는 것이다. 사회과 학습에서 동일한 지역을 대상으

10) 文部科学省, 『中學校學習指導要領(平成10年12月)解說－社會編』, 71쪽.

〈사례 8〉 자매 도시와의 국제 교류(후쿠오카와 한국의 부산)

후쿠오카시는 미국의 애틀랜타, 오클랜드, 뉴질랜드의 오클랜드, 말레이시아의 이포, 중국의 광저우, 한국의 부산, 프랑스의 보르도 등 7개 도시와 자매 도시의 관계를 맺고 있다. 후쿠오카에서 가장 가까운 자매 도시인 부산과의 교류에 대해 사진과 해설을 통해 자세한 내용을 알아보자. 후쿠오카와 부산 두 도시가 자매 도시 관계를 맺은 배경은 바다를 사이에 두고 200㎞ 정도 떨어져 있고, 1964년 이후 여러 민간 단체의 자매 제휴 등 다양한 분야에서 활발한 교류가 진행되어 왔기 때문이다. 현재 진행 중인 주요 교류 사업은 일한 심포지엄 개최, 상호 간 관광 홍보, 시청 직원의 상호 파견, 주택 · 환경 · 도시계획 등 행정 교류, 청소년 교류, 스포츠 교류 등이 있다.

山本正三 外 10人(著), 『中學生の社會科地理－世界と日本の國土』, 日本文敎出版, 2006, 204쪽.

로 한 지역학습과 향토사 학습의 계통성은 지리적 · 역사적 관점의 차이에 의해 분명해지고, 학습자는 각 교과의 관점에서 지역을 관찰하고 주제를 선정하게 된다. 모둠별로 분담한 하위 주제와 관련하여 실제로 지역 조사에 임할 때에는 구체적인 접근 방법 즉, 지리적 사고방식에 대한 학습이 필요하다. 일본 지리교과서의 내용은 자연환경, 인구, 지역 연계, 생활 문화, 자원 산업에 대해 조사한 내용의 관련성을 파악하고, 현재를 과거와 비교하여 변화를 살피거나, 여러 지역을 서로 비교해 보도록 되어 있다. 지역 규모에 따른 조사학습의 과정에서 학습자는 조사 관점과 내용 그리고 조사 방법을 배우는 가운데 지리적 사고방식을 터득할 수 있다.

1) 주제별 지역학습

세계와 일본의 지역 구성 단원과 지역 규모에 따른 조사 단원의 학습을 바탕으로 세계적 관점에서 일본의 자연환경, 인구, 지역 연계, 생활 문화, 자원 산업을 탐구한다. 국가적 관점에서 국내의 지역 차이를 파악하는 활동을 통해 지리적 인식을 심화하고, 지역 간 비교·관련의 관점에서 지역적 특색을 탐구 조사하는 방법과 학습 방법을 습득한다.[11] 지역 규모에 따른 조사 단원과 세계와 비교해 본 일본 단원에서는 자연환경, 인구, 지역 연계, 생활 문화, 자원 산업 등의 학습 주제를 다면적·다각적으로 관련지어 사례 지역과 일본의 미래를 예측해 본다. 이때 각각의 주제를 관련·변화·비교 등 지리적 관점에서 파악한다면 지역 조사학습은 더욱 심화될 것이다.

예를 들면, 현과 같이 넓은 범위를 하나의 관점에서 살핀다면 지역 전체의 모습을 이해할 수 없다. 자연환경, 인구, 지역 연계, 생활 문화, 자원 산업 등 여러 관점에서 조사한 내용의 관련성을 파악할 때 현의 특색을 쉽게 알 수 있다(〈사례 9〉). 또한 현재를 과거와 비교하여 시대적 변천을 살피고 현의 여러 지역을 비교하는 방법도 바람직하다.

〈사례 9〉 다양한 관점에서 자료를 수집하여 도도부현을 조사해 보자.

항목	도도부현 조사 관점의 예	
자연환경	지형	지형 기복, 주요 산·하천·평야의 위치, 해안선, 매립지·간척지, 갯벌 보전
	기후	기온, 강수량, 적설량, 눈이 오는 기간, 풍향, 계절의 차이, 식생, 삼림의 역할
인구	분포	대도시의 위치, 시가지 확대, 인구밀도, 인구 과밀·과소 지역, 인구 변화, 통근·통학
	구성	연령별(14세 이하 65세 이상) 인구 비율
지역 연계	교통망	철도, 고속도로, 공항의 위치와 변화, 사람과 물자의 이동
	국제화	외국과의 관계, 국제 협력, 자매·우정의 도시

11) 文部科学省, 『中學校學習指導要領(平成10年12月)解說－社會編』, 58~59쪽.

생활 문화	생활 문화	사람들의 생활 모습, 주요 축제, 전통 행사, 명산품, 소문난 음식, 주택 구조, 쓰레기 문제
	역사	현의 역사, 주요 사적지, 역사적 인물
자원 산업	농업	주요 농산물과 변화, 논밭 · 과수원 분포, 경지와 삼림 면적, 출하지, 농가 수, 자연과 농업
	공업	주요 공업 제품, 공장 분포, 제품 출하와 원료 반입, 종업원 수, 환경 문제에의 대응

中村和郎 外 12人(著), 『社會科中學生の地理－世界のなかの日本(初訂版)』, 帝國書院, 2006, 58쪽.

지리부도와 통계 자료만으로 현을 조사하는 것은 아니다. 일상생활을 잘 살펴보면 현에 관한 여러 가지 자료를 찾을 수 있다. 후쿠오카 현에 관한 자료를 살펴보면, 시가노섬에서 발견된 금 도장이나 옛날 큐슈 · 이키 · 쓰시마를 관할하면서 외적을 막고 외교를 관장한 다자이후 유적 등 역사적 현장도 있다. 중국과 한국 등 아시아의 여러 나라를 비롯하여 외국에 관한 자료, 환경 관련 자료도 찾을 수 있다. 수집한 자료를 다음과 같이 관계 깊은 내용별로 정리해 보면 현을 조사할 주제가 떠오른다.

지역 연계 — 신칸센(하카다역), 역사(금 도장 · 다자이후 유적), 전통행사(하카다시 개항 축제), 아시아와의 유대(한반도 · 아시아태평양 어린이 회의 팸플릿 · 중국어와 한국어로 표기된 홈페이지)
자연과 농업 — 쓰쿠시 평야(아리아케해 · 야나가와강 하류 · 간척지), 농산물(딸기 · 파)
공업의 변화 — 제철소의 철거 부지(테마파크), 모지항의 재개발(역사적 건물을 활용한 관광 개발), 환경 문제(에코타운 신문 기사 · 재생 공장 홈페이지)

中村和郎 外 12人(著), 『社會科中學生の地理－世界のなかの日本(初訂版)』, 帝國書院, 2006, 81쪽.

2) 지구 탐험과 생활 주변 지역학습

지리학습의 도입 부분에서 세계와 일본의 지역 구성에 관한 기본학습을 설정한 이유는 세계와 일본의 지리적 인식을 심화시키면서 학습의 좌표 역할을 하고, 세계 지리와 일본 지리에 대한 관심과 학습의 성과를 높일 수 있기 때문이다.[12] 학습자의 지리적 인식을 심화시키기 위해 세계의 모습과 관련하여 지구의, 세계 지도 등을 활용한 위치학습을 안내한다. 예를 들면, 지구의를 활용하여 런던·뉴욕·시드니의 경도와 위도를 조사하고, 지리부도와 지구의를 활용하여 도쿄에서 가장 가까운 도시를 조사한다.[13] 일본의 도쿄와 네덜란드의 암스테르담의 시차를 묻는 내용은 우리나라의 고등학교 한국지리 과목의 '국토의 이해' 단원 가운데 위치와 지역 형성에 해당한다. 지리적 인식의 계열을 생각한다면, '세계와 일본의 지역 구성' 단원은 지평확대 역전 모형에, 그리고 '지역 규모에 따른 조사' 단원은 지평확대 모형에 근거하여 학습 내용을 설정하고 있다. 세계적 규모에서 여러 나라들을 찾아보고, 국가적 규모에서 도도부현의 위치와 지명을 파악하며, '지역 규모에 따른 조사' 단원의 주변 지역학습에서 조사 방법과 학습 방법의 학습을 통해 지리적 관점과 지리적 사고방식을 습득하도록 한다(〈사례 10〉).

〈사례 10〉 주변 지역을 조사해 보자.

교실 밖으로 나아가 주변을 관찰하고, 주민들의 이야기를 들어보고, 지형도와 통계 자료 등을 찾아보고, 지역적 특색을 파악한다.

(조사 관점과 내용)

자연환경 — 지역이 어디에 위치하는가? 지역의 기후와 지형은 어떠한가?

생활 문화 — 지역의 생활과 문화는 어떠한가?

인구 — 주민은 어디에 얼마나 어떻게 살고 있을까?

자원 산업 — 지역의 농업·공업·상업은 어떠한가?

---

12) 文部科学省, 『中學校學習指導要領(平成10年12月)解說－社會編』, 33쪽.

13) 山本正三 外 10人(著), 『中學生の社會科地理－世界と日本の國土』, 日本文教出版, 2006, 15쪽.

지역 연계 — 지역의 교통과 다른 지역과의 연계는 어떠한가?
(조사 방법)
직접 방문 조사 — 직접 지역에 가서 관찰하거나 주민들을 만나 면담한다.
자료 조사 — 지리부도, 지형도, 백과사전과 연감, 신문과 TV, 여행 안내 책자 등을 활용한다.
도서관 이용 — 지리 관련 도서, 세계의 여러 나라 안내 책자 등을 활용하거나 다양한 통계 자료를 조사한다.
인터넷활용 — 웹 사이트 방문, 이메일이나 전화, 팩스 등을 이용하여 살펴본다.

五味文彦 外 47人(著), 『新編新しい社會－地理』, 東京書籍, 2006, 46쪽.

5. 국토 인식력 함양

국토 인식은 일본과 세계의 지리적 사상에 대한 관심을 높이고, 세계적, 다면적 · 다각적 관점에서 국토의 지역적 특색을 이해하고, 지리적 관점과 사고방식을 배우는 가운데 길러진다. 국토 인식의 함양은 지리 과목의 총괄적인 목표이다. 국토는 산지, 평야, 해안 등의 자연환경뿐만 아니라, 그곳에 거주하는 인간과 사회의 모습, 인간이 자연에 대응하는 방식도 포함한다. 초 · 중 · 고등학교 간 일관성 측면에서 중학교는 일본의 국토 인식에 중점을 두고, 국토를 넓은 시야에서 인식하도록 한다. 이것은 사회과 목표의 실현과도 관련된다.[14] 러시아와의 북방 영토 분쟁(〈사례 11〉), 오키노도리섬(沖ノ鳥島)의 호안 공사(〈사례 12〉), 배타적 경제수역(〈사례 13〉)은 6종 교과서에서 모두 중요하게 다루고 있다. 새로운 한일어업협정의 결과, 독도 주변 수역은 잠정어업수역으로 울릉도처럼 한국의 경제수역에 속하지 않으며(〈사례 11〉), 일선 학교에서 채택 비중이 가장 높은 테이코쿠쇼인의 교과서만 독도를 자국의 영토로 기술하고 있다(〈사례 14〉). 그러나

---

14) 文部科学省, 『中學校學習指導要領(平成10年12月)解說－社會編』, 23~24쪽.

〈사례 11〉 영역을 둘러싼 문제

홋카이도의 동쪽에 있는 북방 영토는 하보마이제도, 시코단섬, 구나시리섬, 에도로우섬 등으로 구성되어 있다. 여기에는 예전부터 일본 사람들이 살았으며, 주변 해역에는 다시마, 게 등 수산자원이 풍부하다. 일본 고유의 영토이지만, 현재 일본 사람들은 살고 있지 않다. 제2차 세계대전 후 구 소련이 점령하였고, 구 소련이 붕괴된 이후에도 러시아가 계속하여 점거하고 있다. 1992년부터 비자 없이 방문할 수 있는 교류가 시작되어, 일본인 원주민과 러시아인 거주민 간의 상호 방문이 이루어지고 있다. 일본은 북방 영토의 반환을 요구하고 있지만, 아직도 실현되고 있지 않다.

五味文彦 外 47人(著), 『新編新しい社會－地理』, 東京書籍, 2006, 35쪽.

200해리 경제수역을 설정할 때에는 인접 국가와의 영토분제로 인하여 양국 간 분제가 발생한다. 일본과 한국은 일본해의 다케시마를 둘러싼 문제가 있다. 일본정부는 한국정부와 교섭하여 다케시마 주변 수역을 우선 양국이 공동으로 관리하는 잠정어업수역으로 새로운 어업 협정을 체결하였다. 또한 일본과 중국 간에도 동지나해에 잠정어업수역을 설정하고 있다. 더욱이, 일본과 러시아 간의 북방 영토의 해역은 북방 영토가 원래 일본 영토이기 때문에 이전부터 200해리선 안에 위치하고 있지만, 실제로는 러시아가 지배하고 있다.

江波戸昭 外 14人(著), 『わたしたちの中學社會－地理的分野』,
日本書籍新社, 2006, 43쪽.

나머지 4종의 교과서는 독도를 직접 언급하지 않고 있으며, 독도를 포함하여 일본 영토보다 10배나 넓은 배타적 경제수역을 지도로 표현하고 있다.

주변 국가와의 이해 관계에도 불구하고, 중학교 지리학습의 도입 부분에 해당하는 '세계와 일본의 지역 구성' 단원의 위치와 영역의 학습 내용으로 러시아와의 북방 영토 분쟁, 독도의 일본 영토 인정, 오키노도리의 호안 공사를 통해 영해와 배타적 경제수역의 중요성 등을 다루면서 국가적 관점에서의 영역 인식을 강조한다. 전개 부분에 해당하는 '지역 규모에 따른 조사' 단원에서는 주변 지역과 도도부현 그리고 세계의 여러 나라의 특

〈사례 12〉 최남단의 무인도 오키노도리섬

도쿄 항구에서 남쪽으로 약 1,700km 떨어진 해상에 일본 최남단인 오키노도리섬(도쿄도에 속함)이 있다. 썰물일 때에는 동서 4.8km, 남북 1.7km의 아름다운 산호초가 나타나지만, 밀물일 때에는 크고 작은 두 개의 암초가 1m 정도 해수면 위로 그 모습을 드러낸다. 그렇다면 그곳은 일본 도쿄도의 일부이다. 섬에는 사람이 살고 있지 않다. 섬이 없어지면 일본은 주변 40만㎢의 200해리 어업권과 해저 자원 채굴권을 잃게 된다. 1988년 4월 일본정부에서는 암초가 파랑에 침식되지 않도록, 암초 주위에 도너츠 모양으로 직경 50m 정도의 철제 블록을 쌓아올리고 안쪽에 콘크리트를 채우는 공사를 1989년 말에 마무리하였다.

江波戸昭 外 14人(著), 『わたしたちの中學社會－地理的分野』, 日本書籍新社, 2006, 43쪽.

색을 조사하여 파악하는 가운데, 정리 부분에 해당하는 '세계와 비교해 본 일본' 단원에서는 자연환경, 인구, 지역 연계, 생활 문화, 자원 산업의 관점에서 세계 속의 일본을 고찰하는 가운데 학습자에게 국토 인식력을 길러주고자 한다. 이와 같이, 일본 중학교 사회과 지리 영역에서 지리에 대한 관심 · 의욕 · 태도 제고, 세계적 · 다면적 · 다각적 지역이해, 지리적 관점과 사고방식이라는 과목 목표는 국토 인식의 수단으로 작동하며, 교과서의 학습 내용－활동은 학습자의 국토 인식력 함양이라는 총괄적인 과목 목표에 초점을 맞추고 있다.

〈사례 13〉 국토의 범위

일본의 육지 총 면적은 38만㎢이지만, 200해리 경제수역을 포함하면 일본의 국토는 10배로 커진다. 200해리 경제수역과 공해는 어떻게 다를까? 수산 자원과 광물 자원을 조금이라도 더 확보하기 위해서 본토에서 멀리 떨어진 섬들이 더욱 중요해지고 있음을 다음 지도에서 알아보자.

山本正三 外 10人(著), 『中學生の社會科地理－世界と日本の國土』, 日本文敎出版, 41쪽.

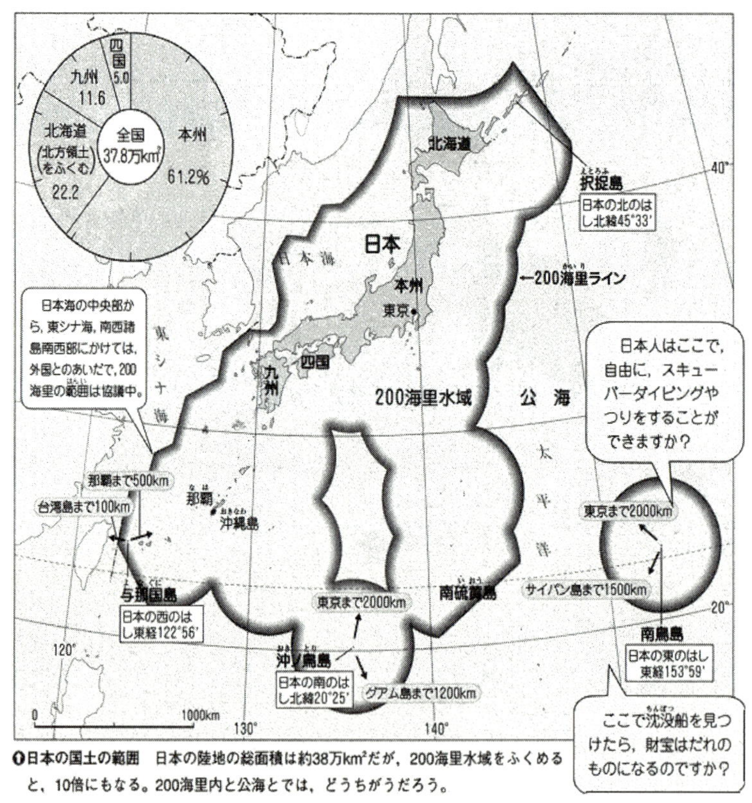

❶日本の国土の範囲　日本の陸地の総面積は約38万km²だが，200海里水域をふくめると，10倍にもなる。200海里内と公海とでは，どうちがうだろう。

〈사례 14〉 일본의 영역

한 나라의 범위를 영토라고 한다. 영역은 그림 2처럼 영토 · 영해 · 영공으로 되어 있다. 또한 배타적 경제수역은 영해 바깥에 인접한 국가가 어류 등의 수산자원, 원유 등의 해저자원을 이용할 권리를 갖는 범위를 말한다. 외딴 섬이 많고 좁고 긴 모양의 섬나라 일본은 국토 면적에 비해 넓은 영해와 배타적 경제수역을 갖고 있으며, 이 수역에는 어장이 발달해 있다. 영공은 영토와 영해의 상공이다. 항공기의 발달로 인해 영공의 역할은 더욱 중요해지고 있다.

기본학습 1 — 그림 3을 보고, 배타적 경제수역이 영토 면적의 몇 배가 되는가를 계산하여 빈 칸을 채워 보자.

기본학습 2 — 그림 3의 나라들을 지리부도에서 찾아보고, 영토에 비해 배타적 경제수역이 넓은 나라를 조사해 보자.

심화학습 1 — 지리부도와 통계 자료를 보고, 북방 영토의 섬들과 오키나와와 사도시마의 면적을 비교해 보자.

심화학습 2 — 국토의 동 · 서 · 남 · 북단 이외에도, 일본에는 다케시마와 센가쿠 열도 등의 외딴 섬이 있다. 지리부도에서 그 위치를 확인해 보자.

中村和郎 外 12人(著), 『社會科中學生の地理－世界のなかの日本(初訂版)』, 帝國書院, 2006, 30쪽.

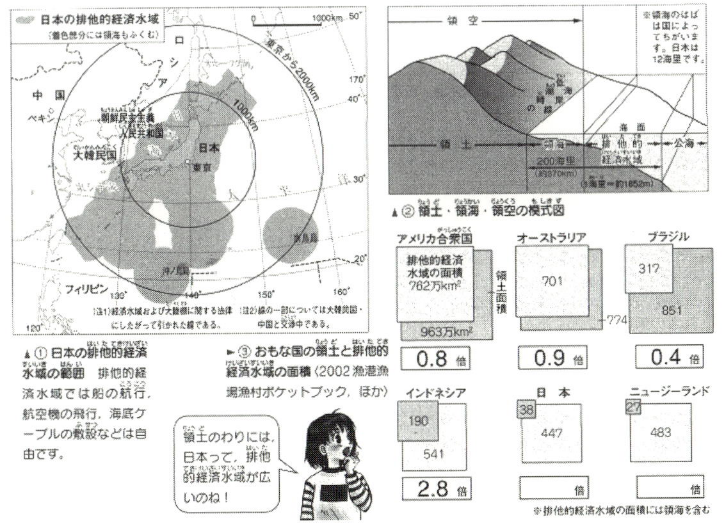

▲① 日本の排他的経済水域の範囲　排他的経済水域では船の航行，航空機の飛行，海底ケーブルの敷設などは自由です。

▲② 領土・領海・領空の模式図

►③ おもな国の領土と排他的経済水域の面積〈2002 漁港漁場漁村ポケットブック，ほか〉

역사교육 방법론

- 일본 역사교과서 체제를 중심으로 -

박중현*

1. 머리말

교과서가 신성시되는 시대는 지나갔다. 그럼에도 불구하고 교과서는 실제 수업의 전개 과정이나 진학을 위하여 반드시 필요한 존재이다. 또한 교과서가 담고 있거나 지향하고 있는 역사관이나 역사교육의 방법론들은 역사교육의 측면에서 중시되지 않을 수 없다. 교육 과정(일본의 경우 학습지도요령)의 개설적인 문장을 구체화하여 교육 내용을 정하고 가르치는 것이 교과서이다. 또한 교과서는 이의 서술에 조건을 부과하는 유형 · 무형의 변수들에 영향을 받는다. 특히 역사교과서는 국가관이나 정체성 논란 등 사회적 이슈를 반영하고 있기도 하다.

일본 역사교과서 검정을 둘러싼 논쟁은 역사왜곡이라는 측면에 초점을

---

* 양재고등학교 교사.

맞추고 있다. 10%대의 채택을 목표로 한 후소샤(扶桑社) 교과서나 여타의 교과서들도 점유율을 높이기 위해 안간힘을 썼다. 내용만이 아니라 디자인이나 판형, 판면의 구성 등에 배전의 노력을 기하는 이유도 여기에 있다.

본고에서는 교과서 체제를 분석하여, 이를 통하여 달성하고자 하는 교육의 목적과 상징성 및 유용성 등에 대하여 서술해 보고자 한다. 검정을 실시한 모든 교과서를 대상으로 할 수 없는 물리적 한계 때문에 가장 채택률이 높은 도쿄쇼세키(東京書籍), 비교적 객관적 입장에 서있는 니혼쇼세키신샤(日本書籍新社)의 교과서, 문제가 되는 후소샤판 교과서를 대상으로 분석하기로 한다.

2. 교과서별 분석 현황

1) 東京書籍

도쿄쇼세키 교과서는 중학교 사회과 교과서(역사분야) 중 매번 절반을 넘는 채택률을 보이고 있다. 역사학계에서 영향력 있는 필진과 디자인으로 독보적인 존재이다. 금번의 검정본은 이전의 교과서와 큰 차이는 보이지 않는다. 따라서 대략적인 모습을 살펴보고자 한다.

교과서의 시작 부분인 제1장은 "역사의 흐름"이라는 제목을 달고 있다. 시대 흐름을 카툰 형식을 빌려 시간의 흐름에 따라 나열하고 있는 점이 특징이다. 다음은 역사를 이해하기 위한 방안으로 조사학습에 대해 다루고 있다. 조사학습을 위해 테마를 결정하고, 이 테마에 근거해 계획을 세우고 조사한 다음 이를 발표하는 과정을 서술하고 있다. 분석 대상으로 한 교과서 3종이 모두 이러한 형태를 취하고 있었다. 이는 역사를 암기나 강의식이 아닌 학생 스스로 조사하여 탐구하는 탐구학습을 강조하는 교육방법론이 반영된 결과라고 보여진다.

2장부터 시작하는 본문은 고대, 중세, 근세, 근대에 이어 제1차 세계대전 이후를 현대로 서술하고 있다. 본문은 펼친 2쪽을 하나의 주제(소단원) 속에서 서술하고 있다. 소단원 위에는 큰 사진이나 그림을 배열하고 그 그림 속에 다양한 캐릭터의 학생이 등장하여 생각해 볼 내용을 말풍선을 통해 제시하고 있는 점이 특징이다. 이러한 캐릭터는 여러 장면에서 학생이 해결해야 할 과제를 제시하고 있다. 또한 소단원의 아래에는 학습목표를 진술하고 있다.

단원 사이에 "역사로 다가서기"란 제목으로 칼럼 형태의 내용을 서술하고 있다. 특히 근현대사 부분에서 이 부분이 많이 배치되고 있다. 주로 인물과 사건을 읽기 쉽게 서술하는 방식을 취하였다.

중간 중간의 중단원에 끝에는 "우리들은 역사탐험대"라는 이름으로 지역의 역사를 10개 주제로 하여 제시하면서 학생들이 직접 이러한 곳을 탐사하고 보고서를 작성하며 발표하도록 하고 있다. 이 지역사 탐방에 필요한 방법을 "스킬 업"이란 주제로 자료를 조사하는 방법, 이를 발표하고 전달하는 방법 등을 기술하고 있다.

대단원의 마지막 부분에는 "발전"이란 제목으로 특정 주제에 대하여 심화학습 형태의 서술을 하고 있다. 여기서는 과거와 현대를 비교하는 것, 세계사의 특징적인 것 및 당대의 문화 등에 대하여 기술하고 있다. 한국의 국사교과서의 중단원 끝부분에 심화학습이라 하여 주로 사료학습을 배치하고 있는 것과 비교해 볼 수 있다. 즉, 한국 교과서의 심화학습은 연구자가 미처 전달하지 못한 내용을 서술한 느낌을 갖는 데 비해 일본의 교과서는 학습자 중심의 서술체제를 갖고 있다고 할 수 있다. 마지막의 단원의 마무리는 중요 주제어를 설명하고, 이를 연표에 맞추어 넣고, 이러한 일들에 후에 어떠한 영향을 끼쳤는가를 되새겨 보는 것으로 마무리하고 있다.

2) 日本書籍新社

본문에 들어가기에 앞서 연대를 나타내는 방법에 서력과 연호에 대한 설명과 시대구분에 대하여 서술하고 있다. 니혼쇼세키신샤는 서장을 "역사의 흐름과 지역의 역사"라는 제목으로 편성하였다. 지역의 역사를 조사하는 방법은 다음 단계로 서술하고 있다. ① 가보자, 절로 신사로 ② 조사해 보자, 도서관에서 ③ 생각해 보자, 옛날의 일을 ④ 자신들의 힘으로 조사해 보자라는 형식으로 되어 있다. 중간 중간에 교사가 해야 할 일을 제시하고 있다.

본문 대난원의 첫 장에는 학생과 교사가 문답식으로 해당 단원에서 배워야 할 내용을 풀어가고 있다. 하단에는 연표를 제시하는데 고대－중세 등의 구분과 함께 작은 시대(아스카, 나라, 헤이안 등), 문화 구분 및 중요 사건들을 세계사 부분과 함께 기술하고 있다. 지역사의 경우 일본은 세계인식을 나－사회－세계로 확대하는 데 비해, 우리는 국가 · 민족－사회－나라는 인식체계를 갖고 있다는 발표도 있었다. 지역에 대한 강조는 군국주의에 의한 전쟁의 상처를 기억하고 있기 때문에 국가보다는 지역을 통한 역사와 공간 개념이 중시된다. 또한 풀뿌리 민주주의가 발달한 전후 환경이 반영된 탓도 있을 것이다. 물론 지역사의 강조는 학습지도요령의 내용면에서 강조하고 있는 것이기도 하다. 학습지도요령에서는 "지역의 특성에 맞는 시대를 갖고, 사람들의 생활과 생활에 근거한 문화를 학습하도록" 기술하고 있다.

대단원의 시작은 "지역의 역사를 알아보자"는 제목으로 해당 단원과 가장 의미있는 내용들을 가지고 탐구활동을 하도록 제시하고 있다. 이 부분은 대부분 일반인들의 삶과 관련된 문화를 중심으로 살펴보고 있다. 세 개의 교과서 모두 지역사를 강조하고 있으며, 특히 탐구학습의 경우는 지역의 문화와 유적을 자세히 조사하도록 하고 있다. 지역사에 관하여는 학습

지도요령의 역사분야 목표 네 가지 중 두 곳에서 그 중요성을 강조하고 있다.

본문은 역시 펼친 2쪽으로 되어 있다. 본문 중의 소단원 제목을 서술형 진술로 하고 있는 점이 특징이다. '에도막부가 성립하다' 등의 식으로 하였으며, 그 밑에는 학생 캐릭터를 사용하여 소단원에서 반드시 알아야 할 내용을 질문식으로 서술하고 있다. 특히 본문 중에 나오는 사료나 그림을 이해하고자 할 때 학생 캐릭터를 사용하여 질문을 던지고 있다. 일본이 만화나 캐리커쳐 등의 카툰이 많이 발달해 있는 나라이기도 하지만 학생들에게 다가서려는 모습을 찾아볼 수 있다. 소단원의 끝에는 역시 질문 형태로 마무리하고 있다.

대단원의 마지막 부분에는 "발전학습"이란 제목으로 심화학습을 전개하고 있다. 주제를 설정하고 이를 칼럼식으로 서술하고 있다. 이 부분에서 특이한 것은 2~3개의 발전학습 중에 꼭 하나의 주제는 어린이와 관련된 주제로 하였다는 점이다.[1)]

니혼쇼세키신샤는 분석 대상으로 한 세 개의 교과서 중 가장 객관적이고 양심적인 입장에서 기술하고 있다는 평가를 받는다. 특히 근현대 부분에서 전쟁을 비판하는 장면들이 많이 등장하고 있다. 특히 태평양전쟁의 발발과 관련하여서는 별도의 발전학습 코너를 만들고 대동아 공영권의 허상과 인간성의 말살에 대한 비판을 가하고 있다. 이 부분에서 서늘한 장면은 "적의 얼굴, 인간의 얼굴"이란 주제 아래 실린 사진 속에 있다. 어린 아이들이 검술 연습을 하는 허수아비에는 루스벨트와 처칠의 얼굴이 그려져 있었다. 한 장의 사진을 통하여 전쟁이 안겨준 비인간성을 고발하고 있다.

---

1) 앞부분부터 어린이와 관련된 주제를 나열하면 다음과 같다. 헤이안 경(平安京)의 어린이들, 놀이를 하고 있는 어린이들, 테라고야에서 공부하는 어린이들, 공장에서 일하는 어린이들, 전쟁과 어린이들 등이다.

3) 扶桑社

형식에서 가장 큰 변화를 추구한 것이 후소샤판 교과서이다. 전반적인 교과서의 내용은 그대로 두면서 그 내용을 여러 장르로 나누어 배치한 것이 특징이다. 가장 중요한 것은 2001년판이 A5판이었던 데 비하여 2005년판은 일반 교과서와 같은 B5판으로 사이즈가 커졌다는 것이다. 2001년판 이전에는 모두 A5판이었으므로 후소샤는 A5판으로 하였으나 다른 출판사가 일제히 B5판으로 바꾸면서 다양한 사료와 자료를 넣었기 때문에 후소샤는 '시대에 뒤떨어진', '뭔가 부족한' 이미지를 주기에 충분하였다. 이것이 채택률이 낮은 원인 중에 하나라는 점을 깨닫고 이번 교과서에서는 판형을 키우고 다양한 사료를 제시하고 있는 것이다.

2001년판에서 많은 비판을 받기도 하였던 서장 부분의 역사인식에 관한 내용이 축소되고 나로부터 역사를 생각해 보자는 부드러운 어조로 시작하고 있다는 점이 특징이다. 서장에서는 역사의 흐름, 과제학습으로 역사의 기원 조사, 역사 신문 만들기, 역사에 대한 롤플레이 등의 방법을 제시하고 있다. 특히 '역사의 기원을 조사하기'라는 과제학습에서는 지금의 나를 중심으로 어제와 오늘을 비교하는 식의 사물의 기원을 탐구하는 과정을 제시하고 있다.

본문은 5개의 장으로 구성되어 있다. 원시와 고대, 중세, 근세, 근대 및 현대라 할 수 있다. 현대 부분은 제1차 세계대전 이후로 설정하고 있다. 하나의 장은 다음과 같은 구성을 하고 있다. 들어가는 부분에서는 당시 세계사를 언급하고, 본문과 인물 칼럼, 읽어보기 칼럼, 역사의 명장면, 과제학습 그리고 마지막에는 단원의 마무리를 배치하였다.

세계사 부분은 일본을 중심으로 한 세계사적 시각에서 기술하고 있다. 고대의 경우는 중국사를 중심으로 하고, 근대 이후는 서양사를 중심으로 하여 일본의 역사 전개에 영향을 직접 끼쳤던 내용들을 서술하고 있다. 이는 학습지도요령의 목표에서 "우리나라의 역사의 큰 흐름과 각 시대의 특색을 세계사를 배경으로 이해시키며"라는 내용을 구현한 것이라 할 수 있다. 이 부분은 세계화 시대의 의미를 알리려는 시도임을 알 수 있다. 한국의 국사교과서의 경우 대단원의 맨 앞부분에 동서양의 세계사를 간략히 서술하여 형식적 배치에 불과한 인상을 주고 있다. 또한 실제 학교현장에서는 거의 가르치지도 않고 있다. 국사와 세계사를 합친 '역사'라는 교과가 등장하게 된다면 이런 서술을 참고해야 하리라 생각한다.

2001년판과 비교하여 가장 달라진 점은 본문에 있다. 본문은 하나의 주제를 펼친 2쪽으로 서술하고 있다. 2001년판의 경우는 한국의 국사교과서처럼 시간적·내용별로 서술하는 개설서적 형태였으나, 2쪽의 범위 안에서 하나의 주제(소단원)를 해결하고자 하였다. 2쪽으로 된 소단원은 전체 82개로 1번 일본인은 어디서 왔는가에서 시작하여 82번 사회주의 붕괴 후의 세계와 일본의 역할까지이다. 장·절로 되어 있는 대단원과 중단원의 번호와 달리 소단원의 번호는 1번부터 차례로 부여하고 있다. 이것은 다른 교과서들과 다른 형태인데 번호를 통하여 대충 어느 부분의 주제인지를 파악할 수 있다는 점에서 효용성이 있다고 본다.[2)]

소단원의 단원명은 일반적으로 서술하고 있으나 본문이 시작하는 날개부분에 학습목표가 될 수 있는 주안점을 제시하고 있다. 판형이 커짐에 따라 사진, 지도, 도표 및 해설 등이 많이 들어가게 되었다. 특히 매 소단원의 시작 부분은 항상 윗부분에서 소단원의 주제와 밀접한 여러 자료를 큼직하게 배치함으로써 주제의 핵심을 이해하기 쉽도록 하고 있다. 또한 우측면에도 사진, 자료들을 시원하게 배치하고 있다. 시모노세키조약 장면을 담은 사진의 경우에도 각 인물을 표시하고 간단히 서술하는 친절함도

2) 도쿄쇼세키에서는 대단원은 제1장, 중단원 1.2.3, 소단원 1.2.3의 식으로 되어 있고, 니혼쇼세키신샤는 대단원은 제 몇 장, 중단원은 1.2.3, 소단원에는 번호를 붙이지 않고 단원명만을 적고 있다.

보이고 있다.

날개 부분은 여러 용도로 활용을 하고 있다. 이는 타 교과서와 큰 차이가 없다. 남경대학살에 관해서는 본문에 언급하지 않고, 날개에서 각주로 취급하면서 '여러 견해가 있고, 지금도 논쟁이 계속되고 있다'는 식으로 호도하고 있다. 우측 날개의 맨 밑이나 본문의 끝에는 모든 소단원의 정리 코너로 '생각해 보자'는 부분이 있다.

그리고 사이사이 '인물 칼럼'과 '읽을거리 칼럼'을 배치하고 있다. 청일전쟁의 앞 페이지에는 인물 칼럼으로 이토 히로부미를 다루고 있다. 그 옆에는 읽을거리로 "조선반도와 일본"이라는 주제로 2001년판에도 서술되었던 한반도의 지정학적 위치를 서술하고 일본이 조선을 지배하여야 하는 당위성을 기술하고 있다. 특히 근현대사에서 일본의 전쟁책임과 관련된 부분이나 역사상을 담으려는 부분들은 대부분 읽을거리에서 처리하고 있다.[3] 이외에 역사의 명장면과 칼럼이 몇 개 있다.

대단원의 뒷부분에는 반드시 과제학습을 제시하고 있다. 과제학습의 특징은 학생인 나를 중심으로 직접 탐구해 나가는 탐구주제식으로 서술하고 있다. 특히 과제학습은 대부분이 문화에 대한 이해를 확대할 수 있도록 구성되어 있다.[4] 이는 학습지도요령에서 강조하는 문화에 대한 탐구를 통하여 "시대와 지역을 연관시켜 이해하고, 존중하는 태도를 기른다"는 내용을 구현한 것이라 할 수 있다.

대단원의 맨 뒤에는 단원 정리가 있다. 단원 정리는 다음의 3단계로 되어 있다. 1단계는 해당 단원에 나오는 역사적 사건을 순서없이 나열해 놓

---

3) 근대 이후 읽을거리에는 '메이지(明治)유신', '조선반도와 일본', '20세기 전쟁에서 전체주의의 희생자', '동경재판'에 대해 쓰여 있다.

4) 과제학습의 내용을 순서대로 나열하면 다음과 같다. 죠몬(縄文)시대의 산나이마루야마(三内丸山) 유적탐방, 고분탐방, 나라·교토의 문화유적 조사하기, 박물관에서 다다미 조사하기, 성곽에 대해 탐색하기, 에도(江戸)시대의 기술 조사하기, 서양식 건물을 방문해 조사하기, 쇼와(昭和)시대의 문화 조사하기.

고는 이를 정치·경제적인 사건과 문화적인 사건으로 나열한다. 2단계는 이를 연표에 두 영역별로 표시한다. 3단계는 외국과 관련있는 내용은 붉은 색으로 틀을 만들어 놓는다. 그리고 이 사건이 이후 일본에 어떠한 영향을 끼쳤는지 생각해 보도록 하였다. 맨 마지막 하단에는 주제, 인물 등을 제시해 주고 이를 토대로 역할극을 하도록 하고 있다.

전반적으로 본문의 서술은 부드러워진 측면이 있으나 칼럼이나 각주 등을 통하여 이전에 비판받았던 침략전쟁의 미화, 전쟁책임의 회피 등에 대해 언급하고 있다. 변화한 판형은 시각적 이미지를 바꾼 것이며, 내용상의 문제점은 다양한 형태로 분산배치시키고 있는 것이다. 학습지도요령에서 강조하는 "다양한 자료를 활용해서 역사적 사상(事象)을 다면적·다각적으로 고찰하고", "적절하게 표현하는 능력과 태도를 기른다"는 목표에 충실한 듯 보인다. 그러나 그 사이에 있는 "공정하게 판단하는" 내용은 의도적으로 외면하고 있는 것이다. 포괄적으로 서술하고 있는 학습지도요령에 근거하고 있다는 명분으로 포장하여 자신들의 속내를 비치는 것이다.

니혼쇼세키신샤의 교과서는 근현대 부분에서 전쟁의 상흔과 국가적 폭력에 대한 자료를 다양한 형태로 제시하면서 이를 통한 평화에의 지향과 역사의 소중함을 드러내고자 하는 데 비하여 후소샤의 교과서는 '다양한 자료를 통하여 테크니컬하게 역사를 왜곡'하려는 극우의 목표를 충실하게 반영하고 있다고 할 수 있다.

3. 맺음말

2001년 후소샤판 교과서의 채택률이 0.039%에 불과했다는 점에 있어 한국과 일본의 시민, 교사단체들은 '양심의 승리'를 운운하였다. 그러나 이것은 교과서 선택에서 가장 중요한 기준이 입시와 연결되어 있다는 점을 간과하고 있는 것이다. 중학교나 고등학교 교과서를 도쿄쇼세키나 야마가와슛판(山川出版)이 50%대 이상을 항상 점하는 것은 그런 이유에서이다. 또한 같은 수준이라면 보다 깔끔하고 체계적으로 배열된 교과서를 선택하는 것은 당연한 것이다. 출판사들이 표지 디자인이나 내용의 배열 등에 신경을 쓰는 것도 같은 맥락이다.

시민을 대상으로 하는 교양 개설서 정도의 수준에서 출간되었던 후소샤판 교과서는 입시를 앞둔 학생을 둔 교사나 학부모가 선택할 리 없었다. 그런 점에서 2005년판 후소샤의 변신은 형식상의 체제를 갖춘 교과서로의 변신을 도모한 것이라 평가할 수 있다. 어설펐던 2001년의 체제와 달리 보다 더 교묘해진 모습을 통하여 채댁에 주력한 깃임은 명약관화한 일이다.

일본 교과서 분석을 통하여 나타난 내용은 다음과 같이 정리할 수 있다.

첫째, 학습자 중심으로 교과서를 구성하고 있다.

둘째, 펼친 2쪽으로 하나의 주제를 완성하는 형태를 취하고 있다.

셋째, 다양한 사진, 그림, 도표, 지도를 통하여 학생의 동기를 유발시키고 있다.

넷째, 학생인 '나'를 중심으로 지역에서 세계로 확대하면서 역사에 접근하는 방식을 취하고 있다.

다섯째, 후소샤판 교과서는 여러 형태의 방식을 통하여 전쟁의 미화, 전쟁책임의 회피를 강변하고 있다.

여섯째, 일본의 교과서들은 학습지도요령이 요구하는 바에 충실하게 학습을 전개하도록 교과서를 구성하고는 있으나, 그 내용을 자의적으로 해석하여 오히려 이를 이용하는 점도 있다.

전반적으로 일본의 교과서들은 학생 중심의 역사 수업의 전개를 강조하고 있다. 또한 지역사를 강조하고 있다. 이는 학습지도요령의 역사분야 목표에서 강조하고 있는 바를 구현하는 것이기도 하지만 학습자의 지적 발달 능력을 고려한 것이라고도 할 수 있다. 지역과 관련 있는 다양한 자료를 통하여 학생들의 수업활동을 활발하고 주체적인 것으로 만들 수 있는 것이다. 즉 지역에 대한 이해를 통하여 역사에 대한 애정을 키울 수 있다는 것이다.

한국에서도 국사교과서보다는 중학교 사회, 고교의 근현대사나 세계사 교과서에서 이러한 서술이 확대되고는 있다. 그러나 탐구과제가 학생 스스로 해결하기에는 어렵거나 체험활동이 부족한 점이 발견되기도 한다. 특히 한국의 교과서들은 탐구활동의 많은 부분이 사료학습의 형태로 되어 있다. 일본의 학습지도요령의 해설에서는 "문헌만이 아닌, 예를 들면 그림과 통계 등의 이용 외에 작업적 · 체험적 활동에 의해 얻을 수 있는 폭넓은

〈표〉 3개 교과서 체제 분석 내용

<table>
<tr><th colspan="2">내용</th><th>東京書籍</th><th>東京書籍</th><th>扶桑社</th></tr>
<tr><td colspan="2">역사의 흐름
지역의 연구</td><td>시대 흐름을 카툰 형식
조사학습의 과정</td><td>사진을 통한 시대 흐름
지역사 조사 방법</td><td>역사의 흐름 서술
조사학습 방법 제시</td></tr>
<tr><td rowspan="4">본문</td><td>형식</td><td>펼친 2쪽</td><td>펼친 2쪽</td><td>펼친 2쪽</td></tr>
<tr><td>학습목표</td><td>학생을 통한 목표 진술</td><td>학생을 통한 목표 진술</td><td>질문 형식</td></tr>
<tr><td>자료배치</td><td>자료 속에 말풍선 질문</td><td>학생을 통한 자료 분석</td><td>상단에 그림, 사진 배치</td></tr>
<tr><td>마무리</td><td></td><td>질문을 통한 소단원 마무리</td><td>질문으로 단원 마무리</td></tr>
<tr><td colspan="2">탐구활동, 칼럼</td><td>역사탐험대 – 지역사
스킬업 – 방법 제시
'발전' – 심화학습 형태</td><td>발전학습–어린이와 관련한 주제 배치</td><td>인물 칼럼
읽어보기 칼럼
역사의 명장면 등</td></tr>
<tr><td colspan="2">단원 마무리</td><td>연표 학습, 지도에 표시</td><td>주제어, 연표학습</td><td>주제어 나열, 연표학습</td></tr>
<tr><td colspan="2">특징</td><td>말풍선을 통한 탐구학습</td><td>각 대단원의 첫 부분을 지역에 대한 탐구에서 시작</td><td>다양한 자료 배치
읽을거리를 통한 역사 왜곡</td></tr>
</table>

자료를 적극적으로 활용"하도록 하고 있다. 우리의 경우도 좀 더 다양한 자료를 제시하고, 탐구 학습의 발문을 어떻게 해야 하는가에 대한 고민의 필요성을 깨우치고 있다.

일본 역사교과서 문제는 한국의 역사교육과 교과서 문제를 되짚어 보는 반성의 장을 마련해 주었다. 2007년 교육 과정 개정 등을 통하여 역사교육의 개선 방향을 모색하였다. 또한 샘플 교과서 제작 등의 노력을 통하여 학생에게 한 걸음 다가가는 교과서를 만들려는 노력을 하고 있다. 이러한 것들이 한국의 새 교과서 집필진들에게도 전달되어 학생 중심의 교과서가 서술, 편집되었으면 한다.

참고문헌

고대사

『三國史記』.

『宋書』.

『日本書紀』.

「廣開土大王陵碑文」.

權五榮, 「考古資料를 중심으로 본 百濟와 中國의 文物交流」, 『震檀學報』 66, 1988.

權五榮, 「백제의 對中交涉의 진전과 문화변동」, 『강좌 한국고대사』 4, 가락국사적개발연구원, 2003.

盧泰敦, 「5세기 金石文에 보이는 高句麗人의 天下觀」, 『韓國史論』 19, 1988.

朴淳發, 「漢城百濟의 對外關係-國家 成立期 對外交涉의 實狀과 意義」, 『百濟研究』 30, 1999.

礪波護 · 武田幸男, 『隋唐帝國と古代朝鮮』(世界の歷史 6), 中央公論社, 1997.

田中俊明, 「『魏志』東夷傳の韓人と倭人」, 『古代を考える 日本と朝鮮』, 吉川弘文館, 2005.

西本昌弘, 「帶方郡治の所在地と辰韓廉斯邑」, 『朝鮮學報』 130, 1989.

중세사 I

『高麗史』.
『成宗實錄』.
『世宗實錄』.
『太祖實錄』.

高橋公明, 「中世東アジア海域における海民と交流」, 『名古屋大学文学部研究論集』 史学 33, 1987.
森克己, 「日・宋・麗交渉と倭寇の發生」, 『石田博士頌寿紀念東洋史論叢』, 1965.
李領, 「高麗末期倭寇の實像と展開」, 『倭寇と日麗關係史』, 東京大學出版會, 1999.
田中健夫, 「倭寇と東アジア通交圏」, 『日本の社會史 第1巻 列島內外の交通と国家』, 岩波書店, 1987.
田中建夫, 「中世海賊史研究の動向」, 『中世海外交涉史の研究』, 東京大学出版会, 1959.
青山公亮, 『日麗交涉史の研究』, 明治大学, 1955.
村井章介, 『中世倭人伝』, 岩波新書, 1993.

浜中昇, 「高麗末期倭寇集團の民族構成」, 『歴史學研究』 685, 1996.
李領, 「'庚寅年 倭寇'와 일본의 국내정세」, 『國史館論叢』 92, 국사편찬위원회, 2000.
李領, 「고려말기 왜구의 構成員에 관한 일고찰」, 『韓日關係史研究』 5, 1996.
이영, 「일본인이 보는 왜구의 정체」, 『역사비평』 46, 1999.

중세사 II

三宅英利 著・손승철 譯, 『近世韓日關係史』, 이론과 실천, 1991.

北島万次, 『豊臣政權の對外認識と朝鮮侵略』, 校倉書房, 1990.
北島万次, 『豊臣秀吉の朝鮮侵略』, 吉川弘文館, 1995.
山本博文, 『對馬藩江戸家老』, 講談社學術文庫 1551, 2002.

中里紀元, 『秀吉の朝鮮侵攻と民衆·文祿の役(壬辰倭亂)』, 文獻出版, 1993.

근대사 I

고구려연구재단, 『동아시아 역사인식, 무엇이 문제인가?』, 2004.
한국교육개발원, 『일본 고등학교 역사교과서의 한국 관련 내용 분석』, 2002.
한국교육개발원, 『일본 중학교 역사교과서의 한국 관련 내용 변화 분석』, 2002.
한국사연구단체협의회, 『일본중학교 교과서의 역사서술과 역사인식』, 2004.
한국정신문화연구원, 『일본 역사교과서의 한국 관련 내용 조사 · 분석 및 시정 자료 개발』, 2003.

근대사 II · 현대사

『社會科 中學生の歷史－日本の步みと世界の動き』, 帝國書院, 2002.
『新中學校 歷史－日本の歷史と世界』, 淸水書院, 2002.
『新しい歷史』, 東京書籍, 1998.
『新しい歷史教科書－教師用指導書』, 扶桑社, 2002.
『新しい歷史教科書』, 扶桑社, 2002.
『中學社會 歷史－未來をみつめて』, 教育出版, 2002.
『中學社會 歷史的分野』, 大阪書籍, 2002.
『わたしたちの中學社會－歷史的分野』, 日本書籍新社, 2002.
「中學 社會 歷史 修正表 受理番號 16-35」.
文部科学省, 『中學校學習指導要領(平成10年12月)解說－社會編』, 2001.
『연합뉴스』.
辛珠栢, 「일본 우익 역사교과서의 교사용지도서에 나타난 역사인식」, 『東方學誌』 127.

여성사

코모리 요우이치 · 타카하시 테츠야 엮음, 『내셔널 히스토리를 넘어서』, 이규수 옮김, 삼인, 2000.

金谷千慧子 編者, 『日本民衆女性歷史 : 近 · 現代編』, 明石書店, 1991.

渡辺 治, 「現代日本のナショナリズム」, 後藤道夫 · 山科三郎 編, 『戰爭と現代 4 : ナショナリズムと戰爭』, 大月書店, 2004.

鈴木裕子, 『天皇制 · 「慰安婦」 · フェミニズム』, インパクト出版會, 2002.

小林よしのり, 「漫畫 : ゴーマニズム宣言EXTRA 第14章－天皇論と家族論」, 『わしズム』 Vol. 12. 2004.

進藤久美子, 『ジェンダーで讀む日本政治 : 歷史と政策』, 有斐閣選書, 2004.

공민교과서

권혁태, 「교과서 문제를 통해 본 일본사회의 내면 읽기」, 『역사비평』 55(역사문제연구소), 역사비평사, 2001.

권혁태, 「일본의 전후 민주주의와 '인권'」, 『동아시아 인권의 새로운 탐색』, 삼인, 2002.

권혁태, 「일본의 헌법개정과 한일관계의 비대칭성」, 『창작과 비평』, 창작과 비평사, 2005년.

이경주, 「일본의 군사대국화와 평화헌법 개정 논의」, 『역사비평』 55(역사문제연구소), 역사비평사, 2001.

이경주, 「평화주의와 일본국 헌법 그리고 평화운동」, 『일본사상』 4(한국일본사상사학회), 2002.

古関彰一, 『日本国憲法 · 検証1945~2000資料と論点〈第5巻〉九条と安全保障』, 小学館, 2000.

渡辺治, 『憲法「改正」－軍事大国化 · 構造改革から改憲へ』, 旬報社, 2005.

鈴木昭典, 『日本国憲法を生んだ密室の九日間』, 創元社, 1995年.

지리교과서

박선미 · 정치영, 「일본 중학교에서의 지역 학습」, 『한국지리환경교육학회지』 11(1), 2003.

심광택, 「일본 중학교 지리 교과서의 학습 내용-활동 분석」, 『한국지리환경교육학회지』 13(2), 2005.

양미경, 『교육과정 및 교수방법』, 교육과학사, 2003.

조성욱, 「지리 교육에서 지역 규모 인식」, 『한국지리환경교육학회지』 13(1), 2005.

江波戸昭 · 海津正倫 外 13名, 『わたしたちの中學社會-地理的分野』, 日本書籍新社, 2006.

谷川彰英, 「問題解決から問題づくりへ」, 『現代教育科學』 447, 明治圖書, 1994.

谷川彰英, 『問題解決學習の理論と方法』, 明治圖書, 1993.

金田章裕 外 11名, 『中學社會-地理的分野』, 大阪書籍, 2006.

文部科学省, 『中學校學習指導要領(平成10年12月)解說-社會編』, 1998.

北尾倫彦 · 祇園全祿, 『中學校社會-觀點別評價實踐事例集』, 圖書文化, 2003.

北尾倫彦 · 祇園全祿, 『平成14年版中學校社會-觀點別學習狀況の新評價基準表』, 圖書文化, 2002.

山本正三 外 10名, 『中學生の社會科地理-世界と日本の國土』, 日本文教出版, 2006.

五味文彦 · 齋藤功 · 高橋進 外 45名, 『新編新しい社會-地理』, 東京書籍, 2006.

竹內啓一, 笹山晴生 · 阿部齊, 『中學社會地理-地域にまなぶ』, 教育出版, 2006.

中村和郎 外 12名, 『社會科中學生の地理-世界のなかの日本(初訂版)』, 帝國書院, 2006.

찾아보기

Portrayal of historical understanding, External Views

Five Viewpoints on the issues found in 2005 Japanese history textbook

■ Contents ■

저자소개

권혁태 성공회대학교 교수
김수영 고려대학교 · 중앙대학교 강사
김창석 강원대학교 교수
박중현 양재고등학교 교사
신주백 국민대학교 연구교수
심광택 진주교육대학교 교수
안병우 한신대학교 교수
왕현종 연세대학교 교수
윤휘탁 한경대학교 교수
이경주 인하대학교 교수
한명기 명지대학교 교수

왕위안저우(王元周) 북경대학교 교수
주더란(朱德蘭) 대만중앙연구원 교수
클라우디아 슈나이더(Claudia Schneider) 전 라히프치히대학 교수
후지나가 다케시(藤永 壯) 오사카산업대학 교수

아시아평화와역사교육연대

2001년 4월 일본 역사교과서의 역사왜곡을 바로잡고, 20세기 침략과 저항의 역사에 대한 동아시아 공동의 역사인식을 만들어가기 위해 시민사회단체 · 학계가 모여 '일본교과서바로잡기운동본부'를 결성하였다.

2003년 동아시아의 역사갈등을 해결하기 위해 단체 이름을 아시아평화와역사교육연대로 변경하고, (사)아시아평화와역사연구소를 설립하여 한중일 역사인식과 교과서 문제에 대한 각종 연구사업 및 대중 활동을 함께 진행하고 있다.

○ 아시아평화와역사교육연대의 주요 활동
· 한중일 역사교과서 및 역사교육에 대한 대응 및 캠페인
· 한중일 공동의 역사인식을 위한 '역사인식과 동아시아 평화포럼' 개최
· '한중일청소년역사체험캠프' 등의 청소년교육

○ (사)아시아평화와역사연구소의 주요 활동
· 한중일 공동역사교재 개발
· 한중일 역사인식과 교과서 문제에 대한 연구 및 심포지엄
· 교육 및 연구, 대중 활동에 관한 단행본과 각종 보고서 발행

주소 | (110-043) 서울특별시 종로구 통인동 155번지 3층
전화 | 02-720-4637
팩스 | 02-720-4632
홈페이지 | www.ilovehistory.or.kr
후원계좌 | 우리은행 1005-883-302442 아시아평화와역사교육연대